U0107778

本书为国家社会科学基金一般项目"《鹖冠子》思想研究"（项目编号：13BZX038）的研究成果

《鹖冠子》思想研究

赵景飞 著

中国社会科学出版社

图书在版编目(CIP)数据

《鹖冠子》思想研究／赵景飞著. — 北京：中国社会科学出版社，
2024.3
ISBN 978 – 7 – 5227 – 3195 – 7

Ⅰ. ①鹖…　Ⅱ. ①赵…　Ⅲ. ①《鹖冠子》—研究　Ⅳ. ①B220.2

中国国家版本馆 CIP 数据核字(2024)第 048817 号

出 版 人	赵剑英
责任编辑	郝玉明
责任校对	谢　静
责任印制	王　超

出　　版	中国社会科学出版社
社　　址	北京鼓楼西大街甲 158 号
邮　　编	100720
网　　址	http://www.csspw.cn
发 行 部	010 – 84083685
门 市 部	010 – 84029450
经　　销	新华书店及其他书店

印　　刷	北京明恒达印务有限公司
装　　订	廊坊市广阳区广增装订厂
版　　次	2024 年 3 月第 1 版
印　　次	2024 年 3 月第 1 次印刷

开　　本	710×1000　1/16
印　　张	22
字　　数	372 千字
定　　价	118.00 元

凡购买中国社会科学出版社图书，如有质量问题请与本社营销中心联系调换
电话：010 – 84083683

序

随着 1973 年长沙马王堆三号汉墓黄老帛书的发现，学术界对中国哲学史研究的薄弱环节——黄老道家的研究日益重视，研究成果不断问世。赵景飞博士的《〈鹖冠子〉思想研究》就是其中富有特色的一部，掩卷之后，略有所思。

首先，作者不畏研究艰难，敢于拾遗补缺，志为学术大厦添砖加瓦。《鹖冠子》是公认的一本难啃之书。其难之一，《鹖冠子》历来缺乏善本和佳注，阅读颇有难度。尤其是唐代柳宗元在《辨鹖冠子》中断言：《鹖冠子》是"好事者伪为其书"。自此以后受"伪书"论影响，整理、注释《鹖冠子》者可谓珍稀。众所周知，先秦诸子之书本来难读，而未加系统整理的《鹖冠子》阅读起来更是令人费解。其难之二，现在多数学者认为，《鹖冠子》一书思想性质属复杂的黄老道家，理解非常不易。黄老道家既继承了以老子为代表的原始道家思想，又吸收了儒、墨、阴阳、法、名等诸家思想。同时，《鹖冠子》还有一些用兵论战的篇章，并运用了一些特有的概念和用语。这些庞杂而丰富的内容融入一书，需要细致辨析才能逐步理解。从中国哲学思想史的角度来说，《鹖冠子》一书对于楚国黄老学派的发展，对于"元气说"的形成均有不可忽视的作用，需要给予重视和认真研究。就此意义上说，赵景飞博士的专著有其特有的学术价值和积极贡献。

其次，作者对先秦黄老道家作品——《鹖冠子》中的"新道论"进行了认真梳理和逻辑分析。他指出：《鹖冠子》不仅继承了老庄之道，而且从"天地之道""圣王之道""用兵之道"三个方面引申和发展了原始道家的思想。《鹖冠子》认为，"天地之道"的最大特征就是"天度数之而行"，如果治理国家的君王能够建立明确的治国法度，那么国家的秩序就会像天地万物那样条理彰明。于是，"天地之道"通过圣人的效法就形成了"圣王之道"。"圣王之道"的主要特征就是"无为""用法"与"举贤用能"，而这三个特征一一对应于"天地之道"的"不创不作""道之用法"与"天地不独运"。由此我们就可以看出,《鹖冠子》不但坚持了"无为"的道家立场,而且还明确地指出,"用法"与"举贤用能"就是"无为"之"为"。《鹖冠子》又说:"兵有符而道有验。备必豫具,虑必早定。下因地利,制以五行。……取法于天,四时求象……天地已得,何物不可宰?"(《天权》第十七)《鹖冠子》特别强调在作战中一定要尊重和顺应天时地利及自然之"道","天地之道"在军事上的运用就是"用兵之道"。总之,《鹖冠子》进一步丰富、充实了老庄以来道家对"外王"之道的思考,对黄老道家积极入世的理论性格的形成具有至关重要的作用,为汉初的黄老道家最终登上政治舞台奠定了基础。作者以《鹖冠子》的原文为研究依据,结合其前后时代的相关著作进行比较和细致分析,从以上三大方面系统地论述了《鹖冠子》的哲学思想及历史价值,其观点新颖且富有启发性。

再次,作者还精心收集并翻译了日本学界有关《鹖冠子》研究中最富有代表性的若干篇长文。他山之石,可以攻玉。日本的汉学是世界汉学的重镇,日本学者相关的学术观点和研究方法对于国内今后的《鹖冠子》研究将大有裨益。

当然,由于《鹖冠子》是一本文字艰涩而内容丰富之书,所以《〈鹖冠子〉思想研究》中的内容有待进一步深化。但是,作者毕竟为今后学界的《鹖冠子》研究铺垫了一块重要的奠基之石。

景飞勤奋刻苦、虚心好学、善于思考、乐于研究。他从硕士到博士在武汉大学哲学学院求学六年,受教于学术实力雄厚的珞珈中国哲学团队,专攻于道家哲学研究方向。毕业之年,他以《〈鹖冠子〉思想研究》为题完成了博士学位论文的写作,答辩中获得了诸位专家的充分肯定和积极鼓励。他参加工作后,对博士学位论文进行了修改和充实,以此成功申报国家社科基金项目,又经镆而不舍,潜心研究,数易其稿,终成此著。乐观其成,喜为之序。

徐水生

辛丑初秋 于珞珈山麓

目　录

前　言

一　《鹖冠子》研究述评[①]

张岱年先生在《中国哲学史史料学》中说："今本《鹖冠子》十九篇，大部分是后人附加的，可能是把道家的《鹖冠子》和兵家的《鹖冠子》合编起来，再加上后人所伪撰附益的篇章。因此，今本《鹖冠子》不完全是伪书，也不完全是真书。"[②] 对于张岱年先生的这段话，我们可以从以下两个方面进行解读：首先，他对《鹖冠子》文本构成的分析；其次，他对《鹖冠子》真伪之争的回应。

我们先来看张岱年先生对《鹖冠子》文本构成的分析。张岱年先生认为，今本《鹖冠子》由以下三个部分构成：《汉书·艺文志》中道家类的《鹖冠子》，此其一；《汉书·艺文志》中兵家类的《鹖冠子》，此其二；后人所伪撰附益的篇章，此其三。如果诚如张岱年先生所言，今本《鹖冠子》由这三个部分构成，那么，这三个部分各自所占的比例有多大呢？对于这个问题，他虽然没有明确指出，但是，从其"大部分是后人所附加的"一语中我们可以推知，他认为今本《鹖冠子》中，鹖冠子所亲著的篇章所占比例应该不大，但绝非全伪。所以，他说"今本《鹖冠子》不完全是伪书，也不完全是真书"。不全伪，亦不全真，这是张岱年先生对《鹖冠子》文本构成的判断。同时，这个简短的判断也可以被看作张岱年先生对《鹖冠子》真伪之争的一种回应。

值得注意的是，张岱年先生的回应方式是颇为有趣的。实际上，在"不

---

① 《鹖冠子》研究述评的部分内容发表于《贵州师范学院学报》2015 年第 4 期。

② 张岱年：《张岱年全集》（第 4 卷），河北人民出版社 1996 年版，第 360 页。

完全是伪书"和"不完全是真书"两者中，其中任何一句都足以回应学界有关《鹖冠子》的真伪之争，但是，他却同时选择了两者。这种回应方式充分体现了张岱年先生对《鹖冠子》所持的审慎的态度。表面看来，这种表达方式似乎是为了对"辨伪者"与"辨真者"都有所兼顾，但是，如果深入分析，笔者认为这句话中还包含着某种弦外之音。

让我们先来看前半句。"不完全是伪书"，如果我们可以把"伪"字理解成一个否定词的话，那么，这句话就可以被看成一个双重否定。这个双重否定所传达的就是对《鹖冠子》的肯定态度，这种肯定态度至少可以说明，在张岱年先生看来，开展有关《鹖冠子》的学术研究是有其必要性的。然而，紧承前半句的这种肯定，后半句的"不完全是真书"则又传达出了几分否定的意味。笔者想，这是他在承认《鹖冠子》的学术价值的同时，又用这个否定句式来提醒研究者，不要对《鹖冠子》抱有过于乐观的估计，要对《鹖冠子》有客观的认识，不要在走出"全伪"的泥淖之后，马上又步入了"全真"的极端。

这就是张岱年先生对《鹖冠子》一书的主要看法，虽然所着笔墨不多，但是，他在介绍《鹖冠子》一书时所持有的审慎态度是令人印象深刻的。笔者想他的这种审慎主要是基于以下两个方面的原因，一方面是由于这是他根据自己所掌握的材料而得出的个人判断；另一方面则是由于在当时的学术界中，有关《鹖冠子》的学术研究还未充分展开，对于《鹖冠子》学术价值的准确判断还需要后续学术研究成果支撑。时至今日，随着有关《鹖冠子》的研究成果不断涌现，对《鹖冠子》的真伪作出更加准确的判断，对《鹖冠子》的学术价值也作出更加准确的定位，这应该是我们今天继续深入研究《鹖冠子》的必要性之所在。

然而，这并不是一件容易完成的工作。对笔者来说，鹖冠子其人与《鹖冠子》其书都很陌生，直到博士阶段学习了"中国哲学史史料源流举要"这门课程之后，我才知道了他们的存在。当笔者选定了《鹖冠子》作为研究对象之后，面对它短小的篇幅、晦涩的语言，笔者也并不确定自己是否可以有什么新的发现。但是，随着阅读的深入，笔者逐渐建立起了对《鹖冠子》的信心。笔者认为纵观中国思想史，可以肯定，《鹖冠子》的思想还是有其独具的价值，细心品味之，在《鹖冠子》中处处都可以发现鹖冠子思想的闪光点。然而，由于种种原因，鹖冠子思想的闪光点被历代学人忽视。逮至唐末，《鹖冠子》更是深陷真伪之辨的泥淖而不能自拔，更遑论学者对其进行深入的研究。因此，拨开历史的云雾，还鹖冠子其人与《鹖冠子》其书一个公允的评价，把鹖冠子思想的闪光点介绍给世人，这应该是当前研究《鹖冠子》的学者所要完成的首要任务。要完成这个任务，就必须建立在充分了解国内外有关《鹖冠子》的研究成果的基础上，这是我们开展《鹖冠子》的研究工作的一个必不可少的前提。

要开展一项学术研究的工作，一个必不可少的环节就是对所研究领域学术前史的充分了解。在笔者个人看来，要想充分了解自己研究领域的学术前史，有两个阶段的工作是必不可少的。第一个阶段的工作是对相关文献的收集与整理。文献的收集工作务求其全，古今人物的相关撰述都要尽最大的力量搜罗毕至；文献的整理则需在文献收集的基础之上，进一步将之分门别类、条分缕析，以求做到既明其大体，又了然于细目。这个阶段的工作成果就是我们所熟知的"文献综述"。第二个阶段的工作是在"文献综述"的基础之上，评论古今学人研究之优长与有待拓展和深化的不足之处。简言之，这一阶段的工作，其重点就在于一个"评"字。所谓评者，评其优劣得失之谓也。只有通过这种"评"的工作，才能准确地定位目前研究现状中存在的不足之处。而这种不足之处，也正是自己在学术研究中需要着力突破的重点与难点。也就是说，只有通过"评"才能使自己的研究思路由朦胧到清晰。可以说，这是在学术研究中"登堂入室"的必经阶段。这一阶段的工作成果就是"研究述评"。由于"研究述评"的重点在于"评"，因此就不可能像"文献综述"一样面面俱到。

从"文献综述"的角度来看，关于《鹖冠子》的文献应涉及《鹖冠子》之成书、《鹖冠子》之文本以及古今学者对《鹖冠子》的研究三个方面。关于《鹖冠子》之"成书"与"文本"，这涉及历史上关于《鹖冠子》其书的真伪之争。《鹖冠子》之真伪，是一个聚讼千余年的问题，澄清此问题，牵涉尤多。关于古今学者对《鹖冠子》的研究，由于唐代柳宗元判《鹖冠子》为伪书，其说后来又得到很多学者的附和，正因如此，"甚至为《鹖冠子》作注释者，也要声明其为伪书，只是'不尽伪'而已"①，在此背景之下，历代学

① 黄怀信撰：《鹖冠子校注》，中华书局 2014 年版，第 2 页。

者对《鹖冠子》"自然罕有人顾及"①。

1973 年，随着长沙马王堆帛书的出土，《鹖冠子》的命运发生逆转。长沙马王堆帛书出土之后，帛书整理者发现，无论是在思想主旨上还是在语言表达方式上，《老子》乙本卷前古佚书②与《鹖冠子》都存在着许多相近之处。帛书《老子》乙本卷前古佚书构成了证真《鹖冠子》的关键证据，地下证据的出现对《鹖冠子》伪书说造成了沉重的打击，《鹖冠子》终于时来运转，开始受到国内外学者的重视。从此之后，无论是国内学术界还是国外汉学界都有很多关于《鹖冠子》的研究成果不断涌现。基于这种情况，作为"研究述评"，本书侧重于评述 1973 年之后学术界对《鹖冠子》的相关研究。

（一）国内的研究现状述评

我们先来分析国内研究的现状。总体来看，目前国内有关《鹖冠子》的研究成果中，除了三篇博士学位论文以外，其余的几乎都是单篇论文。这些

---

① 黄怀信撰：《鹖冠子校注》，第 2 页。

② 对于《老子》乙本卷前古佚书，学界在其命名的问题上一直存在着争议，但是在其思想属性的判定上基本达成了共识。关于命名问题的争议主要表现在：唐兰先生认为《老子》乙本卷前古佚书就是《汉书·艺文志》中有记载，但是后来失传的《黄帝四经》。参见唐兰《马王堆出土〈老子〉乙本卷前古佚书的研究——兼论其与汉初儒法斗争的关系）》，《考古学报》1975 年第 1 期。对于唐兰先生的这个观点，学界中有支持者，亦有持异议者。举例来说，陈鼓应认同唐兰先生的观点，他在《关于帛书〈黄帝四经〉成书年代等问题的研究》一文中曾有过专门的讨论，并且，他将其注译《老子》乙本卷前古佚书的专著命名为《黄帝四经今注今译》。参见汤一介主编《国故新知：中国传统文化的再诠释》，北京大学出版社 1993 年版，第 139—146 页。而持不同观点的学者中，对《老子》乙本卷前古佚书的称谓亦不尽一致。吴光在《黄老之学通论》中，丁原明在《黄老学论纲》中，都将其称为《黄老帛书》，李学勤先生则将其称为《黄帝书》，魏启鹏亦以《黄帝书》称之，并将其研究古佚书的专著命名为《马王堆汉墓帛书〈黄帝书〉笺证》。然而，如暂且撇开命名问题的争议，从上面的分析中我们就可以看出，诸家在对《老子》乙本卷前古佚书的思想属性的判定上，都一致承认其黄老之学的特色。愚以为，按照"制名指实""名实相应"的原则，既然大家对于古佚书的黄老学之"实"都没有异议，那么，相应地，其"名"就应该而且必须统一。笔者认为，为了减少争议，这个统一之"名"应该尽量客观。所谓佚书者，无名之佚籍也。因此，"《老子》乙本卷前古佚书"虽是权宜之名，却也是唯一一恰当且无争议的名称，如果没有确凿的证据，我们就没有必要再另起炉灶。至于古佚书的"黄老学"的思想特征，这是我们在学术研究中赋予《老子》乙本卷前古佚书的一种属性，这种属性应该是古佚书所具有的全部属性之一种，或一个侧面。随着学术研究的深入，以及新的考古材料的出土，我们也许会有新的发现。这样，无论是"黄老帛书"，还是"黄帝书"，它们也许就不足以概括《老子》乙本卷前古佚书的全部内容了，因此，这个我们由部分之"实"而赋予的"名"就会不再恰当，毕竟这种可能性是存在的。进一步说，这种众"名"纷纭的情况也会给后续学术研究带来诸多不便，例如，金春峰在《汉代思想史》中就同时使用了《黄帝四经》与《黄老帛书》两个名称。参见金春峰《汉代思想史》，中国社会科学出版社 2006 年版，第 34—35 页。这就可能给人造成一种不便，为了弄清这两个名称究竟何指，也许就会颇费一番周折。鉴于这种情况，在本书中，除了我们所征引的前贤之言外，凡涉及此书之处，我们将一律以"《老子》乙本卷前古佚书"称之。

单篇论文主要是借助新出土的文献材料来证实《鹖冠子》并非伪书，并在此基础上划定鹖冠子其人的活动范围，以及推定《鹖冠子》成书时间的上限与下限，进而探讨《鹖冠子》的思想。在这部分成果中，李学勤先生对《鹖冠子》的研究是重镇。唐兰曾在《马王堆出土〈老子〉乙本卷前古佚书的研究——兼论其与汉初儒法斗争的关系》一文之后附录了《老子》乙本卷前古佚书与其他古籍引文对照表①，其中详细列举了古佚书与《鹖冠子》可能存在引用关系的文句。李学勤认为这种引用关系的存在对证真《鹖冠子》具有关键作用。以出土帛书为证据支撑，李学勤对《鹖冠子》进行了研究。

首先，李学勤先生对《鹖冠子》成书年代的推定。李学勤指出："从与帛书的关系来推定《鹖冠子》的性质与年代，可以说是今后深入研究该书的必要前提。"② 他认为今本《鹖冠子》十九篇在内容上浑然一体，应该作为一个整体来看待，其作者鹖冠子的活动年代应在战国晚期前半。为了佐证这一判断，李学勤先生指出《鹖冠子》中的一些术语与《战国策》中的一些术语相近，并且《鹖冠子》的一些思想与《黄帝书》有明显的相承关系。不仅如此，他还认为"《鹖冠子》的某些部分和另一帛书——长沙子弹库出土的楚国帛书也有联系"③。在具体举证之后，李学勤先生认为，综合这几个侧面应该可以确定鹖冠子是活动于战国晚期前半的楚国人。

其次，李学勤先生对《鹖冠子》思想性质的判定。李学勤认为，从随葬的书籍可以在一定程度上推定墓主人生前的身份和思想倾向，从这一论点出发，李学勤推断"马王堆三号墓墓主的思想倾向主要是道家黄老之学，并带有阴阳数术、兵家及纵横家的色彩"④。他说，"这样的学术思想，在战国到汉初的楚地确实存在，《鹖冠子》一书即其明证"⑤，"鹖冠子这个黄老刑名的学派，与《国语·越语》范蠡的思想有直接的关系，《鹖冠子》书中不少语句是因袭范蠡的，帛书也是如此。同时，它们和《文子》《淮南子》，又有彼

---

① 唐兰先生的《马王堆出土〈老子〉乙本卷前古佚书的研究——兼论其与汉初儒法斗争的关系》刊登于《考古学报》1975 年第 1 期，马王堆汉墓帛书整理小组所编《经法》收录了这篇文章，但是《经法》中所收录文章的附文在个别字的释读上与《考古学报》不同，这是需要引用者注意的。

② 李学勤：《〈鹖冠子〉与两种帛书》，载陈鼓应主编《道家文化研究》第一辑，上海古籍出版社 1992 年版，第 335 页。

③ 李学勤：《〈鹖冠子〉与两种帛书》，载陈鼓应主编《道家文化研究》第一辑，第 335 页。

④ 李学勤：《马王堆帛书与〈鹖冠子〉》，《江汉考古》1983 年第 2 期。

⑤ 李学勤：《马王堆帛书与〈鹖冠子〉》，《江汉考古》1983 年第 2 期。

此的影响。这些都是南方的作品。汉文帝六年（前174），贾谊为长沙王太傅，居住在长沙，作《鵩鸟赋》，袭用了《鹖冠子·世兵篇》的部分文字，证明鹖冠子的黄老学派那时仍在长沙流行。贾谊作赋的这一年，离马王堆三号墓下葬仅仅六年。我们说三号墓墓主的思想学风近于鹖冠子一派，看来不是没有根据的"①。

李学勤的这一系列文章对其后《鹖冠子》研究工作的开展产生了重要影响。正是在这种影响之下，孙福喜在李学勤的指导下完成了他的博士学位论文《〈鹖冠子〉研究》。

孙福喜的博士学位论文《〈鹖冠子〉研究》于1999年完成，于2002年由陕西人民出版社以同名出版，并于2004年再版。关于这篇论文的主要内容及其特点，李学勤在是书序言中作了很好的概括。李学勤说："他（孙福喜）先反复绎读原书，对校各种版本，然后由陆注开始，遍检诸注，包括极少人看到的吴世拱注，与在台湾发表的张金城笺疏。至于所谓唐写本，则力辨其伪。在这样的文献学基础上，分析《鹖冠子》关于天道与宇宙观的内容，克服本身知识训练的困难，终能取得科学史的博士学位。"② 由此可以看出，孙福喜的博士学位论文的特点在于文献占有得详备。在占有大量资料的基础上，孙福喜的文献综述亦面面俱到。文献搜集与整理是一项辛苦而单调的工作，孙福喜在这方面付出了大量的艰辛劳动，他的付出为其他学者继续研究《鹖冠子》创造了极大的便利，这是他的重要贡献。

孙福喜的博士学位论文乃是以《鹖冠子》为研究对象的第一部专著，对于一本拓荒之作来说，各种文献之搜集和整理是必不可少的工作，然而，由于文献综述及不同文献之间的文句、词语的比较占据了其博士学位论文的大部分篇幅，孙福喜对《鹖冠子》思想的研究就没能充分展开，因此这部分就略显单薄。在博士学位论文的最后两章，孙福喜讨论了《鹖冠子》的天学及宇宙观。由于这是一篇科学史方面的博士学位论文，在这两章内容中，孙福喜主要侧重于挖掘鹖冠子的"天学"及宇宙观对中国科学史的贡献。因此，孙福喜于《鹖冠子》的哲学思想的研究就不能够兼顾。而这方面的工作就需要我们来继续推进。

---

① 李学勤：《马王堆帛书与〈鹖冠子〉》，《江汉考古》1983年第2期。
② 孙福喜：《〈鹖冠子〉研究》，陕西人民出版社2002年版，第2页。

　　在孙福喜之后，北京师范大学历史学专业的杨兆贵于 2003 年完成了一本与孙福喜的《〈鹖冠子〉研究》同名的博士学位论文。杨兆贵在叙言中说："《鹖冠子》不是鹖冠子一人所写，也不是同一学派所撰，因此，有必要分章讨论。本来本文上编拟就《鹖冠子》每篇立一章加以讨论，但是有些篇章的讨论和下编综合的研究有很多重叠之处，因此，篇章安排有所改变。"① 在论文中，杨兆贵只将《近迭》《度万》《王铁》《兵政》《学问》五篇归于鹖冠子名下，其余篇章则被杨兆贵归于不同的作者，不止于此，他又将这些年代分布的上限至战国中期，下限至汉景帝末年武帝初年的作者划归于不同的学派。这样做的结果就是：《鹖冠子》不但成于众人之手，而且还成于不同学派之手，这就明显忽略了《鹖冠子》其书不同篇章之间的有机联系。如果按照这种方法来分解《鹖冠子》，那么，《鹖冠子》将名不副实，《鹖冠子》其书作为一个整体也将不复存在。由此也可以看出，杨兆贵对学术界已有的有关《鹖冠子》的研究成果并没有给予充分的重视，因此其论文多有与前人研究成果相抵牾处，对于这种抵牾，他也没作出详尽的说明和分析，以断清孰是孰非。这也提醒我们对论文选题的学术前史的整理和综述何其重要。

　　林冬子于 2013 年完成题为《〈鹖冠子〉思想研究》② 的博士学位论文。对于研究方法，林冬子说：

　　　　作为一位思想家，鹖冠子有他想要解决的时代问题，了解这些问题有助于我们进一步研究其思想。这种方法，劳思光称之为"基源问题研究法"。对于《鹖冠子》这样一部思想驳杂的著作来说，这个方法尤为适用。③

　　遵循这一思路，林氏对"《鹖冠子》的基本问题"进行了总结概括。在概括"基本问题"的过程中，又以相关问题为基点，提炼出了一些重要的概念，比如在"天道论：现实政治的最高依据"一节之下，林氏指出"'道'、

---

　　① 杨兆贵：《〈鹖冠子〉研究》，博士学位论文，北京师范大学，2003 年，第 1 页。
　　② 林冬子在 2016 年出版了题为《〈鹖冠子〉研究》的专著，该书由宁夏人民出版社出版。该书与其博士学位论文不尽相同，但主要观点基本一致。故，本书综述仍以其博士学位论文为基础。
　　③ 林冬子：《〈鹖冠子〉思想研究》，博士学位论文，中央民族大学，2013 年，第 26—27 页。

'天'与'气'是《鶡冠子》天道论的三个重要方面,这三个方面均有其独特性"①。在论文正文结构的架设上,林冬子即是从《鶡冠子》的"基本问题"和"重要概念"② 两个方面来展开。

从论文的整体结构来看,第一章到第五章是围绕"天道论"及其相关概念来展开的,第六章与第七章分别涉及鶡冠子的"选贤观"和"用兵观"。相比之下,"天道论"所占篇幅尤大。这就产生了两个方面的效果:其一,对"天道论"及相关概念述之尤详,几乎是"牛毛茧丝"无所不辩,这体现了作者用功之勤,此诚为可感者也;其二,由于对具体概念采取分别论述、剖析的方式,这就割裂了一些概念之间的有机联系。比如第一章题为"《鶡冠子》天道思想总论",第二章题为"《鶡冠子》'道'论研究",第四章题为"《鶡冠子》'天'观念研究",这就给人一种重复论述之观感。在《鶡冠子》的文本中,天、道、天道三者之间的关系往往不可割裂看待。这一点林氏也有所注意。林氏在文中说,"《鶡冠子》更注重'天道'与'工道'的相互征验,对'天'的强化导致了对具体'道'论的弱化"③。实际上,对天的"强化"导致对"道"的弱化,这恰好说明"天"与"道"、"天道"与"王道"之间存在微妙的关联,而林氏辟为三章分别论述之,这就难免割裂三者之间的有机联系。再者,基于《鶡冠子》文本的特殊性,具体概念往往由于特定语境之不同而会在涵义上产生细微变化,分别论述的方式会导致作者忽视篇章语境之异而强求词语意义之同,这也是分别论述的弊端之一。最后,随着马王堆帛书的出土,虽然《鶡冠子》并非伪书已几成学界定论,但是,结合出土文献,发掘新的证据以确证《鶡冠子》之真,这仍然是当前学界需要完成的一个艰巨任务,但是,林氏文中对此没有过多涉及,甚为可惜也!

(二)国外(不含日本)研究现状述评

以上大体概括了国内《鶡冠子》研究的现状,下面我们来介绍国外汉学界有关《鶡冠子》的研究进展。国外汉学界对《鶡冠子》的研究以比利时的戴卡琳为重镇。她的博士学位论文于 1993 年完成,已于 1996 年出版,其英文书名是 *The Pheasant Cap Master: a Rhetorical Reading*,此书的中译本已于

---

① 林冬子:《〈鶡冠子〉思想研究》,博士学位论文,中央民族大学,2013 年,第 29 页。
② 对于"天""气"等,林冬子在文中时以"观念"称之,时以"概念"称之,相较之下"概念"似乎更为允当。
③ 林冬子:《〈鶡冠子〉思想研究》,博士学位论文,中央民族大学,2013 年,第 58 页。

2000 年由辽宁教育出版社出版发行，中译本的名称是《解读〈鹖冠子〉——从论辩学的角度》。戴卡琳在《从措辞明理艺术的角度来研究〈鹖冠子〉》一文里详细介绍了她的博士学位论文的内容和研究方法。戴卡琳在该文中指出，她的这本著作"最令人诧异的大概是'Rhetorical'这个词。这个英文词虽然中文一般译为'修辞学'，可是在本书里'Rhetoric'根本不是这个意思。因为'The Pheasant Cap Master'代表书的内容，而'Rhetoric'代表研究方法，所以我先简单地解释一下这个词的用法"①。

戴卡琳认为在西方传统里"Rhetoric"主要有三种用法，而她本人所采用的是其中的第三种用法。关于这种用法，戴卡琳在文章中作了详细的解释。她说：

> 第三个意思是一种很重视语言力量的思想派别的主张。这个派别在西方传统里从古希腊以来一直是"哲学思想派别"的对立面。西方哲学家从柏拉图以来很怀疑语言的力量。他们因为相信客观不变的真理的存在，所以最怕这个真理会受到主观的语言的纷扰。按照他们的看法，语言如果对真理不是一种威胁的话，它只能给它一种服务而已。即：把客观的真理美丽地表达出来，让人家注意它。"措辞明理派"怀疑客观真理的存在：他们认为任何言论，包括哲学理论，都是从一个主观的角度出发，在一个具体的范围里提出的。语言对于真理的影响是必要而不能避免的。虽然真理会受到语言的纷扰，可是它也靠语言而存在。这两个思想派别对于任何问题，包括互相价值的判断，都有很不同的看法。因为在西方传统里"哲学派别"最强大，所以它对于西方文化各个方面的影响都很大，譬如科学、宗教、语言和汉学（sinology）。中国人把"Rhetoric"仅看做一种"修辞学"（第二个意思）这也反映了西方传统的这个偏见。我把第三个意思译为"措辞明理（学派）"。②

从上面这段文字我们可以看出，戴卡琳之所以选择从"措辞明理"的角

① ［比利时］戴卡琳：《从措词明理艺术的角度来研究〈鹖冠子〉》，载陈应主编《道家文化研究》第十五辑，生活·读书·新知三联书店 1999 年版，第 199 页。

② ［比利时］戴卡琳：《从措词明理艺术的角度来研究〈鹖冠子〉》，载陈应主编《道家文化研究》第十五辑，第 200 页。

度来研究《鹖冠子》，她主要是为了纠正多数西方学者研究《鹖冠子》在方法上的偏颇。戴卡琳认为，一直以来，西方学者都习惯于在《鹖冠子》中找寻与西方观念相对应的概念，并从哲学的角度来分析两者的同、异，在戴卡琳看来，西方学者不应该固守其西方文化的立场来审视《鹖冠子》，这种保守、骄傲的态度往往导致对《鹖冠子》的偏见和误解，所以"我们要重新把它们从古代中国的背景来考虑"①。

那么，在戴卡琳看来，鹖冠子所处的社会背景是怎样的呢？在文章中戴卡琳指出："上面的人，无论是皇帝，国王，圣人还是父母，他们说'是'对于下面的人就是'是'；他们说'非'就是'非'。'弑'、'诛'、'杀'等字，如果不属于某一个政治范围的话，没有什么客观的永远不变的意思。它们的意思都是根据国王所谓'弑'、'诛'或'杀'的意思而来的。对于《鹖冠子》来说，影响政治的一个方法就是说服国王在这方面所用的名词。作者不停地强调他所谓'天'、'一'、'道'、'德'、'明'、'聪'、'人'、'兵'、'法'等字。它们基本上都是在政治的范围里提出的。"② 所以，像（西方）"哲学派别"一样来强调永恒不变的客观真理，只把语言当作客观地描述现实的工具，那是行不通的。因为古代中国的统治者说出的话远远不止于描述客观事实，它还具有生杀予夺的力量。戴卡琳认为，正是因为鹖冠子意识到了语言的这种力量，所以他才反复强调一些词语的重要性。因此，戴卡琳认为，从"措辞明理"的角度来研究《鹖冠子》，以突出鹖冠子对语言力量的重视，这应该是一个很理想的研究角度。

戴卡琳注意到了鹖冠子对语言力量的重视，这是她的特殊的文化背景给我们带来的"真知灼见"。这种"真知灼见"给我们带来的启发还不止于鹖冠子重视语言的力量这一点。笔者想，即使鹖冠子重视语言的力量，他也并非在自觉地强调语言本身。鹖冠子之所以强调语言的力量，这是因为他看到了在"人治"的社会里，居于最高统治地位的人的"言"，对一个社会的长治久安所起到的决定性的作用，这才是应该引起我们重视的关键所在。也就是说，鹖冠子对"语言"的重视，又主要是源于他对"君主"作用的重视，

①　［比利时］戴卡琳：《从措词明理艺术的角度来研究〈鹖冠子〉》，载陈应主编《道家文化研究》第十五辑，第194页。

②　［比利时］戴卡琳：《从措词明理艺术的角度来研究〈鹖冠子〉》，载陈应主编《道家文化研究》第十五辑，第207页。

"君主"才是他关注的焦点。鹖冠子看到,在现实的政治生活当中,天下之安危往往系乎"君主"一人,君主贤则天下安,君主庸则天下乱。但是,世袭君主制不但不能够保证贤君当政,而且还总使一些庸人为君,这就使社会秩序无法得到保证,因此,鹖冠子大胆地设计了自己的对治之道,他认为"选贤为君"才是最终的解决办法。

戴卡琳之外,英国的葛瑞汉对《鹖冠子》的研究也比较重要。首先,葛瑞汉注意到了鹖冠子的理想社会观的矛盾。他在《〈鹖冠子〉:一部被忽略的汉前哲学著作》一文中指出"值得注意的是,它就理想社会提出的相互对立的纲领有三类之多"①。"第一类大体近于法家,第二类则属于阴阳家,第三类则属于道家的无政府主义。"② 这种理想社会纲领之间的矛盾,反映出鹖冠子对其他学派思想的借鉴。但是,在葛瑞汉这个疑问的基础上,我们需要作进一步的思考:这些互不相同的理想社会的纲领是鹖冠子解决社会问题的三种不同的途径呢? 还是它们在鹖冠子思想的深层最终得到了统一? 对这个问题的思考和解答,对全面、准确地解读《鹖冠子》的思想非常重要。

其次,关于《鹖冠子》文本的类型。葛瑞汉将《鹖冠子》十九篇文章分为三种类型,"(1) 对话,第七至第九篇,第十四篇和第十五篇。在这几篇中,鹖冠子回答名为庞子的人提出的关于政府或战争的疑问。(2) 对话,第十六篇和第十九篇。在前一篇,由庞煖回答赵国卓(悼)襄王(前244—前236)③指在位时间。的提问;后一篇,由庞焕(陆佃认为'焕'是'煖'的另一写法)回答赵武灵王(前325—前299)④指在位时间。的提问。(3) 论文,第一至第六篇,第十至第十三篇,第十七篇和第十八篇"③。

再次,关于《鹖冠子》不同篇章之真伪的判别。葛瑞汉指出,有的学者④认为《鹖冠子》十九篇有它书掺入的文章,并通过在不同篇章里寻找对

---

① ［英］葛瑞汉:《〈鹖冠子〉:一部被忽略的汉前哲学著作》,杨民译,载葛兆光主编《清华汉学研究》第一辑,清华大学出版社1994年版,第102页。

② ［英］葛瑞汉:《〈鹖冠子〉:一部被忽略的汉前哲学著作》,杨民译,载葛兆光主编《清华汉学研究》第一辑,第103页。

③ ［英］葛瑞汉:《〈鹖冠子〉:一部被忽略的汉前哲学著作》,杨民译,载葛兆光主编《清华汉学研究》第一辑,第103页。

④ 诺伊格勒尔认为,从第十四篇到第十九篇是附加到《鹖冠子》一书中的,不仅第十六篇和第十九篇,而且第十四篇和第十五篇庞子的对话也可能来自《庞煖》一书。参见［英］葛瑞汉《〈鹖冠子〉:一部被忽略的汉前哲学著作》,杨民译,载葛兆光主编《清华汉学研究》第一辑,第108—109页。

应性的用词来证明哪些是《鹖冠子》原有的文本，哪些是掺入的文本，葛氏认为这个方法是不妥当的。他说："这种相互的联系，即使有一组不可否认的意义，也不能证明原作者的一致性。一位大师可以在一个弟子处得到词句的回应，甚或几百年后从评论者处得到。无论如何，就内在的证明而论，虽然语言和思想的同质性仍然是全部的根据，但是由于这种同质性的广泛存在，我们只得依此把古代的著作作为一个整体来接受，除了三个对立的理想社会的谜团之外（对此本文在末尾部分拟另作说明）。至少现在我们有足够的理由来假定原作的完整性（第十六和十九两篇除外），就像我们有足够的理由对待其他中国古代作品一样。"①

复次，关于《鹖冠子》的年代。葛瑞汉指出"一般的意见似乎它具有汉代作品的感觉，也许是西汉，但又不会早于或晚于西汉。不管怎么说，中国学者在否定它早于西汉的论证中，可能受到了二分法的错误束缚，即，或者是《鹖冠子》应该像与《墨子》或《庄子》同时代一样去理解，是战国非正统著作中的一种，或者是汉代的伪作"②。葛氏认为"《鹖冠子》一书写于公元前202年汉代胜利之前的最后几十年间。篇什不必尽写于该时期变化迅速剧烈的同一阶段。对这一问题，我们在阐释三个理想国的异同之时，再加以讨论"③。

又次，关于《鹖冠子》的思想。葛氏说："在《鹖冠子》中，我们看到了'法'和'形名'这两个法家的概念，看到了阴阳和五行的宇宙哲学，看到了没有任何特定思想统系的儒家或墨家以及与《老子》和《庄子》常常没有共鸣的道德主义。这是秦统治期间一度流行的思想影响的种类——政治家的法家、占卜家的宇宙哲学、声称能使秦始皇长生不老的炼丹术以及作铭文告示公众的不偏不倚的道德主义。"④"正如儒家的《荀子》一样，对《鹖冠子》来说，'道'既包含了道德上天与地的中性之道也包含了道德之道。中

---

① ［英］葛瑞汉：《〈鹖冠子〉：一部被忽略的汉前哲学著作》，杨民译，载葛兆光主编《清华汉学研究》第一辑，第111页。

② ［英］葛瑞汉：《〈鹖冠子〉：一部被忽略的汉前哲学著作》，杨民译，载葛兆光主编《清华汉学研究》第一辑，第112页。

③ ［英］葛瑞汉：《〈鹖冠子〉：一部被忽略的汉前哲学著作》，杨民译，载葛兆光主编《清华汉学研究》第一辑，第117页。

④ ［英］葛瑞汉：《〈鹖冠子〉：一部被忽略的汉前哲学著作》，杨民译，载葛兆光主编《清华汉学研究》第一辑，第118页。

性之道给一些人带来成功，给另一些人带来失败，并不顾及他们的道德价值；道德之道则由贤哲之人随天地之道而调整，为人们事先铺就。'一'是一切通道的起始点，它自身也在通道之上，但是对此适当的比喻不是'道'而是'门'。"①

最后，关于为什么《鹖冠子》中描绘了三种不同类型的理想国，葛氏在文章结尾处说："现在我们能够明白，为什么一部著作，其大部分完整统一，却给我们提出了三个不同的理想国。它的作者是从楚国末年经过秦代直到秦汉之交，处在一个剧烈变动的不寻常时期的人。他进行这部著作的写作，对秦代暴政下法家的怀疑，对秦汉之交有组织政府的突然丧失信心，使他改变了思想，作为这两次危机的反应，他是一个对理想共和国思考甚久的设计者。在第一次危机之后，他设计了一个新的理想国；第二次危机之后，他彻底放弃，投入道家和杨朱学派，以一怀愁绪，伤感早期的岁月，那时，压根儿就没有政府。"②

（三）日本学界研究现状述评

关于日本学者对《鹖冠子》的研究，目前学界还没有较为系统和详尽的介绍。通过梳理不难发现，实际上，日本学术界很早就注意到了《鹖冠子》这本书。

1. 赖山阳与佐藤一斋对《鹖冠子》的评论与注释

东京图书馆现藏有由堤大介所编之《两评名家文抄》③。其中，两评是指赖山阳与佐藤一斋两位学者对一些名家文字的评论与注释。在是书中有一段节选自《鹖冠子·度万》的文字，该段文字为繁体竖排。在正文文本页眉处有竖排小字评注。评注共有九条，其中八条涉及文本注释，在此不一一列出。除此之外，佐藤一斋有一条评注云："所谓聱牙佶屈，俗肠难入之文也。人人读得，可知其厚味也。"佐藤一斋认为《鹖冠子》的文字"聱牙佶屈"，非常难读难懂，但是，其文字与思想却独具一格，是"俗肠难入之文"，非寻常人

---

① ［英］葛瑞汉：《〈鹖冠子〉：一部被忽略的汉前哲学著作》，杨民译，载葛兆光主编《清华汉学研究》第一辑，第 119 页。

② ［英］葛瑞汉：《〈鹖冠子〉：一部被忽略的汉前哲学著作》，杨民译，载葛兆光主编《清华汉学研究》第一辑，第 139 页。

③ 该书首页有标识："东京图书馆藏"，并注明"三函二架四三号二册"，书后仅有"赖山阳佐藤一斋两评名家文抄"，下有"堤大介／编"之字样，无具体出版信息。

所易于理解，然而，人人读得，细细品味，自知其中有"厚味"。这是对《鹖冠子》的一个较高的评价。

2. 加山弥中 《鹖冠子·道端》 品汇

《九子品汇》① 之《鹖冠子·道端》品汇。该书由日本学者加山弥中撰写，由加山安卫纂辑。是书于明治十五年（1882）十一月出版。现于日本国立国会图书馆有藏本。该书第 39 页至第 43 页为《鹖冠子·道端》篇之品评。品评之语位于竖排文本之顶端页眉处，共计有三条评语。三条之中，只有第 39 页之评语可以识别，其他两条评语墨迹模糊，不可识别。可以识别之评语如下：

> 弥曰："河海不嫌细流，故大。天下之事，非一人之所独知。如之何？曰：开四聪，达四方，容众议，则天下治矣。今之时，夫开四聪达四方容众议之时乎？"

此条评语，大体是针对《鹖冠子》"天下之事，非一人之所能独知也。海水广大，非独仰一川之流也。是以明主之治世也，急于求人，弗独为也"这句话所发的议论。加山弥中认为，对于当时的日本社会来说，"开四聪达四方容众议"也是当务之急。

3. 岛田钧一 《支那哲学 （周代诸子略）》② 对 《鹖冠子》 之介绍

岛田钧一著有《支那哲学（周代诸子略）》，是书之第二章为"道家"，在"道家"目下，有专节论述鹖冠子，其文位于是书第 134 页至 135 页。岛田钧一的主要关注点，是有关《鹖冠子》真伪的争论，并例举了韩愈与柳宗元两家的说法。他认为柳宗元的伪书说失于偏颇。他说："如子厚，因一言之疑，而直斥其全体，其评论并不确切。"然而，岛田钧一对柳氏的反驳，也并不意味着在他看来《鹖冠子》并无可疑之处。他指出："虽体察其文章，甚古之文亦不可得见，往往语秦汉之后始有之事，混于其间，除此之外，亦可见其述及始于汉代的五行之说，非常让人疑惑。然而，在没有得到其他证据的

---

① 该书后有出版信息，现简要说明如下："《九子品汇》，编辑人：加山安卫，出版人：近藤恭三，发售本舍：兰交堂，明治十五年十一月出版。"《鹖冠子》品汇位于该书之第 39—43 页。

② 该书封面标注："哲学馆第十四学年度高等学科讲义录《支那哲学（周代诸子略）》，岛田钧一"，封面并有"帝国图书馆藏"之印迹。具体出版信息不详。

前提下，我们亦难以骤断其真伪。"在缺乏有力证据的前提下，虽其真伪一时难以判断，但是，《鹖冠子》仍有值得关注与研究的价值。他指出："虽说如此，鹖冠子的理论，我们还是应该予以重视，其文亦有值得一读之处。"对于鹖冠子学派之归属，岛田认为："如退之以往之评论，如将《鹖冠子》看作仅仅记载道家之学说，这是不成立的。其中杂有刑名实用之论，其余的地方，与道家没有差异。"以上即为日本学者岛田钧一对《鹖冠子》的看法。

4. 久保天随《老子新释》对《鹖冠子》之介绍

另外，日本学者久保天随著有《老子新释》，在是书之附录部分，有专节论述鹖冠子。① 关于鹖冠子其人，久保天随指出，鹖冠子"原本是隐逸之人，以讲学终其一生"。关于鹖冠子生活的时代，他认为，"据其书中所见，鹖冠子与赵武灵王、赵悼襄王同时，那么，其与孟庄诸子亦属同时，只不过要稍早于鹖冠子吧"。

关于韩柳二家之评论以及《鹖冠子》真伪之论争，久保天随注意到了刘勰、韩愈与柳宗元三家的观点。他认为，"宗元的辩解，只涉及到了《世兵》一篇，其余理应有所概观的篇章却一无所及，在这种情况下，即论断《鹖冠子》其书为伪书"，这也就难免以偏概全。

关于韩柳二家之后，历代学者之议论，久保天随认为，韩柳系同时代人，观点却针锋相对。"韩柳之后，如晁公武、陈振孙，也继承了柳说，亦拒斥此书，并认为是后人的依托之作。"而陆佃与宋濂都承认《鹖冠子》有驳杂的一面，但与此同时，他们亦指出，《鹖冠子》有其值得关注的地方。久保天随认为，这属于"调停之说"。

相较之下，久保天随更为重视胡应麟的说法，他认为胡说"钻研更为精赅"。实际上，仔细梳理不难发现，胡应麟的观点亦属调停之说。胡应麟认为，《鹖冠子》并非战国时书，但亦"非东京后之人所能为"。《鹖冠子》其书，汉世尚有流传，但由于其书断缺，后世鄙浅之人或有以己意增益者。后来，由于将道家与兵家混而为一，又杂以五行家言，故今之传本显得驳然无统。且，其推测《世贤》《武灵》二篇本属庞煖之书。由此，不难发现，胡应麟的观点，对《鹖冠子》有肯定，亦有否定，也基本是调停诸家之说的产

① 参见［日］久保天随《老子新释》，博文馆，明治四十三年（1910）十月十八日，第231—241 页。

物。唯其推测《世贤》《武灵》原本是庞煖书的内容，实为前人所未发，但，亦只是推测而已，并无坚实证据以佐证之。

经过以上分析，久保天随认为，柳宗元"绝对地论断《鹖冠子》为伪书，不得不说其过于草率"，并颇为认可《四库全书提要》的观点。

综上所述，久保天随得出了自己的判断，他说：

> 现存的《鹖冠子》，应该是古书之残缺，其中间有后人窜入增加的部分。因此，其词气瑰伟，文格古质，绝非东汉以下的模仿之作。《四库全书提要》，亦断言曰："其说虽杂刑名，而大旨本原于道德，其文亦博辨宏肆。自六朝至唐，刘勰最号知文，而韩愈最号知道，二子称之，宗元乃以为鄙浅，过矣。"①

关于《鹖冠子》之篇数，久保天随沿用旧说。

关于《鹖冠子》为学之倾向，久保天随认为：

> 《鹖冠子》议论的主旨，杂驳不一，非纯粹的道家者流的著作，其宇宙论，本于老庄。进入更为精致的领域的政治论，全是依傍儒家而形成。这也正是有人称其为折衷之作的原由。②

久保天随认为，《鹖冠子》的理论进入精致的政治论的时候，全是依傍儒家而形成，这是一个较新的观点。鹖冠子与儒家政治论的关系，亦是值得深入探讨和研究的一个问题。

关于宇宙论，《鹖冠子》云：

> 有一而有气，有气而有意，有意而有图，有图而有名，有名而有形，有形而有事，有事而有约。约决而时生，时立而物生，故气相加而为时，约相加而为期，期相加而为功。功相加而为得失，得失相加而为吉凶，万物相加而为胜败。莫不发于气，通于道，约于事，正于时，离于名，

---

① ［日］久保天随：《老子新释》，第235页。
② ［日］久保天随：《老子新释》，第236页。

成于法者也。(《环流》第五)

针对这段话，久保天随作了如下的分析，他说：

> 宇宙之本体是道。由道而生气，由气而生时，其中，有必然的差别之端，由此而意生。"意"者，要迫切地满足其本性，因此，有活动的计划，这个活动的计划就被称之为"图"。"意"是活动的，由其活动而填充"图"，各种区别亦将随之而产生，从而，也就产生了"名""形"。既已有"形"，即有适应其形之"事"，既有"事"，就有一定之法则连绵不断地行于其间。"约"决其"事"，这即是"时"所以产生的原由。"时节"既生，则元亨利贞，各遂其用，尔后，万物生成，万事并出。故曰：莫不发于气，通于道，约于事，正于时，离于名，成于法者也。故而，一之道举，则天地万物皆从而来之。故曰：一之法立，而万物皆来属。①

简而言之，道是宇宙之本体，这个本体之道亦被称为"一"。由此一而得以开出万事万物。故而，纲举目张，"一之道"一旦昌明，则天地万物必从而来之。

关于《鹖冠子》所阐述的政治的根本原则，久保天随指出：

> 天如日月之运以行赏罚，如四时之行以检人民，如五政之施以行道治世。于是，作为结果，功成、事遂、弗知其状，图弗能载，名弗能举，普济天下而共趋至道之世。故曰："芴乎芒乎，中有象乎！芒乎芴乎，中有物乎！窅乎冥乎，中有精乎！"这就被称之为"夜行"。夜行，是圣人所宝贵与崇尚的，用以施政的不二之根本原则。②

在这段话中，久保天随对"夜行"的理解，结合了圣人"功成""事遂"，但人们却"弗能知""弗能载""弗能名"这样的特征。圣人这种治世的方法，就好

---

① ［日］久保天随：《老子新释》，第236—237页。
② ［日］久保天随：《老子新释》，第237—238页。

像是一个人在夜里行走，虽有行走的举动，但是却不易被别人知晓，所以久保天随指出："芴乎芒乎，中有象乎！芒乎芴乎，中有物乎！窅乎冥乎，中有精乎！"这就被称为"夜行"。这种对夜行的理解，还是颇为新颖的。这种理解，与鹖冠子的一段文字也能够对应起来。《鹖冠子·道端》云："仁人居左，忠臣居前，义臣居右，圣人居后。左法仁则春生殖，前法忠则夏功立，右法义则秋成熟，后法圣则冬闭藏。先王用之，高而不坠，安而不亡。"在这句话里，圣人是居于后的，居于人后，这是一个不易被察觉和发现的位置，而"后法圣"的效果，则是"冬闭藏"，"闭藏"也是一种收敛、退藏，这仍然是一种潜默而不易被察觉的方式。这似乎正可与久保天随对"夜行"的理解对应起来。久保天随的这种理解是颇具启发意义的。在此基础上，对"夜行"进行更为深入的研究，以求更为深刻准确地理解其涵义，这也是一个值得努力的方向。

久保天随认为，"夜行"是圣人所宝贵与崇尚的，用以施政的不二之根本原则。按照这样的施政原则，而造就的国家状态，他认为就是"大敦"。然而，圣人却并不能够仅凭一己之力来治理国家，这就突显了人才采择的必要。他指出，在选贤任能的过程中，也必须效法于自然的法则。而符合自然法则的用人之道，就被称为"王鈇""泰一"。作为人主，不能以强力招致人才，必须通过自身的修养来使人才归附。久保天随认为，"故所谓道者，无己者也。所谓德者，能得人者也"，这句话就是指君主如何来招致人才。这亦是颇具启发性的见解。对"所谓道者，无己者也。所谓德者，能得人者也"，我们还有必要进一步深入研究和阐发。

久保天随指出"人主，既然不得不修德，那么，就有讲明学问的必要，因而，鹖冠子列举了有关修为的条目"，这个条目就是"九道"。而在实践上，君主则要注重"礼乐仁义忠信"六德。

久保天随认为，《鹖冠子》所期望的理想国家的状态，与《老子》第八十章和《庄子·胠箧》篇的描述相似，是一种复古的回顾，必须复归到原人时代一般的状态。这种对鹖冠子理想之国的理解与日本学者大形彻对其理想国的理解正形成了鲜明的对比，我们将在后文详述之。

最后，久保天随评论道：

　　根据宇宙之本体，鹖冠子阐述［本体］分出之现象。治理人生天下，也要遵循这一法则，这与老子所说的内容有紧密的关系。但是，［鹖冠子］

却一转而论述实践道德，阐述经世济民的方法，这与儒家最为接近。[鹖冠子]又有先兵之说，且扩大了"兵"字的意义，把礼义忠信也包含进去，这样做的结果，其大体的倾向，又与儒家的教义没有特别的差违。总而言之，鹖冠子的学说，基于南北两大思潮的折衷，在其所处的时代，可以说是极为适切之言。[由于鹖冠子]没有后继之人，从而，无从看到由于其波及后世的影响而产生的特别的观点，这是让人大为叹惜的。①

以上即是久保天随对《鹖冠子》的研究。

5. 大形彻对《鹖冠子》的研究

在关注《鹖冠子》的日本学者中，研究比较系统且详尽的，要属大形彻。关于《鹖冠子》，大形彻有两篇文章，其中一篇是《〈鹖冠子〉——不朽国家幻想下的隐者之书》，该文于 1982 年在《东方宗教》第五十九号发表；另一篇是《〈鹖冠子〉的构成》，该文于 1983 年在《大阪府立大学纪要》（人文·社会科学）发表。在此，也要感谢大形彻先生热心地提供日文原著的 PDF 版本。

在《〈鹖冠子〉——不朽国家幻想下的隐者之书》② 一文中，大形彻指出："《鹖冠子》的思想都被凝缩于'不朽之国'这个词语之中。"大形彻认为鹖冠子是出生于战国末期的楚国人，并指出《鹖冠子》的思想绝对不是充满了统一天下的霸气的强者的思想。作者认为，从"远乎敌国之制"（《天权》第十七）、"国亡绝祀灭宗"（《学问》第十五）这些文句中就可以推测出鹖冠子内心中有来自敌国的焦虑，他时时担心自己的国家有可能被敌国灭亡，于是，他要想尽办法让自己的国家能够在与敌国的竞争中胜出，或至少存续下来。基于这些看法，大形彻指出，"被灭亡的不安"是鹖冠子思想的起点，而"不朽国家的完成"则是鹖冠子思想的终点。

大形彻指出，鹖冠子构筑不朽之国的方法就是效法天地。鹖冠子发现天地的运行遵循一定的规律。比如，我们日常所见的天文现象，太阳每天从东方升起，西方落下。正因为天地运行遵循这样的规律，所以才能够天长地久。鹖冠子认为，如果一个国家的治理也遵循这样的规律与法则，那么，它也能够实现长存不朽。在主张效法天地这一点上，鹖冠子与传统道家的立场并无不同。

---

① ［日］久保天随：《老子新释》，第 240—241 页。

② 该文载于《东方宗教》第五十九号，日本道教学会，昭和五十七年（1982 年，译者注）五月二十日，第 43—65 页。

大形彻认为，与道家学派的两部重要著作《老子》和《庄子》相比，鹖冠子的思想旨趣更接近于《老子》。《鹖冠子》与《老子》一样，更为关注国家，更热衷于讨论政治。至于鹖冠子关注现实的原因，大形彻认为这是由于鹖冠子生活的国家动荡频仍，外部有强敌，内部的政治又混乱不堪，所以，在阅读《鹖冠子》的时候，能够时时感觉到他有要为国家献计献策，使国家摆脱不利地位的紧迫感。

大形彻指出，在鹖冠子所构筑的政治制度中，圣人是君主最为重要的辅佐。圣人能够理解天地自然的本质和根本原理。当圣人领悟了这些原理之后，就通过效法天地自然来创立治理国家的"法"和"令"。在执行这些"法"和"令"的时候，要严格遵守，就像天地运行那样一丝不苟。所以，在很多时候，鹖冠子对于违反法令的人，主张采取比较严厉的措施来给予惩罚，这就不免于陷入严刑主义。在这一点上，鹖冠子与法家的立场又颇为相似。

大形彻认为，鹖冠子虽然设想了理想的国家，但是，现实却并不总是如人所愿。他说：

> 《鹖冠子》的思想，自始至终都被理性主义的精神所贯通。对于这一点，从我们的角度来说，理解起来比较容易，同时还会心生同感与同情。鹖冠子试图要把天地自然悠久不灭的特性注入到现实政治当中。这无异于一次伟大的冒险。这种尝试看上去好像基本达到了目的。然而，这里面存在着很大的障碍。这就是理性主义无法解释清楚的东西，即："命"和"势"。现代社会也有诸如"命运"或"运气"一类的词语通行，对于这些说法，我们都能一笑置之，虽说如此，还是存在着那些单靠人的力量和人的知识都无法解决的现实困境。鹖冠子也有同样的苦恼。①

在现实困境的苦恼中，鹖冠子也考察了超越人的智慧的力量——"命"与"势"。他认为只有圣人可以决定"命"。然而，即使是圣人，对于"势"也是无可奈何的。大形彻认为，对于鹖冠子来说，这个无可奈何的"势"，就是秦国统一六国的不可阻挡的历史进程。

---

① ［日］大形彻：『「鹖冠子」——不朽の國家を幻想した隱者の書』，『東方宗教』第五十九号，日本道教学会，昭和五十七年（1982）五月二十日，第46—47頁。

可以说，大形彻的这些观点是颇有见地的，也颇具启发性。他准确地捕捉到了《鹖冠子》文本中对国破家亡的担忧，也很准确地捕捉到了鹖冠子对不朽之国的向往。然而，将鹖冠子著书立说的动机归结为对自己国家有可能被敌国灭亡的担忧，这一点却是值得商榷的。

因为，在战国的时代背景之下，一个引人注目的现象就是"士无定主"。"士无定主"可以从两个方面来理解。一方面是当时的士都有一个"天下"的观念。因此，士之抱负往往在于天下，而不在于一国。对于当时的士来说，天下就好比一整幅的图画，而具体的某个国家只不过是构成这幅图画的一个有机组成部分。"他们没有强烈的家国意识的束缚，反而有强烈的个人主体的选择意识。"① 另一个方面，士与每一个国家的国君之间，可以说是双向的自由选择的关系。如果怀才之人，遇到识才之主，就可以演绎出一段君臣之间的佳话，而其结局却可能是或悲或喜。

在这样的背景下，鹖冠子作为一个隐士，应该也是怀有同样的心态。换言之，触发鹖冠子创作灵感的并不仅仅限于其故国的危机，还在于天下之大势。他关注的是天下列国存在的一些共性的问题。与其说鹖冠子对强大的敌国存在着焦虑，不如说他对诸侯国的内政情况更为担忧。决定诸侯国内政状况的关键人物，无疑是君主。一个贤明的国君可以引领国家走上富强的道路，而一个昏暗的国君也会将国家引向孱弱的深渊。鹖冠子认为，考察一个君主是否贤明，关键的指标就在于他是否能够任用贤能。贤能之人是决定一个国家命运的关键因素。从《鹖冠子》的思想来看，"被灭亡的不安"应该源自君主不能够任用贤能而导致的内政的混乱，"不朽国家的完成"也一定是源自君主不拘一格地任用人才。因此，更准确地说，《鹖冠子》思想的核心关注点在于君—贤的关系。

美国学者艾兰认为，世袭与美德——"继承者"与"圣贤"之间的对立方式，是古代中国王朝传说中的关键性主题。从公元前5世纪直到公元前1世纪，也就是战国时期以及帝国时代初期，"旧贵族开始遭遇正在兴起的技术官僚阶层的挑战，这种变化也加剧了世袭和美德原则之间的矛盾"②。这里的"继承者"就是指君主，圣贤就是指士阶层中的德能优异者。在中国古代的帝王中，大体上以正面形象出现的尧、舜、禹、汤、文、武、周公，以及以反

---

① 何怀宏：《士无定主》，《环球人物》2014 年第 15 期。
② ［美］艾兰：《世袭与禅让——古代中国的王朝更替传说》，徐佳译，商务印书馆 2015 年版，第 129 页。

面形象出现的桀、纣等,有关他们的传说在中国思想史上占有非常重要的地位,而这些传说的主题大致可以归结为讨论君主与贤能之间的关系。

一个成功的君主,往往能够举贤任能,君臣共同开创盛世,历史与传说就把这样的人定位为明君。一个失败的君主,往往被一些投其所好的小人包围,导致政治秩序混乱,历史与传说就把这样的人定位为昏君。在这些传说中,相对于贤能之士来说,君主无疑是居于关键地位的主导性人物。因为君主由世袭产生,贤能之士是被排除在君权之外的。新的世袭君主产生之后,是否任用贤能,这在很大程度上取决于君主个人的才能、禀性与喜好。作为贤能之士来说,他们似乎只能等待明君的出现。然而,到了春秋战国时代,随着时代的风云巨变,有关君主与贤能之间关系的讨论也发生了微妙的变化。

在百家争鸣的时代,大量的文献都涉及了尧、舜、禹的相关传说。尧、舜、禹的传说有一个与众不同的特点:尧是贤君,舜和禹并不是尧的血亲,舜和禹一开始只是辅佐国政的贤臣,最后,他们通过禅让,成为一代贤明的君主。

这个传说可以从两个角度来解释。其中的一个角度是从作为君主的尧、舜的角度来解释。尧、舜作为君主,是选贤任能的杰出代表。其更为伟大的功绩则在于他们最终把君主之位禅让给了这些贤能的人。在历史的叙述中,当尧、舜遴选继承人的时候,人们首先想到的依然是尧的儿子丹朱和舜的儿子商均。这说明,即使在传说中的时代,以自己的儿子世袭帝位也具有毋庸置疑的优先性。然而,尧、舜伟大的地方就在于否定了这种血缘优先的世袭制,而力主以品德和才能优先,最终把帝位禅让给了贤能之人。

对于这个传说,还可以从作为贤者的舜、禹的角度来解释。舜、禹通过自己的才能、品德和功绩最终成为禅让的对象。这实际上是在隐晦地探讨这样一种可能性:帝位的传承是否应该以才能和品德优先?君权的转移范围,是否可以将士阶层包含于其中?

实际上,无论从哪个角度来解释,这个上古帝王的传说都在传达这样的信息:世袭制是应该被否定的制度,在君权转移的过程中,才能与品德应该优先于血缘。

顾颉刚先生在《古史辨第一册自序》中说:

      所以在我的意想中觉得禹是西周时就有的,尧、舜是到春秋末年才起来的。越是起得后,越是排在前面。等到有了伏羲、神农之后,尧、舜又成了晚辈，更不必说禹了。我就建立了一个假设：古史是层累地造成的，发生的次序和排列的系统恰是一个反背。①

这就是顾颉刚先生"层累地造成的中国古史"说。这个判断的得出，是基于这样的事实，一些较古的人物，像尧、舜等，在较古的文献中涉及较少，或根本未曾涉及，而在较新的文献中却频繁出现。而且，越古的人物，在可据的文献中出现得越晚。这种现象的发生，肯定与人为的因素有关。这是当时著书立说的人，有意识地抬出一些传说中的人物来表达自己的诉求，论证自己的观点。

艾兰在《世袭与禅让——古代中国的王朝更替传说》中说：

> 我将试图证明那些相关的记述（指涉及尧、舜、禹、汤、文、武等的古史传说。引者注。）具有结构性，而且它们和神话一样，也具有调节社会内部冲突——血缘氏族和公共国家利益之间矛盾的功能。在王朝循环理论中，这种冲突表现为授政以德与世袭统治之间的矛盾；它在传说中显现为各种各样的转化——世袭与禅让、君王与大臣、大臣与隐士、摄政与叛逆。②

艾兰认为，涉及尧、舜、禹、汤、文、武等的古史传说，具有与神话相类似的调节社会内部冲突的功能。

在春秋战国时期，由于周王朝的衰落和覆灭，号令天下的最高权力出现真空，于是群雄逐鹿。在这种背景之下，新的王权的产生方式和承继方式，都将面临一个正当性问题。这是当时社会内部矛盾的一个集中体现。这个问题也就自然地成为当时学者关注与争论的焦点。在百家争鸣的学术氛围之下，当时的士阶层可以自由地争论。由于各诸侯国在争霸战争中对士阶层又格外倚重，士阶层更是获得了空前的发言权。周王朝的没落，足以说明以血缘优先的世袭制存在着巨大的弊端。而周王朝的最终覆灭，更是使得血缘世袭最高权力——周朝的王权变得不可能。尧、舜、禹、汤、文、武等的古史传说的出现，就反映出了当时思想界对这种状况的焦虑，这也反映出当时的士阶

---

① 《顾颉刚古史论文集》卷一，中华书局 2011 年版，第 45 页。
② ［美］艾兰：《世袭与禅让——古代中国的王朝更替传说》，徐佳译，第 4 页。

层在主动地思考和寻找解决方案。

那么，新的王权的产生和建立，就要以新的标准来衡量其正当性。这个标准就是美德和才能。在这种争论中，当时的诸侯也是受益者。他们可以通过政治实践来把自己打造成美德与才能的化身。他们可以用这种方式堂而皇之地去追求最高的王权。当然，这种传说本身也说明，士阶层对当时的诸侯也不无失望。因此，他们也在构想士阶层接近王权的可能性。于是，尧、舜、禹禅让的传说就开始不断地出现在各家各派的文献中，也就最终出现了顾颉刚所说的"层累地造成的中国古史"的现象。

这都足以说明，在春秋战国时代，围绕着君主与贤能，世袭继承与授政以德，曾经发生过一场激烈的争论，甚至形成了影响思想界的一股思潮。但是，随着秦统一中国，又继之以汉代的大一统，武帝采纳董仲舒"罢黜百家，独尊儒术"的建议，封建帝制在中国大地上持续了千余年。在这种情况下，有关君主与贤能，世袭继承与授政以德的争论，就显得不合时宜，相关资料的遗失也就在所难免。[①] 然而，留传至今的《鹖冠子》却保留了当时这种争论的余韵。

实际上，大形彻也注意到了鹖冠子对"君主与贤能，世袭继承与授政以德"这个问题的关注，他说：

> 在此，我们不妨把目光转向现实中的国家。国家中有君主。只有一国之君才是一国之枢机。然而，君主并不总是限于贤者来担任。在世袭制之下，往往是愚昧之君居多。鹖冠子就是要考察研究这种不能左右君主资质的政治体制。即使君主由贤者来担任，他的能力依然有一个极限。如果是愚昧之人，就不能对他委以政治的任命和责任。于是，经过以上的考察，鹖冠子所找到的解决办法就是"因任之道"。君主无为而治，施行由各行各业的专家来分担政府的各种职能、辅佐君主治国的政治制度。君主的本职，惟有发现人才和举用人才而已。[鹖冠子的构想]，很像现代的官僚政治，如果这样，这就自然保证了政治的长期安定。[②]

---

① 艾兰指出："通过新资料不难发现，战国一些哲学家曾提倡统治者继位应该以美德而非世袭为原则，这种观点对任何世袭王朝来说都是一种威胁，因而没能流传于后世。"[美]艾兰《世袭与禅让——古代中国的王朝更替传说》，徐佳译，第6页。

② [日]大形彻：「「鹖冠子」——不朽の國家を幻想した隱者の書」，『東方宗教』第五十九号，日本道教学会，昭和五十七年（1982）五月二十日发行，第46页。

大形彻注意到，鹖冠子认为，在世袭制的国家里，君主是一国之枢机，同时，君主也是一个国家长治久安的最大阻碍，因为世袭制产生的君主往往暗昧者居多。鹖冠子想要建立一种不被世袭君主的资质左右的政治制度。大形彻将鹖冠子所设想的这种制度概括为"因任之道"，也就是君主无为而治，"施行由各行各业的专家来分担政府的各种职能、辅佐君主治国的政治制度"。在这样的制度下，"君主的本职，惟有发现人才和举用人才而已"。大形彻指出，鹖冠子所设想的这种制度，已经颇类现代的官僚政治。

然而，大形彻并没有说明，在鹖冠子看来，"因任之道"的主体——君主的资质如何得到保证。实际上，从鹖冠子对世袭制的激烈批判中，我们不难推测，鹖冠子所要建立的这个政治制度应该首先冲破血缘世袭制的限制，让贤能的人来当国君。只有这样，所谓的"因任之道"才能够最终得到落实。

因此，《鹖冠子》的目光不仅仅是停留于他自己的国家，他不仅仅担心自己的国家是否会灭亡，他也不仅仅思考自己国家长治久安的途径，他的目光和胸怀还在于"天下"。而鹖冠子给出的解决之道就是否定世袭制，授政以德能，选贤而为君，君主与贤人共治天下。

《〈鹖冠子〉——不朽国家幻想下的隐者之书》主要研究《鹖冠子》的思想，除了这篇文章之外，大形彻还有一篇文章《〈鹖冠子〉的构成》①。《〈鹖冠子〉的构成》由两部分构成：鹖冠子传以及《鹖冠子》的构成。

鹖冠子传主要研究鹖冠子其人其事。大形彻指出，由于有关鹖冠子的记载非常之少，即使综合各种典籍的记述，我们对鹖冠子的了解也是非常有限的。因此，鹖冠子其人的真实性还是存有不少的疑问。

大形彻指出，有关鹖冠子的传记中，最早的记载见于刘向的《七略》。《七略》对鹖冠子有这样的记载：

> 鹖冠子，常居深山，以鹖为冠，故号［鹖］冠子。(《七略》)

由此可以看出，《七略》的记载是极其简洁的，并没有提及鹖冠子的出生地、服饰，以及他的弟子。然而，到了《汉书·艺文志》中，就增加了鹖冠子是

---

① 该文原载『大阪府立大学纪要』(人文·社会科学) 1983 年 3 月 31 日，第 11—23 頁。

"楚人"这一条信息。大形彻认为,这条信息应该是后人附加上去的。

此外,大形彻还考察了《风俗通》《列仙传》《高士传》等对鹖冠子的记载。《风俗通》对鹖冠子的记载如下:

> a 古贤者,鹖冠子之后。(佚文卷五、氏姓上)
> b 鹖冠:楚贤人,以鹖为冠,因氏焉。(佚文卷六、氏姓下)

《风俗通》中的记载 b 与《通志》氏族略的记载存在着很大差异。《通志》记载如下:

> b′褐冠氏:賨人,以褐冠为姓。褐冠子,著书。

通过对以上记载的对比,大形彻指出,《风俗通》《通志》的记载与《汉书·艺文志》还是稍有不同。关于鹖冠子是楚人这一点,班固的记载与《风俗通》的记载是一致的,而《通志》则把鹖冠子看成賨人。大形彻认为,鹖冠子是賨人抑或是楚人,这两者之间并不存在根本的矛盾,因为賨人是巴夷,而巴在战国时代是楚国的属国。因此,即使鹖冠子是賨人,依然显示他与楚国有关。另外,在《通志》中,"鹖冠"变成了"褐冠"。大形彻猜测,这种变化大概是由于"鹖"与"褐"字音完全相同的缘故。而且,《通志》中"褐冠"的记载可能影响了后来《列仙传》与《高士传》"衣敝履穿"的记载。

紧接着,大形彻又对比了《列仙传》与《高士传》的记载。

> 鹖冠子,或曰楚人,隐居,衣敝履穿,以鹖为冠,莫测其名,因服成号。著书言道家事,冯煖常师事之。(《列仙传》)
> 鹖冠子,隐于幽山,衣敝履穿,以鹖为冠,莫测其名,因服成号。著书言道家事,马煖尝师事之。煖后显于赵。鹖冠子惧其荐己,乃与煖绝。(《高士传》)

通过对比,不难发现,《列仙传》与《高士传》的记载比《七略》《汉书·艺文志》《风俗通》《通志》的记载更加详细。而且,在《列仙传》中,第一次提到了鹖冠子的弟子冯煖。相比之下,虽然《高士传》中的记载与

《列仙传》基本相同，但是，有关冯煖的信息却叙述得更为详细。

通过这种比较，大形彻得出这样的结论，他说：

> ［历史上有关《鹖冠子》］的记述，随着时间的推移，变得越来越详
> 尽，这是一个让人有点不可思议的奇妙现象，虽如此，却也并非绝无仅
> 有。在这种情况之下，我们似乎更应该把目光投向他的弟子冯煖吧。①

由此可见，大形彻对鹖冠子其人的考察，非常系统和详尽。然而，"历史上有
关《鹖冠子》的记述，随着时间的推移，变得越来越详尽"这一点，却并非
不可解释。

首先，相比于《七略》，班固的记载中增加了鹖冠子是楚人这一信息。虽
然班固的《汉书·艺文志》成书于《七略》之后，然而，我们却并不能因此
而否认班固掌握了新材料的可能性，也不能否认班固增加了"楚人"这一信
息是实有其据的可能性。班固《汉书·艺文志》道家类著录有《鹖冠子》一
篇。除此之外，在《汉书·艺文志》中还有一条有关《鹖冠子》的信息。这
条信息也必须给予足够的重视。班固在"右兵权谋十三家，二百五十九篇"
这句话之后，有这样一条自注："省《伊尹》《太公》《管子》《孙卿子》《鹖
冠子》《苏子》《蒯通》《陆贾》《淮南王》二百五十九种，出《司马法》入
礼也"②。从这条注文中，我们至少可以看出，在当时应该还流传着一种专论军
事的《鹖冠子》版本。而班固在"兵权谋家"省略这个版本的《鹖冠子》，有
这样两种可能性：一种是这个版本的《鹖冠子》已经被包括在了道家类的《鹖
冠子》中，另一种可能性是，班固将"兵权谋家"的《鹖冠子》合并到了道家
类的《鹖冠子》中。无论是哪种情况，我们都可以确定这样一点，即班固当时
在有关《鹖冠子》的资料上是实有所见的，而且他通过对相关资料进行比对和
权衡之后，才作出了减省"兵权谋家"《鹖冠子》的这一决定。从这一点来看，
班固在《七略》的记载之外，又增加了鹖冠子是楚人这一信息，我们有理由相
信，班固是实有所据的，因此，这一信息是具有相当的可信度的。

其次，《列仙传》与《高士传》中，增加了鹖冠子"衣敝履穿"这一信息，

---

① ［日］大形彻：『「鹖冠子」の成立』，『大阪府立大学纪要』（人文·社会科学）1983 年 3 月
31 日，第 12 页。

② （汉）班固撰：《汉书》，中华书局 1962 年版，第 1757 页。

进一步对鹖冠子的服饰及衣着状态有所描述，这一点也是可以解释的。《列仙传》与《高士传》并不是严肃的史学著作。无论是"列仙"还是"高士"，都被理解成超凡脱俗的人物，这样的人物或已得道成仙，或具不同常人之风骨。在对这两类人的描述过程中，作者难免会有一些文学性的想象，难免会注入一些自己的主观情感。因此，在《列仙传》与《高士传》中，有关服饰的信息进一步增加，并不会影响鹖冠子其人的真实性。换言之，我们在研究鹖冠子的过程中，还是要以严肃的史学著作为依据，而后期的非史学著作，只能作为参考。

最后，在《列仙传》与《高士传》中增加了鹖冠子弟子的信息。无论鹖冠子的弟子是冯煖，抑或是马煖，这个依据可能都来自《鹖冠子》文本自身。在今本《鹖冠子》中，存在着庞煖与鹖冠子的对话，而庞煖也是以弟子的身份出现的。从这个角度来讲，冯煖抑或马煖，可能是庞煖的讹误。

关于鹖冠子的弟子冯煖。大形彻推测，在《汉志》以及同是成书于后汉的《风俗通》的记载里，《鹖冠子》还是只有"一篇"著作，而在这一篇里，鹖冠子的弟子冯煖应该还没有出现。从现行的《鹖冠子》来看，"冯煖"这样原原本本的文字并没有出现在其中，而庞子、庞煖和庞焕都有出现。《列仙传》中的冯煖，与冯欢一样，都是战国时代实际存在过的人物，乃是孟尝君之客。《高士传》中的马煖，却被认为是"显于赵"。大形彻认为，这也许是由于《高士传》的作者意识到了赵将庞煖击败了燕将剧辛的史实。他亦认为，"冯""庞"二字，可能是由于发音接近而出现了讹误。又或者，"马"字原是"焉"字，由于"焉"字上部脱去，而被误认为"马"。另外，《汉志》兵权谋家有《庞煖》三篇，纵横家有《庞煖》两篇。《鹖冠子》陆佃注与吴世拱注，同时都将"庞子"称为"庞煖"，而不称为"冯煖"。对于《武灵王》第十九中出现的庞焕，陆佃认为他是庞煖之兄，而吴世拱认为"与煖同"，注释者对"庞焕"的理解亦莫衷一是。

大形彻最后指出：

> 不管我们看到（它的篇卷）如何加减，将"庞"置换为"冯"，这大概还是不合情理的吧！不管怎样，在考证《鹖冠子》的构成这件事情上，我想，这个弟子"冯煖"的存在应该是一个关键。①

---

① ［日］大形彻：『「鹖冠子」の成立』，『大阪府立大学紀要』（人文·社会科学）1983 年 3 月 31 日，第 12—13 页。

对于大形彻的以上观点，我们可以作如下分析。在《列仙传》中出现的"冯煖"，与在《高士传》中出现的"马煖"，应该是由于某种讹误所致。我们在研究《鹖冠子》的时候，除了依据较为可靠的史书之外，《鹖冠子》自身的文本也应该被看作一个可靠的依据。既然在《鹖冠子》中并没有出现"冯煖"与"马煖"，除非有非常坚实之证据，我们大体上可以判断《列仙传》与《高士传》的记载有误。因此，在考证《鹖冠子》成立这件事情上，"冯煖"应该并不是一个关键。

关于"鹖冠"所具有的意义，大形彻认为：

> 一般来说，对于"鹖冠"有这样几种解释：①武士之冠；②隐士之冠；③粗陋之服。①

大形彻指出，作为武冠的"鹖冠"，与鹖冠子所佩戴的"鹖冠"应该不完全相同，两者通过"鹖冠"所要表达的象征意义应该也存在着差别。作为"武冠"，它看重的是"鹖"的死不旋踵的勇猛，而鹖冠子所追求的绝不是让自己成为一个驰骋疆场的大将。在大形彻这个观点的启发之下，我们可以有这样的猜想：鹖冠子想通过"鹖冠"来表达自己也是一个勇者，但是，这种勇武只限定在思想的领域，他要表明自己敢于言前人之所未言，当然，如果际遇垂青，他当然也可以行前人之所未行。

另外，大形彻认为，作为隐者之冠的"鹖冠"，除了鹖冠子以外，却从没有听说过其他的隐者曾佩戴过这种帽子。② 因此，他猜测"鹖"与"褐"发

---

① ［日］大形彻：『「鹖冠子」の成立』，『大阪府立大学紀要』（人文・社会科学）1983 年 3 月 31 日，第 13 页。

② 在中国历史上，佩戴"鹖冠"的，除了战国时的鹖冠子外，尚有其人。如宋朝的方岳（1199—1262 年），在他所撰的《秋崖集》卷二十八中有《答叶巡检》一文，其中有这样一句话："某曩上谒于计台司宾者，有客负隅坐。亟问之，则鹖冠子也。徐察之，则鹖冠子而非也。"此中的"鹖冠子"，绝非战国时的鹖冠子，这说明宋代亦有佩戴"鹖冠"而自称"鹖冠子"的人。另外，在明代郑善夫（1485—1523 年）所撰《太白山人漫稿・太白山人漫稿序》中有这样一段话："太白山人漫稿者，吾友孙太初所为诗也。夫曰漫者，触而成声，无谓有谓之云也。太初关西豪杰也，束发入太白山为山人，继山终南，泛观恒岱，遵龟蒙，慕尝圣遗韵。止于邹鲁之邦，久之，逾江淮下吴越，鹖冠布袍，独立于万象之表，志子如也。"这说明，明人孙太初也是"鹖冠布袍"装束。在郑善夫所撰《少谷集》卷二《游建州陶园和渊明拟古八首》之八中有诗云"悠悠鹖冠子，遁世岂有悔"。此诗中之鹖冠子，是双关之语，既指古时鹖冠子，亦指明代诗人孙一元。郑与孙过从甚密，对孙亦极为称道。诗中即直称孙为"鹖冠子"。由此可见，战国鹖冠子在中国历史上并非绝无仅有。

音相通，"鹖冠"也许表达的就是"褐冠"的意思。① 如果这样理解，"褐冠"就是用粗布制成的帽子，用以表示鹖冠子身着粗陋之服。笔者想，这个猜测应该是不成立的。因为，佩戴粗布之冠的人，可能比比皆是，鹖冠子自己抑或是熟悉他的人，都不会用这样一个不是特征的特征来指代他。大形彻也认为，鹖冠无论如何也不是贫贱之冠，而是勇武之冠。他之所以有这样的看法，是因为鹖冠子中有许多与军事相关的内容，他的弟子又是赵国的大将，而以"鹖冠"为"武冠"的赵武灵王也出现在他的文本中。总之，他是想通过"鹖冠"来表达一些东西。然而，由于对"鹖"的了解，只限于史料上所说的"勇武"，这在一定程度上限定了我们的想象。抑或，"鹖"还具有其他被人忽略的特质？这就需要通过对"鹖"进行长期的观察来得出结论。另外，不容忽视的一个问题是，在长久的中国文化传统中，一直存在着一个"鹖文化"，对于这个"鹖文化"，学界目前几乎尚未进行探讨和研究。如果系统地研究中国文化当中的"鹖文化"，对于"鹖冠"代表的意义，我们也许会有新的发现。这是在将来的研究中，有待于开拓的一个方向。

可以合理地推测，鹖冠子佩戴"鹖冠"当然是为了表现自己与众不同，特立独行，除此之外，他也是为了以此为标志，等待能够发现他的人。孔子和他的学生子贡有这样一段对话："子贡曰：'有美玉于斯，韫椟而藏诸？求善贾而沽诸？'子曰：'沽之哉！沽之哉！我待贾者也。'"（《论语·子罕》）在这段对话中，孔子对自己待价而沽的心情毫无隐晦，他在等待那个识货的人。鹖冠子虽为隐士，但是，他又何尝没有用世之心。在中国历史上，隐士虽然归隐山林，不涉世务，但是，隐士本身就是一个响亮的标签，这是一个才德俱佳的贤者才可以享有的雅号。归隐，是为了不同流合污。归隐也是为了以隐明志。归隐还是一种等待，等待亮出自己才能之剑的时机，横扫天下的污浊。鹖冠子，在隐士的身份之上，又叠加了"鹖冠"这样一个特征，笔者认为，这就像是为自己标明了一个价码，他在等待能够出价者，他在等待敢于出价者。君但识我才，我必报以天下安，这或许是在鹖冠子心中涌动的渴望吧！

---

① 如果将"鹖冠"理解成"褐冠"，无疑是受到了《老子》"是以圣人被褐怀玉"（第七十章）思想的影响。一个贤人，无论是出于主动选择，还是被动无奈，未受重用，生活窘迫，衣衫褴褛，然而，这并不妨碍他是一个志趣高洁、才能卓越的"怀玉"之人。庄子衣大布而补之，过魏王。魏王称其为"惫"。而庄子辩之曰："贫也，非惫也。士有道德不能行，惫也；衣弊履穿，贫也，非惫也；此所谓非遭时也。"（《庄子·山木》）庄子的贫、惫之辩，可以看作老子"被褐怀玉"的再次演绎。这种思想对中国文化人的深层心理意识影响颇为深远。

大形彻认定，《汉书·艺文志》道家类所著录的《鹖冠子》，是假托鹖冠子其人的著作。在这个前提之下，他探讨了鹖冠子的"无名性"与其思想的关系。这里的"无名性"指的是鹖冠子这个人没有知名度。大形彻认为，如果假托知名度较高的人物，由于这些人物的思想尽人皆知，那么，在思想的表达上就会受到很大的限制。比如列子、关尹、黄帝这些人，如果假托他们的名字来著书，书的思想特质基本上已经被限定了。这不利于自己思想的充分表达。因此，假托"鹖冠子"这个无名的人物，其思想的表达就可以不受限制。大形彻认为，假托鹖冠子来著书，是刻意为之、精心设计的结果。

在进一步考察《鹖冠子》所使用的专有名词的基础上，大形彻指出，《鹖冠子》中，有意回避了人们熟知的一些专有名词，比如尧、舜、桀、纣，而是使用了先王、有道之君、无道之君这样的名词。这都是为了摆脱这些有名的历史人物的既成印象的影响。这有利于超出这些人物的限定来自由地思考和表达。这种特征也正好与著书者假托鹖冠子的目的相吻合。

大形彻甚至认为，《汉书·艺文志》道家类中著录的《鹖冠子》也完全是假托之作，这个看法似乎只是猜测，而缺乏坚实证据的支撑。他发现《鹖冠子》中专有名词较少，并指出这种特征有利于新思想的自由表达，这确是一个非常具有启发性的观点。然而，这种现象在中国子书系统中，也并非绝无仅有。《庄子》书中就创造了很多子虚乌有的人、物来表达他自己的看法。另外，《庄子》书中对很多知名人物的思想描写，也就是所谓的"重言"，与人们所熟知的这些人物的思想，往往大相径庭。也就是说，即使利用既有的知名人物，仍然有办法摆脱他们既有思想的影响。另外，如果刻意假托这些不知名的人物，这样的著作很容易被人忽略或遗忘，最终就会被历史淹没。这似乎与著书立言的初衷相违背。进一步，与其借助一个不知名的"鹖冠子"，还不如索性直接署上自己的名字，这又是何等地方便快捷。然而，大形彻所发现的《鹖冠子》中既有的专有名词较少这样一个特征，还是值得在研究过程中给予充分重视的。

关于《鹖冠子》的篇章构成及其真伪和价值。大形彻指出：

> 在《汉志》中，《鹖冠子》被认为只有一篇。然而，在《隋志》《唐志》中，《鹖冠子》却有三卷，唐代韩愈所读之《鹖冠子》则有十六篇。由于这样大幅度的篇数的差异，清代的姚际恒在《古今伪书考》中断定

《鹖冠子》为伪书。如果从这样的观点来看,那么《鹖冠子》就确系伪书无疑了。然而,因为这样的说法,就据此断定《鹖冠子》没有研究的价值,对《鹖冠子》这本著作的内容做出过小的评价,这样做则是不恰当的。①

此外,大形彻也注意到了《鹖冠子》与其他伪书的不同之处,他说:

> 在《鹖冠子》中,展开抽象的推理的部分有很多。与那些试图以歪曲历史事实为目的而创作的伪书比起来,[抽象的推理]正是那些伪书的缺点,可见两者之间还存在着不小的差距。②

实际上,无论是从《鹖冠子》自身的思想特点来看,还是从《鹖冠子》与出土的汉初著作《经法》《十大经》存在某些重复的内容来看,《鹖冠子》具有较高的研究价值是毋庸置疑的。

大形彻对于《鹖冠子》的篇章数目进行了总结和梳理。今传本《鹖冠子》有十九篇,韩愈所读者有十六篇,而宋代陆佃所注者也有十九篇,这说明十九篇的版本在宋代既已经产生。而稍早于陆佃的王尧臣的《崇文总目》却记载《鹖冠子》为十五篇。而稍晚于陆佃的晁公武的《郡斋读书志》所记载的也是十五篇。《文献通考》与《四库提要》提到了《读书志》所记载的《鹖冠子》的别本,此本与《墨子》同编,经删削之后,所得也是十九篇。而陈振孙的《直斋书录解题》也提到了陆佃的十九篇注本。大形彻认为,《鹖冠子》大部分的篇章应该创作于《汉志》之后《隋志》之前。而且陆佃的注本中很可能包含唐以后附加的篇章。

大形彻考察了《鹖冠子》与其他典籍相似的文本。其中涉及《战国策》,他倾向于认为《战国策》中的文本成书在先,而《博选》成书在后。《老子》与《夜行》也存在相似的文本。《管子》与《王鈇》存在相似的文本及官职名称。《鵩鸟赋》与《世兵》之间相似的段落早已为人所熟知,此不具论。《庄子·天运》与《天权》之间也存在相似的文本。另外,他也列举了出土

---

① [日]大形彻:『「鹖冠子」の成立』,『大阪府立大学紀要』(人文·社会科学)1983年3月31日,第14—15页。

② [日]大形彻:『「鹖冠子」の成立』,『大阪府立大学紀要』(人文·社会科学)1983年3月31日,第15页。

文献《经法》《十大经》与《鹖冠子》相似的文本，此不一一。由此可见，大形彻之考察可谓详尽细致。

在所有的篇章中，大形彻认为《博选》篇是最古老的一篇，它就好像是《鹖冠子》一书的"果核"，而其他篇章则是围绕它而生长起来的"果肉"和"果皮"。关于这一点，大形彻把《汉志》中的一篇与今传本中的一篇相等同，似乎忽略了中国书籍形态的变迁史，比如，帛书的一篇，其篇幅容量不可与今日《鹖冠子》的一篇等量齐观，这个观点是值得商榷的。

最后，大形彻分析了《鹖冠子》各篇的内容，并在此基础上分析了各篇记述上的特征和每篇作者的相异。根据各篇记述上的特征，大形彻对《鹖冠子》各篇的作者进行了以下分类。

> A：《博选》第一
>
> B：《著希》第二　　《夜行》第三
>
> C：《天则》第四　　《环流》第五　　《道端》第六
>
> C′：《天权》第十七　　《能天》第十八
>
> D：《近迭》第七　　《度万》第八　　《王鈇》第九
>
> D′：《兵政》第十四　　《学问》第十五
>
> E：《泰鸿》第十一　　《泰录》第十二
>
> F：《世兵》第十二
>
> G：《备知》第十三
>
> G′：《世贤》第十六
>
> H：《武灵王》第十九

上面所列的篇章分类中，大形彻指出："同样的字母，代表同样的作者，加撇的字母，表示它是受到了没有加撇的字母的影响才成立的"。[1] 大形彻认为，"《汉志》中所记载的一篇之《鹖冠子》，大概是以《博选》篇为核心的，楚地所流传着的战国末期到汉代初期的思想集合的作品吧"[2]。除《博选》篇之

---

① ［日］大形彻：『「鹖冠子」の成立』，『大阪府立大学紀要』（人文・社会科学）1983 年 3 月 31 日，第 22 页。

② ［日］大形彻：『「鹖冠子」の成立』，『大阪府立大学紀要』（人文・社会科学）1983 年 3 月 31 日，第 22 页。

外，现存《鹖冠子》的其他十八篇文章，至少由另外十个作者的作品构成。这十个人的作品，"随着时代的变更，一些与鹖冠子思想倾向相同的无名之书或是一些被埋没的残篇，逐渐以鹖冠子的名义汇集在一起，并形成一本书"①。

大形彻的这种分类方法，依然缺乏客观证据的有力支持。对于《鹖冠子》各篇的记述特征，不同的研究者，随着其关注点的不同，就会有完全不同的看法。我们很难找到一种大家一致认可的分类方法。对于《鹖冠子》的作者以及具体的作者人数也就很难达成一致。大形彻也认为"《鹖冠子》在思想上相当地一致"②，同时他却又指出"各篇的作者却并不一致"③，而这种不一致的判断根据主要是"文章给人的感觉很不一样"④，虽然大形彻也想"要尽量地去指出全部的具体事实［来揭示]"⑤《鹖冠子》各篇作者的不同，然而，基于文章"给人的感觉"，恐怕很难找到足以令人信服的事实。简而言之，这种方法还是有失于主观。

另外，假设如人形彻所言，一些与《鹖冠子》思想倾向相同的无名之书，逐渐以鹖冠子的名义汇聚在一起，并最终形成我们今天所见的《鹖冠子》。这里仍存在着一个问题：这些书的汇聚，需要一个长期的历史过程，也需要有人对《鹖冠子》有长期的持续不断的关注，这种汇聚的最终结果——今天我们所见的《鹖冠子》才能得以形成。然而，在相当长的历史时期里，《鹖冠子》恰恰是一部默默无闻的子书，少有学者关注和研究它。在这种情形之下，大形彻所设想的这种汇聚，很难出现。因此，大形彻的这个推断应该是难以成立的。

以上综述了国内学术界和国外汉学界对《鹖冠子》研究的进展，总体来看，国内外学者的这些成果为进一步深化对《鹖冠子》的研究创造了条件。具体来说，要在既有的成果上深化对《鹖冠子》的研究，我们就要在消化、吸收这些成果的同时，清醒地认识到其中存在的不足，这种不足正是学术活动继续前行的起点。

---

① ［日］大形彻：『「鹖冠子」の成立』，『大阪府立大学纪要』（人文·社会科学）1983 年 3 月 31 日，第 23 页。

② ［日］大形彻：『「鹖冠子」の成立』，『大阪府立大学纪要』（人文·社会科学）1983 年 3 月 31 日，第 20 页。

③ ［日］大形彻：『「鹖冠子」の成立』，『大阪府立大学纪要』（人文·社会科学）1983 年 3 月 31 日，第 20 页。

④ ［日］大形彻：『「鹖冠子」の成立』，『大阪府立大学纪要』（人文·社会科学）1983 年 3 月 31 日，第 20 页。

⑤ ［日］大形彻：『「鹖冠子」の成立』，『大阪府立大学纪要』（人文·社会科学）1983 年 3 月 31 日，第 20 页。

二　《鹖冠子》乃战国子书考

自从柳宗元辨伪《鹖冠子》之后，凡是遇到《鹖冠子》与其他子书相似或相同的文句，很多学者都习惯性地从剽窃的角度来考察这种文本的相似，即使是为《鹖冠子》辩护的学者，也往往只是强调这并不是剽窃，而是先秦著述的通例。这种情况出现的原因是什么呢？笔者认为这是因为辨伪者在心底里认为《鹖冠子》之伪是确凿的事实，而辨真者在心底里亦感到《鹖冠子》之真或许未必。之所以辨伪者显强势之态，辨真者或感心虚，这都是因为可确凿证真《鹖冠子》的证据之缺乏。这种状况困扰了《鹖冠子》千余年，也同时困扰了对《鹖冠子》感兴趣的学者千余年。直至马王堆帛书《老子》乙本卷前古佚书的出现，证真《鹖冠子》的学者才获得了可以持以为据的"铁证"。

这种"铁证"对于证实《鹖冠子》为真正的先秦古籍当然有重要的意义，但是，笔者认为其更重要的意义则在于重新点燃了学者关注、研究《鹖冠子》的热情。一旦学者有了研究它的热情，《鹖冠子》终会把它的思想闪光点展现给世人，学界有关先秦思想史、哲学史的拼图也可以进一步完整。然而，在着手进行这些工作之前，我们首要的任务仍是证真《鹖冠子》，因为这是进一步研究《鹖冠子》思想的基础性前提。马王堆帛书《老子》乙本卷前古佚书是证真《鹖冠子》的关键证据，但是我们还要在此基础上进一步挖掘证真《鹖冠子》的辅助证据。只有具备了这两种证据之后，《鹖冠子》之真才可以成为一个确凿的事实。

（一）唐代之前的记载与《鹖冠子》的证真

有关《鹖冠子》其书的记载首见于刘向、刘歆父子所编纂的《七略》，自此开始，历代"艺文志"① 对于《鹖冠子》均有记载。但是，《汉书·艺文志》道家类著录《鹖冠子》一篇，而《隋书·经籍志》道家类著录《鹖冠子》三卷，隋代之后历代"艺文志"的记载均与《隋书》同。那么，到底是《汉书》记载有误，还是隋朝及其之后的史书记载有误呢？

《鹖冠子》篇卷的矛盾，自从笔者着手研究《鹖冠子》的那一刻开始就一直困扰着我。如果这个问题不能够圆满解决，笔者对《鹖冠子》的研究就

---

① "艺文志"指历代史书记载图书目录的专门部分，文中作为"艺文志""经籍志"等一类著作的通称使用。

无法进行下去。于是笔者对历代学者关于这个问题的研究进行了整理，后来笔者发现了一个问题：历代学者在注意到了《汉书》与《隋书》的这两条静态记录的同时，都不约而同地忽略了连接这两条记录的动态的历史过程。而这个动态的历史过程，对于最大限度地还原《鹖冠子》的流传过程，破解《鹖冠子》的篇卷之谜发挥着至关重要的作用。

笔者认为，既然《鹖冠子》篇卷的矛盾源于历代"艺文志"之记载，那么，这个矛盾的化解仍然要依靠历代"艺文志"的记载。功夫不负有心人，在仔细阅读历代"艺文志"之后，笔者终于有了自己的看法。

1. 《鹖冠子》自成书之日起就流传未绝

我们先来分析传统研究方法的不足。《汉书·艺文志》著录《鹖冠子》一篇，《隋书·经籍志》著录《鹖冠子》三卷，这是研究《鹖冠子》的学者经常引用的两条材料。这两条材料的确很重要，但是如果只局限于这两条材料而不作任何说明，那么，它们似乎向我们传达了这样的信息，即：自从《汉书》记载《鹖冠子》之后，《鹖冠子》就于汉代的某个时刻失传了，直到隋朝的时候，《鹖冠子》才又突然出现。如果真是如此，那么《鹖冠子》之书十有八九是后世的好事之徒伪造的，这正印证了柳宗元的说法。事实真的如此吗？答案当然是否定的。但是，这个疑团为什么会困扰古今学者那么久呢？笔者想这主要是因为，前人对这一问题的解决，存在着"简单化"和"静态化"的缺陷和不足。所谓"简单化"就是指学者往往只看到《汉书》与《隋书》两条简单的记载，而没有下功夫去分析这两条简单材料中所携带的历史信息；所谓"静态化"就是指，学者仅仅把《汉书》与《隋书》的记载，看成静止的两个点，而忽略了连接这两个点的动态过程。正是这两个不足，使古今学者对此问题的解决几无进展。然而，也正是这两个不足，为今日探索正确、有效的研究方法提供了有益的借鉴。

那么，本书将采取什么样的研究方法来解决这个问题呢？简言之，鉴于传统的研究方法的不足，我们在论证《鹖冠子》之真伪的时候将反其道而行之。传统的研究方法对这个问题的处理过于简单，故本书将试图透过此简单的表象去挖掘其深层的复杂背景；传统的研究方法过分看重两条静态的记录，本书则试图还原衔接这两条静态记录的动态过程。下面就来开始我们的考察。

（1）秘府之藏与民间之书交互流动

《汉书·艺文志》道家类著录《鹖冠子》一篇，《隋书·经籍志》道家类著录《鹖冠子》三卷。虽然两者对《鹖冠子》都有记载，但是，有关《鹖冠子》的篇卷，它们之间却存在着巨大的差异。更难理解的问题是，《隋书》的记载反而多于《汉书》，这也违反了古书流传的规律。一般来说，随着年代的流逝，古籍往往会发生篇卷变少的情况。但是《鹖冠子》却呈现出了相反的趋势。对这种情况的一种合理的解释就是此书中存在着后世所伪撰附益的篇章，甚至凭此断言它并非先秦真籍，乃是好事之徒所伪造的。① 但是，这个结论是否过于简单，甚至有些武断呢？

笔者认为，在《汉书》《隋书》之外，存在着能够对《鹖冠子》的篇卷产生影响的第三个因素。那么，什么是"第三个因素"呢？在回答这个问题之前，笔者还要提出一个问题，即历代朝廷的秘府是天下最大的图书馆，但是它是收集天下典籍最全的图书馆吗？它是一个永久存在的图书馆吗？答案当然是否定的。乍看起来，这个答案似乎有些让人不解，难道还有哪个图书馆会大过朝廷秘府的藏书吗？笔者想是有的。当然，空口无凭，为了让人信服，我们在这里必须给出有效的证据，证据之直接来源就是史书的记载。

在前文笔者曾指出，历代学者对《鹖冠子》篇卷问题的处理存在着简单化的缺陷和不足。这种不足首先就表现在他们有时过于倚重史书的记载，把史书的记载看得过于权威，甚至没有给自己留下任何思考和发问的余地。举例来说，下面的这个问题从古至今几乎无人提出，即《汉书·艺文志》道家类著录《鹖冠子》一篇，那么，《汉书》的这个结论是如何得出的？换言之，《汉书》对于《鹖冠子》篇卷的记载，实际上只是一家之言，那么，这个"一家之言"得出的过程是怎样的呢？对于《隋书》的记载，我们也可以提出同样的问题？然而，彼时著书之人早已化为尘土，重入大化之熔炉，他们已无法回答这个问题。因此，我们就要自己动手来发掘他们留在史书中的种种线索。

《汉书·艺文志》有如下记载：

> 战国纵横，真伪分争，诸子之言纷然淆乱。至秦患之，乃燔灭文章，以愚黔首。汉兴，改秦之败，大收篇籍，广开献书之路。迄孝武世，书缺

---

① 举例来说，蒋伯潜即持此观点。他在《诸子通考》中说："《隋志》《唐志》均作三卷。晁公武《郡斋读书志》谓韩愈读《鹖冠子》云'十六篇'。按《昌黎先生集》作'十九篇'。陆田（此'田'疑为'佃'之误，引者注）《校鹖冠子序》亦云'十九篇'。而《四库书目》竟多至三十六篇。此书篇卷，后增于前，相去悬殊，其为伪籍，皎然可知。"蒋伯潜：《诸子通考》，浙江古籍出版社1985年版，第456页。

简脱，礼坏乐崩，圣上喟然而称曰："朕甚悯焉！"于是建藏书之策，置写书之官，下及诸子传说，皆充秘府。至成帝时，以书颇散亡，使谒者陈农求遗书于天下。诏光禄大夫刘向校经传诸子诗赋，步兵校尉任宏校兵书，太史令尹咸校数术，侍医李柱国校方技。每一书已，向辄条其篇目，撮其指意，录而奏之。会向卒，哀帝复使向子侍中奉车都尉歆卒父业。歆于是总群书而奏《七略》，故有《辑略》，有《六艺略》，有《诸子略》，有《诗赋略》，有《兵书略》，有《术数略》，有《方技略》。今删其要，以备篇籍。①

从这段历史记载中，我们可以发现这样一个信息，这个信息将告诉我们汉代是如何组建藏书秘府的。用现在的话说，这段史料告诉了我们汉代创建"国家图书馆"的过程。

从上引史料中我们可以看到，秦亡汉兴的第一件事就是"大收篇籍，广开献书之路"。那么，汉代统治者是向谁"大收篇籍"呢？献书之人又是谁呢？笔者想这条记载所携带的历史信息就是：朝廷向民间征集图书，以充秘府之藏。事实是否如此呢？下面的这段材料就可以佐证我们的判断。到了汉成帝时，出于种种原因，秘府之书又颇有散亡，于是成帝"使谒者陈农求遗书于天下"。这就告诉我们一个重要的历史事实，一旦"国家图书馆"出现图书散亡的情况时，其补充图书、完善储备的唯一渠道就是征集民间藏书，也就是"求遗书于天下"。这说明，汉代秘府虽然是天下最大的图书馆，但是它绝不可能尽揽天下藏书于其囊中，从某种意义上说，民间藏书才是天下最大。藏书最全的"图书馆"。至此，我们就可以确定，影响《鹖冠子》具体篇卷的第三个因素就是"民间藏书"。

同时，从以上的分析中，我们还可以获得另外一个重要的信息。汉代藏书秘府有一个筹备、组建、兴盛、衰败的过程。秘府衰败的最大也是最重要的一个表现就是藏书散亡，典籍流失。因此，朝廷秘府藏书并不是永久不变的，而是不断流动的。这种流动的表现形式就是，首先，朝廷向民间征集图书典籍，然后由于种种原因，或是天灾所致，或因人祸构端，出现图书散亡、流失的状况，为了扭转这种状况，朝廷会再次向民间征集天下图书。这就是秘府藏书与民间藏书交互流通的情况。实际上不仅仅是汉代如此，历代皆然。

《隋书》对历代秘府藏书的变迁有如下概括：

---

① （汉）班固撰：《汉书》，第 1701 页。

　　至于孝成，秘藏之书，颇有亡散，乃使谒者陈农，求遗书于天下。命光禄大夫刘向校经传诸子诗赋，步兵校尉任宏校兵书，太史令尹咸校数术，太医监李柱国校方技。每一书就，向辄撰为一录，论其指归，辨其讹谬，叙而奏之。向卒后，哀帝使其子歆嗣父之业。乃徙温室中书于天禄阁上。歆遂总括群篇，撮其指要，著为《七略》：一曰《集略》，二曰《六艺略》，三曰《诸子略》，四曰《诗赋略》，五曰《兵书略》，六曰《术数略》，七曰《方技略》。大凡三万三千九十卷。王莽之末，又被焚烧。光武中兴，笃好文雅，明、章继轨，尤重经术。四方鸿生钜儒，负袠自远而至者，不可胜算。石室、兰台，弥以充积。又于东观及仁寿阁集新书，校书郎班固、傅毅等典掌焉。并依《七略》而为书部，固又编之，以为《汉书·艺文志》。董卓之乱，献帝西迁，图书缣帛，军人皆取为帷囊。所收而西，犹七十余载。两京大乱，扫地皆尽。①

从这段史料的记载，我们就可以看到，在久远的历史进程中，图书典籍往往命运多舛。秦有焚书之祸，"王莽之末，又被焚烧"，董卓之乱，秘府藏书以致"扫地皆尽"，然而秘府图籍每次"劫后重生"，都是依赖民间藏书以"拾遗补缺"。

　　东汉之后，秘府藏书之命运又如何呢？对此《隋书·经籍志》亦有记载。"魏氏代汉，采掇遗亡，藏在秘书中、外三阁。"② 曹魏政权重收天下典籍，以备秘府。"惠、怀之乱，京华荡覆，渠阁文籍，靡有孑遗。"③ 曹魏重收天下典籍之后，逮至晋世惠、怀之乱，秘府图籍又遭"靡有孑遗"之厄运。"东晋之初，渐更鸠集。著作郎李充，以勖旧簿校之，其见存者，但有三千一十四卷。"④

　　这就是汉代，以及历代秘府藏书兴衰的史实。以此为依据，我们就可以对《汉书·艺文志》有关《鹖冠子》的记载进行一个客观的分析。《汉书·艺文志》道家类著录《鹖冠子》一篇，这只不过是刘向、刘歆父子整理朝廷秘府藏书所见之版本，这个版本有可能没有包括《鹖冠子》的全部篇章，甚至其所见只是《鹖冠子》之书的残篇断简，故其只有一篇之篇幅。

---

① （唐）魏征等撰：《隋书》，中华书局1973年版，第905—906页。
② （唐）魏征等撰：《隋书》，第906页。
③ （唐）魏征等撰：《隋书》，第906页。
④ （唐）魏征等撰：《隋书》，第906页。

此外，日本学者大形彻注意到了这样一个现象，《太平御览》卷六八五《服章部二》之"鹖冠"条引用了刘向《七略》中有关鹖冠子的记载，其云：

> 刘向《七略》曰："鹖冠子常居深山，以鹖为冠，故号鹖冠子。"①

《汉书·艺文志》有关鹖冠子的记载如下：

> 楚人，居深山，以鹖为冠。②

将两者的记载进行对比，我们就会发现，虽然《汉书·艺文志》对鹖冠子的记载所用语言更加简短，但是其所承载的信息量却有所增加。《汉书·艺文志》明确记载鹖冠子为"楚人"，这一信息是《七略》的记载中所没有的。③ 这说明了什么问题呢？如果考虑到《七略》成书在前，《汉书·艺文志》成书在后这一点，这似乎又一次表明，这种信息是后人所附加上去的。随着时间的推移，与鹖冠子其人相关的信息在增加，《鹖冠子》其书的篇章也在增加，两者步调的一致似乎更加证实了《鹖冠子》"伪书说"这一论断。

这种判断是否经得起推敲呢？我们都知道，无论《七略》还是《汉书·艺文志》，都是严肃的史学著作。换言之，无论刘向还是班固，两者都是中国历史上的史学巨擘。他们无疑具有深厚的史学素养。对于这样两个人物来说，我们有理由相信，他们对鹖冠子的记载必定是有其依据的。相比于《七略》，《汉书·艺文志》之所以增加了鹖冠子为"楚人"这一信息，这必定是由于迨至班固的时代，秘府藏书中已经有了新的材料作为支撑，否则《汉书·艺文志》中绝不会凭空增加鹖冠子为楚人这一信息。这种为史学家提供依据的新材料来自哪里呢？正如上文所分析的那样，我们认为民间藏书就是这种新材料的最主

---

① 《太平御览》卷六八五《服章部二》"鹖冠"条："应劭《汉官仪》曰：'虎贲冠插鹖尾。鹖，鸷鸟中之果劲者也，每所攫撮，应爪摧碎。尾，上党所贡。'董巴《汉舆服志》曰：'武冠，加双鹖尾为鹖冠，羽林虎贲冠之。鹖鸡勇斗，死乃止。故赵武灵王以表武士。秦施用之。'刘向《七略》曰：'鹖冠子常居深山，以鹖为冠，故号鹖冠子。'"《太平御览》，中华书局1960年版，第3058页下栏。

② （汉）班固撰：《汉书》，第1730页。

③ 详见大形彻『「鹖冠子」の成立』一文，载于『大阪府立大学紀要』（人文·社会科学），1983年3月31日，第11—23页。

要的来源。①

如果说我们的这个猜测过于大胆，那么，退一步说，彼时《鹖冠子》其书很可能分为不同单行本流传于世。这一点可以从《汉书·艺文志》班氏自注中看出来。班氏在"右兵权谋十三家，二百五十九篇"之下自注云："省《伊尹》《太公》《管子》《孙卿子》《鹖冠子》《苏子》《蒯通》《陆贾》《淮南王》二百五十九种，出《司马法》入礼也。"②从这条注文中，我们至少可以看出，在当时应该还流传着一种专论军事的《鹖冠子》版本。这个版本很可能是由《鹖冠子》的部分篇章构成的单行本。③

因此，在后世重新组建藏书秘府的时候，在"求天下遗书"的过程中，《鹖冠子》的全本得以被秘府采录，于是有关其篇章之记载就随之发生了变化。至于《鹖冠子》之全本何时录入史书已无从推断，但是可以肯定的一点是，其时间之下限应该早于《隋书》成书的时间。这主要是因为《隋书·经籍志》的记载与历代经籍目录的记载之间存在着继承的关系。

（2）历代图书目录辗转相承

《隋书·经籍志》是在前代图书编目的基础上而形成的。下面我们就来看一看隋代之前的图书编目情况。

> 齐永明中，秘书丞王亮、监谢朏，又造《四部书目》，大凡一万八千一十卷。齐末兵火，延烧秘阁，经籍遗散。④
>
> 普通中，有处士阮孝绪，沉静寡欲，笃好坟史，博采宋、齐已来，王公之家凡有书记，参校官簿，更为《七录》：一曰《经典录》，纪六艺；二曰《记传录》，纪史传；三曰《子兵录》，纪子书、兵书；四曰《文集录》，

---

① 　这种分析基于这样的假定，即《太平御览》中引用了《七略》中有关鹖冠子的全部记载，没有相关信息的遗漏。但是，我们还要考虑到这样一种情况，作为类书性质的《太平御览》，它的编纂者在引用的过程中是否会对一些无关的信息进行简省？如《太平御览》卷六百八五《服章部二》"鹖冠"条中对鹖冠子的相关记载，类书编纂者会不会只取其与"鹖冠"相关的信息，而省去鹖冠子为"楚人"这一信息？这是值得我们注意的另一种情况。

② 　（汉）班固撰：《汉书》，第 1757 页。

③ 　尹桐阳即持此说，他在《鹖冠子吴注序》中云："班氏云一篇者，其序首篇《博选》言乎？《博选》之篇'四稽五至'足裨治术，汉时盖尝为单行本，如《管子·弟子职》之例。《周礼·典庸器职》云：帅其属而设筍簴。杜子春云：筍读为博选之选，可知《博选》篇盛行于汉代，杜故资之以证音读，又可知班氏所取惟《博选》一篇，因据之而入志耳。"吴世拱：《鹖冠子吴注》，九鹤堂丛书。

④ 　（唐）魏征等撰：《隋书》，第 907 页。

纪诗赋；五曰《技术录》，纪数术；六曰《佛录》；七曰《道录》。其分部题目，颇有次序，割析辞义，浅薄不经。梁武敦悦诗书，下化其上，四境之内，家有文史。元帝克平侯景，收文德之书及公私经籍，归于江陵，大凡七万余卷。周师入郢，咸自焚之。陈天嘉中，又更鸠集，考其篇目，遗阙尚多。①

这就是史书所载的隋代之前的图书编目的情况。那么，《隋书·经籍志》的编纂者对这些前代的图书编目成果是如何借鉴与吸收的呢？其去取标准又是怎样的呢？《隋书》云：

大唐武德五年，克平伪郑，尽收其图书及古迹焉。命司农少卿宋遵贵载之以船，泝河西上，将致京师。行经底柱，多被漂没，其所存者，十不一二。其《目录》亦为所渐濡，时有残缺。今考见存，分为四部，合条为一万四千四百六十六部，有八万九千六百六十六卷。其旧录所取，文义浅俗、无益教理者，并删去之。其旧录所遗，辞义可采，有所弘益者，咸附入之。远览马史、班书，近观王、阮志、录，挹其风流体制，削其浮杂鄙俚，离其疏远，合其近密，约文绪义，凡五十五篇，各列本条之下，以备《经籍志》。虽未能研几探赜，穷极幽隐，庶乎弘道设教，可以无遗阙焉。②

这段史料可以很好地解决我们在上文提出的两个问题。首先，《隋书·经籍志》对前代图书编目的借鉴情况。对此，《隋书》的编纂者有如下之语："远览马史、班书，近观王、阮志、录，挹其风流体制，削其浮杂鄙俚，离其疏远，合其近密，约文绪义，凡五十五篇，各列本条之下，以备《经籍志》。"由此可知，在编纂《隋书·经籍志》的过程中，其编纂者参校了远至《史记》，近至阮孝绪《七录》等一系列典籍。可见，《隋书》于历代所造图书书目都有所借鉴和吸收。但是，《隋书》也并不是全盘照搬前代的成果，实际上，他们对历代书目做了一定程度的删、补的工作。其去、取之标准如下所云："其旧录所取，文义浅俗、无益教理者，并删去之。其旧录所遗，辞义可采，有所弘益者，咸附入之。"从这一点来看，《鹖冠子》其书在历代经籍目

---

① （唐）魏征等撰：《隋书》，第907页。
② （唐）魏征等撰：《隋书》，第908—909页。

录中均有记录，其书在历史上应该是传续未绝的。但是，其篇章变化究竟发生于何时，还是不好断定，但应不会晚于隋朝。《隋书》中有这样一条记录：

> 隋开皇三年，秘书监牛弘，表请分遣使人，搜访异本。每书一卷，赏绢一匹，校写既定，本即归主。于是民间异书，往往间出。及平陈已后，经籍渐备。①

此处有"民间异书，往往间出"之语，这些"间出"的"异书"之中，或有《鹖冠子》之全本？对此，我们不得而知。但是，这段史料还是告诉了我们一个很有价值的信息，在历代完备秘府藏书、编造图书目录的过程中，"搜访异本"应该是一项必不可少的例行工作。至于所谓的"异本"，其所指应该就是前代图书目录所未及录入的图书，或录入未全的图书版本。因此，《鹖冠子》的全本很可能在某次"搜访异本"的过程中于民间发现。而这个本子也许正是异于《汉书·艺文志》所载，但是同于《隋书·经籍志》所录之版本。从这个角度来看，在史籍中所记载的《鹖冠子》的具体篇章数目之矛盾，并不就意味着《鹖冠子》是后世伪造之书。另外，《鹖冠子》篇卷的矛盾，《隋书》的整理者应该也会有所注意，但是，他们仍然坚持录入不同于《汉书·艺文志》所记录的本子，这从一个侧面也说明，《隋书》编纂者认为他们有充足的理由相信，他们所录的才是《鹖冠子》的全本。

事实证明，《隋书》编纂者应该是正确的。虽然《隋书》编纂者的理据何在我们不得而知。但是，从今天考古发掘所提供的证据来看，《汉书·艺文志》的记载很可能是错误的。我们都知道，《汉书·艺文志》道家类著录《鹖冠子》一篇。但是，与之矛盾的是，长沙马王堆汉墓帛书《老子》乙本卷前古佚书与《鹖冠子》存在至少十八处相同、相近的文句，而这些文句的分布则覆盖了今本《鹖冠子》至少十一篇的内容。两相比较，如果不是《汉书·艺文志》所使用的"篇"的容量，远远大于今天我们所理解的"篇"的容量，那么，《汉书》的记载很可能就是不准确的，而《隋书》的记载反而更为贴近事实。这是被学界普遍忽视的一个证据。有了这个证据，《鹖冠子》的篇章"后增于前"的谜团就可以得到很合理的解释。这也充分说明，我们在前文的分析是符合事实的。

---

① （唐）魏征等撰：《隋书》，第 908 页。

综上所述，我们认为，今日所见的《鹖冠子》应该是古本真籍。但是，这里仍然有一个问题需要解决，即《鹖冠子》之书是否混入了其他典籍的篇章呢？笔者想这种可能性是存在的，但是，即使有其他典籍的篇章混入，其数目也仅只二三。对于这个问题，我们留待下文再予以详述。

2. 历代学人对《鹖冠子》的征引

《鹖冠子》自成书之日起就一直传续不绝，这是从历史文献所记载的存目图书的角度来分析其乃是先秦真籍。除此之外，我们还可以从历代学人征引《鹖冠子》的情况来分析其书的流传情况，同时也可佐证《鹖冠子》一直流传未绝的判断。从现有的文献资料来看，我们可以说《鹖冠子》之书历代偶有征引，至唐代则其况尤盛。

（1）韩非、郭隗与《鹖冠子》

历史上征引《鹖冠子》最早的是哪部典籍呢？对此问题还很少有人论及。因为在很长的一段历史时期内，《鹖冠子》都被看作伪书，因此，一旦《鹖冠子》有与其他典籍相似之文句，研究《鹖冠子》的学者往往从剽窃的角度来思考这种文本的相似。但是，这种做法在今天看来明显是不合理的。因此，我们需要扭转这种思维方式，尝试从另一个角度来思考问题，这种文本的相似可能并不意味着《鹖冠子》抄袭或剽窃，相反，这可能意味着其他典籍引用了《鹖冠子》的文句。

历来研究《鹖冠子》的学者都忽视了这样一条材料，这条材料出自《韩非子·说林下》。这条材料就可能意味着韩非有征引《鹖冠子》的可能，如果这个判断成立，那么，这将是征引《鹖冠子》最早的文献。其文云：

> 桓赫曰："刻削之道，鼻莫如大，目莫如小。鼻大可小，小不可大也；目小可大，大不可小也。"举事亦然，为其后可复者也，则事寡败矣。崇侯、恶来知不适纣之诛也，而不见武王之灭之也。比干、子胥知其君之必亡也，而不知身之死也。故曰："崇侯、恶来知心而不知事，比干、子胥知事而不知心。"圣人其备矣。①

此段文字出自《韩非子·说林下》。《鹖冠子·备知》篇亦有与此相似的一段文字：

---

① （清）王先慎撰：《韩非子集解》，中华书局1998年版，第186—187页。

费仲、恶来得辛纣之利，而不知武王之伐之也；比干、子胥好忠谏，而不知其主之煞之也。费仲、恶来者，可谓知心矣，而不知事；比干、子胥者，可谓知事矣，而不知心。圣人者必两备，而后能究一世。（《备知》第十三）

这样两段文字的相似应该不是出于偶然，这有两种可能，其一，韩非和鹖冠子征引了同一部文献；其二，韩非征引了《鹖冠子》的文句。是否存在第三种情况呢？是不是鹖冠子征引了《韩非子》的文句呢？这种可能性是很小的。之所以作此判断是因为韩非《说林》的著作体例有一个特点，即在《说林》诸篇中，韩非多取它书之材料以备己用，作为证成己说的文献材料。这一点也可以从"说林"这个篇题中看出。梁启雄在《韩非子·说林》的题注中说："《史记·韩非传》索隐：'《说林》者，广说诸事，其多若林，故曰《说林》也。'太田方说：'刘向著书名《说苑》，《淮南子》亦有《说林》，皆言有众说，犹林中有众木也。'"① 也就是说，"说林"者，天下诸说之林也。而成此"说林"之前提，必是先采天下众说，汇而成林。因此，从《说林》的创作体例来看，这段文字是鹖冠子征引《韩非子》的文句的可能性是很小的。

那么，是不是韩非子与鹖冠子并没有互相征引，而是他们同时征引了其他的文献呢？这种可能性是存在的。但是，从韩非所征引的这段文字材料本身来分析，其征引《鹖冠子》的可能性还是比较大的。《说林》云："故曰：'崇侯、恶来知心而不知事，比干、子胥知事而不知心。'圣人其备矣。"此处的"圣人其备矣"中，"备"字所指的宾语是什么呢？从上下文我们不难推断，"备"者所指的宾语有二，一者"知事"，二者"知心"。简言之，此处申明之重点即是"备知"。而"备知"正是《鹖冠子》的篇题之一，而且《鹖冠子》与《说林》相似的这段材料也正出于《备知》篇。《鹖冠子·备知》说："费仲、恶来者可谓知心矣而不知事；比干、子胥者可谓知事矣而不知心；圣人者必两备而后能究一世。"此"两备"亦指"知事""知心"而言。因此，从以上的分析来看，韩非所取的这段材料很可能就来自《鹖冠子》。②

---

① 梁启雄：《韩非子浅解》，中华书局 2009 年版，第 184 页。

② 退一步讲，如果说《韩非子》并没有征引《鹖冠子》，而是他们同时征引了其他典籍，如正文所作的分析，从两段文字的相似度来看，他们所征引的应该是同一部典籍。然而，在目前无法确认其具体来源的情况下，我们暂且只能假设他们征引了同一部佚籍。从韩非与鹖冠子同时见及这部佚籍这一点来看，我们亦可推测鹖冠子生年与韩非比较接近，《鹖冠子》的成书时间，至少此篇的成书时间应该不会太晚。

《韩非子》中的这段材料是以前的学者所没有注意到的，那么，对已经被学者发掘出的证伪《鹖冠子》的材料，是否有重新解读的必要呢？我们是否可以从相反的方向来思考，即《鹖冠子》是被引用者而非抄袭者？

实际上，对于这种以前用来证伪《鹖冠子》的资料，只要不是只局限于材料本身，而是贯穿其上下文仔细绎读，有些材料的确需要重新解读。以下一段文字即是其中之一：

> 郭隗先生对曰："帝者与师处，王者与友处，霸者与臣处，亡国与役处。诎指而事之，北面而受学，则百己者至；先趋而后息，先问而后嘿，则什己者至；人趋己趋，则若己者至；凭几据杖，眄视指使，则厮役之人至；若恣睢奋击，呴籍叱咄，则徒隶之人至矣。此古服道致士之法也。王诚博选国中之贤者，而朝其门下，天下闻王朝其贤臣，天下之士必趋于燕矣。"①

这段文字，很多研究《鹖冠子》的学者都注意到了，但是，所有的研究者都把注意力倾注到了两者相同的文句之上。对于这种文句的相同，学者有两种解释，欲证伪《鹖冠子》的学者认为，这段材料说明，鹖冠子抄袭了《战国策》，袭用了郭隗的这段话；而反驳这种说法的学者则认为，这种文句的相同根本不能说明《鹖冠子》抄袭了《战国策》，因为类似这种文句相似，甚至相同的情况在先秦的子书中并不鲜见，这种相互征引的情况是先秦著述之通例。

然而，坚持以上两种立场的学者都不约而同地忽视了郭隗的另一句话，即"王诚博选国中之贤者，而朝其门下，天下闻王朝其贤臣，天下之士必趋于燕矣"。这句话很重要，因为它是郭隗对前文的总结，也是他献策燕王的关键所在。郭隗献策的关键词就是"博选"。郭隗希望燕王采用他的建议，用"博选"这种方式来解决人力资源的瓶颈。与此非常巧合的是，《鹖冠子》中与之相似的一段话也正出于《博选》篇。这说明郭隗与鹖冠子不但都认为君主对待贤士的态度与其求贤的实效之间存在着紧密的联系，而且两者在求贤的方式上也持有相同的立场。即，作为一个君王，只有"服道"，方能"致士"。这也就是郭隗所建议的"服道致士"之法。这种方法与鹖冠子所描述的方法基本一致。这应该不是一种巧合，因此，郭隗与鹖冠子究竟谁是这段话的原创者？这一问

---

① 何建章注释：《战国策注释》，中华书局1990年版，第1111页。

题就需要我们重新思考。如果单从相同文句的角度来思考，加之长期以来判《鹖冠子》为伪书之思维定势，这段材料无疑是证伪《鹖冠子》的关键证据。但是，从上文的分析中我们可以看出，实际上郭隗对燕王献策的点睛之笔在"博选"之道，这就等于说明了郭隗所述之语乃是引自《鹖冠子·博选》之篇，而非相反。①

同时，从郭隗献策时使用了"博选"一词来看，"博选"可能是当时比较通行的一个名词。而这个名词的通行，极有可能与鹖冠子的《博选》篇的流传有关。从这个角度来看，郭隗引用《鹖冠子》的可能性就比较大。而且，我们据此可以推测，在战国时期可能一度出现过一次有关"博选"的思潮。关于这个问题，下文还会涉及，此不赘述。

韩非所引材料虽然我们暂时还不能断定它是否来自《鹖冠子》，但是，经过上文的分析，我们又可以发现一个巧合：韩非在《说林》中所引之文与《鹖冠子》几乎全同，而其点睛之句"圣人其备矣"又与《鹖冠子》《备知》之篇题遥相呼应；郭隗帝、王、师、友之说同于《鹖冠子》，而其"博选"之策又与《鹖冠子》《博选》之篇题不谋而合。这种巧合说明什么呢？我们认为，这种"巧合"的存在只能说明两者都征引了《鹖冠子》，而非相反。

韩非《说林》之著作体例决定了他绝非原创，郭隗乃游说之士，其于诸子之学必多所取资，由此看来，《鹖冠子》很可能就是这两段材料的最初来源。据此，我们就可以大体推测《鹖冠子》其书的流传情况，及其思想曾一度引起学者关注的情况。在此之后，《鹖冠子》思想虽未曾盛传，但是学者亦偶有征引。

（2）裴骃、刘勰与《鹖冠子》

刘宋的裴骃②在其《史记集解》中就曾征引《鹖冠子》的文字。在注解《史记·秦始皇本纪》"豪俊相立"一语时，裴骃案语云："《鹖冠子》曰：德

① 在《战国史》中，杨宽亦注意到了郭隗所使用的"博选"一词，但是他的结论与本书不同。他说："可知《鹖冠子》不但袭用郭隗'五至'之说的文句，连'博选'这个词也是因袭郭隗的。长沙马王堆出土帛书中，黄老学派著作有《称篇》，已经讲到'帝者臣名臣，其实师也；王者臣名臣，其实友也……'但是没有概括为'五至'之说，可知郭隗继承了《称篇》的说法而加以发挥的，而《鹖冠子》又是因袭郭隗之说的。唐代柳宗元曾依据这点判断《鹖冠子》出于后人伪作，并不正确。"杨宽：《战国史》，上海人民出版社2003年版，第530页。案：在此需要指出，柳宗元判伪《鹖冠子》的证据来自贾谊，而非郭隗。

② 裴骃的生卒年月不详。他在《宋书》中虽与其父裴松之合传，但有关裴骃之记载只有"骃注司马迁《史记》，并行于世"寥寥数语。由于史料缺乏，我们只能大体推定裴骃的《史记集解》成书于刘宋期间，而刘宋于420年建立，于479年为萧齐所灭。因此，《史记集解》应该成书于420年至479年。

万人者谓之俊，德千人者谓之豪，德百人者谓之英。"① 此语两见于今本《鹖冠子》，它们分别出现在《博选》篇与《能天》篇。可见，于430年前后，《鹖冠子》仍流传于世，且受到学者的重视。

无独有偶，刘勰在他的《文心雕龙·诸子》中也提到了《鹖冠子》，并且对《鹖冠子》有较高评价。刘勰说：

> 研夫孟荀所述，理懿而辞雅；管晏属篇，事核而言练；列御寇之书，气伟而采奇；邹子之说，心奢而辞壮；墨翟随巢，意显而语质；尸佼尉缭，术通而文钝；鹖冠绵绵，亟发深言；鬼谷眇眇，每环奥义；情辨以泽，文子擅其能；辞约而精，尹文得其要；慎到析密理之巧，韩非著博喻之富；吕氏鉴远而体周，淮南泛采而文丽：斯则得百氏之华采，而辞气之大略也。②

刘勰（约465 约532年）把《鹖冠子》与诸子并列，而此处所出现的诸子都是刘勰认为其文乃可体现"百氏之华采，辞气之大略"的佳文佳作，可见，刘勰对《鹖冠子》的文学价值还是给予了充分的肯定。刘勰在此虽没有具体引用《鹖冠子》的任何章句，但是从其对《鹖冠子》的评价来看，我们亦可推断其所见之《鹖冠子》与今本应该是相同的。通读今本《鹖冠子》，我们不难发现，刘勰用"鹖冠绵绵，亟发深言"来评价《鹖冠子》还是比较贴切的。首先，"绵绵"之语很好地概括了鹖冠子的语言特点；其次，"亟发深言"则指出了《鹖冠子》内蕴之思想价值。

非常可惜的是，刘勰在此处只有寥寥数语，这使我们很难从中挖掘出更多的信息。但是，我们可以把刘勰的评价与历史上其他学者对《鹖冠子》的评价进行对比，通过这种对比，我们或许会有新的发现。陆佃在《鹖冠子序》中评价《鹖冠子》说："其奇言奥旨亦每每而有也。"③ 通过对比我们不难发现，刘勰的"亟发深言"与陆佃的"奇言奥旨"可谓遥相呼应。而陆佃注本又是今本《鹖冠子》的祖本。至于刘勰当时所见是不是《鹖冠子》的全本，我们不好断定，但是，从刘勰与陆佃对《鹖冠子》的评价来看，我们大体可以推测，刘勰所见《鹖冠子》的内容与今本应该是相同的。

---

① （汉）司马迁撰：《史记》，中华书局1982年版，第276—277页。
② 周振甫：《文心雕龙今译》，中华书局1986年版，第161页。
③ 黄怀信撰：《鹖冠子校注》，第382页。

从时间跨度上来看，裴骃与刘勰的生年或有相叠，裴骃的《史记集解》与刘勰的《文心雕龙》都是历史上比较重要的学术著作，《鹖冠子》屡见于当时名家之手，这本身就是对《鹖冠子》学术价值的一种肯定，这应该不是一种偶然。

（3）唐代学者与《鹖冠子》

到了唐朝，学者对《鹖冠子》的征引达到了一个高峰。这种现象的出现可能主要由于以下两个原因：首先，无论是在文学上还是思想上，《鹖冠子》都有其独具的价值；其次，唐代奉老子为先祖，道家思想获得了空前的发展，因此，作为道家典籍的《鹖冠子》也格外地受到了文人学者的青睐，故对其征引的频率盛于之前各代。现将唐代对《鹖冠子》的征引情况稍作总结。

表 0 – 1　　　　　　　　　唐代《鹖冠子》征引情况表

《唐开元占经》① 卷一一二	鹖冠子曰：惟圣人能正其音，调其声，故德上及泰清，下及泰宁，中及万灵，朱草生②
《唐开元占经》 卷一一六	鹖冠子云：麟，阴之精③
《艺文类聚》④ 卷二	鹖冠子曰：夫耳之主聪，目之主明。一叶蔽目，不见太山；两豆塞耳，不闻雷霆⑤
《艺文类聚》卷十九	《鹖冠子》曰：赵武灵王问庞煖曰："寡人闻飞语流传曰：战百胜，非善之善者也。"⑥
《艺文类聚》卷三十五	鹖冠子曰：伊尹酒保，立为世师⑦

① 《四库全书》校勘记云："卷首标衔悉达，曾官太史监。事考《玉海》。开元六年（718）诏瞿昙悉达译九执历，则悉达之为太史当在开元初。卷首又标奉敕撰，而奉敕与成书年月皆无可考。惟其中载历代历法，止于唐麟德历，且云李淳风见行麟德历。考唐一行以开元九年奉诏创大衍历，以开元十七年颁之，其时麟德历遂不行。此书仍云见行麟德历，知其成于开元十七年以前矣。"（《四库全书·唐开元占经》校勘记）。而唐开元十七年即为 729 年。由此可见，《唐开元占经》应成书于 729 年之前。

② 见此卷下《竹木草药占·草木休征》"朱草"条。原文引自《钦定四库全书·子部·唐开元占经》，第 807—972 页。

③ 见此卷下《兽占·兽休征"麒麟"》条。原文引自《钦定四库全书·子部》，第 807—1006 页。

④ 中华书局上海编辑所在其出版的《艺文类聚》的前言中指出："《艺文类聚》是唐代开国初年由高祖李渊下令编修的。"此句下小字注云："下诏的年份，据《唐书》七十三《令狐德棻传》的记载为武德五年（622）。《唐书》一八九上《儒学·欧阳询传》记为武德七年（624）诏修，乃是误以成书上奏之年为诏令修书之年。"（唐）欧阳询撰：《艺文类聚》，上海古籍出版社 1982 年版，第 1 页。由此可见，《艺文类聚》应于公元 622 年开始编修，并于 624 年成书。

⑤ （唐）欧阳询撰：《艺文类聚》，第 34 页。

⑥ （唐）欧阳询撰：《艺文类聚》，第 345 页。

⑦ （唐）欧阳询撰：《艺文类聚》，第 636 页。

续表

《艺文类聚》卷三十六	[袁淑《真隐传》]又曰：鹖冠子，或曰楚人，隐居幽山，衣敝履空，以鹖为冠，莫测其名，因服成号，著书言道家。冯谖常师事之，后显于赵，鹖冠子惧其荐己也，乃与谖绝①
《艺文类聚》卷六十七	刘向《别录》曰：鹖冠子常居深山，以鹖为冠，故号鹖冠子②
《艺文类聚》卷八十五	鹖冠子曰：两叶蔽目，不见太山，双豆塞耳，不闻雷霆③
《艺文类聚》卷九十	鹖冠子曰：凤，鹑火禽，阳之精也。德能致之，其精毕至④
《艺文类聚》卷九十七	鹖冠子曰：夫蚊虻坠乎千仞之溪，乃始翱翔而成其容⑤
《艺文类聚》卷九十八	鹖冠子曰：圣人之德，上及太清，下及太宁，中及万灵，则膏露下⑥
《艺文类聚》卷九十八	鹖冠子曰：麟者，玄枵之兽，阴之精也，德能致之，其精毕至⑦
《群书治要》⑧卷三十四	《博选》：博选者，序德程俊也。道凡四稽：一曰天，二曰地，三曰人，四曰命。人有五至：一曰百己，二曰十己，三曰若己，四曰厮役，五曰徒隶。所谓天者，理物情者也；所谓地者，常弗去者也；所谓人者，恶死乐生者也；所谓命者，靡不在君者也。君者，端神明者也。神明者，以人为本。人者，以贤圣为本。贤圣者，以博选为本。博选者，以五至为本。故北面事之，则百己者至；先趋而后息，先问而后默，则十己者至；人趋己趋，则若己者至；凭几据杖，指麾而使，则厮役者至；嘻喈叱咤，则徒隶人至矣。故帝者与师处，王者与交处，亡主与役处⑨

① （唐）欧阳询撰：《艺文类聚》，第640—641页。
② （唐）欧阳询撰：《艺文类聚》，第1184页。
③ （唐）欧阳询撰：《艺文类聚》，第1453页。
④ （唐）欧阳询撰：《艺文类聚》，第1558页。
⑤ （唐）欧阳询撰：《艺文类聚》，第1683页。
⑥ （唐）欧阳询撰：《艺文类聚》，第1697页。
⑦ （唐）欧阳询撰：《艺文类聚》，第1706页。
⑧ 阮元于《研经室外集·群书治要五十卷提要》中云："唐魏征等奉敕撰。征字元成，魏州曲城人，官至太子太师，谥文贞，事迹具唐书本传。案宋王溥《唐会要》云：'贞观五年九月二十七日，秘书监魏征撰《群书治要》上之。'又云：'太宗欲览前王得失，爰自六经讫于诸子，上始五帝，下尽晋年。书成，诸王各赐一本。'又《唐书·萧德言传》云：'太宗诏魏征、虞世南、褚亮及德言汇次经、史、百氏帝王所以兴衰者上之，帝爱其书博而要，曰：使我稽古临事不惑者，卿等力也。'德言贵愈尤渥。然则书实成于德言之手，故《唐书》于魏征、虞世南、褚亮传，皆不及也。是编卷帙，与唐志合。"（唐）魏征等撰：《群书治要》，《丛书集成》初编，商务印书馆中华民国二十五年版，第1页。由此可见，《群书治要》应成书于贞观五年九月二十七日，是年即为631年。
⑨ （唐）魏征等撰：《群书治要》，《丛书集成》初编，第581—582页。

续表

《群书治要》卷三十四	《著希》：夫君子者，易亲而难狎，畏祸而难劫，嗜利而不为非，时动静而不苟作，体虽安之而弗敢处，然后礼生焉，心虽欲之而弗敢言，然后义生焉。夫义节欲而治，礼反情而辨者也①
《群书治要》卷三十四	《世贤》：悼襄王问庞煖曰："夫君人者，亦有为其国乎？"庞煖曰："王独不闻俞拊之为医乎！已识必治神避之。昔尧之任人也，不用亲戚而必使能。其治病也，不任所爱，必使旧医。"襄王曰："善！"庞煖曰："王其忘之乎？昔伊尹医殷，太公医周，百里医秦，申麃医郢，原季医晋，范蠡医越，管仲医齐，而立五国霸，其善一也，然道不同数。"襄王曰："愿闻其数。"煖曰："王独不闻魏文侯之问扁鹊耶？曰：子昆弟三人，其孰最善为医？扁鹊曰："长兄最善，中兄次之，扁鹊最为下也。"文侯曰："可得闻耶？"扁鹊曰："长兄于病视神，未有形而除之，故名不出于家。中兄治病，其在毫毛，故名不出于闾。若扁鹊者，镵血脉，投毒药，割肌肤，而名出闻于诸侯。"文侯曰："善！使管子行医术以扁鹊之道，则桓公几能成其霸乎！"②
《史记索隐》③	命不可说兮，孰知其极？水激则旱兮，矢激则远。索隐：此《淮南子》及《鹖冠子》文也。彼作"水激则旱"。而《吕氏春秋》作"疾"，以言水激疾则去疾，不能浸润；矢激疾则去远也。《说文》"旱"与"悍"同音，以言水矢流飞，本以无碍为通利，今遇物触之，则激怒，更劲疾而远悍，犹人或因祸致福，倚伏而无常也④
《史记索隐》	其明年，秦并天下，立号为皇帝。于是秦逐太子丹、荆轲之客，皆亡。高渐离变名姓为人庸保，匿作于宋子。索隐：《栾布传》曰："卖庸于齐，为酒家人"，《汉书》作"酒家保"案：谓庸作于酒家，言可保信，故曰"庸保"。《鹖冠子》曰："伊尹保酒。"⑤

① （唐）魏征等撰：《群书治要》，《丛书集成》初编，第 582 页。
② （唐）魏征等撰：《群书治要》，《丛书集成》初编，第 582—583 页。
③ 由于司马贞在新旧唐书中无传，其生平事迹不可考，其所著《史记索隐》的成书年代亦不详。
④ （汉）司马迁撰：《史记》，第 2498—2499 页。
⑤ （汉）司马迁撰：《史记》，第 2536—2537 页。

续表

《后汉书》注①	若乃《阳阿》衰斐之晋制，阐蛙华羽之南音，《淮南子》曰：歌《采菱》，发《阳阿》。《礼记》曰：啴谐慢易之音作而人康乐。《鹖冠子》曰：南方万物华羽焉，故以调羽也②

上表即是今日所能见到的唐人对《鹖冠子》的征引情况。

3. 《鹖冠子》流布之分析

至此，截至唐代，《鹖冠子》其书的流布线索就约略地呈现了出来。

燕昭王生年不详，其卒年为公元前 279 年。郭隗为燕昭王谋士，因此，其献策燕昭王的时间应该在公元前 279 年之前。韩非的生卒年约为公元前 280 至前 233 年，因此，如果韩非引据过《鹖冠子》，那么，他引据《鹖冠子》的时间亦应该在这个时间段之内。这是战国时期《鹖冠子》的可能的流布线索。

贾谊生于前 200 年，卒于前 168 年，如果其《鵩鸟赋》因袭了《鹖冠子·世兵》篇之文，那么，这就可以证明在贾谊生年期间，他曾亲眼见及《鹖冠子》。刘向、刘歆父子总群书而成《七略》发生在汉成帝与汉哀帝在位期间。成帝在位之年为公元前 32 年至前 7 年，汉哀帝在位之年为公元前 6 年至前 1 年。③ 可见，在公元前 32 年至前 1 年，《鹖冠子》仍流布于世。班固撰写《汉书》始自永平元年（58），历时 25 年，至建初七年（82）基本完成撰写工作。④ 从班固在《汉书·艺文志》中省去了《七略》中的"兵家类"的《鹖冠子》来看，他必定是以他所见及的《鹖冠子》为依据而作出了减省的决定，这说明在此期间，《鹖冠子》也并未失传。以上就是《鹖冠子》其书在两汉时期的流传情况。

---

① 关于李贤其人，宋云彬在《后汉书》的《校点说明》中说："李贤，字明允，唐高宗的儿子，武后所生。上元二年（675）立为皇太子。他跟张大安、刘纳言等共同注释范晔的《后汉书》。永隆元年（680），被废为庶人，跟他共注《后汉书》的张大安等或被降职，或被流放。光宅元年（684），武后执政，逼他自杀。"（南朝宋）范晔：《后汉书》，中华书局 1965 年版，第 6 页。关于李贤等注释《后汉书》的起讫时间，宋云彬说："实际上他（指李贤）立为皇太子以后，才跟张大安等共注《后汉书》，到他被废为庶人，注书工作结束，前后只有六年，没有充裕的时间详细校定，传播漏略自所难免。"（南朝宋）范晔撰：《后汉书》，第 3 页。从这两条材料我们可以推断出，李贤等注释《后汉书》的时间是 675 年至 680 年。

② （南朝宋）范晔撰：《后汉书》，第 1967—1968 页。

③ 参见林剑鸣《秦汉史》，上海人民出版社 2003 年版，第 1072 页。

④ 参见陈其泰、赵永春《班固评传》，南京大学出版社 2002 年版，第 78 页。

我们再来看两汉之后的情况。《史记集解》应该成书于 420 年至 479 年。刘勰约生于 465 年，约卒于 532 年，《文心雕龙》评价了《鹖冠子》，这说明在这个时间段内，《鹖冠子》亦流布于世。而《艺文类聚》应于 622 年开始编修，并于 624 年成书。《群书治要》成书时间是贞观五年九月二十七日，是年即是 631 年。李贤等注释《后汉书》的时间是 675 年至 680 年。《唐开元占经》应成书于 729 年之前。

综上，为了使《鹖冠子》的流布线索一目了然，在此特不避繁冗，再次将与《鹖冠子》有关的历史坐标一一开列如下：前 279 年，前 280—前 233 年，前 200—前 168 年，前 32—前 1 年，58—83 年，420—479 年，465—532 年，622—624 年，631 年，675—680 年，729 年。由此可以看出，《鹖冠子》之书于战国末期即开始流传，中间虽断断续续，"气如悬丝"，然终未断绝。

如果我们考虑到以下几种情况，《鹖冠子》流传的时间线索大体就可以被串联起来。首先，历代典籍散失的情况会导致《鹖冠子》流布的时间线索出现空白；其次，公元 5 世纪开始，《鹖冠子》被引据的频率加大，但是，从古代文献传播的规律来看，这种引据的高潮绝不会凭空出现，它一定是在前代文献对《鹖冠子》的引据的接引下发生的，这样，《鹖冠子》的流布线索就要适当前推；再次，两汉之后多战乱，宇内割据势力众多，这势必造成图书散亡，典籍编目亦多缺失，像《鹖冠子》这样没有什么知名度的图书，其出现频率必会相应降低；最后，在《鹖冠子》流传的时间线索中，几个较大的时间空白都发生在前 200 年至前 168 年之后。汉文帝在位的时间是前 202 年至前 157 年[1]，马王堆汉墓帛书就是在此期间下葬的。[2] 从《鹖冠子》与帛书的相似度来看，由汉至唐，《鹖冠子》应该是一直流传未绝的，综合以上的分析，这几个时间空白段就可以忽略不计。据此，我们推断《鹖冠子》自成书之日起就一直传续未绝，这个判断应该是可以成立的。

然而，在这个《鹖冠子》流传的时间线索中，有一个关节点是比较特殊的，这个关节点即是贾谊。经过我们上文的考察，以及今天出土文献的支持，我们大体可以断定贾谊应该也是较早引用《鹖冠子》的学者之一。然而，柳宗元并

---

[1] 《中国历史大辞典》，上海辞书出版社 2000 年版，第 862 页。

[2] "一九七三年十二月，长沙马王堆三号汉墓出土了大批帛书。根据同时出土的一件有纪年的木牍，可以确定该墓的年代是汉文帝前元十二年（公元前 168 年）。"《马王堆汉墓帛书（壹）》，文物出版社 1980 年版，第 1 页。

不认同这种观点，他力辩是《鹖冠子》抄袭了贾谊，而非相反。那么，柳氏的观点是否成立呢？下面我们即详细分析之。

（二）柳宗元辨伪之弊

经过上文的分析，我们知道《鹖冠子》自成书之日起就传续不绝。历代学者偶有引据，到了唐代，学者对《鹖冠子》的引据就盛极一时。然而，随着《鹖冠子》影响逐渐扩大，对《鹖冠子》的疑伪之声也随之而起。最先辨伪《鹖冠子》的是唐代的柳宗元。

1. 柳宗元与《鹖冠子》"伪书说"的缘起

他在《辩鹖冠子》一文中说：

> 余读贾谊《鵩赋》，嘉其辞，而学者以为尽出《鹖冠子》。余往来京师，求《鹖冠子》，无所见，至长沙，始得其书。读之，尽鄙浅言也，唯谊所引用为美，余无可者。吾意好事者伪为其书，反用《鵩赋》以文饰之，非谊有所取之，决也。太史公《伯夷列传》称贾子曰："贪夫殉财，烈士殉名，夸者死权"，不称鹖冠子。迁号为博极群书，假令当时有其书，迁岂不见耶？假令真有《鹖冠子》书，亦必不取《鵩赋》以充入之者。何以知其然耶？曰不类。①

在这段材料中，柳宗元鲜明地亮出了自己的观点。他认为，唐代所流传的《鹖冠子》并非先秦之旧，而是后世好事者所伪造的。为了装点门面，掩盖造伪的痕迹，造伪者抄袭了贾谊的《鵩鸟赋》。所以，除了抄袭贾谊的文字之外，《鹖冠子》通篇都是鄙浅之言。这就是鹖冠子伪书说的源头。从此之后，《鹖冠子》就陷入了真伪之辨的漩涡。

由于长期以来一直缺乏能够证真《鹖冠子》的证据，《鹖冠子》伪书说一直颇为盛行，以致学者没有足够的信心对《鹖冠子》进行专门而精审的研究。鹖冠子的一些"奇言奥旨"也因此被长期埋没，少有解人。这种境遇对鹖冠子来说是非常不公的，因为，从现代学术的角度来看，柳宗元的《辩鹖冠子》一文并不缜密，且经不起推敲。柳宗元之后的辨伪《鹖冠子》的学者也都循着柳宗元的思路来寻找证据，指责鹖冠子剽窃它书。对于这种指责，

---

① （唐）柳宗元：《柳河东集》，上海人民出版社1974年版，第72页。

很多现代学者都已有回应。这根本不能构成证伪《鹖冠子》的有效证据，因为群书之间相互转引乃是先秦著述的通例，如果以此为据而辨子书之真伪，恐中国先秦子书无一能真。因此，无论柳宗元还是继踵柳氏者都没有提出有效的证据，这是《鹖冠子》伪书说的最大缺陷。扬汤止沸不如釜底抽薪，我想，驳倒鹖冠子伪书说的最好办法就是彻底驳倒柳说，一旦柳氏之说不能成立，历代辨伪之音也自会消弭。因此，在这一部分我们将主攻柳说。

2. 对柳宗元《辩鹖冠子》的几点分析

（1）《辩鹖冠子》的初衷是为贾谊平反

从《辩鹖冠子》的创作初衷来看，柳宗元辨伪《鹖冠子》的真正目的是给贾谊平反，因此，在辨伪《鹖冠子》的过程中，柳宗元未免怀有意气之私，置论也难免有失公允。对于这一点，从对比柳宗元的一系列的辨伪文章就可以看出。柳宗元认为是伪书的古籍不只《鹖冠子》一家，他还有《辩列子》《辩文子》《辩鬼谷子》《辩晏子春秋》《辩亢仓子》之文。通过比较这几篇辨伪古书的文字，我们就会发现一个有趣的现象，除了《辩鹖冠子》之外，柳宗元在其他几篇文章中都是通过分析某部古籍自身的特点来辨伪其书的。但是，《辩鹖冠子》则与之不同。在这篇文章中，柳宗元开门见山地说："余读贾谊《鵩赋》，嘉其辞，而学者以为尽出《鹖冠子》。"柳宗元并不认同这种说法。因此，他多方搜求《鹖冠子》之书，希望通过自己的考察来寻找反驳这种说法的证据。从这一点来看，柳氏辨伪《鹖冠子》的动机也许并不纯粹。辨伪工作首先要求辨伪者要持有中性的立场，并列举客观的证据以证成其说，然而，柳宗元明显违反了这一原则，这就使他的《辩鹖冠子》的客观性大打折扣。我们不能说柳宗元对《鹖冠子》怀有偏见，但是，他对贾谊《鵩鸟赋》的偏爱明显影响了他的判断，或有意气用事之嫌疑。

（2）柳宗元难觅《鹖冠子》之善本

柳宗元说"余往来京师，求《鹖冠子》，无所见，至长沙，始得其书"，[①]这应该是一个事实。从《新唐书》中的一条材料或可推知柳氏当时的处境。

> 安禄山之乱，尺简不藏。元载为相，奏以千钱购书一卷，又命拾遗
> 苗发等使江淮括访。至文宗时，郑覃侍讲，进言经籍未备，因诏秘阁搜

---

① （唐）柳宗元：《柳河东集》，第72页。

采，于是四库之书复完，分藏于十二库。黄巢之乱，存者盖鲜。昭宗播迁，京城制置使孙惟晟敛书本军，寓教坊于秘阁，有诏还其书，命监察御史韦昌范等诸道求购，及徙洛阳，荡然无遗矣。①

安禄山生年为 703 年至 757 年，柳宗元生年为 773 年至 819 年。安史之乱发生在 755 年至 762 年。唐文宗李昂生于 809 年，卒于 840 年，于 827 年至 840 年在位。柳宗元所处时代正值安史之乱之后，典籍散失殆尽，秘府藏书再次完备之前。也就是说，柳宗元的有生之年恰逢一个"尺简不藏"的时期。曩时秘府藏书之盛况不复存在，图籍惨遭焚毁散佚之祸。从这个角度来看，我们就可以理解，柳宗元在搜寻《鶡冠子》的过程中，为什么会往来京师而无所得，至长沙始得之。在搜求《鶡冠子》的过程中，柳宗元遇到了很大的困难，这种困难也从另一个侧面说明，柳宗元获得善本的可能性微乎其微。我们不得不怀疑，柳宗元所读之《鶡冠子》可能并不是一个佳本，抑或他只见到《世兵》一篇？

持此疑问者，古来有之。《柳河东集·辩鶡冠子》之目下有小字注云：

> 西汉《艺文志》，有《鶡冠子》一篇，下注云：楚人居深山，不显名氏，以鶡羽为冠，因自号焉。唐志亦有《鶡冠子》三卷。今其为书凡十九篇，盖论三才变通古今治乱之道。韩文公云：其《博选》篇"四稽五至"之说当矣。《学问》篇称"贱生于无所用，中流失船，一壶千金"者，三读其词而悲之。即此书也。惟《世兵》篇颇与《鵩赋》相乱，余十八篇则否。公之辨其去取不同如此，似但见此一篇，故云尔。②

此说虽有调和韩柳二公分歧的意思在，但结合以上史料仔细揣摩，亦不失为明眼之见。又，"烈士殉名"一语，今本《鶡冠子》无，这亦可说明宗元所见版本不佳？

与此同时，我们还需要注意到一个史实，柳宗元于 805 年被贬为邵州刺史，后又加贬为永州司马。815 年回京，不久后又再次被贬为柳州刺史，并最

---

① （宋）欧阳修、（宋）宋祁撰：《新唐书》，中华书局 1975 年版，第 1422—1423 页。

② （唐）柳宗元：《柳河东集》，第 72 页。

终卒于任上。因此，在其晚年"往来京师"的机会并不多。今检《柳先生年谱》，并未述及《辩鹖冠子》之文作于何年，因此，笔者颇疑此文乃柳氏早年之作，故其少年意气跃然于纸上。

（3）"唯谊所引用为美，余无可者"有失公允

"唯谊所引用为美，余无可者"之论有失公允。《鹖冠子》之文美与不美，或是否足观，这实际上是一个很主观的问题，对此，我们无法设定一个客观的准则来衡断是非。但是，我们仍然可以从以下两个方面来考察宗元的失允之处。首先，从历代学者的引用状况来看，《鹖冠子》的足观之文绝不止于《世兵》篇。上文已梳理过历代学人征引《鹖冠子》的情况，从郭隗、韩非、刘勰、欧阳询、魏征等的引用状况和评价来看，其所引之文远远不止于《世兵》篇中与《鵩鸟赋》相类的文字。除此之外，韩愈对《鹖冠子》亦有称道，其所涉篇章亦在《世兵》之外。这些征引《鹖冠子》的学者都是各自时代的博雅君子，其文章鉴赏之功夫应不在柳氏之下。近代学者梁启超对《鹖冠子》亦有评价，他说："今书时含名理，且多古训，似非出魏晋以后人手。"[①] 因此，从其他学者对《鹖冠子》引用和评价的状况来看，柳宗元的这个论断还是有些过于武断。其次，通览今传本《鹖冠子》，《世兵》篇中与《鵩鸟赋》相类的一段话也并不是鹖冠子最精彩的议论。虽然这也是笔者个人的主观判断，但是，无论如何，笔者于柳氏之说实不能苟同。

（4）太史公未必尽见天下图书

太史公未必尽见天下图书。从上文对历代藏书秘府盛衰相踵的分析中，我们可以看出，"国家图书馆"尚不能尽收天下图籍于其囊中，博极群书的史迁也定不能观遍天下图书，此其一。其二，鹖冠子其人其书与其他诸子相比具有一定的特殊性。鹖冠子是一个坚定的隐士，他甚至不想向世人透露他的真实姓名，这在中国思想史上还是比较特殊的。此外，他所著的《鹖冠子》一书就像鹖冠子其人一样，也似乎隐于子书之林中，虽一直传续不绝，但是，从它时现时隐的流传过程来看，它一直未受到后世学者的充分重视。只是到了唐代，也许是因为它是道家著作的原因，《鹖冠子》终于受到了学者的重视，但是，这种对《鹖冠子》的热情也犹如昙花一现，未能持续很久。因此，在相当长的历史时期内，《鹖冠子》都只能算作子书之林中默默无闻的一员，

---

① 梁启超：《汉书艺文志诸子略考释》，《饮冰室合集》（10），中华书局 1989 年版，第 25 页。

故史迁见及此书的概率并不大。最后，司马迁在《贾谊传》中，也根本没有必要提及鹖冠子，即使他知道这段文字与《鹖冠子》有相同之处。因为他专注的是贾谊的生平，而不是某段文本的具体考证。所以，柳宗元以太史公未见此书为依据来判定《鹖冠子》为伪书，也是不能成立的。

（5）"不类"之判断过于主观

最后，柳氏说，"假令真有《鹖冠子》书，亦必不取《鵩赋》以充人之者。何以知其然耶？曰不类"①，这依然是一个主观性很强的判断。笔者认为这个观点也是不能成立的。我们就以《庄子》为例来分析柳宗元的这个观点。在《庄子》一书中，内篇、外篇、杂篇的内容都不尽一致，甚至存在着很大的差异，这也可以算得上柳氏所谓的"不类"之一例了，但是，我们不能说《庄子》是伪书。同一子书内部，其各篇的思想存在一定的张力，这也是先秦子书的特点之一。实际上，先秦子书中，前后思想条贯如一，观点毫无抵牾者并不多见。因此，柳宗元的这个论断也是不能成立的。不但如此，笔者认为贾谊借鉴《鹖冠子》的可能性更大，而非相反。之所以作如此判断，这主要源自出土文献的证据支持。

3. 柳宗元《鹖冠子》"伪书说"不能成立

以上我们逐条对柳宗元的观点进行了反驳。我们认为，《辩鹖冠子》所提出的《鹖冠子》伪书说并不能成立。对此，《四库全书提要》亦有精辟之论，其云：

> 《柳宗元集》有《鹖冠子辨》一首，乃诋为言尽鄙浅，谓其《世兵篇》多同《鵩赋》，据司马迁所引贾生二语以决其伪。然古人著书，往往偶用旧文，古人引证亦往往偶随所见。如"谷神不死"四语，今见《老子》中，而《列子》乃称为《黄帝书》。"克己复礼"一语，今在《论语》中，《左传》乃谓仲尼称《志》有之。"元者善之长也"八句，今在《文言传》中，《左传》乃记为穆姜语。司马迁惟称贾生，盖亦此类，未可以单文孤证遽断其伪。惟《汉志》作一篇，而《隋志》以下皆作三卷，或后来有所附益，则未可知耳。其说虽杂刑名，而大旨本原于道德，其文亦博辨宏肆。自六朝至唐，刘勰最号知文，而韩愈最号知道，二子称之，宗元乃以为鄙浅，过矣。②

---

① （唐）柳宗元：《柳河东集》，第72页。
② 《鹖冠子》，《四库全书荟要》，世界书局中华民国七十七年影印，子部，第31册，第170页。

由此可见，柳宗元的伪书说不能够成立，《鹖冠子》乃是先秦子书应该是没有什么疑问的了。

实际上，在柳宗元之前，就有为数众多的学者认为《鹖冠子》是先秦子书。柳宗元说："余读贾谊《鵩赋》，嘉其辞，而学者以为尽出《鹖冠子》。"① 从这句话中我们可以看出，在柳宗元之前，学者对贾谊与《鹖冠子》的关系早有论断。从柳氏的语气来看，我们可以推断，持有此论的人应该为数不少，可见，在柳宗元之前，贾谊袭用《鹖冠子》应该是学界公认的结论。这也是我们在今天驳斥《鹖冠子》伪书说的过程中所应该注意到的一个情况。

也就是说，《鹖冠子》在流传过程中经历了真—伪—真的一个过程，中国的很多古籍都有类似的经历。但是，值得我们深思的是，柳宗元判定《鹖冠子》为"伪书"的论据无疑是经不起推敲的，而其方法也明显是不"科学"的。不幸的是，后续辨伪《鹖冠子》的学者竟然沿着柳宗元的路一直走了上千年。这从一个侧面说明了古人治学方法的一些偏颇。

刘笑敢说，"'类同举例'是传统考据常用的一个重要方法。看到甲书与乙书有某词、某句或某段相同，论者往往就据以怀疑甚至断言甲书和乙书属于同一时代、或同一作者、或同一学派、或甲或乙因袭了对方"②，"'举例'的方法当然是可以用的，但是，如果只举若干例子就推出结论，那么很可能以偏概全，制造许多'冤假错案'"③。从这个角度来看，《鹖冠子》无疑是"冤假错案"的一个经典的案例，而其蒙冤之久的根本原因也正在于，柳宗元等辨伪的学者，对其论证方法的缺陷认识不足。换言之，他们并没有明确的方法论意识。因此，他们对主观的"情感"与客观的"方法"之间的关系并没有进行过思考，而"情感"与"方法"混淆不清，其直接结果就是置论失于草率，经不起推敲。现代学术建立在自觉的"方法论"意识的基础上。治学如果没有了"方法"，走不通。有了"方法"，如果没有对"方法"弊端的清醒认识，又容易走得盲目，随波逐流。既要寻找自己的"治学"方法，又要有对"方法"的自觉反思，现代学术亦何其难也！这也许是柳宗元带给我们的启示之一吧。

---

① （唐）柳宗元：《柳河东集》，第 72 页。
② 刘笑敢：《庄子哲学及其演变》，中国人民大学出版社 2010 年版，第 16 页。
③ 刘笑敢：《庄子哲学及其演变》，第 17 页。

（三）近年出土文献与《鹖冠子》的证真

王国维在《古史新证——王国维最后的讲义》中说："至于近世，乃知孔安国本《尚书》之伪，《纪年》之不可信，而疑古之过乃并尧舜禹之人物而亦疑之，其于怀疑之态度，及批评之精神不无可取。然惜于古史材料未尝为充分之处理也。吾辈生于今日，幸于纸上之材料外更得地下之新材料，由此种材料我辈固得据以补正纸上之材料，亦得古书之某部分全为实录，即百家不雅驯之言亦不无表示一面之事实。此二重证据法惟在今日始得为之，虽古书之未得证明者，不能加以否定，而其已得证明者，不能不加以肯定，可断言也。"① 从这一段话中我们可以看到，王国维一针见血地指出了"疑古"者的硬伤，即"于古史材料未尝为充分之处理"。通过以上的分析，我们也可以看出，疑伪《鹖冠子》柳宗元开其端，其最大的缺陷也正在于对《鹖冠子》之书未予以充分之分析，而遽断其伪。然而，正是因为柳宗元及其后继者的疑伪之声，使《鹖冠子》在很长的一段历史时期内都处于尴尬的境地，对《鹖冠子》感兴趣者虽不乏其人，但是几乎无人对其进行深入的研究。②

1. 《鹖冠子》与马王堆帛书相近语句枚举

1973 年，长沙马王堆汉墓出土了大量的帛书，帛书整理者在整理《老子》乙本卷前古佚书的时候，发现古佚书中存在很多与今本《鹖冠子》相同或相似的文句。这个发现为当今学者提供了证真《鹖冠子》的关键证据。在这方面，唐兰的研究颇为重要。

（1）《鹖冠子》与《老子》乙本卷前古佚书

唐兰对《老子》乙本卷前古佚书与《鹖冠子》的引用关系进行了归纳。他在《马王堆出土〈老子〉乙本卷前古佚书的研究——兼论其与汉初儒法斗

---

① 王国维：《古史新证——王国维最后的讲义》，清华大学出版社 1994 年版，第 2—3 页。

② 究其原因，除柳宗元肇其端的"伪书说"的影响之外，《鹖冠子》本身文本晦涩难懂也是重要的原因之一。宋濂亦注意到了这种情况，他说："其书（指《鹖冠子》）述三才变通古今治乱之道。而《王鈇篇》所载，楚制为详。立言虽过乎严，要亦有激而云也。周氏讥其以处士妄论王政，固不可哉。第其书晦涩，而后人又杂以鄙浅言，读者往往厌之，不复详究其义。所谓'天用四时，地用五行，天子执一以守中央'，此亦黄老家之至言。使其人遇其时，其成功必如韩愈所云。黄氏又谓韩愈猎取二语之外，余无留良者，亦非知言者也。士之好妄论人也如是哉！"（明）宋濂：《诸子辩》，《宋濂全集》（第二册），浙江古籍出版社 1999 年版，第 133 页。由此可见，《鹖冠子》本身就晦涩难懂，加之始自唐代的"伪书说"的影响，这就造成了很多学者于《鹖冠子》"不复详究其义"，且易下轻断不公之论的情况。

争的关系》一文中指出："这本书（《黄帝四经》）是什么时候写成的呢？我认为它的写成时代，应该是战国前期之末到中期之初，即公元前400年前后。"①在此文之后附有《老子》乙本卷前古佚书与其他古籍引文对照表②，其中古佚书与《鹖冠子》可能存在引用关系的文句如下③：

表0-2　　　　《〈老子〉本卷前古佚书》与《鹖冠子》文句对照表

《老子》乙本卷前古佚书	《鹖冠子》
1. 道生法（《道法》）	道生法（《兵政》）④
2. 天下有事，必有巧验（《道法》）	内无巧验（《学问》）
3. 事如直木，多如仓粟。斗石已具，尺寸已陈，则无所逃其神（《道法》）	同如林木，积如仓粟。斗石已陈，升委无失也（《王鈇》）
4. 使民之恒度，去私而立公（《道法》）	法者使去私就公（《度万》） 废私立公（《道端》）
5. 变恒过度，以奇相御（《道法》）	见间则以奇相御（《天则》）
6. 天执一以明三：日、信出信入，南北有□，□□□□。月、死信生，退有常，数之稽也。列星有数而不其行，信之稽也（《论》）	日、信出信入，南北有极，度之稽也。月、信死信生，进退有常，数之稽也。列星不乱其行，代而不干，位之稽也。天明三以定一则万物莫不至矣。（《泰鸿》） 天者诚其日德也。日、诚出诚入，南北有极，故莫弗以为法则。天者信其月刑也。月、信死信生，终则有始，故莫弗以为政。天者明星其稽也。列星不乱，各以序行，故小大莫弗以章（《王鈇》）
7. 至神之极，见知不惑（《论》）	至神之极，见之不忒（《道端》注"一作或"）
8. 大杀服民，僇降人，刑无罪，祸反及也（《亡论》）	是故不杀降人（《近迭》）

①　唐兰：《马王堆出土〈老子〉乙本卷前古佚书的研究——兼论其与汉初儒法斗争的关系》，《考古学报》1975年1期。

②　唐兰先生的《马王堆出土〈老子〉乙本卷前古佚书的研究——兼论其与汉初儒法斗争的关系》刊登于《考古学报》1975年第1期，马王堆汉墓帛书整理小组所编《经法》收录了这篇文章，但是《经法》中所收录文章的附文在个别字的释读上与《考古学报》不同，这是需要引用者注意的。

③　唐兰先生在其文章中并未以表格的形式对列《老子》乙本卷前古佚书与《鹖冠子》两者之间存在引用关系的文句，表格是作者根据唐兰先生的归纳而制作的。

④　唐兰先生于［附记］中云："《鹖冠子》说：'贤生圣，圣生道，道生法，法生神，神生明。'已非此经本意。"

9. 三时成功，一时刑杀，天地之道也。四时时而定，不爽不贷，常有法式（《论约》）	三时生长，一时杀刑，四时而定，天地尽矣（《泰鸿》）
10. 不有人僇，必有天刑（《论约》）	非其天诛逆夫人僇（《天则》）
11. 吾受命于天，定位于地，成名于人（《立命》）	受数于天，定位于地，成名于人（《世兵》）
12. 其明者以为法，而微道是行（《观》《姓争》）	明者为法，微道是行（《世兵》）
13. 以天为父，以地为母（《果童》）	故圣人立天为父，建地为母（《泰鸿》）
14. 不死不生、憨为地枢（《正乱》）	不死不生，不断不成（《博选》）
15. 安徐正静，柔节先定。善予不争。此地之度而雌之节也（《称》）	夫仁之功善予不争（《道端》）
16. 侍表而望则不惑，案法而治则不乱（《称》）	彼立表而望则不惑，按法而割者不疑（《天权》）
17. 帝者臣，名臣，其实师也。王者臣，名臣，其实友也。霸者臣，名臣也，其实□□。□□臣，名臣也，其实庸也。亡者臣，名臣也，其实虏也（《称》）	故帝者与师处，王者与友处，亡主与徒处（《博选》）
18. 赢绌变化，后将反怹（《称》）	蚤晚绌赢，反相殖生。变化无穷，何可胜言（《世兵》）

（2）《鹖冠子》与《伊尹·九主》

值得注意的是，除了《老子》乙本卷前古佚书之外，《鹖冠子》与马王堆汉墓帛书《伊尹·九主》之间亦存在着相同及相似之语句。在《伊尹·九主》中有"膚下蔽（蔽）上"一语，其原文如下：

> 干主之不明膚下蔽（蔽）上，□法乱常，以危主者，恒在臣。（《伊尹·九主》）①
> 伊尹对曰："剗（專）授之臣擅主之前，膚下蔽（蔽）上。乘主之不

---

① 魏启鹏：《马王堆汉墓帛书〈黄帝书〉笺证》，中华书局2004年版，第250页。

　　吾（悟），以侵其君。"（《伊尹·九主》）①

此语亦两见于《鹖冠子》，但其文字稍异。"虘下帑（蔽）上"，《鹖冠子》中作"逜下蔽上"。魏启鹏云："虘读为逜"②，"虘""逜"相通，故两语相同。《鹖冠子·近迭》云：

　　　　主知不明，以贵为道，以意为法。牵时诳世，逜下蔽上，使事两乖。养非长失，以静为扰，以安为危，百姓家困人怨，祸孰大焉？（《近迭第七》）

《王鈇》云：

　　　　天子中正。使者敢易言尊益区域，使利逜下蔽上，其刑斩笞无赦。（《王鈇第九》）

除完全相同之处外，《鹖冠子》中另有一处文字与之相通。《鹖冠子·天则》云："下之所逜，上之可蔽，斯其离人情而失天节者也。"此语亦是申述"逜下蔽上"之旨。

　　另外，《伊尹·九主》云："天乏（範）无□，復（覆）生万物，生物而不物，莫不以名，不可为二名。"③ 此句中出现了"不物"一词。此语亦见于《鹖冠子》。《鹖冠子·天权》云："彼天生物而不物者，其原阴阳也，四时生长收藏而不失序者，其权音也，音在乎不可传者，其功英也。"两处"不物"所出现之语境相当，语意接近。

　　不止于此，《伊尹·九主》云："故曰主不法则，乃反为物。"④ 与"乃反为物"相似之语亦见于《鹖冠子·天则》，其云："天之不违，以不离一，天若离一，反还为物。不创不作，与天地合德，节玺相信，如月应日。此圣人之所以宜世也。"两相比较，一方面，《伊尹·九主》作"乃反为物"，《鹖冠

①　魏启鹏：《马王堆汉墓帛书〈黄帝书〉笺证》，第270页。
②　魏启鹏：《马王堆汉墓帛书〈黄帝书〉笺证》，第251页。
③　魏启鹏：《马王堆汉墓帛书〈黄帝书〉笺证》，第253页。
④　魏启鹏：《马王堆汉墓帛书〈黄帝书〉笺证》，第263页。

子》作"反还为物",两语稍异;另一方面,《伊尹·九主》直接申述君主遵守"法则"之重要性,其立论似更为"直接",而《鹖冠子》则是首先阐释"天道"之不违离于"一"的特征,并由此而劝诫君主法"天道"而行,此处鹖冠子倡导君主所取法的"天道"之"一",即"法则"之意,与《伊尹·九主》立论的"直接"相比,《鹖冠子》则相对"曲折"。但是,这只是表面的不同,因为在前文中,《伊尹·九主》已经明确指出:"法君者,法天地之则者。"① 此处的"故曰主不法则,乃反为物",正是蒙前省而立论。由此我们就更可以发现两者所体现的时代精神风貌相似。

最后,《伊尹·九主》对"天"有如下之论,其曰:"天不见端,故不可得原,是无胜。"② "无胜"之语亦见于《鹖冠子》,《鹖冠子·度万》有云:"所谓天者,言其然物而无胜者也,所谓地者,言其均物而不可乱者也。"此即可见两者对"天"亦存在相似认识。

2. 《鹖冠子》与《北京大学藏西汉竹书·老子》

《鹖冠子·夜行》篇中,有一处文字应该引用了《老子》。在起初研究《鹖冠子》的时候,笔者只注意到了这句话与《老子》的文本具有一致性。当笔者看到了《北京大学藏西汉竹书·老子》(以下简称汉简本《老子》)的时候,偶然间发现,《鹖冠子》引用的《老子》,无论是语序还是表达都与汉简本《老子》一致。于是,笔者又查阅了汉简本《老子》与其他版本《老子》的对比,最终发现马王堆帛书中的《老子》甲乙本、汉简本《老子》、《鹖冠子》引用的《老子》,三者的表达和语序都是一样的,而传世本《老子》却与之不同。这是一个比较重要的发现。对于探清《鹖冠子》的成书年代,也是一个重要的线索。

(1)《鹖冠子·夜行》所引《老子》与汉简本《老子》

在《鹖冠子·夜行》篇中有"随而不见其后,迎而不见其首"这样一句话。这句话在今传本《老子》中也可以见到,但是语序与表达都稍有不同。在王弼本中,这句话写作"迎之不见其首,随之不见其后",与《鹖冠子》相比,"而"作"之",语序亦发生了前后的颠倒。无独有偶,在河上公本与傅奕本中,这句话也写作"迎之不见其首,随之不见其后",与王弼本相同,

---

① 魏启鹏:《马王堆汉墓帛书〈黄帝书〉笺证》,第253页。
② 魏启鹏:《马王堆汉墓帛书〈黄帝书〉笺证》,第263页。

而与《鹖冠子》相异。而在想尔注本中，这句话的语序与王弼本、河上公本、傅奕本不异，但表述方式却略有不同，其写作"迎不见其首，随不见其后"，句的"而"或"之"被省略掉了。

除了传世本《老子》之外，这句话在出土文献中也可以见到。《北京大学藏西汉竹书·老子》是"继马王堆帛书甲、乙本和郭店楚简本之后出土的第四个简帛《老子》古本，而且在四个简帛古本中保存最为完整，对于《老子》一书的整理、校勘和古代思想文化史的研究具有极高价值"①。

在《北京大学藏西汉竹书·老子》中，也有"随而不见其后，迎而不见其首"这句话，对比之下，就会发现它与《鹖冠子》完全相同。两者完全一致，这说明它们的成书时间应该比较接近。"估计其（汉简本《老子》）抄写年代有可能到武帝前期，但不太可能早到景帝。"②汉武帝在位时间为公元前140年至前87年。武帝前期的下限，在此我们可以暂且定为公元前110年。而景帝继位约在公元前156年。因此，汉简本的抄写时间，基本可以定为公元前156年至公元前110年。

在帛书甲本中，这句话已残缺，其尚可识别的部分写作"而不见其首"。据此，基本可以推断出，其原文的顺序与写法应该也是"随而不见其后，迎而不见其首"。若如此，我们就可以断定它与《鹖冠子》相同。在帛书乙本中，这句话得以完整地保留，其文写作"随而不见亓后，迎而不见亓首"，句中的"亓"即是"其"。因此，帛书乙本中，这句话也是"随而不见其后，迎而不见其首"，与《鹖冠子》也完全相同。

《鹖冠子·夜行》篇中引用的《老子》与汉简本《老子》一致，与马王堆帛书甲乙本也一致，这足以说明，《鹖冠子》中引用的这句话，实际上是保留了《老子》较早版本的原貌。

汉简本《老子》的抄写年代约在公元前156年至公元前110年，马王堆帛书的写成时代，大体是公元前400年前后。《鹖冠子》引用的是较早版本的《老子》，且其版本源头最晚可以追溯至汉简本，最早则可以追溯至帛书甲、乙本。这个时间段大体在公元前400年至公元前110年。然而，从思想特征上来看，《鹖冠子》不太可能成书于秦汉时期，对此，下文会有详细的分析。因此，

---

① 北京大学出土文献研究所编：《北京大学藏西汉竹书》（贰），上海古籍出版社2012年版，第207页。

② 北京大学出土文献研究所编：《北京大学藏西汉竹书》（贰），第209页。

《鹖冠子》的成书应该早于汉简本《老子》的抄写年代。在公元前400年至公元前110年这个时间段内，《鹖冠子》的成书时间应该处于相对较早的时期。

（2）关于《鹖冠子·夜行》篇所引《老子》版本的几点分析

《鹖冠子》的引文与各版本老子之异同，以表格的形式列出如下：①

表0-3　　　《鹖冠子》引用《老子》文句与各版《老子》文本对照表

帛书甲本	帛书乙本	《鹖冠子》引用	汉简本	王弼本	河上公本	想尔注本	傅奕本
□□□□□□而不见其首	随而不见亓后，迎而不见其首	随而不见其后，迎而不见其首	随而不见其后，迎而不见其首	迎之不见其首，随之不见其后	迎之不见其首，随之不见其后	迎不见其首，随不见其后	迎之不见其首，随之不见其后

《鹖冠子》中引用《老子》的话，得以被原原本本地保留下来，这得益于《鹖冠子》的流传范围一直比较有限，也没有引起较多学者的重视，所以，其文本没有经过较大幅度的整理和修改。这就凸显了《鹖冠子》的价值，在研究出土文献的过程中，《鹖冠子》可以作为一个参照，作为古今语言与思想的桥梁，起到一个承古接今的作用。

与《鹖冠子》不同，《老子》是流传甚广，影响甚大的经典，古今学者，无论何家何派，研究《老子》的人不胜枚举。因此，在《老子》流传的过程中，研究者将其中原本古奥的语言，适当地转化、修改，以便于后来者阅读和理解，或许不可避免。尤其是随着一些影响较大的《老子》注本的出现，这样的注本会起到一种标杆的作用，其他的《老子》注本会向这个标杆看齐，

① 本表参考了《〈老子〉主要版本全文对照表》，载北京大学出土文献研究所编《北京大学藏西汉竹书》（贰），第196—197页。

《老子》的文本也就会逐渐统一。

　　"随而不见其后，迎而不见其首"这句话，在今传本《老子》中几乎都写作"迎之不见其首，随之不见其后"，就是一个鲜明的例证。而且，我们可以作出这样一个合理的推断，在不同的历史时期，曾经出现过不同的影响较大的《老子》注本。而随着这种注本的出现，其他的注本所依据的《老子》原文，也会随之发生变化，向较为著名的版本看齐。这种变化的发生，全是由于"权威"意识在作怪。一旦权威被树立，它就会变成一个标准。也就是说，随着《老子》经典地位的确立，其文本会发生相应的变化。其中一种变化是古今语言的转换，这也是不可避免的。另一种变化则是《老子》的文字日益朗朗上口。这在很大程度上，都是逐渐修改和润色的结果，这个过程需要经过较长的时间。

　　总结以上分析，今日的经典应该都经历了这样的一个过程。第一步是经典地位的确立，这种地位的确立得益于原创思想家的远见卓识，如老子、孔子等大思想家。由于此类思想家具有强大的感召力，其后学便会向风而从，其言与其行也就逐渐被奉为经典，老子如此，孔子如此，庄子也是如此。而在《庄子》中，这种痕迹就更为明显，今本《庄子》分内、外、杂篇，所谓"内篇"者，庄子之言也，而所谓"外篇"与"杂篇"者，庄子之行也。庄子后学对庄子思想的阐发，亦可归为"其行"一类。第二步是随着经典地位的确立，会相应地发生文本的变化，也就是会发生一个经典化的过程。这个经典化的过程，是对原初经典地位的加强，也就是使经典成为万世不易的载经之典，这种经典就是语言与思想的完美结合。语言之美，可以引人入其堂，而思想之美则可以导人入其室。这是经典之为经典，不可或缺的两样东西。

　　在这两样东西中，思想的深刻性，离不开第一代思想家的原创，而语言的精美，则离不开后世学者的辅成。简而言之，也就是先有经典，才会有后来的经典化过程，而不是相反。

　　《鹖冠子》由于不是经典，也就没有经历这样一个经典化的过程。所以，无论其语言还是思想，都基本保留了它原来的样貌。也正是由于它的原貌得以保留，我们才能够发现它与出土文献之间存在的某些细微的一致性。这种一致性虽然细微，然而却是了解《老子》版本流变的一个重要线索，也是证成《鹖冠子》成书时间的又一个坚实的证据。

在此我们可以对本章"第一节"与"第二节"的内容进行适当总结。通过这两节的比较我们就可以看出,《鹖冠子》与《老子》乙本卷前古佚书以及《伊尹·九主》之相同及相似语句的出现已经不能被归结为偶然。作为"地下之新材料"的《老子》乙本卷前古佚书与作为"纸上之材料"的今传本《鹖冠子》之间,至少存在十八处完全相同或相似的文句,而《伊尹·九主》与《鹖冠子》相同及相似之语句亦屡有所见。另外,《鹖冠子》与汉简本《老子》之间,也存在一致之处。这种现象的出现绝非偶然。唯一可能的解释就是,《鹖冠子》的成书时间与这些出土文献相同或相近。而且,《鹖冠子》与众多出土文献存在着语言表达上的一致性,也存在着思想观念上的相通性,这本身就是一个值得注意的现象。对《鹖冠子》的深入研究,或许会有助于对出土文献的释读。而思想观念的相通,尤其说明,《鹖冠子》与这些出土文献分享了相同的思想史背景。

依据王国维的"二重证据法"①,"地下之新材料"的出现使《鹖冠子》成为"已得证明者",既如此,我们对于《鹖冠子》则"不能不加以肯定,可断言也"。这个"断言"虽姗姗来迟,但是无论如何,它还是使《鹖冠子》

---

① 李学勤在《"二重证据法"与古史研究》一文中对王国维的观点进行了概括,他说:"'二重证据法'就是'纸上之材料'与'地下之新材料'的互相结合,彼此印证。"李学勤:《通向文明之路》,商务印书馆2010年版,第261页。另外,饶宗颐先生又提出了"三重证据法"的观点,他说,"此外,我想借此机会说一说有关研究夏文化的材料和方法的问题。现在大家都把注意力集中在田野考古中探索夏文化的遗存,这无疑是十分重要的。夏文化的研究能否出现决定性的突破,有赖于这方面的努力。但是就夏文化的整体而言,地下遗存毕竟有它本身的局限性,而且遗存也不一定有文字标志足以表明文化的内涵;所以,我们还得把考古遗存同传世文献结合起来进行考察和研究。尽管古籍中关于夏代的材料不多,但是许多零星的记载,却往往透露着夏代社会的消息,有待我们进一步去发掘。值得特别提出的是甲骨文。在甲骨文中有许多关于商代先公先王的记载,在时间上应该属于夏代的范畴,可看作商人对于夏代情况的实录,比起一般传世文献来要可靠和重要得多。我们必须而且可以从甲骨文中揭示夏代文化某些内容。这是探索夏文化的一项有意义的工作。总之,我认为探索夏文化,必须将田野考古文献记载,和甲骨文的研究,三个方面结合起来。即用'三重证据法'(比王国维的'二重证据法'多了一重甲骨文)进行研究,互相抉发和证明。倘能在这方面做出成绩,那么,我们对于夏代情况的了解,将会更加具体而全面。那时来讨论夏文化的有关问题,就可说是适时了。我们期待着这一天早日到来","我所以强调甲骨应列为'一重'证据,由于它是殷代的直接而最可靠的记录,虽然它亦是地下资料,但和其他器物只是实物而无文字,没有历史记录是不能同样看待的,它和纸上文献是有同等的史料价值,而且是更为直接的记载,而非间接的论述,所以应该给以一个适当的地位。饶宗颐:《饶宗颐二十世纪学术文集》(第一册),台北:新文丰出版股份有限公司2003年版,第16—17页。饶宗颐先生的这个观点对于我们深入研究帛书与《鹖冠子》之间的关系也很有启发。帛书与《鹖冠子》的具体文句、词语的相同只是两者具有相同的时代气息的一种表现,除此之外,由于"帛书"的文字还涵载着思想史的信息,因此我们还要深入发掘两者在思想层面的可能关系,这无论是对于深入解读"帛书",还是对于全面、深入地了解《鹖冠子》,都是很有帮助的。

获得了新生。据此，《鹖冠子》并非伪书也就成为一个我们"不能不加以肯定"的事实。

然而，这个"事实"的得出并不意味着《鹖冠子》研究工作的结束，恰恰相反，它只是一个开始。在这个"事实"的基础上，我们还有更多的工作需要完成。在众多的工作中，对《鹖冠子》的成书年代的划定，以及对《鹖冠子》学派归属的判定将是重中之重。《鹖冠子》成书于哪个历史时期呢？它又属于哪个学派的著作呢？这两个问题的解决，对于了解《鹖冠子》产生的历史背景，以及明确《鹖冠子》的历史地位尤为重要。所以，接下来我们就来讨论这两个问题。

（四）《鹖冠子》的成书年代

关于《鹖冠子》的成书年代主要有两种说法：一种说法认为《鹖冠子》乃是战国末期的典籍；另一种说法则认为《鹖冠子》最终成书于秦代初期。这两种观点最大的分歧在于，《鹖冠子》的一些篇章是否存在避讳"政"或"正"的现象。

1. 《博选》篇与《著希》篇的著成年代

（1）吴光的观点——《鹖冠子》成书于战国末期至秦楚之际

第一个注意到《鹖冠子》的一些篇章可能存在以"端"代"正"的现象的学者是吴光。他在《黄老之学通论》中阐述了他对《鹖冠子》成书年代的看法。关于《鹖冠子》的作者，他说：

> 但《鹖冠子》不全是鹖冠子本人亲著。十九篇中，除《庞煖》三篇之外，第七、八、九、十四、十五诸篇是记载鹖冠子与庞子的对话，说明是其后学所著。总的来看，该书是鹖冠子学派的集体著作。根据《史记·赵世家》和《廉颇列传》，可知庞煖攻燕杀剧辛是在公元前二四二年，由此可推定鹖冠子大约生活在公元前三〇〇年至前二二〇年左右，其弟子则当是战国末年至秦楚之际的人。[①]

关于《鹖冠子》的成书时间，他说：

---

① 吴光：《黄老之学通论》，浙江人民出版社1985年版，第157页。

《鹖冠子》成书于何时?

由书的作者可以推知其成书时代当在战国末期至秦楚之际。①

再从该书使用的讳字看。秦始皇名政,故秦代文书均避"政""正"之讳,正月改为"端月"。《鹖冠子》多数篇章不讳政、正,说明它不是秦始皇或秦二世时代写的。但《博选》《著希》篇显然是避讳的,文中不仅未见政、正二字,而且本应写作"正"的地方用了"端"字,如《博选》的"君也者端神明者也"、《著希》"端倚有位,名号弗去",都由于避讳之故,才写作"端"而不写为"正"。这说明二篇写定于秦代。②

从引文中我们可以看出,吴光认为《鹖冠子》的《博选》和《著希》两篇应写定于秦代,他证成此说的最关键的证据就是这两篇中存在避讳"政""正"二字的现象。那么,吴光的这个证据是否成立呢? 对于这个问题的解答,本书拟从以下几个方面入手,首先,秦代避讳制度是否严格? 其次,《鹖冠子》中"端"字用法之考察;最后,战国前后"端""正"用法之分析。

(2) 秦代的避讳制度之分析——《博选》《著希》未避秦始皇之讳

现在所存的秦代典籍较少,《吕氏春秋》是比较有代表性的嬴秦文献。关于《吕氏春秋》之成书,司马迁有如下记载:

庄襄王即位三年,薨,太子政立为王,尊吕不韦为相国,号称"仲父"。秦王年少,太后时时窃私通吕不韦。不韦家僮万人。

当是时,魏有信陵君,楚有春申君,赵有平原君,齐有孟尝君,皆下士喜宾客以相倾。吕不韦以秦之强,羞不如,亦招致士,厚遇之,至食客三千人。是时诸侯多辩士,如荀卿之徒,著书布天下。吕不韦乃使其客人人著所闻,集论以为八览、六论、十二纪,二十余万言。以为备天地万物古今之事,号曰《吕氏春秋》。布咸阳市门,悬千金其上,延诸

---

① 吴光:《黄老之学通论》,第157页。
② 吴光:《黄老之学通论》,第157—158页。

侯游士宾客有能增损一字者予千金。①

可见，《吕氏春秋》之成书当在嬴政即位之后。但是检索《吕氏春秋》，其书并不避讳"政""正"二字。"政"字共 22 见，其中《大乐》篇说："故能以一听政者，乐君臣，和远近，说黔首，合宗亲。"②《适音》篇说："故治世之音安以乐，其政平也；乱世之音怨以怒，其政乖也；亡国之音悲以哀，其政险也。凡音乐通乎政而移风平俗者也，俗定而音乐化之矣。故有道之世，观其音而知其俗矣，观其政而知其主矣。"③ 在这两段文字中都出现了"政"字，余不枚举。至于"正"字，凡 64 见，《吕氏春秋》有《正名》之篇，其余亦不一一列举。由此可以看出，当秦之世，避讳制度并不十分严格。④

以个人愚见，由于"政""正"二字之特殊性，完全避讳并不可能。以吕不韦权势之隆，以《吕氏春秋》声名之噪，尚不避"政""正"之讳，鹖冠子似不必多此一举。《吕氏春秋》成书于始皇帝一统天下之前，那么，始皇一统天下之后又如何呢？

观《秦始皇本纪》，始皇帝历次封禅之刻石铭文都未出现"正""政"二字，但是"端"字出现了两次。《琅邪台刻石》有"端平法度，万物之纪"⑤，"端直敦忠，事业有常"⑥ 之语。这是不是在避讳嬴政之名呢？为了解答这个问题，我们先来看看吴福助对秦世避讳制度的分析，他说：

① （汉）司马迁撰：《史记》，第 2509—2510 页。

② 许维遹撰：《吕氏春秋集释》，中华书局 2009 年版，第 111 页。

③ 许维遹撰：《吕氏春秋集释》，第 116—117 页。

④ 《西汉竹书〈老子〉的文本特征和学术价值》一文指出："过去学者在推断出土简帛文献的抄写年代时，常将避讳字作为一项重要的根据。如帛书《老子》甲本不避'邦'字讳，乙本避'邦'字讳改为'国'，而不避'盈''恒'字。学者据此认为甲本抄写于汉高帝时（或认为在高帝前），乙本则在文帝时期（或认为在高帝时）。但汉简本在这方面显得非常宽松，有些应避讳的字完全不避。如'邦'字皆写作'国'，与帛书乙本同，似为避讳所改；但'盈''恒'两字多见，'启'字三见，'䇓（彻）'字一见，也就是说汉惠帝、文帝、景帝、武帝之讳皆不避。类似这种避讳不严的现象，在北大西汉竹书的其他文献中也比较普遍。近年有学者提出，秦汉时期官府文书等属于'公领域'的文件避讳比较严格，而私人文书、藏书等的'私领域'的文献避讳则较为宽松，此说值得重视。"北京大学出土文献研究所编：《北京大学藏西汉竹书》（贰），第 208—209 页。

⑤ （汉）司马迁撰：《史记》，第 245 页。

⑥ （汉）司马迁撰：《史记》，第 245 页。

　　《语书》前篇有"矫端民心"句，后篇有"有能自端殴""毋公端之心"句，三"端"字皆应作"正"，以"端"字代替"正"字，系避秦王政讳而改。秦王政之名本应作"正"，《史记·秦始皇本纪》谓秦始皇帝"及生，名为政，姓赵氏"。裴骃《集解》引徐广曰："一作正。"又引宋忠曰："以正月旦生，故名正。"张守节《正义》："正音政，周正建子之正也。"秦始皇以正月生，遂以"正"名之，徐广所见《史记》古本作"正"，犹存其真，《集解》及今本《史记》全书皆作"政"者，盖因二字原属通用，或秦时亦避"政"字，流俗遂误以"政"为名而加以篡改。《史记·秦始皇本纪》始皇二十八年《琅邪台刻石》云："端平法度""端直敦忠"，三十五年卢生曰："畏忌讳谀，不敢端言其过"，又《秦楚之际月表》秦二世二年及三年正月，均作"端月"，《索隐云》："二世二年正月也。秦讳'正'，故云端月也。"又《吕氏春秋·情欲》："端直之远。"这些都是避秦王政讳的例证，《语书》与此等同例，足以证明是秦王政时期发布的文书。①

　　如果吴福助的说法成立，那么《史记》中的"端平法度"本应该写作"正平法度"，"端直敦忠"则本应该写作"正直敦忠"。事实是否果真如此呢？依个人愚见，这倒未必。如果说《琅邪台刻石》因为尊者讳而于措辞有所考虑，这是可以说得通的，但是，如果我们把这些"端"字统统地都当成"正"字的改写，这恐怕就与史实不符了。

　　我们且看下面一个例子。《礼记·月令》有云："是月也，命有司修法制，善囹圄，具桎梏，禁止奸，慎罪邪，务搏执。命理瞻伤、察创、视折、审断，决狱讼必端平，戮有罪，严断刑。"② 此处即有"端平"一语，孙希旦集解云："端，谓明于曲直之辨而无所枉。平，谓得乎轻重之宜而无所颇。"③ 观其用法，这里的"端平"就是"端平法度以决狱讼"之意，这与《琅邪台刻石》的用法相类。下面我们再举一例。《史记集解》引孔安国语云："在位不

①　吴福助：《睡虎地秦简论考》，文津出版社1994年版，第68页。
②　（清）孙希旦撰：《礼记集解》，中华书局1989年版，第468页。
③　（清）孙希旦撰：《礼记集解》，第469页。

端平，则下民僭差。"① 这里亦出现了"端平"一语。孔安国生于汉世，他没有必要再去避讳"正"字，可见，"端平"之语本自有之，未必非要写作"正平"方安。所以，认为"端平法度"是在避讳"正"或"政"字，这种说法是不能成立的。

愚以为，"端平法度"之搭配较"正平法度"更加适当，盖依法断事，贵在中立、持平。此恰犹今日调节民间纠纷之中间人，人们对此类人有一基本要求，这个要求就是"一碗水端平"。此虽为民间俗语，然俗语、民谚亦其来有自。其形象、生动亦不容否认。以此看来，似乎"端平"比"正平"更为恰当。至于《史记》中"畏忌讳谀，不敢端言其过"也未必是避始皇之讳，因为在《韩非子·三守》中亦有"然则端言直道之人不得见，而忠直日疏"② 之语。

"端平法度"如是，"端直敦忠"亦然。《韩非子·解老》云："人有祸则心畏恐，心畏恐则行端直，行端直则思虑熟，思虑熟则得事理。行端直则无祸害，无祸害则尽天年；得事理则必成功。"③ 《商君书·修权》云："君好法，则臣以法事君。君好言，则臣以言事君。君好法，则端直之士在前；君好言，则毁誉之臣在侧。"④ 此处"端直"正是用来形容"以法事君"之士，与始皇帝石刻之文语境相当。《吕氏春秋·情欲》亦云："巧佞之近，端直之远，国家大威，悔前之过，犹不可反。"⑤ 屈原于《涉江》中亦有"苟余心其端直兮，虽僻远之何伤"⑥ 由此可见，"端直"之语亦是当时文人惯用之语，并非因避讳而由"正直"改为"端直"。

从以上的分析中我们就可以看出，目前学界所认为是避讳"正"或"政"字的例子，其分析往往失于片面，其举正亦不够充分，因之，这种说法是否能够成立就要打上一个大大的问号。

经过上文的分析，我们在此就可以作出这样一个推断：秦世避讳之法并非十分严格。这一点从《史记·李斯列传》亦可得到证明。始皇死后，赵高等留始皇遗书不发，更为诏书，矫称始皇命曰：

① （汉）司马迁撰：《史记》，第 1616 页。
② （清）王先慎撰：《韩非子集解》，第 114 页。
③ （清）王先慎撰：《韩非子集解》，第 135 页。
④ 严万里校：《商君书》，载《诸子集成》（五），中华书局 2006 年版，第 25 页。
⑤ 许维遹撰：《吕氏春秋集释》，第 44 页。
⑥ 金开诚、董洪利、高路明：《屈原集校注》，中华书局 1996 年版，第 472 页。

朕巡天下，祷祠名山诸神以延寿命。今扶苏与将军蒙恬将师数十万以屯边，十有余年矣，不能进而前，士卒多耗，无尺寸之功，乃反数上书直言诽谤我所为，以不得罢归为太子，日夜怨望。扶苏为人子不孝，其赐剑以自裁！将军恬与扶苏居外，不匡正，宜知其谋。为人臣不忠，其赐死，以兵属裨将王离。①

根据《史记》的记载，这封诏书被封以皇帝玺，这说明它是以国家正式文书的形式发布的。然而，此书中尚有"不匡正"之语，并没有避"正"之讳，可见秦世避讳制度并不严格。如果秦世避讳严格，此"正"字之出现定会被扶苏、蒙恬识破其乃伪造之文书。然而，扶苏、蒙恬并未有任何疑问，这就足以说明问题。以愚意揣之，由于"正"字之特殊，完全以"端"代替之亦不可能，故其避讳并不能完全执行。国家文书尚且如此，我们知道，鹖冠子乃避世隐者，其所著书避始皇之讳的可能性并不大。

在《避讳字与出土秦汉简帛的研究》一文中，来国龙指出："70 年代以来，秦汉简帛的发现为避讳研究提供了很好的材料，但由于自始就对秦汉避讳现象的复杂性认识不足，简单套用后代严格避讳的标准来作为判断秦汉文献年代的依据，因此造成许多混乱。"② 对于出土文献，不能简单套用后代严格的避讳标准来判定年代，对于《鹖冠子》成书年代的判定，在缺乏客观有效证据的前提下，我们也不能简单地以文字避讳的方法来判定其成书年代。来国龙认为，"我们在用避讳字的有无来判断出土文献的年代时，首先要对文本的性质有所了解。如果是公领域的文本，那么避讳字的有无可以作为断代的依据；但如果是私领域的文本，我们就不能直接用避讳字来断代"③。从上文我们对《史记·李斯列传》赵高等"矫称始皇命"的诏书的用语现象的分析中，不难看出，当秦之世，即使是公领域的文书，可能也不是十分严格地执行避讳，由此可见秦代避讳制度的复杂性。《鹖冠子》作为隐者之书，无疑是属于私领域的文献，对于这样的文献，我们就更不能用文字避讳的方法来判定其成书年代。因此，《博选》《著希》两篇避"正""政"之讳的说法并

① （汉）司马迁撰：《史记》，第 2551 页。
② 卜占群、杨振江主编：《简帛研究》，广西师范大学出版社 2008 年版，第 126—127 页。
③ 卜占群、杨振江主编：《简帛研究》，第 132—133 页。

不能成立。① 实际上，综合考察《鹖冠子》全文我们就会发现，《博选》《著希》中之"端"字用法乃鹖冠子的语言习惯，并非其为了避讳而刻意更改。

（3）《鹖冠子》中"端"字用法之考察

我们再来考察《鹖冠子》中"端"字的用法。检索《鹖冠子》全书，"端"字用法如下表：

表0－4　　　　　　　　　　　《鹖冠子》"端"字用法表

(1)《道端》第六	《道端》第六
(2) 君也者，端神明者也	《博选》第一
(3) 端倚有位，名号弗去	《著希》第二
(4) 天不开门户，使下相害也。进贤受上赏，则下不相蔽。不待事人贤士显不蔽之功，则任事之人莫不尽忠。乡曲慕义，化坐自端。此其道之所致，德之所成也	《道端》第六
(5) 虚名相高，精白为黑。动静纽转，神绝复逆。经气不类，形离正名。五气失端，四时不成	《度万》第八
(6) 夫长者之为官也，在内则正义，在外则固守，用法则平治，人本无害。以端天地，令出一原	《度万》第八
(7) 泰一曰："爱精养神，内端者所以希天。天也者，神明之所根也。"	《泰鸿》第十
(8) 夫物之始也倾倾，至其有也录录。至其成形，端端王王	《泰鸿》第十
(9) 神圣践承翼之位，以与神皇合德。按图正端，以至无极	《泰鸿》第十
(10) 无规圆者，天之文也；无矩方者，地之理也。天循文以动，地循理以作者也。二端者，神之法也	《泰录》第十一
(11) 若操其端，则虽选士，不能绝地。关尚一身，而轻重异之者，势使之然也	《兵政》第十四
(12) 夫离道非数，不可以□绪端；不要元法，不可以劕心体。表术裹原，虽浅不穷；中虚外博，虽博必虚	《学问》第十五

① 在分析避始皇讳的问题的时候，有一个问题需要格外地注意，根据历史记载，对于秦始皇统一中国，我们可以作出这样的推断：秦始皇统一中国实际上涉及两个层面的"统一"，其一是国土之统一，其二则是民心之统一，或曰"舆论之统一"。秦始皇最终灭六国，他无疑实现了"国土之统一"，但是，始皇帝始终没有做到的就是"舆论之统一"，其"焚书坑儒"的举动实际上就是谋求"舆论之统一"的一种努力。然而，一方面由于始皇帝"法治"思想流于严苛、暴虐，颇受"士人"争议；另一方面由于秦朝国运短暂，秦朝政权的正当性始终未受到当时"知识界"的一致认可。在这种大背景下，完全避讳始皇帝讳应该是不可能的事情。我们不能以汉以后的避讳制度来逆推秦朝的避讳制度，对于秦朝的特殊情况，尤其是"知识精英"与秦政权之间相互较量的历史背景，我们要给予足够的重视，否则我们的分析就有流于简单化的危险。

由上表可以看出，"端"字在《鹖冠子》中共出现 12 次。其中（2）与（6）用法相似，彼为"端神明"，此为"端天地"。"端天地"之语亦见于《度万》，而《度万》之篇中，"正"与"政"均有出现。可见，"端天地"一语并没有避讳的考虑，因此，此处之"端"乃是鹖冠子用语习惯的表露。依此类推，"端神明"是不是避"正"之讳，这就是一个值得商榷的问题。同时，（7）有"爱精养神，内端者所以希天。天也者，神明之所根也"的说法，从这个句子来推断，"端神明"应该是"内端其神明"的意思，又因"天也者，神明之所根也"，所以，"端天地"亦是使神明内端之必须，两相印证，"端神明"就不可能原作"正神明"，既然如此，我们就不能说"端神明"是在避始皇之讳。因此，吴光把《博选》篇的著作时间推至秦一统天下之后，这是不妥当的。

至于（3）中"端倚有位"的说法就更不可能是避始皇之讳。这里的"端"应该是"端直"的意思，从上文分析可以看出，"端直"在《韩非子》《商君书》《吕氏春秋》、屈原《涉江》中均有出现，这应该是彼时的惯常用语。因此，"端倚有位"避讳之说亦不能成立。由此看来，吴光将《著希》篇的著作时间推至前 221 年之后仍然是不妥当的。

通过以上的分析，我们就可以看出，吴光认为《博选》《著希》两篇存在避讳"正"字的现象，他的这个说法是不能够成立的。既然这两篇不存在避讳的现象，那么，我们就不能把这两篇的著作时间推至秦一统中国之后。笔者认为这种说法的失误之处主要在于没有综合考察《鹖冠子》全文，进而不能够了解鹖冠子的用语习惯。除此之外，"端"字是不是避讳之语，正面证据之搜集当然重要，但是，其最终能否成立还要看反面证据是否存在，如果疏于搜集反面证据，我们提出的任何新见新说终将是"一面之词"，疑似之语，它也就无法经受住时间的考验。

（4）"端""正"用法之分析——以贾谊《新书》为例

在上文我们已经证明了《博选》《著希》两篇避始皇名讳的说法不能成立。为了进一步巩固我们这个论证，我们将在此基础上继续考察"端""正"的具体用法。一般来说，这两个字是可以通用的，这应该没有什么疑问。但是，它们之间是否存在着一些细微的差别呢？下面笔者将结合具体史料一抒管见。

贾谊生于汉世，他的著述应该不用考虑避讳"正"字的问题，但是，综观其《新书》，"端"字亦屡屡出现。下面我们就来考察一下贾谊的"端"字的用法。在《新书》中，"端"字出现之处如下表所示：

表 0 – 5　　　　　　　　贾谊《新书》"端"字用法表

事诸侯王或不廉洁平端，以事皇帝之法罪之	《等齐》页 46①
天子处位不端，受业不敬，教诲讽诵《诗》《书》《礼》《乐》之不经不法不古，言语不序，音声不中律……凡此之属，太保之任也	《傅职》页 173
于是皆选天下之端士，孝弟博闻有道术者，以卫翼之，使与太子居处出入	《保傅》页 183—184
遇大臣之敬，遇小臣之惠，坐立之端，言默之序，音声之适，揖让之容，俯仰之节，立事之色，则职以证	《辅佐》页 205
视有四则：朝廷之视，端流平衡	《容经》页 227
固颐正视，平肩正背，臂如抱鼓，足间二寸，端面摄缨，端股整足	《容经》页 227
有疊和之，有端随之，物鞠其极，而以当施之，此虚之接恶也	《道术》页 302
周听则不蔽，稽验则不惶，明好恶则民心化，密事端则人主神	《道术》页 303
衷理不辟谓之端，反端为邪。 方直不曲谓之正，反正为邪	《道术》页 303

综观上表，我们可以发现，大部分"端"字的用法都可以用"正"字替代，但是，贾谊为什么不用"正"字而用"端"字呢？他是在为某尊者讳吗？当然不是，汉初帝王无讳"正"者。因此，"端""正"二字一定存在着某些细微的差别。

实际上，对于这种差别贾谊已经有所交代。如上表所列，他在《道术》篇中有"衷理不辟谓之端，反端为邪"，"方直不曲谓之正，反正为邪"② 之语，这句话就很好地交代了"端"与"正"之间的细微差别。"衷理不辟"盖谓：内心衷于大理，故行不邪僻。其关注核心在于"内蕴其宝而外发为光"，正所谓"品行端淑，故行为世范"，今日犹有"行为不端，品德不端"之语，盖是古语之遗存。而"正"则不然，"方直不曲"在于待人接物而无

① 此表所列条目文本皆依据阎振益、钟夏校注《新书校注》，中华书局 2000 年版。
② 阎振益、钟夏校注：《新书校注》，第 303 页。

邪曲之行，"正"之品质之显现往往发生于你我对待之时，它是见之于行的。因此，"端"与"正"是存在区别的，"端"主要侧重于内蕴之品质，而"正"则主要侧重于外发之行为，两者不可一律通用。所以，在判断"端"字是不是避讳"正"字的时候，我们要格外地谨慎。

综上所述，《鹖冠子》中《博选》《著希》两篇避讳"正"字的说法是不能成立的，因此，我们也就不能将这两篇文章的著作时间推至秦统一中国之后。由此看来，《鹖冠子》是战国末期的子书，这种看法还是比较妥当的。

2. 从"瀍物""法章物""法令"的关系来看《鹖冠子》的成书年代

《鹖冠子》中，有这样一句话：

> 法章物而不自许者，天之道也。以为奉教陈忠之臣，未足恃也。故法者曲制，官备主用也。（《天则》第四）

这句话里有"法章物"的说法。现在所能见到的注释，对这一说法的解释，都不够准确。有的学者认为"法章物"中的"法"字当衍。陆佃认为"夫法种种差别，稽之天道岂得已哉？姑以应世而已，甚不自是也"。陆佃的解释，实际上回避了"法章物"这一词所带来的解释上的困难。"夫法种种差别"，这一说法无论如何也难以与"法章物"联系起来。张金城曰："《老子》'衣养万物而不为主'者，此也。自许者，《庄子·徐无鬼》曰：'夫神者不自许也。'《释文》引《司马》云：'许，与也。'"按照张金诚的解释，我推测，他实际上是把"法"字当作衍文去掉了。因此，"衣养万物而不为主"云云，都是在解释"章物"的意思。因此，张氏的解释，仍不够准确。吴世拱认为，"章，明也，治也。言法主公废私，犹天道之捐物任势而不偏私也"。吴世拱的解释，对"法章物"这一说法是直陈其意。他的解释也最为接近《鹖冠子》的原意，然而仍欠妥帖。①

（1）"法""章""物"三字详解

笔者认为"法章物"这一说法中，并不存在衍文，其中的每一个字都有特定的意义。因此，对于"法章物"，正确的读法应该是"法—章—物"。

"法章物"中，"法"是名词。这个"法"是"法则"之"法"。这个

---

① 以上所引各家解释，请参见黄怀信《鹖冠子校注》，第50页。

"法"的最高的依据在于"天地之道"，而其具体的施用，则在于治理国家。鹖冠子非常关注天地运行的规律性，比如日月运行、四季更替、列星之位等。在鹖冠子看来，正是因为"天"在运行的过程中，严格遵守这些规律，所以天地的运行才有条不紊，长久不衰。他认为，人类社会的治理，也需要效法天地运行的这种法则性，只有如此，一个国家才能长治久安。这是第一个步骤，鹖冠子由天地运行之道引申出了治国之法。这大体相当于我们今天所讲的"立法"。鹖冠子所立之法，就是"法章物"中的"法"。

"法章物"中的"章"，应该理解成"明"的意思，或理解成"彰明"的意思。这一点，吴世拱基本正确，但是，笔者并不赞同"章"有"治"的意思。《说文》云："彰，文彰也。"段玉裁注云："尚书某氏传、吕览注、淮南注、广雅皆曰：'彰，明也。通作章。'"因此，这里的"章"与"彰"相通，是"彰明"之意。

"法章物"中的"物"，对它的理解最为关键。在目前的解释中，都把这个"物"理解成了"万物"之"物"。如果这样理解，"法章物"的意思，就是"法章明万物"。法章明万物而不自许，这在理解上就构成了一种困难。"法"，树立起的是规则。遵循这个规则，就合于法的要求，否则就是违背法的要求。遵循法的要求未必得赏，但是，违背了法的要求一定会受罚。也就是说，法是带有强制性的。按照这种强制性的要求，法不但不会"彰明"万物，它还会限制万物。这与"法章物"的本旨，是相互矛盾的。因此，这里的"物"，一定不是"万物"之"物"。

笔者认为，"法章物"的"物"应该是"法物"之"物"。《北京大学藏西汉竹书》（贰）《老子》第二十章（王本第五十七章）云："灋物兹（滋）章（彰）而盗贼多有。"① 这里就出现了"灋物"一词。"'灋物'，郭店简'物'作'勿'，帛乙残存'物'字，河上本'灋'作'法'，其余传世本多作'法令'。"② 关于"灋物"，《郭店楚竹书〈老子〉校注》云："'灋勿'，帛乙存'物'字，弼本等作'法令'，河上本作'法物'。未得简帛本之前，蒋锡昌曾曰：'令'字《景龙碑》、河上本等皆作'物'，以《老》校《老》，当从之。三章'不贵难得之货，使民不为盗'，十九章'绝巧弃利，盗贼无

---

① 北京大学出土文献研究所编：《北京大学藏西汉竹书》（贰），第 132 页。
② 北京大学出土文献研究所编：《北京大学藏西汉竹书》（贰），第 132 页。

有',五十三章'财货有余,是谓盗夸',皆以货物与盗贼连言,均其例证。帛本出土后,高明等人肯定了'令'当作'物'的见解。郑良树谓古本有作'令'作'物'两种版本源流。简本出版之后,古本作'法物'已不证自明。"① 也就是说,"灋物"就是"法物"。在古本《老子》中,就已经有了"法物"一词。

"灋物"当如何理解?丁四新云:"《说文·廌部》:'灋,刑也。平之如水,从水;廌,所以触不直者去之,从去。'是'法'本含'平直'之义。段玉裁《注》:刑者,罚辠也。《易》曰:'利用刑人,以正法也。'引申为凡模、范之偁。木部曰:'模者,法也。'竹部曰:'范者,法也。'土部曰:'型者,铸器之法也。'是'法'包含'模''范'之义。""总之,从内涵而言,'灋物'一词乃指大人行施教化的模范之物,可以规范、教化百姓;从外延而言,则当为行礼用乐之物,乃至诗书之籍,虽然政令之物未必会排斥在外。"② 因此,"灋物"最根本的意思,就是指"模范之物"。这种"模范之物",可以用来施行教化,可以规范百姓的行为。换句话说,"灋物"就是能树立规范、树立规则之物。人类社会的治理,首要的任务就是建立规则。这个"灋物"就是用来建立规则的东西。

值得注意的是,"'法物'和'法令'的内涵有所不同,'法令'即法律制度,'法物'的概念则更宽泛"③。对于这一说法,我们也可以换一个角度来理解,"法物"与"法令"两者,"法物"应该更为先起,而"法令"则相对后起。而且"法令"的产生,与"法物"有直接的渊源关系。也就是说,相对于"法令"来说,"法物"是一个相对来说更为原始的概念。

《鹖冠子》中"法章物"之"物",就是"灋物"或曰"法物"之"物"。换言之,"法章物"的"物",实际上就是"法物"的意思,它是"法物"的简略的说法。

(2)"法章物"的涵义

如上文所述,如果把"法章物"之"物"理解成"万物"之"物",这与"法"的本质精神是相抵触的。因为"法"的效能在于"裁制"万物,而不是"彰明"万物。

---

① 丁四新:《郭店楚竹书〈老子〉校注》,武汉大学出版社 2010 年版,第 162 页。
② 丁四新:《郭店楚竹书〈老子〉校注》,第 164 页。
③ 北京大学出土文献研究所编:《北京大学藏西汉竹书》(贰),第 217 页。

但是，如果把"法章物"之"物"理解成"法物"之物，这个说法就能够得到比较圆满的解释。按照这种理解，"法章物"就是"法要彰明法物"的意思。为什么"法要彰明法物"？因为"法物"是"模范之物"，这种模范之物是大人用来建立规则的东西。法，彰明法物，实际上就是彰明"法物"的权威，也是在彰明"规则"的权威。换言之，也就是彰明"法"的权威。上文提到，通过对天地运行规律的观察，思想家们开始有了"法"的意识，也认识到了"法"的重要性，于是"法"就产生了。但这只是"立法"的阶段。而更关键的则在于"执法"，也就是执行法律。"法章物"所关注的就是"执行法律"的这个环节。作为"法"，必须彰明它的权威性、普适性。"法章物"，它的意思就是说，"法"要时时刻刻"彰明""法物"。也就是说，在执行法律的过程中，要时刻彰显法的"规则"、法的"标准"、法的"权威"。

按照这种理解，"法章物而不自许者，天之道也"这句话，也能够得到比较圆满的解释。所谓的"天之道"，就是时刻彰显他的"法物"，也就是"规律""规则"，而不加入任何的主观性与随意性。"自许"就是自以为是的意思。天，从来不会自以为是，也不会盲目妄为，他只遵守"规律"，只彰明"法物"。所以，鹖冠子云："彼天地之以无极者，以守度量而不可滥。"（《天则》第四）这里的"度量"，实际上就是"法物"。

作为"天"，他所彰显的"法物"，就是我们在上文提到的太阳东升西落、月有盈有缺、列星有位等现象。简单概括，就是"天之文"。与此同时，当然也应该包括"地之理"。这种有规律、有条理可循的东西，都可以纳入"天之道"所彰明的"法物"范围。

当时的思想家，为了把天道的这种规律性，引入人类社会领域，他们又进一步扩大了"法物"的范围。他们把度、量、衡这些昭示标准、规则、公正的东西，也纳入"法物"的范围之中。在他们看来，人类社会的法律，就应该像度、量、衡一样公正、公开、公平，童叟无欺，贵贱无别。

这一点，在《鹖冠子》中有所体现。鹖冠子云"度数，节也"（《夜行》第三）；"度数独行"（《道端》第六）；"天度数之而行，在一不少，在万不众；同如林木，积如仓粟，斗石以陈，升委无失也"（《王鈇》第九）。这都是在强调"度"的重要性，"斗石以陈，升委无失也"更是直接将"度"与"量"的作用形象地表达出来。在鹖冠子看来，这种"升委无失"的特性，正是"法"应具有的特征。所以，"法"才需要彰明"法物"。

总结而言，“法章物”是说，“法”要“章明法物（法物是代表‘法’的基本特性的东西，是代表与‘法’相关的根源性的东西）”，而不是“彰明万物”。“法物”是“法”要彰明的对象；而“万物”是“法”要裁制的对象。

马王堆帛书中也出现了“法物”一词。马王堆帛书《二三子问》中有“德义广大，灋物备具”这样一句话。张政烺先生在注释中，引用了《管子·七法》中的一句话：“尺寸也，绳墨也，规矩也，衡石也，斗斛也，角量也，谓之法。”注：“角亦器量之名，凡此十二事，皆立政者所以为法也。”① 帛书中的“法物”，也是“模范之物”，这种“模范之物”，《管子》解释得最为明白，度、量、衡，都是模范之物，也就是“法物”。

由此可以看出，《鹖冠子》的思想与汉简本《老子》和马王堆帛书，存在着一定程度的共通性。这种共通性也是其时代特色的一种体现。《鹖冠子》的成书，应该不会迟于战国末期。这一点，笔者将在下文继续分析。

3. 《鹖冠子》成书于战国末期

吴光认为《鹖冠子》的“成书时代当在战国末期至秦楚之际”。他得出这个结论的主要依据就是，《鹖冠子》的《博选》与《著希》两篇存在避讳“正”字的现象。但是，经过上文的论证，我们可以看出，吴光的这个观点是不能成立的。这是否意味着我们可以将《鹖冠子》的成书时间适当地前推到战国末期呢？我们再来看其他学者的观点。

李学勤认为，《鹖冠子》成书的时间当在“战国末至汉初”②。李学勤的根据在于，“《鹖冠子·世兵篇》提到了燕将剧辛：剧辛为燕将，与赵战，军败，剧辛自刭，燕以失五城”。而“剧辛之死，据《年表》在赵悼襄王三年、燕王喜十三年（前242）。到悼襄王九年（前236）秦攻取赵国阏与和邺的时候，庞煖仍为赵将，见《韩非子·饰邪篇》。《鹖冠子·世贤篇》记卓（悼）襄王和他问答，时代正相符合”③。

李学勤又指出，“《武灵王篇》的庞焕，陆注：或作‘煖’，又云：‘庞焕盖煖之兄。’赵武灵王的卒年距悼襄王立有五十年，庞焕和庞煖不可能是一个人，陆佃猜测焕为煖兄，大概就是这个缘故。看篇中庞焕的思想，所说‘阴

① 北京大学出土文献研究所编：《北京大学藏西汉竹书》（贰），第217—218页。
② 李学勤：《失落的文明》，第393页。
③ 李学勤：《失落的文明》，第393页。

经之法，夜行之道，天武之类'与鹖冠子、庞煖完全一致，他可能是庞煖的兄或父辈，同鹖冠子有一定关系。《鹖冠子》书的'庞子'或许也包括他在内。鹖冠子的活动年代大约相当于赵武灵王后期至赵惠文王的时期，即公元前310至公元前260年这五十年的范围，这样庞焕和庞煖才能和他往来。至于《鹖冠子》的写定，自当在杀剧辛之后。吴世拱云：本书凡称'庞子'者，当出于庞煖弟子之手。其时间当在战国末至汉初。"①

根据《鹖冠子·世兵》篇及《世贤》篇的记载，又辅之以史书的相关记录，李学勤推断出鹖冠子的活动年代大约在"公元前310至前260年这五十年间"。我们认为，李学勤的这个论断是比较客观的。这也就说明，《鹖冠子》的成书时间很可能就在这个时期。

但是，李学勤先生为什么要把《鹖冠子》成书时间的下限推至西汉初期呢？笔者想，这应该主要基于以下两个方面的考虑。其一，正如吴世拱所说，《鹖冠子》书中凡称庞子者，很可能是出自这个"庞子"的弟子之手。上文已经指出，庞煖在公元前236年仍为赵将，那么，"庞子"的弟子的活动年代就要在此基础上再适当后推，这就很可能已经到了汉代初期。其二，在以上推断的基础上，如果没有比较可靠的客观证据，我们也只能将《鹖冠子》的成书时间的下限后推至西汉初期，这才是比较妥当的做法。

我们是否可以找到能够更准确定位《鹖冠子》的成书年代的客观证据呢？一直以来，学界都认为鹖冠子抄袭了《战国策》中的郭隗之言，然而，事实并非如此。在上文的分析中我们已经指出，不但不是鹖冠子抄袭了郭隗，反而是郭隗承袭了鹖冠子。郭隗为燕昭王谋士。燕昭王的生年不详，其卒年为前279年。因此，郭隗献策燕昭王的时间应该在公元前279年之前。这就说明，《鹖冠子》很可能在此时已经成书。

除了郭隗之外，韩非很可能也引据过《鹖冠子》，对此，我们在上文已经作过论证。而韩非的生卒年约为公元前280年至公元前233年，这就可以进一步说明，《鹖冠子》在此期间不但流传于世，而且还有一定的影响。

而"前279年之前"与"前280年至前233年"这两个与《鹖冠子》有关的时间坐标点，正好都落在了李学勤所论证的鹖冠子的活动时间段之内（公元前310年至公元前260年）。这应该不只是巧合。这足以说明，在公元

———————————

① 李学勤：《失落的文明》，第393页。

前310年至公元前260年这段时期内，《鹖冠了》很可能已经成书，并流传于世。

那么，《鹖冠子》中与"庞子"相关的篇章会不会迟至汉初才成篇呢？笔者想这种可能性不大。原因有二。其一，细绎鹖冠子与庞子问答的篇章，我们不难发现这样一个问题，在这些篇章中，庞煖都是提问的角色，而且除了提问之外，几乎没有任何表露个人思想的机会，与之形成鲜明对比的是，鹖冠子的回答，无论是在篇幅上，还是在思想的展开上，都是绝对的主角。这种对话形式的展开，更像是师徒问答的现场记录（也许事后稍加整理），若果真如此，其成篇时间就绝不会迟至汉初。其二，如果这些篇章是"庞子"的弟子所记的鹖冠子与庞子的言论，那么，庞子与鹖冠子的各自的思想应该是相对均衡的。即使是庞子引述鹖冠子的话语，庞子也应该有更多的表述自己思想的机会，这才符合庞子的"弟子"作为最终记录者的常理。而事实恰好与此相反，庞子在诸篇中一直都是处于提问者的角色。也即是说，这些篇章并不像是庞子的弟子所记录和整理的。即使是庞子的弟子所记录，这也更像是现场的记录，否则就有违于常理。

但是，在此要适当说明，在对话体的篇章中，唯独《世贤》与《武灵王》这两篇比较特殊，在这两篇中，鹖冠子并没有出现，庞煖和庞焕变成了对话的主体。但是，这并不影响我们的结论，因为我们认为，这两篇很可能来自《庞煖》书，与此相关的论证将在下文中展开，此不具论。

综上，我们认为，《鹖冠子》的成书时间不会晚于战国末期，更不会迟至西汉初期。

（五）《鹖冠子》内部有机联系之探讨

马王堆帛书《老子》乙本卷前古佚书是证真《鹖冠子》的关键证据。但是，从目前已有的研究成果来看，研究者的心态似乎还未能及时转换。很多研究者在利用外部证据证真《鹖冠子》的同时，并没有尝试在此基础上，进一步去挖掘能够将其证真的内部证据。因此，其所谓证据往往陈陈相因，其所述观点往往互相雷同。

马王堆帛书《老子》乙本卷前古佚书中有很多与《鹖冠子》相同或相似的文句，但是，这种文句的分布并未覆盖《鹖冠子》的全部篇章。这就产生了另一个需要解决的问题，即未被出土文献证真的篇章中，其真伪如何判定，今传《鹖冠子》中是否有它书混入的篇章？笔者认为，要解决以上这两个问题，唯一的途径就是通过考察《鹖冠子》文本内部的有机联系来进行进一步的甄别。

1. 《鹖冠子》 不同篇章的相同文句

试图从《鹖冠子》文本内部的有机联系来分析《鹖冠子》之书的整体性，这方面的研究已经有学者尝试过。诺伊格勒尔即探讨了不同篇章之间相同词语出现的频率及分布情况，他的这种尝试是很有启发性的。孙福喜在《〈鹖冠子〉研究》中亦从用词与语法方面对《鹖冠子》进行了研究，但是他的这种分析是为了判定《鹖冠子》的成书时间，而并非针对《鹖冠子》的真伪所进行的专门研究。诺伊格勒尔与孙福喜的做法都是有益的探索。但是，笔者认为，单个的词语是比较小的语言单位，它就像是语言的砖瓦，同样的砖瓦可以被不同的人使用，所以，单个词语的重复出现并不足以证明《鹖冠子》文本内部的有机联系。有鉴于这种情况，我们在此将尝试从更大的语言单位——句子入手来考察。

相比于单个词语，相同的句子在不同的篇章间出现的随机性就大大降低。相同句子的重复出现更能体现作者对某个特定问题的关注与强调，因此，以之证明《鹖冠子》不同篇章的有机联系就更加具有说服力。下面我们就对《鹖冠子》中重复出现的句子进行统计。但是，在统计之前，需要作出进一步地说明，我们所统计的范围，除了完全相同的句子以外，还包括不同篇章之间出现的存在某些特定关系的不同句子。这种特定关系是指，在这些不同句子之间表现出明显的归纳、总结的递承关系。按照这个标准，《鹖冠子》不同篇章之间相同文句的分布情况如下表①：

表 0-6　　　　　　　《鹖冠子》内部相近、相同文句对照表

1. 《博选》第一	故德万人者谓之俊，德千人者谓之豪，德百人者谓之英	《能天》第十八	是以德万人者谓之俊，德千人者谓之豪，德百人者谓之英
2. 《博选》第一	道凡四稽	《著希》第二	道有稽
3. 《天则》第四	过生于上，罪死于下	《近迭》第七《度万》第八	过生于上，罪死于下

---

① 诺伊格勒尔与葛瑞汉也注意到了这种情况，但是本书的比较与他们所作的比较又略有不同，本书是以"句"为单位来寻找相似文本的，而诺伊格勒尔与葛瑞汉的比较亦包括字、词。

4.《道端》第六	夫寒温之变非一精之所化也。	《泰录》第十一	四时之功，阴阳不能独为也
5.《近迭》第七	阴阳寒暑与时至三者，圣人存则治，亡则乱	《泰录》第十一	在天地若阴阳者，杜燥湿以法义，与时迁焉，二者圣人存则治，亡则乱者，天失其文，地失其理也
6.《近迭》第七	鹖冠子曰："失道故敢以贱逆贵，不义故敢以小侵大。"	《王鈇》第九	失道则贱敢逆贵，不义则小敢侵大
7.《王鈇》第九	鹖冠子曰："天者，诚其日德也，日，诚出诚入，南北有极，故莫弗以为法则；天者信其月刑也，月，信死信生，终则有始，故莫弗以为政。天者，明星其稽也，列星不乱，各以序行，故小大莫弗以章。"	《泰鸿》第十	日，信出信入，南北有极，度之稽也；月，信死信生，进退有常，数之稽也；列星不乱其行，代而不干，位之稽也。天明三以定一则万物莫不至矣
8.《王鈇》第九	鹖冠子曰："古者亦我而使之久，众者亦我而使之众耳。"	《泰鸿》第十	众者我而众之，故可以一范请也
9.《王鈇》第九	鹖冠子曰："虎狼杀人，鸟苍从上，蟥蛾从下聚之，六者异类，然同时俱至者，何也？所欲同也。由是观之，有人之名则同人之情耳，何故不可乎？"	《泰鸿》第十	顺爱之政，异类相通。逆爱之政，同类相亡
10.《泰录》第十一	神圣之人，后先天地而尊者也。后天地生，然知天地之始；先天地亡，然知天地之终	《能天》第十八	故圣人者，后天地而生而知天地之始，先天地而亡而知天地之终
11.《泰录》第十	类类生成，用一不穷	《天权》第十七	类类生之

续表

12.《备知》第十三	是故国有无服之丧，无军之兵，可以先见者也	《天权》第十七	故曰有无军之兵，有无服之丧
13.《近迭》第七	鹖冠子曰："天高而难知，有福不可请，有祸不可避，法天则戾；地广大深厚，多利而鲜威，法地则辱。"	《世兵》第十二	天不可与谋，地不可与虑
14.《泰录》第十一	故师为君而学为臣，上贤为天子，次贤为三公，高为诸侯，易姓而王，不以祖籍为君者，欲同一善之安也 及至乎祖籍之世，代继之君，身虽不贤，然南面称寡犹不果亡者，其能受教乎有道之士者也	《备知》第十三	为（或无为字）彼世不传贤，故有放君，君好傰阿，故有弑主
15.《天则》第四	故圣人天时、人之地之，雅无牧能，因无功多	《兵政》第十四	庞子问鹖冠子曰："用兵之法，天之、地之、人之，赏以劝战，罚以必众。"
16.《环流》第五	命之所立，贤不必得，不肖不必失	《备知》第十三	贤不必得时也，不肖不必失命也

2. 今本《鹖冠子》是一有机整体

上表共涉及《博选》第一、《著希》第二、《天则》第四、《环流》第五、《道端》第六、《近迭》第七、《度万》第八、《王鈇》第九、《泰鸿》第十、《泰录》第十一、《世兵》第十二、《备知》第十三、《兵政》第十四、《天权》第十七、《能天》第十八，共十五章的内容。观前文唐兰先生所总结的表格，其出现的篇章为：《博选》第一、《天则》第四、《道端》第六、《近迭》第七、《度万》第八、《王鈇》第九、《泰鸿》第十、《世兵》第十二、《兵政》第十四、《学问》第十五、《天权》第十七，共十一章的内容。两者重复的篇章为：《博选》《天则》《道端》《近迭》《度万》《王鈇》《泰鸿》《世兵》《兵政》《天权》共十篇内容。以此统计为基础，我们就可以进行进一步的分析。

首先，这十篇都与马王堆帛书《老子》乙本卷前古佚书有相同语句，同时，这十章在《鹖冠子》内部又存在文句的关联，因此，我们在此就可将这十章内容看成已被"地下材料"证实的纸上之材料；其次，以这十篇内容为核心，其他的篇章或者与这十篇有相同语句，或者与《老子》乙本卷前古佚书有引用关系，两者辐射开来总共涉及十六篇的内容。由此看来，这十六篇的内容应该被看成一个有机的整体。

在这十六篇中，有一部分篇章是以鹖冠子与庞煖对话的形式展开的。这部分篇章应该不是鹖冠子所亲著。但是，仔细分析，我们就会发现，在这些对话的篇章中，庞煖所扮演的都是提问者的角色，而鹖冠子对庞煖问题的回答才是这些篇章的核心内容，这与《论语》《孟子》中的对话形式相类，从这种特征来看，这些篇章亦应看作鹖冠子思想的进一步展开，它们也应该被看成今本《鹖冠子》的有机组成部分。而且，从庞煖总是扮演提问者的角色这个角度来看，这些篇章就不可能是从《庞煖》中所混入的。因为，顾名思义，《庞煖》其书中庞煖其人才应该是对话的主体，这才符合诸子成书的体例。①

按照这个标准，在今本《鹖冠子》中，《世贤》与《武灵王》这两篇虽然也是以对话的形式展开的，但是鹖冠子并没有出现，相应地，庞煖变成了对话的主角。这说明这两篇内容很可能是从《庞煖》书中混入《鹖冠子》的篇章。巧合的是，在上文的分析中，我们认为比较可靠的十六篇中，恰好没有《世贤》及《武灵王》这两篇，而这两篇也恰好是在对话体的篇章中，鹖冠子唯独没有出现的篇章，这也从一个侧面佐证了我们的判断，即《世贤》与《武灵王》很可能是它书混入《鹖冠子》中的篇章。

在上文的分析中，比较可靠的共计十六篇，《世贤》和《武灵王》极有可能是从《庞煖》书中混入的内容。这两项加起来总计有十八篇。今传本《鹖冠子》总计有十九篇。尚未被计入的一篇是《夜行》第三。我们在前文

---

① 钱穆云："然则雉辈乃赵之武服。庞煖而赵将，《汉志》兵权谋有《庞子》，岂煖书有论及鹖冠者，而后人因伪《鹖冠子》，遂以为庞煖所师邪？将庞煖著书别题《鹖冠》，如范蠡书之名《计然》，而后人亦遂以计然为范蠡师邪？"钱穆：《先秦诸子系年》，九州出版社2011年版，第501—502页。古今颇有学者持有这样的观点，即认为《鹖冠子》系出自《庞煖》之书。这些学者都普遍忽视了这样一个事实：在诸多对话体的篇章中，庞煖所充当的都是提问者的角色，而鹖冠子才是回答者，不仅如此，鹖冠子的回答才是各篇思想之主体。这就充分说明庞煖不可能是这些篇章的原作者。

"《鹖冠子》与《北京大学藏西汉竹书·老子》"一部分中，已经作过分析，《夜行》篇所引用的《老子》，与马王堆帛书和北大所藏汉简本《老子》，完全一致。因此，《夜行》篇可以看作被出土文献证实的比较可靠的篇章。这样，可靠的篇章数目就达到了十七篇，加上《世贤》和《武灵王》，正好是十九篇内容。这应该不是一个巧合。

　　综上所述，除了《世贤》与《武灵王》两篇之外，今本《鹖冠子》应该是一个有机的整体。① 即使如此，一方面鹖冠子与庞煖乃师生关系；另一方面，这两篇的主体思想与《鹖冠子》的其他篇章并不相违，它们虽然是后来混入的篇章，但是对于《鹖冠子》的研究也有很大的参考价值，不可以轻易摒弃。

---

　　① 葛瑞汉指出："从上面我们列出的（《鹖冠子》的）篇名，可以看到，篇名大多是用两个字去总结思想，其中，有的是两个字都是选自篇中的文字，也有的是一个字与篇内文字相同，这在某种情况下或许是巧合，但是对这个原则唯一明显的例外恰恰是第十六和第十九两篇，前一篇篇名在书中完全没有出现，后一篇则以三个字作篇名，仅仅是专用名词而不是对思想内容的总结。我们因此得以推论，这两篇（也许还有其他篇）是在篇名系统组织好以后附加上去的。"［英］葛瑞汉：《〈鹖冠子〉：一部被忽略的汉前哲学著作》，杨民译，载葛兆光主编《清华汉学研究》第一辑，第107页。

第一章 《鹖冠子》与黄老道家的关系

《鹖冠子》其书乃是战国晚期的子书。我们知道，战国时期百家异说，学术争鸣空前繁荣。正是在这种大的学术背景之下，战国诸子著书立说往往旁征博引，于各家之说也往往借鉴颇多。《鹖冠子》也不例外。《鹖冠子》的这种特点，使后世学者在其学派归属的问题上往往莫衷一是。有将其归类于道家者，有将其归类于杂家者，近世学者则多将其归类于黄老道家。笔者认为，还是把《鹖冠子》归为黄老道家更为准确。因为《鹖冠子》对于诸家之说的广泛借鉴和吸收，这正体现了黄老学的理论特征。

历史地看，黄老学的这种理论特征的形成是具有一定的历史必然性的。黄老道家产生的历史必然性是一个很复杂的问题，由于篇幅之限制，在此我们不能够穷极其幽隐，而只能钩玄提要，概略述之。

我们知道，春秋战国时期的动荡之世态造就了思想界百家争鸣的繁荣局面，而这种局面的出现必有其客观的历史诱因。论及诸子十家，班固有如是之言，其云：

> 诸子十家，其可观者九家而已。皆起于王道既微，诸侯力政，时君世主，好恶殊方，是以九家之术蜂出并作，各引一端，崇其所善，以此驰说，取合诸侯。其言虽殊，譬犹水火，相灭亦相生也。仁之与义，敬之与和，相反而皆相成也。①

班固认为，"王道既微，诸侯力政"是诸子十家出现的客观历史条件。然而，在这种历史条件之下，"时君世主，好恶殊方"，因此"九家之术"才"各引一端，崇其所善"，而诸家之目的，无非"取合诸侯"以影响和引导客观的历

---

① （汉）班固撰：《汉书》，第 1746 页。

史进程，并为现实的历史困境提供解决之道。

然而，事实证明，在诸子争鸣的过程中，没有哪一派被诸侯采用并以之作为唯一的治国方针。例如，儒、墨两家，世称显学，可见其当时的影响之大。但是，儒家以孔、孟之圣，携众贤遍历诸国而不遇。墨家以准军事化的严格组织，尚贤崇俭，禁攻寝兵而逐渐式微，并最终湮没无闻。以儒、墨之盛尚且如此，其他诸家之境遇亦不难想见。可是，面对此情此景，我们在悲贤者之不遇的同时，也必须冷静地分析出现这种情况的个中缘由。

愚见以为，这种情况至少可以说明这样一个问题，即战国时期纷繁复杂的现实，需要不同的理论和观点来调节。这一方面凸显了诸家的理论存在着各自的局限性；另一方面则在客观上创造了宽容诸家、兼容并包的条件。对诸侯国君来说尤其如此。正是在这种客观的历史条件下，作为精研"君人者南面之术"的黄老道家才应运而生。此其历史必然性之一端也。此其一。

其二，战国时期的客观历史形势迫使诸侯国之间展开激烈的人才争夺战。在这种形势之下，必然要求诸侯国君具有"不拘一格降人才"[1] 的用人观，而不能再挑挑拣拣，有所排斥，固守一端。《管子·霸言》已经明确地意识到了这个问题，其云：

> 夫争天下者，必先争人。明大数者得人，审小计者失人。得天下之众者王，得其半者霸。是故圣王卑礼以下天下之贤而王之，均分以钓天下之众而臣之，故贵为天子，富有天下，而伐不谓贪者，其大计存也。[2]

由此可以看出，在当时的历史条件下，"得天下之众"的多寡直接关系到王、霸事业的最终实现。也就是说，吸引"人才"或曰招徕"贤士"是一个非常严肃的、不容忽视的政治问题，而不是一个可有可无的一般性议题。这也就是《管子·霸言》中所说的事关国家强弱的"大计"。故而，《管子·霸言》认为，身为一个圣王，必须"卑礼以下天下之贤"，甚至要"均分以钓天下之众"。

---

① 见龚自珍《己亥杂诗》第一二五首。参见刘逸生《龚自珍己亥杂诗注》，中华书局1980年版，第176页。

② 黎翔凤撰：《管子校注》，中华书局2004年版，第465—466页。

在这种激烈的人才争夺战当中，思想氛围的"宽容"可以说是招徕人才的一个最基本的前提。同时，客观上的富国、军争等的实际需要也要求诸侯国君在主观上必须"兼收并蓄"，而不能唯"一道"是崇，在诸家之间有所拣择。因此，班固认为诸子十家之间，"其言虽殊，譬犹水火，相灭亦相生也。仁之与义，敬之与和，相反而皆相成也"。这个概括几乎可以看作战国时期有志于广揽英才、一统天下的诸侯国所必须奉行的，指导思想文化发展的既定方针。这就是促使黄老道家思想出现的另外一个历史因素。①

所以我们说，《鹖冠子》的"杂"正表现了鹖冠子因应这种时代客观需要的理论自觉。也许鹖冠子对诸家思想的熔铸并不像后期黄老道家那样圆融，但是，如果我们看到黄老道家思想的发展是一个跨越很长历史时期的历时性过程，我们就会发现，《鹖冠子》所表现的正是早期黄老学的特征，《鹖冠子》的"杂"是黄老学走向成熟的一个必经阶段。所以，《鹖冠子》应该被归为黄老道家。下面我们就来逐步论证我们的这个判断。

第一节　于史有志：有关《鹖冠子》学派归属的记载

一　历代史志均将《鹖冠子》归为道家

我们先来看历代艺文志、经籍志有关《鹖冠子》学派归属之记载。《汉书·艺文志》道家类目下录有《鹖冠子》，其云：《鹖冠子》一篇。②《隋书·经籍志》道家类目下录有《鹖冠子》三卷。③《旧唐书·经籍志》与《新唐书·艺文志》的记录同于《隋书·经籍志》。逮至《宋史·艺文志》仍将《鹖冠子》归为道家类。以上就是历代史志对《鹖冠子》的相关记载。历代

---

① 在某种意义上来说，宽松的文化政策、自由的思想氛围，对黄老道家的出现几乎具有决定性的作用。《道家思想史纲》在分析稷下道家产生的历史条件的过程中亦指出了这一点，其曰"我们知道，黄老道家是一种开放的思想体系，它广纳博采了众家之长。司马谈曾用'因阴阳之大顺，采儒墨之善，撮名法之要'等语来概括道家博采众家之长的特征。司马谈所说的道家，指的是秦汉之际的新道家。事实上早期黄老道家（即稷下道家）也基本上具备了这一特征。这种思想体系的形成，没有广泛的学术交流是无法办到的。稷下学宫作为百家荟萃的中心，为稷下道家的成长创造了有利的条件。正是在这样的思想大熔炉中，熔铸出稷下道家这一新的思想体系"。黄钊主编：《道家思想史纲》，湖南师范大学出版社1991年版，第90页。

② 参见（汉）班固撰《汉书》，第1730页。

③ 参见（唐）魏征等撰《隋书》，第1001页。

史志的记载是否准确呢？

　　由于历史上有关鹖冠子生平事迹的记载非常之少，我们甚至不知道他的真实姓名。这在中国思想史上还是一个比较特殊的情况。中国历代都不乏遁世归隐的贤者，但是，在这些归隐的人物中，自始至终都不肯透露自己真实姓名的隐者并不多。关于"鹖冠子"其名之由来，刘向《别录》曰："鹖冠子常居深山，以鹖为冠，故号鹖冠子。"① 既然我们不知道他的真实姓名，就只能以其所具的某种最具有代表性的特征来指称他。从后人因其服而称其号这一点来看，佩戴"鹖冠"应该是鹖冠子其人在服饰上的一个与众不同的特征。

　　由此看来，"鹖冠"对于鹖冠子来说，绝不仅仅是一件装饰品那么简单，这其中应该寓有鹖冠子个人情志之表达。孟子说："诵其诗，读起书，不知其人，可乎？是以论其世也。"② 限于资料之缺乏，"论其世"已经是我们了解鹖冠子其人的唯一可靠的途径。但是，如果在考虑到鹖冠子时代背景的前提下，辅以"鹖冠"对于鹖冠子的特殊意义之分析，我们也许能够由此而推知鹖冠子的某些具体的性格特征，这多少也有些"以意逆志"③ 的味道。

　　那么，鹖冠子以"鹖羽"为冠，他究竟要向世人说明什么呢？我们认为，这至少可以说明，"鹖"所具有的某些"品质"深获鹖冠子的认可，在鹖冠子看来，"鹖"的这些品质颇为符合他对理想人格的理解与期许。

　　一直以来，历代学者都比较注意"鹖"之勇健与善斗。而且，"鹖"的这种特征应该很早就被人们认可和接受。《列子·黄帝篇》就有相关记载，其云："黄帝与炎帝战于阪泉之野，帅熊、罴、狼、豹、貙、虎为前驱，鹛、鹖④、鹰、鸢为旗帜，此以力使禽兽者也。"⑤ 虽然《列子》的成书时间一直存在争议，但是，其所引用之传说应该其来有自。这充分说明"鹖"的勇健

──────────

① （唐）欧阳询撰：《艺文类聚》，上海古籍出版社 1999 年版，第 1184 页。

② 杨伯峻对这句话的翻译如下："吟咏他们的诗歌，研究他们的著作，不了解他的为人，可以吗？所以要讨论他那一个时代。"杨伯峻译注：《孟子译注》，中华书局 2005 年版，第 251 页。

③ 杨伯峻译注：《孟子译注》，第 215 页。

④ "《释文》云：鹛、鹖音彫曷，一本作鹞。帜音炽。自熊罴皆猛兽勇斗者也。胡怀琛曰：作鹞者是也。原文所言皆猛兽、鸷鸟，鹖非鸷鸟，非其伦也。以作鹞为是也。"杨伯峻撰：《列子集释》，中华书局 1979 年版，第 84 页。愚以为，作"鹖"亦通。《列子》原文为："鹛、鹖③、鹰、鸢为旗帜"，旗帜者，只具象征意义，非必与敌对斗。从这个角度来讲，鹖乃善斗之禽，亦属"猛兽勇斗"之属，其无畏之精神亦为临阵将帅之所必须，故而，此处不必局限于"鸷鸟"之类而作解。

⑤ 杨伯峻撰：《列子集释》，第 84 页。

与善斗很早就已经引起了人们的注意。所以，"鹖冠"就被人们当作"武冠"①，以砥砺士气，旌其勇武。但是，这种对"鹖"的认识是否有失于片面呢？因为很明显，鹖冠子作为一个归隐之士，他的志向绝不会是成为一个冲锋陷阵的"武士"。

除了勇健、善斗之外，"鹖"还具有什么特征呢？愚以为，对描写对象观察入微，生动传神者莫过于文学作品。通过描写或歌咏"鹖"的文学作品，我们或许会有所发现。曹植曾作有《鹖赋》一首，下面我们就来看一看曹植对"鹖"的描写。其云：

> 美遐圻之伟鸟，生太行之岩阻。体贞刚之烈性，亮乾德之所辅。戴毛角之双立，扬玄黄之劲羽。其沉阴而重辱，有节士之仪矩。降居檀泽，高处保岑。游不同岭，栖必异林。若有翻雄骇逝，孤雌惊翔，则长鸣挑敌，鼓翼专场。逾高越壑，双战只僵，阶侍斯珥，俯耀文墀；成武官之首饰，增庭燎之光辉。②

在这首赋中，虽然大部分的文字也是歌咏鹖鸟勇健、善斗的性格特征。但是，除此之外，曹植亦描写了鹖的生活习性。其云："降居檀泽，高处保岑。游不同岭，栖必异林。"檀者，"宋刊本《曹子建文集》檀作擅。《史记·魏豹彭越传》《索隐》：'擅犹专也。'"③ 保者，"《诗经·楚茨篇》郑笺：'居也。'"④ 这也就是说，鹖鸟本身是居必专泽，处必高岑的。笔者认为，"鹖"的这种特征就和鹖冠子的隐士的身份与追求颇为一致，它可以鲜明、形象地传达出归隐之士的清高与离群索居。

如果从这个角度来看，勇健与善斗就不足以概括"鹖"的全部的性格特征。勇健与善斗固然是"体贞刚之烈性"的一种表现，但是，笔者认为，"贞刚"之性应该是远远超越于勇健与善斗之上的一种更为高尚的品格。对于一个归隐之士来说，"鹖"的"沉阴而重辱"就更能体现"节士之仪矩"，也是

---

① "武冠，俗谓之大冠，环缨无蕤，以青丝为绲，加双鹖尾，竖左右，为鹖冠云。"（梁）刘昭注补，（晋）司马彪撰：《后汉书志》，中华书局1965年版，第3670页。
② 赵幼文校注：《曹植集校注》，人民文学出版社1984年版，第151页。
③ 赵幼文校注：《曹植集校注》，第152页。
④ 赵幼文校注：《曹植集校注》，第152页。

更为可贵的品格，这应该是没有疑义的。①

如果从这个角度来看，通行的看法认为，"鹖者，勇雉也"②，然而，"鹖"之勇难道就只能专属于"武士"吗？就只能体现在战场上吗？在思想世界中对"信念"的坚持、对理想的追求，又何尝不是一种"勇"呢？因此，在战国的乱世中，鹖冠子选择远离混浊之世，离群索居，以"贞刚"而自许，以"节士"而自期，这种"孤傲"不正可以从一个侧面凸显鹖冠子的"异端性格"③ 吗？而这就颇为符合道家学者的性格特征。从这个角度来看，历代史志将鹖冠子其人归为道家，是有一定依据的。

二 《鹖冠子》之本在于黄、老

在上文我们分析了鹖冠子其人的道家学者的性格特征。接下来，我们是否可以在上文分析的基础上继续细化对《鹖冠子》其书的归类呢？

虽然历代史志都将《鹖冠子》归为"道家"，但是，我们需要注意，汉代人对"道家"的理解与我们今天对道家的理解不尽相同。这一点从西汉初年的司马谈所著的《论六家要旨》中就可以看出来。

司马谈在《论六家要旨》中说："道家无为，又曰无不为，其实易行，其辞难知。"④ 司马谈在此所说的"道家"所指为何呢？学界普遍认为，司马谈在此所使用的"道家"一词，即是指"黄老学"。例如，熊铁基在《秦汉新道家》中说："黄老之学（黄老道德之术）发生和流行于战国时期，黄老道家学派的形成则在秦汉之际。提出道家的是司马谈的《论六家之要指》，或曰'道家'或曰'道德家'，他所概括的特点主要是黄老道家。"⑤ 丁原明在《黄老学论纲》

---

① 除了曹植的《鹖赋》之外，王粲亦有同名之作，今见于《艺文类聚》。王粲之《鹖赋》云："惟兹鹖之为鸟，信才勇而劲武。服乾刚之正气，被淳骊之质羽。慰晨风以群鸣，震声发乎外宇。厉廉风与猛节，超群类而莫与。惟膏熏之焚销，固自古之所咨。逢虞人而见获，遂囚执乎继累。赖有司之图功，不开小而漏微。令薄躯以免害，从孔鹤于园湄。"《王粲集》，中华书局 1980 年版点校本，第 26—27 页。其赋中亦有"厉廉风与猛节，超群类而莫与"之语，从中亦可看出王粲对"鹖"之高傲性格的赞美。
② （南朝梁）刘昭注补，（晋）司马彪撰：《后汉书志》，第 3670 页。
③ 参见萧萐父先生对道家风骨的分析。详见萧萐父《吹沙二集》，巴蜀书社 2007 年版，第 167—172 页。
④ （汉）司马迁撰：《史记》，第 3292 页。
⑤ 熊铁基：《秦汉新道家》，上海人民出版社 2001 年版，第 11 页。

中说:"这里所说的'道家'即是'道德'家,亦即广义的黄老学。"① 所以,虽然自从《汉书·艺文志》开始,历代史志都将《鹖冠子》归为道家类,但是,如果从今天的学术立场出发,我们将《鹖冠子》归为黄老道家,此两者并不冲突。实际上,历史上的很多学者都注意到了《鹖冠子》的黄老学特色。

韩愈在《读鹖冠子》中说:"《鹖冠子》十有九篇,其辞杂黄老、刑名。"② 陆佃在其《鹖冠子序》中说:"其(鹖冠子)道舛驳,著书初本黄老而末流迪于刑名。"③ 由此看来,韩愈与陆佃都认为《鹖冠子》的思想比较驳杂。但是,两者之间也存在着区别。韩愈指出了《鹖冠子》"杂黄老、刑名",但是并没有指出二者何者居于主要地位,而陆佃却明确指出其书"初本黄老而末流迪于刑名",也就是说其思想是以黄老思想为立说根本的。然而,韩、陆两家都没有明确将《鹖冠子》指为杂家作品。

最早明确将《鹖冠子》归类于杂家的是《四库全书》,《四库全书》将《鹖冠子》归类于杂家的杂学之属。那么,《四库全书》编纂者如此归类的理据何在呢?《四库全书提要》中说:"其说虽杂刑名,而大旨本原于道德。"④ 也就是说,虽然《四库全书》编纂者将《鹖冠子》归类于杂家,但是,实际上他们也认识到了《鹖冠子》思想"大旨本原于道德"这一特点。经过以上的梳理、分析,我们就会发现,《四库全书》编纂者对《鹖冠子》的看法与韩愈、陆佃的看法并不存在根本性的分歧。他们都指出《鹖冠子》杂有黄老、刑名之说,但是,他们也同时指出其思想之归本在于黄老、道德。

然而,《鹖冠子》之归本在于"黄老、道德",这也还没有明确指出《鹖冠子》就是黄老道家。而其令人犹疑的关键,笔者想就是《鹖冠子》其书所表现出的理论之"杂"。如果我们能够合理地解释,《鹖冠子》的"杂"与其"黄老道家"之学派归属之间并不存在根本性的矛盾,那么,我们就可以把《鹖冠子》看成"黄老道家"的作品。

在《论六家要旨》中,司马谈有两次谈及道家(黄老)之"术",其一曰,"其为术也,因阴阳之大顺,采儒墨之善,撮名法之要,与时迁移,应物

---

① 丁原明:《黄老学论纲》,山东大学出版社 1997 年版,第 26 页。

② 马其昶校注:《韩昌黎文集校注》,上海古籍出版社 1986 年版,第 38 页。

③ 《鹖冠子》,《四部丛刊》本。

④ 《鹖冠子》,《文渊阁四库全书》,子部,第 154 册,台北:台湾商务印书馆 1983 年影印本,第 202 页。

变化，立俗施事，无所不宜，指约而宜操，事少而功多"①；其二曰："其术以虚无为本，以因循为用。无成势，无常形，故能究万物之情。不为物先，不为物后，故能为万物主。有法无法，因时为业；有度无度，因物与合。故曰：'圣人不朽，时变是守。'"② 比较司马谈的这两段文字我们就可以发现，实际上它们是可以互作注脚的。由此，我们就可以得出这样的结论，前者所论的是道家之"术"在实践层面的具体操作方法，而后者所论的则是对这种操作方法所作的一种哲学方法论层面的概括。这就可以充分说明如下两个问题：首先，司马谈黄老学造诣之深厚；其次，汉初黄老学之成熟。所以，司马谈很看重《易·大传》中的这样一句话，即"天下一致而百虑，同归而殊途"，因为这句话可以准确地概括黄老道家对天下学术总体态势的判断，其不拘一格、融会百家的学术风格即建基于此。

如果我们以司马谈所论的"黄老道家"的这种理论性格再来反观《鹖冠子》，我们就会发现，《鹖冠子》的"杂"正表现了黄老道家"因阴阳之大顺，采儒墨之善，撮名法之要"的理论特点。

不仅如此，在《鹖冠子》中，已经流露出了与汉代黄老道家颇为一致的方法论意识，这一点我们将在下文详细论述。由此我们就可以看出，《鹖冠子》应该是早期黄老道家的一部重要著作，它是黄老道家思想走向成熟的一个必经的阶段。我们的这个结论是否有足够的依据呢？下面我们继续论证之。

第二节　归本黄老：《鹖冠子》的黄老学特征

在上文分析中，我们首先根据历代史志的记载，论证了鹖冠子其人的"异端性格"颇为符合道家学者的性格特征。以此为前提，结合历代学人对《鹖冠子》的理论特质的看法，我们又将《鹖冠子》进一步归类为黄老道家的作品。我们的这个结论是否能成立呢？

一　鹖冠子对"道"的重视

"黄老这一类的人有共同之点，他们都和老子一样'贵道'。"③ 黄老道家

① （汉）司马迁撰：《史记》，第 3289 页
② （汉）司马迁撰：《史记》，第 3292 页
③ 熊铁基：《秦汉新道家》，第 10 页。

为什么如此重视"道"呢？

首先，老子之"道"为黄老道家融会"百家"之学奠定了哲学基础。老子说："道，可道也，非恒道也；名，可名也，非恒名也。"① 这就在根本上否定了明确界说"道"这一概念的可能性。老子所描述的"道"的这种特征带来了两种理论后果：其一，增加了理解"道"这一概念的难度；其二，拓展了其他学者对"道"进行再诠释的空间。正因为如此，我们在《文子》以及《淮南子》等道家著作中都可以看到《原道》之篇。而《原道》之篇的主要作用就是推原"道"之本真，这也就必然会伴随着发生重新理解过程中的再诠释问题，因此，"道"之内涵往往因人而异、因时而异。表面看来，这似乎是一个缺点，因为这不易于确定一个思想流派的明确的思想特征，但是，实际上这却同时增加了道家思想本身的活力，并使其适应时势发展的能力空前增强。这就在根本上保证了道家思想的长期流衍。而道家思想的这种历时性的长期流衍、分化就使黄老道家的产生成为可能。

其次，"道"本身所具有的包容性、开放性使黄老学者以道家思想为内核，熔铸"百家"之学成为可能。"道"本身不可能被明确界说，但是，这不等于"道"不可以被理解。也正因为如此，老子才会有五千言之著述。如何来理解"道"呢？我们都知道，中华民族的先哲创立了象形文字，这从一个侧面说明炎黄子孙形象思维能力之发达。因此，在理解"道"这一概念的时候，我们思维中所具有的这种特质或许会有帮助。这种理解或许原始，但是却更形象、直接，以之作为登"道"之堂、入"道"之室的阶梯应该足以胜任。

在《说文》中，许慎曰："道，所行道也。"段注曰："毛传每云：行，道也。道者，人所行，故亦谓之行。道之引申为道理，亦为引导。"② 也就是说，"道"的原始意义就是指"道路"。后人在此基础上才逐渐引申出"道理"之"道"。而这个"道理"之"道"的引申义的出现，就使老子将"道"提升为最高、最抽象的哲学概念成为可能。然而，尽管最初的最形象的"道路"之"道"可能经过很久远的时间，才演化出了老子的最抽象的哲学概念之"道"的意涵，但是，久远的时空距离并不足以隔断这两者之间存在的意义关联。

---

① 辛战军译注：《老子译注》，中华书局 2008 年版，第 3 页。
② （清）段玉裁注：《说文解字注》，上海古籍出版社 1998 年版，第 75 页。

既然如此，"道"之内涵虽然可以随时而趋新，但是，"道路"本身却是亘古而不变的。因此，我们完全可以借助于今天我们对"道路"的理解来分析"道"的概念中可能内蕴，但是却被隐没、遗忘的内涵。这种方法或许会失于简单，但是，简单、直接的方法也往往最有成效。

我们知道，"道路"最基本的特征就是四通八达，同时，在这种交通互织的网络中它却必有其方向性与最终的目的地。但是，四通八达的"道路"网使我们在欲到达同一目的地的时候，可以有不同的选择。简言之，"道路"本身可以给我们这样的印象，即目标的相同与途径的各异。而这种印象就会让我们联想到，"道"的概念中或许就具有这种包容、开放的意涵。

下面我们就在《老子》的文本中来寻找支撑我们这一推测的证据。《老子》第六章说："谷神不死，是谓玄牝，玄牝之门，是谓天地根。绵绵若存，用之不勤。"① 这里的"谷神也就是老子的'道'"②。在这一章里，老子以"谷神""玄牝"为喻，并尝试从正面来描写"道"。这就说明在老子看来，这里的喻体具有与"道"最为相近的特征。我们先来看"谷神"。"'谷'，即山谷的谷，即虚空。"③但是，针对"虚空"一词，这里我们需要作进一步的补充性说明。这里的"虚空"应该是指能够容受的"虚空"。关于这一点，我们可以结合老子所使用的喻体"谷"本身所具有的一些特征来理解。

"谷"具有怎样的特征呢？我们认为"谷"具有以下两个方面的特征，即地形上的"无"与功能上的"有"。什么是地形上的"无"呢？我们知道，"谷"是向下凹陷的，这种地形特征使人站在一定远的距离就难以发现它的存在，这就是地形上的"无"。这种特征与道家思想阴柔、居卑、守弱的特征十分吻合。而"谷"的功能上的"有"与其地形上的"无"又是密切相关的。"谷"是一种向下凹陷的地形特征，这就使"谷"具有中空，即中间"虚空"的特征。然而正是这种"虚空"的存在才使"谷"容受百川的功能得以实现。换言之，"谷"中间的形体上的"虚空"成就了其容受百川之功能的"有"。

因此，这种"虚空"是一种具有特定的"容受"功能的"虚空"。这种能够容受之"虚空"，或曰"无"就与老子的"道"极为接近了。所以老子才将"谷神"进一步比喻为能够"生天生地"的"玄牝"，也即是"天地

---

① 任继愈：《老子绎读》，商务印书馆2009年版，第70页。

② 任继愈：《老子绎读》，第68页。

③ 任继愈：《老子绎读》，第68页。

根"。这个作为"天地根"的"玄牝""绵绵若存",也就是"无形而实存"。[1] 这里的"无形而实存"表面是指"谷"之"虚",然而其实际之所指已经过渡到了"道"之"无"。因此,我们可以说,"谷"之"虚"所具有的功能也即是"道"之"无"所具有的特性。"谷"之"虚空"的功能是容受百川,正因为它居卑且能够不断容受,它自始至终就没有任何耗损,所以才能够"用之不勤",虽久远而不尽。而这也应该是"道"所具有的特征。

由此看来,老子之"道"本身就具有阴柔、居卑、守弱的特征。[2] 所以老子才说:"水善利万物而不争,处众人之所恶,故几于道。"[3] 而这种特征就在根本上决定了道家思想对其他异质思想的宽容与借鉴的态度。[4] 而这种态度无疑为黄老道家的产生创造了条件。

再次,基于"道"的阴柔、居卑、守弱的特征,老子提出了"有之以为利,无之以为用"的哲学方法论,这就为黄老道家熔铸诸家,并为提出"有法无法,因时为业;有度无度,因物与合"的哲学方法论奠定了基础。

在语言上我们不能确指"道"是什么,在时空维度我们不能确指"道"生于何时,处在何处,在感官上我们对"道"不能有任何所见,抑或所闻,所以,我们只能说"道"是"无有而实存"。"无有"是因为"道"超越了语言和感官,"实存"是因为"道"始终在主导着世界万物的运行。也就是说,

---

① 任继愈:《老子绎读》,第70页。

② 老子之"道"的这种特征就直接决定了老子哲学方法论的一些特征。对此,刘笑敢说:"这里用'雌''雄'(指'知其雌,守其雄',引者注)作比喻,既非讲男女问题,亦非与男女问题毫无关涉。《老子》的雌性比喻更为充分、更形象地突出了老子提倡的自然、容纳、柔韧、柔弱、谦下、虚静、和谐、无限等概念、价值和方法。"刘笑敢:《老子古今——五种对勘与析评引论》,中国社会科学出版社2006年版,第318页。实际上,我们可以这样说,通观《老子》文本,老子所提倡的这些"概念、价值和方法",其哲学基础与根源就在于老子所使用的"玄牝"之比喻,而这个比喻又是与"谷"之比喻密切相关的。一般来说,我们更为关注老子的这种哲学方法论在使用的过程中,会对"他者"造成怎样的影响,以及相应地会有什么样的成效,但是,我们往往忽略了这样一个侧面,即老子的这种"阴柔、居卑、守弱"哲学方法论亦会对其自身学派的发展模式产生深远的影响。本书即从这个角度来审视道家思想的发展,以及道家思想中孕育出"黄老道家"的理论必然性。

③ 任继愈:《老子绎读》,第78页。

④ 班固说:"道家者流,盖出于史官,历记成败存亡祸福古今之道,然后知秉要执本,清虚以自守,卑弱以自持,此君人南面之术也。"(汉)班固撰:《汉书》,第1732页。班固认为,道家出于史官,由于史官这个群体能够"历记成败存亡祸福古今之道",所以他们才能够在此基础上提炼出道家的哲学思想与"秉要执本,清虚以自守,卑弱以自持"的处世原则。这就从一个侧面地说明,道家思想起源于对历史上的"成败存亡祸福古今之道"的借鉴与吸收,所以老子才说"执古之道以御今之有"(《老子》第十四章)。也就是说,从创立伊始,道家思想就不但不排斥其他异质思想,而且是以其他异质思想为滋养的。

"道"的形体上的"无"并不妨碍"道"功能上的"有"。这就又涉及了老子思想中的"有无"之辩。

《老子》第十一章云："三十辐共一毂，当其无，有车之用。埏埴以为器，当其无，有器之用。凿户牖以为室，当其无，有室之用。故，有之以为利，无之以为用。"① 在这段文字中，虽然没有出现与"道"相关的文字，但是，仔细对比第六章和第十一章这两段文字，我们就会发现，第十一章中用来申明"有之以为利，无之以为用"的三个喻体，即"车毂""器""室"，都可以与"谷"的特征联系起来。甚至我们可以说此处出现的三个喻体实际上就是三个缩微版的"谷"。这种"谷"的形象的变相再现，充分说明了老子之"道"与"谷"的密切关系。

在第六章中，老子意在通过"谷"的形象来揭示"道"所具有的阴柔、居卑、守弱、容受的特征，而在第十一章中，老子的重点则在于通过第六章已揭示出的"道"的特征来进一步阐述由之而引申出的道家哲学的方法论，也就是"有之以为利，无之以为用"。无论是"车毂""器"还是"室"，其形体上的"有"使其成为具体的"一物"，这对其"身份"的确定无疑具有重大的意义，这就是一种"利"。但是，这种"有"之"利"必须通过"无"（即中间之"虚空"）之"用"才能使其"存在"价值最终得以实现。这种价值的实现对其"某物"身份的延续具有决定性的作用，否则，他们就会成为废弃之物。这就是老子对"有"与"无"的辩证关系的分析。

但是，在"有""无"两者之间，"有"是我们所惯常习见的东西，所以，老子在这里欲着重凸显并向人们揭示的则是"无"所具有的功用。② 而在这两章文字里，"无"或"虚空"的重要功用之一就是接纳与容受的能力。这也正是"谷""车毂""器""室"所共同具有的特征。而老子由这种特征所引申出的"有之以为利，无之以为用"的道家哲学方法论无疑会格外重视在运用道家哲学过程中的接纳与容受的态度。基于此，我们可以作这样的引申：道家学者，持道家之论来剖析世界，此为"有"之"利"，但是，要真正用好道家哲学却必须像器皿一样"空其心"，或曰"涤除玄览"，只有内在

---

① 任继愈：《老子绎读》，第 90 页。

② 刘笑敢亦指出："老子说'有之以为利'，'利'字本义为刀之锋利，引申为有益或利益。'有之以为利'是有形的，是人所共知的。人们在使用有形之物时，往往忘了他们实际使用的或能够受益的方面其实是无形的部分，是'无'之用。老子哲学强调人们常常忽视的'无'，强调'无之以为用'，并不是要否定'有之以为利'，而是要纠正常识的偏见，照亮认识的盲点，使人们的观察思考更深刻、更全面。"刘笑敢：《老子古今——五种对勘与析评引论》，第 168 页。

"空虚"而无"执念""成见",才能够客观、辩证地看待他家的异质学说，对于他家之说才能有容受之态度，对他家理论优长才能随时做好汲取之准备，这就是"无"之"用"。这无疑符合老子的精神实质。

正是基于"有之以为利，无之以为用"的哲学方法论和老子所提倡的接纳、容受的态度，黄老道家才乐于接受百家之学的合理性观点[1]，并能够在融会百家之学的同时提炼出自己的哲学方法论，这也就是司马谈在《论六家要旨》中所概括的："有法无法，因时为业；有度无度，因物与合。"两相对比，我们不难发现，黄老道家的哲学方法论实际上就是对老子"有之以为利，无之以为用"的哲学方法论的具体运用和发挥。

"有法"与"有度"是一种"有"，而"无法"与"无度"则是一种"无"。"有法""有度"使黄老道家能够得以自立。借此"法""度"他们能够清晰地阐明自己的思想主张，并相应地提炼出一套治理国家的原则与方法。[2] 这

---

[1]　通过与儒墨两家的比较，就更能凸显出道家所具有的这种学术宽容精神。与墨家的严格组织体系不同，道家学者多为避世的隐者，故其学派组织就相对涣散，这就为道家学者与其他学派的学者之间进行学术交流创造了条件。与儒家相比，孔子有："攻乎异端，斯害也已"（《论语·为政》）之语，孟子有"距杨墨，放淫辞"（《孟子·滕文公章句》下）之志。道家的态度则与之有明显的不同，老子之"道"的包容精神文中已有所论，此不赘述。庄子继承了老子的这种精神，他认为"道之所以亏，爱之所以成"（《庄子·齐物论》），我们总是爱己之"是"，也总是欲明彼之"非"，这种对一家之言的固执、对他家之言的拒斥，正为亏"道"之始也。所以庄子说："是非之彰也，道之所以亏也。"（《庄子·齐物论》）因此，在《齐物论》中庄子倾向于承认诸家观点都有所见，亦都有所蔽，所以，他主张是非应该"两行"（《庄子·齐物论》），而欲平息彼此相非的争执，则"莫若以明"（《庄子·齐物论》）。黄老学派亦是如此，"黄老"之称就是将"黄帝"这一人物形象引入道家的思想系统中，这本身就表现出了其自觉地融会他家思想的态度，这应该不仅仅是打着"黄帝"的幌子这么简单。

[2]　熊铁基认为："新道家改造了老、庄的思想，把'道法自然'的思想用之于政治，主张无为而治，这是符合汉初时代需要的。虽然它'因阴阳之大顺，采儒墨之善，撮名法之要'，吸收了各家各派的思想，但它本身没有制定一套行之有效的巩固统治的政策和办法。"熊铁基：《秦汉新道家》，第93页。因此，黄老道家在汉武帝时期最终退出了政治的舞台。笔者认为，熊铁基的这个观点并不能成立。首先，黄老道家是有自己的一套行之有效的政策和办法的，但是，黄老道家的这套办法是建立在包容、借鉴阴阳、儒墨、名法诸家的基础之上的，因此，这套办法最适于在动荡的社会时期里帮助统治者最大限度地招揽各方面的人才，使其在诸雄逐鹿的年代能够脱颖而出。而在动荡结束后的社会恢复时期，这套政策和办法则能够最大限度地调动各类人才参加国家建设的积极性，这一特点正适应了汉初统治者欲"休养生息"的需要。"文景之治"的出现在很大程度上就是得益于这种君人南面之术的帮助。然而，当社会再次步入繁荣，统治者需要统一思想、统一人心，并追求建立事功的时候，这种包容并兼顾诸家的治国方针就明显不能满足需要了。因之，黄老道家思想在此时就必定会退出政治前台。因此，黄老道家并不是没有"一套行之有效的巩固统治的政策和办法"，而是黄老道家的这套办法只能适用于社会动荡期，或社会恢复期。这是由黄老道家思想本身的特质所决定的。同时，这也就可以解释这样的现象：为什么每当社会动荡或需要"休养生息"的时候，历代统治者都会拿出黄老的那套办法来。这其中不是没有原因的，而在诸多的原因中，黄老道家思想的"内因"无疑具有决定性的作用。

就是"有"之"利"。而"无法""无度"则使黄老道家能够在百家蜂起的学术环境中不拘一定之见，充分地吸收、融会诸家思想。正因为如此，在百家争鸣的激荡中，黄老道家不但没有像墨家一样逐渐被湮灭，而且还逐渐充实、成熟，并最终在秦汉之际登上历史的舞台。这就是"无"之"用"。

由此可以看出，黄老道家的出现是基于道家思想特质的一种必然结果。换言之，道家的理论特质使"黄老道家"成为最成功的"杂家"。①

这就是黄老道家"贵道"的主要原因。鹖冠子作为一个黄老道家学者，也非常重视对老子之"道"的继承。基于老子的"人法地，地法天，天法道，道法自然"的这个序列，鹖冠子对老子之"道"进行了重新诠释，并在此基础上建立了一个独具特色的道论体系。在鹖冠子的道论体系中，"天地之道"是宇宙最高法则的体现，这个法则不但维系天地，而且纲纪人伦。在鹖冠子看来，天地无为而运，圣人亦应无为而治。所以，他指出最高明的君主，其治国之道都是对"天地之道"的效法，只有这样才能成就"圣王之道"。由此可以看出，鹖冠子亦是以"道法自然"的客观态度来观察社会、思考人生的。而鹖冠子对君主治国之道的思考、对法的重视，以及他对"博选"贤士

① 日本学者池田知久认为，春秋战国时期，儒、墨"两者之间，发生了很多重复护教主义性的破邪论（在儒家和墨家之间，发生相互地主张以奉行孔子或墨子所创始的教导的自己思想的正确，而要批判和打破对方思想错误的很多论争。——笔者想把这称为护教主义式的破邪论）的对立和论争。这一对立和论争，一进入诸子百家活动活跃化、多样化的战国时代，就不只停留在儒家与墨家的范围，而是超越它们扩展到诸子百家全体"。而在"护教主义性的破邪论的对立和论争"扩展到"诸子百家全体"的这一过程中，超越"护教主义立场的破邪论的思想"萌芽也逐渐产生。"到战国中期的公元前300年的时候，道家思想家们开始在思想界登场。他们从当初开始针对先行的诸学派（特别是儒家和墨家）激烈地加以对抗，从而，一方面他们用对诸子百家的批判，更加促进了这一论争的盛行和激化。这一情况是确实无误的事实。但是，同时在另一方面，他们从这一论争当中导出了以单纯对诸子百家的批判告终的，更值得注目的重要的东西。——这就是道家在战国末期以降所提倡的对各种思想统一的构想。"而"为了能够构想后者，需要以下所提出的三个条件：第一是对护教主义的破邪论的克服，第二是对自己自身的思想不特别对待的客观化，第三是对于对立的诸子百家不是单纯的否定，而是否定和肯定交织在一起的复杂的对应"。这正是道家思想所具有的特征：道家在批判诸子百家的同时也具有自我批判的意识，道家在否定诸子百家的同时亦肯定诸家的合理性观点，这就使道家能够超越"护教主义性的破邪论"的立场，进而能够孕育出"出自道家对各种思想统一的构想"。参见［日］池田知久《道家思想的新研究——以〈庄子〉为中心》，王启发等译，中州古籍出版社2009年版，第634—680页。池田知久的分析，为我们提供了一个审视"百家争鸣"的全新视角，这个视角揭示出了中国思想史在春秋战国时期由彼此地对立争鸣到相互地借鉴吸收的总体趋势，而在这个趋势中，道家思想无疑起到了关键作用。但是，在此我们还要进一步追问一个问题：道家为什么能够具备"思想统一构想"的条件？在先秦的诸子百家中，为什么是道家而不是其他诸家最终承担起并推进"思想统一的构想"？笔者想，这就和道家思想所具有的理论特质有关，道家的这种特质正是本书所欲揭示的东西。这种特质不但决定了道家必定承担起"思想统一的构想"的任务，同时也能够揭示黄老道家产生的理论必然性。

问题的思考，无疑都颇符合黄老之学的入世性格。

更为重要的是，鹖冠子对老子之"道"的继承，使他拥有了融会诸家思想的哲学基础。韩愈在《读鹖冠子》中说："《鹖冠子》十有九篇，其辞杂黄老、刑名。"① 陆佃在其《鹖冠子序》中说："其（鹖冠子）道舛驳，著书初本黄老而末流迪于刑名。"实际上，无论是"其辞杂黄老、刑名"，还是"著书初本黄老而末流迪于刑名"，这都表现了鹖冠子对其他诸家思想有意识地借鉴与吸收。正如上文之分析，鹖冠子吸收诸家思想的哲学基础与方法论基础都是深深地根植于老子之"道"的。而无论是对刑名之学的吸收，还是对儒法之融会，这都是《鹖冠子》黄老学的理论特征的具体表现。

二 鹖冠子治学方法的黄老特征

在方法论层面，鹖冠子与黄老道家亦存在一致之处。我们先来分析黄老道家的哲学方法论。

（一）黄老道家的哲学方法论

司马谈说："其（指黄老）术以虚无为本，以因循为用。"也就是说，我们可以从"本"与"用"两个方面来分析黄老之术。在司马谈看来，黄老之"术"的本是"虚无"，而其"用"则是"因循"。

对于司马谈所论的"本"与"用"的关系，我们如何理解呢？愚以为，要解答这个问题，我们必须因其"用"而寻其"本"。

在"用"的层面，司马谈所论之"术"呈现出何种特征呢？他说："〔其术〕无成势，无常形，故能究万物之情。不为物先，不为物后，故能为万物主。""无成势，无常形"所指为何呢？王叔岷《史记斠证》引《老子传赞》云："老子所贵道，虚无因应，变化于无为。故著书辞，称微妙难识。"② 结合王注所引，笔者想，这句话的关键就在于一个"变"字。此恰如一汪清水，"在方而法方，在圆而法圆"，而水随方圆而异形的关键就在于一个"变"。所以，无论用什么样的器皿来盛水，它都会适应器皿的形状而变化，不会固守一形，只有这样才能"究万物之情"。"情，实也。"③ 这也就是说，我们要

---

① 马其昶校注：《韩昌黎文集校注》，上海古籍出版社 1986 年版，第 38 页。

② 王叔岷撰：《史记斠证》，中华书局 2007 年版，第 3471 页。

③ 钱穆《纂笺》："陈寿昌曰：'情，实也。'《大宗师》曰：'夫道有情有信，无为无形。'案信与情相应，并真实义。"王叔岷撰：《庄子校诠》，中华书局 2007 年版，第 53 页。

究晓"万物"的"情实"，就需要用自己的主观去适应和引导客观，而不可用主观去裁断客观，否则，我们就会因固守主观成见而误判形势，以致错过引导客观形势的最佳时机。

谈到"时机"，这就又涉及了黄老之"术"的另一个特征。司马谈说："不为物先，不为物后，故能为万物主。"① 何谓"不为物先"呢？老子有云："前识者，道之华而愚之始。"（《老子》第三十八章）对此，辛战军注云："前识，即前人而识，先事而知。指先于其事先于其人而在心中设定的意见。"② "道之华而愚之始，意谓所谓的先识，虽时或为'道'即客观规律的外在表现，而其实则为君王自作聪明而违离于大道，最终则至于愚昧顽顿的起始。"③ 由此可以看出，"不为物先"正根源于老子的这种思想。虽然我们不能排除"先物而识"存在与"道"相合的可能性，但是，其弊端却在于，这种认识往往由于内心成见或"成心"的干扰而违背于客观现实的发展。寻常之人用这种认识方法来看待事物尚且不会造成很大的危害，但是，如果一国之君用这种认识方法来看待事物，那就是极为危险的事情。所以，在评估客观形势的时候，我们在认识方法上要尽量做到"不为物先"，即排除内心成见的干扰，准确判断时势，顺应时势。也就是说，"前识"和"为物先"，它们之所以是"道之华"，它们之所以在认识方法上不可取，主要是因为这种认识在很大程度上会受到内在成见的干扰，进而大大降低其对形势判断的准确性。

"前识"与"为物先"的弊端主要在于"主观"超前于"客观"，或曰试图用"主观"裁断"客观"。而"为物后"的弊端则在于"主观"落后于"客观"。所谓"往世不可追也"④，对于既成的事实，我们是不能够做出任何改变的。至此我们就可以看出，在司马谈看来，"为物先"与"为物后"都是不可取的认识方法，"不为物先""不为物后"才是正确的认识方法。我们知道，"先"与"后"是两个描述时间的副词，而所谓的"不先"与"不后"正可用一个"时"字来概括。这就是司马谈所论的道家之"术"的另一个特征。

综上，司马谈所论"道术"的主要特征在于"变"与"时"，所以，他

---

① （汉）司马迁撰：《史记》，第 3292 页。
② 辛战军译注：《老子译注》，第 153 页。
③ 辛战军译注：《老子译注》，第 154 页。
④ （清）郭庆藩撰：《庄子集释》，中华书局 2004 年版，第 183 页。

最后用"圣人不朽,时变是守"来收束主题,点睛主旨。然而,对于"变"与"时"这两点,在实践中如何操作呢?

司马谈说:"有法无法,因时为业;有度无度,因物与合。"乍一看来,司马谈的这句话充满矛盾。"有法"与"无法"无疑是相互矛盾的。同理,"有度"与"无度"无疑也是相互矛盾的。但是,如果深入分析,我们就会发现实则不然。"有法"说明司马谈所论的道家是有明确的方法论意识的,而"无法"则进一步申明道家之术的方法论的特征在于不固守"成法",随时趋变。概括言之,不固守一成不变之法即是道家之"法"。依此类推,"有度无度"就是说:不固守一成不变之度即是道家之"度"。而这也正是实现黄老"道术"因"时"而"变"的具体途径与方法。这说明在司马谈生活的年代,黄老道家已经具有了明确的方法论意识,这一点是目前学界还未及深入讨论的一个问题。从这个角度入手来考察黄老道家的发生与发展,也许会带给我们不同于以往的全新认识。

也就是说,在司马谈看来,"道术"之"用"的最大特征体现在"变"与"时",换言之,也就是因时就势的灵活性。然而,这种灵活性的最终实现,还需要作为根本的"虚无"来保证。此处的"虚无"所指为何呢?司马谈云:"虚者道之常也。"由此可以看出,此处的"虚无"就是指"道"。正是因为"道"具有这种"虚无"的特性,所以,我们在运用黄老之术的过程中,定"神"于"虚"才显得格外重要。

表面看来,"定其神"之"定"与"虚"似乎是矛盾的。然而,实际上并非如此。"定"在这里强调的是将运用神思的方法定于道家的"虚无"之"道",也就是说,司马谈认为,"神"之运用必须以道之"虚无"为其主心骨。只有定"神"于"虚",我们才能够"涤除玄览",不受心中成见之干扰,进而为接受、融会其他诸家的合理性观点预留空间。实际上,我们可以用一个成语来概括司马谈的论述,即"虚怀若谷"。"谷"虚则可以容受万川,"怀"虚则可以融会百家。因此,这种不固守己见、随时趋变的认识方法和治学精神鲜明地展现出了黄老道家不执一定之见、融会百家之论的开放态度。如果对这种态度给予一个哲学方法论上的高度概括,它就是"有法无法,因时为业;有度无度,因物与合"。因此,黄老道家不但不排斥百家之学,而且它还自觉地以百家之学为其滋养。

我们的这个结论在司马谈的《论六家要旨》中也可以得到印证。虽然司马谈对道家推崇有加，但是，他并未否定其他诸家的合理性观点。这本身就已经表现出了黄老道家吸收、借鉴诸家的开放姿态。所以，司马谈在论及道家的优长时，有如是之论，其曰："道家使人精神专一，动合无形，赡足万物。其为术也，因阴阳之大顺，采儒墨之善，撮名法之要，与时迁移，应物变化，立俗施事，无所不宜，指约而宜操，事少而功多。"① 司马谈在这里就明确地指出，道家之"术"的一个重要的优点就是它能够"兼阴阳、儒、墨、名、法五家之长"②。而道家之所以能够做到这一点，就是因为它总是抱着借鉴与吸收的态度来看待"百家"之学，而非一味地排斥。所以，道家之"术"才能够"指约而宜操，事少而功多"。指约者，以"道"之"虚无"为本；宜操者，以"有法无法""有度无度"为用。正是在这种宗旨的指导之下，道家学者对于诸子百家之道，才能不以一己之成见捍斥，而对"其持之有故，其言之成理者"③ 则能欣然接受。

（二）鹖冠子的治学方法

在《鹖冠子》中，已经表现出了明确的融会百家之学的方法论意识。笔者想，鹖冠子的这种方法论意识产生的根源，就在于他对老子之"道"的继承。上文我们已经分析过"道"之概念所内蕴的阴柔、居卑、守弱、容受的意涵，此种意涵体现在治学方法与治学精神上，这就意味着鹖冠子也必然抱有比较宽容的学术立场。

鹖冠子于诸家虽有颇多借鉴，然其旨意莫不以道、德为归依，这是其思想包容性的表现。《鹖冠子》的这种特点，与上文我们所分析的黄老道家的包容精神颇为一致。更为可贵的是，鹖冠子虽然没有像汉初黄老学那样，明确地提出"有法无法，因时为业；有度无度，因物与合"的哲学方法论，但是，在《鹖冠子》中已经隐约地流露出了融会百家的方法论意识。这就使《鹖冠子》具有早期黄老学的特征。从这一点来看，《鹖冠子》也不可能是秦汉之际的著作。

鹖冠子在《环流》中说：

夫先王之道备，然而世有困君，其失之谓者也。故所谓道者，无己

① （汉）司马迁撰：《史记》，第 3289 页。
② 王叔岷撰：《史记斠证》，第 3466 页。
③ 梁启雄：《荀子简释》，中华书局 1983 年版，第 59 页。

者也。所谓德者,能得人者也。道、德之法,万物取业。无形有分,名曰大紒。故东西南北之道踹,然其为分等也。阴、阳不同气,然其为和同也。酸、咸、甘、苦之味相反,然其为善均也。五色不同采,然其为好齐也。五声不同均,然其可喜一也。(《环流》第五)

在这段文字中,鹖冠子已经表露出了不拘一己私见,提倡融会诸家的治学精神。

首先,鹖冠子认为,君主治理国家的时候不能固执己见,而应该随时趋新、应时而变。鹖冠子说:"夫先王之道备,然而世有困君,其失之谓者也。故所谓道者,无己者也。"陆佃注解云:"礼义法度,应时而变。时命不停,法亦随故。而昧者胶柱刻舟,守先王之余腐,其道虽备,而只以困穷,此犹枕卧刍狗,而更以遭魔,岂易怛也哉?"① 陆佃的注解颇符合鹖冠子的"时、命者,唯圣人而后能决之"② 的时命观。对于"时""命"③ 二者,为什么只有圣人才能够决断呢?这主要是因为"时"者瞬息万变,"命"者大势所趋,在"时""命"的洪流中,凡俗之人多叹"时不我与"而悲"命不我遇",而圣人却能够做到不固执己见,审时而度势,这样就能够敏锐地把握时代发展、变化的脉搏,进而能够做到"应时而变"。所以,鹖冠子才说:"道者,无己者也。"这里的"无己"一方面可以理解为"道法自然",故而我们面对"自然"之"道"只能"随之而已"④;另一方面则可以理解为认识主体的不固执己见,不师成心而枉道,这就相当于庄子所强调的"至人无己",而更近于黄老道家所强调的"神"之"虚"。

经过上面的分析,我们就可以看出,鹖冠子在"应时而变"的"时命"观方面与黄老道家的"有法无法,因时为业;有度无度,因物与合"的方法论不谋而合。而对于鹖冠子的"道者,无己者也",我们又可以从两个方面来理解,一方面这是在强调"道"不主故常,随时趋变;另一方面这又是在强调认识主体必须相应地以"无己"之"心"来认识大道,这就又与黄老道家

---

① 黄怀信撰:《鹖冠子汇校集注》,中华书局2004年版,第81页。
② 黄怀信撰:《鹖冠子汇校集注》,第80页。
③ 对于"命"之理解,诸贤之注解都把它理解为个人"命运"之命,然而,愚以为,这里的"命"不仅仅关乎个人,还关乎一个时代,换言之,这里的"命"有"时代大势"的意思。这是值得注意的情况。
④ 黄怀信撰:《鹖冠子汇校集注》,第81页。

的"定神"于"虚"遥相呼应。由此，我们就可以看出，在治学方法论层面鹖冠子与黄老道家的紧密关联，以及他们的宽容学术立场的相似。

其次，历代学者多认为黄老道家最重"君人南面之术"。鹖冠子亦不例外。但是，这里我们对所谓的"君人南面之术"必须稍加申述。一般来说，谈及"君人南面之术"我们都会想到一些与阴谋、狡诈相关的东西。但是，笔者认为，"君人南面之术"的重点并不在于实践层面"权术"的运用，而在于为君主提供解决现实问题的指导方针，以及运用"权术"的理论依据。在上文分析黄老道家产生的历史必然性的过程中，我们已经指出，战国时期，事关诸侯强弱，甚至决定其生死存亡的一个关键因素就是"人才"。因之，有志富强的诸侯国君都不得不奉行相对宽容的思想、文化发展政策，也不得不奉行"不拘一格降人才"的用人观。《管子·霸言》已经明确指出了"争人"的重要性，并将之称为国之"大计"。

与这种时代氛围相应，鹖冠子亦非常重视人才。所以他说："所谓德者，能得人者也。"在这里，鹖冠子就直接将"德"与"得人"关联起来。鹖冠子对"德"的这种诠释是非常新颖的。这就充分表明鹖冠子对人才的重视。如何"得人"呢？这就必须要君主放低姿态，礼贤下士。这种思想与《管子·霸言》对"争人"的重视若合符节。这一方面可以说明鹖冠子的产生时代不会晚于战国；另一方面则可以说明，鹖冠子在用人观方面与黄老道家亦存在一致性。这就为鹖冠子思想属性的判定提供了另一个维度的依据。

而从"道""德"之间的紧密关系来分析，我们就更能够确定《鹖冠子》的黄老学特色。既然鹖冠子训解"德"为"得人"，那么，我们就可以说，鹖冠子所最为关注的"道"就应该是"得人"之"道"。张金城亦注意到了这个问题，他说："然则失时命之大者，盖谓失人也。"① 这就可以进一步说明鹖冠子所关注的核心问题就是人才问题，或曰"博选"贤士的问题。

然而，在战国时期提出"博选"贤士的问题，必须相应地具有学术宽容精神。为了说明这一点，我们可以再引用郭隗的一段话，他说："王诚博选国中之贤者，而朝其门下，天下闻王朝其贤臣，天下之士必趋于燕矣。"② 这里的"天下之士"必不是限于某一学派的特定之"士"，而必是"百家"之

---

① 黄怀信撰：《鹖冠子汇校集注》，第81页。
② 何建章注释：《战国策注释》，第1111页。

"士"。在战国时期，要想最大限度地招揽人才，就必须打破门户的界限，而不能有所拣择。这种"兼收并蓄"的声誉就是诸侯招揽人才的最好宣传。由此我们也就可以理解，为什么孟尝君所养之客中，甚至不乏鸡鸣狗盗之徒。①

在上文的分析中我们已经指出，这种学术宽容的精神正是道家，以及黄老道家一以贯之的学派特色。从历史必然性这方面来看，战国时期的特殊情势与时代氛围必然需要持有宽容的学术立场的学派产生，且这个学派必须精研"君人南面之术"，能够为君主决策提供理论指导；而从理论必然性这方面来看，只有渊源于道家的黄老道家能够胜任这一历史使命，其他学派都不足以当之。

分析至此，我们就可以理解鹖冠子的这样一段话了。他说："道、德之法，万物取业。无形有分，名曰大孰。故东西南北之道踹，然其为分等也。阴、阳不同气，然其为和同也。酸、咸、甘、苦之味相反，然其为善均也。五色不同采，然其为好齐也。五声不同均，然其可喜一也。"（《环流》第五）道、德之法，万物资之以为业，然而万物各有分理，各有不同。既然万物都同时资之于道、德，万物之间的差异与不同就是具有合理性的。所以鹖冠子

---

① 《史记·孟尝君列传》云："齐湣王二十五年，复卒使孟尝君入秦，昭王即以孟尝君为秦相。人或说秦昭王曰：'孟尝君贤，而又齐族也，今相秦，必先齐而后秦，秦其危矣。'于是秦昭王乃止。囚孟尝君，谋欲杀之。孟尝君使人抵昭王幸姬求解。幸姬曰：'妾愿得君狐白裘。'此时孟尝君有一狐白裘，直千金，天下无双，入秦献之昭王，更无他裘。孟尝君患之，遍问客，莫能对。最下坐有能为狗盗者，曰：'臣能得狐白裘。'乃夜为狗，以入秦宫臧中，取所献狐白裘至，以献秦王幸姬。幸姬为言昭王，昭王释孟尝君。孟尝君得出，即驰去，更封传，变名姓以出关。夜半至函谷关。秦昭王后悔出孟尝君，求之已去，即使人驰传逐之。孟尝君至关，关法鸡鸣而出客，孟尝君恐追至，客之居下坐者有能为鸡鸣，而鸡齐鸣，遂发传出。出如食顷，秦追果至关，已后孟尝君出，乃还。始孟尝君列此二人于宾客，宾客尽羞之，及孟尝君有秦难，卒此二人拔之。自是之后，客皆服。"（汉）司马迁撰：《史记》，第2354—2355页。此即成语"鸡鸣狗盗"之由来也。从"最下坐有能为狗盗者"与"客之居下坐者有能为鸡鸣"的记述来看，此两客地位应该一直很低，也一直没有受到孟尝君的重视。而且，当初"孟尝君列此二人于宾客，宾客尽羞之"，由此不但可以看出这两个"鸡鸣狗盗"之客从一开始就受到其他宾客的排挤，此亦可见孟尝君作出收留他们的决定也是承受一定压力的。然而，孟尝君为什么要顶着压力来收留两个并不受待见的"鸡鸣狗盗"之徒呢？其实答案很简单，孟尝君欲以广纳贤士之名钓天下之士耳！司马迁说："吾尝过薛，其俗闾里率多暴桀子弟，与邹、鲁殊。问其故，曰：'孟尝君招致天下任侠，奸人入薛中盖六万余家矣。'世之传孟尝君好客自喜，名不虚矣。"（汉）司马迁撰：《史记》，第2363页。司马迁经过实地考察，得出结论说，"世之传孟尝君好客自喜"，此言不虚。可见当时孟尝君名声之噪，影响之大，历时之久。然此名亦非孟尝君徒慕之虚名也，除此之外，这还是他招贤纳士的最好宣传。孟尝君的例子似乎有些极端，然而由此可见当时诸侯"争人"盛况之一斑。在此情境之下，诸侯招贤纳士之尺度亦不得不随之放宽，其奉行相对宽容的思想、文化发展方针亦是"不得不然"之"必然"也。

说："无形有分，名曰大孰。"（《环流》第五）道者，无形，但其分理则无穷且能尽资万物，这就是最为"盛大"①的东西。这就恰如我们日常所行之道路，不同的道路之间虽有东西南北之差异，然其同为天下"道路"所囊括之某一具体途径则是相同的。也就是说，虽然阴阳不同气，甘苦不同味，五彩不同色，五声不同音，但是，只要搭配得合理，它们就可以和平共处，它们就可以相反相成，不仅如此，其共处相成之效还会远胜于任何一个单一因素。这实际上是鹖冠子的治学方法论的隐约表达，也是在此方法论指导下的鹖冠子的人才观的另一种表达。

综上，鹖冠子与黄老道家一样，都以"道"为最核心的概念。在治学方法论层面，鹖冠子虽然并没有像汉初黄老道家一样，明确提出"有法无法，因时为业；有度无度，因物与合"的治学方法论，但是，从"道者，无己者也"这句话来看，鹖冠子已经明确地认识到了虚己而从道、应时而趋变的重要性，这和黄老道家亦不谋而合。在人才观方面，鹖冠子与黄老道家都主张积极招徕贤士，并奉行"不拘一格降人才"的用人观，这说明，两者都持有比较宽容的学术立场。我们说鹖冠子是一个黄老道家的学者，其故端在于是。

---

① 吴世拱曰：敦，盛也，厚也。即《老子》"可名为大"也。参见吴世拱《鹖冠子吴注》，九鹤堂丛书。

第二章 《鹖冠子》的道论

鹖冠子认为，治国须有道。一个合格的君主应当效法"道"来治理国家。道是君权被合理使用的终极依据和准则。在鹖冠子看来，法道而治即是"有道之君"，背道而行即是"无道之君"。道论是鹖冠子对治国方略的形而上学的思考，也是他的治道观的哲学基础。深入梳理和分析鹖冠子的道论是深刻理解其治道观的前提。然而，在《鹖冠子》中，与原始道家相比，"道"的内涵已然发生了一些变化。因此，在深入探讨《鹖冠子》的道论之前，我们首先需要对"道"作一些初步的介绍和梳理，只有在此基础上，才能对鹖冠子的道论进行准确定位。

"道"是中国古代哲学的一个重要概念，因此，先秦时期的诸子在著书立说的过程中都会言及"道"。春秋战国时期百家争鸣，而百家驰论骋说，争相鸣之者为何？一言以蔽之，曰：道。《庄子·天下》篇对这种学术盛况作了生动的描述，其云：

> 天下大乱，贤圣不明，道德不一，天下多得一察焉以自好。譬如耳目鼻口，皆有所明，不能相通。犹百家众技也，皆有所长，时有所用。虽然，不该不遍，一曲之士也。判天地之美，析万物之理，察古人之全，寡能备于天地之美，称神明之容。是故内圣外王之道，暗而不明，郁而不发，天下之人各为其所欲焉以自为方。悲夫，百家往而不反，必不合矣！后世之学者，不幸不见天地之纯，古人之大体，道术将为天下裂。①

《天下》篇的作者认为，在历史上存在着一个学术活动合而未分的时期，这个时期的"道术"能够体现"天地之美"，备于"万物之理"，此乃"古人

---

① （清）郭庆藩撰：《庄子集释》，第 1069 页。

之大体"。但是到了后世，"天下大乱，贤圣不明，道德不一"，道术不再纯
粹、完备。此时，学者各以所见自鸣，各以所得自喜，百家异道，往而不返。
面对这种情况，《天下》篇的作者非常悲伤，且感叹道："道术将为天下裂。"
在此，《天下》篇所评述的是"天下"学术的总体状况：学者互相争鸣，百
家各自异道。

天下学术如此，如果我们循着《天下》篇的思路来审视某家某派的思想，
其分而不合、往而不返的学术争鸣亦莫不然。以儒、墨两家为例，韩非说：
"故孔、墨之后，儒分为八，墨离为三，取舍相反不同，而皆自谓真孔、
墨。"① 由此看来，百家异道，而百家中之某一家内部的不同传人又各自相异，
如此层层相分，百道生千道，道道各不同，这也正应了《天下》篇"道术将
为天下裂"的感慨。

那么，我们如何来看待这种学术发展的态势呢？从《天下》篇的感慨来
看，他认为这种道术分而不合、往而不返的状况是令人惋惜的，这主要是因
为《天下》篇的作者设想在其之前的某个特定的历史时期，存在着一个道术
合而未分的学术发展的黄金期。《天下》篇所设想的这个"黄金时期"是否
存在呢？笔者认为，庄子所描述的这个学术发展的"黄金时期"亦存在，亦
不存在。

在华夏文明发展之初期，应该存在着一个文化发展的胚胎期，此时的文
化规模还较小，文化成果还未臻丰富，各项文化职能还未明显区分。此时的
文化整体恰似早期胚胎，尚且眉眼未分、混沌未开，这就给人造成了一种道
术纯粹、赅遍众理的表象。从这个方面来看，这个道术合而未分的"黄金时
期"是存在的。然而，深入分析，我们就会发现，这种表象之下所掩盖的是
文化发展初期阶段所具有的一些特征，而并非文化发展"黄金时期"的表现，
从这个角度来看，这种文化发展的"黄金时期"又是不存在的。也就是说，
"道术将为天下裂"并不是如《天下》篇所理解的，认为它是中国古典文化
倒退的表现，恰恰相反，它正是中华文明繁荣发展的必由之路。

那么，中国古典文化为什么要以这种"道术将为天下裂"的形式发展呢？
笔者认为，这主要是因为文化的发展必须因应社会的发展。在文明的早期阶
段，社会结构相对简单，故其管理之道亦相对朴拙。但是，随着文明之发展、

---

① （清）王先慎撰：《韩非子集解》，第 457 页。

社会之进步，每一种新兴的社会现象及社会行为都需要新的规范之"道"，这就势必造成原有之道的充实及更新。因此，从长远的历史时期来看，作为文化根底之"道"，必定会流分不止，其发展趋势也必然是"往而不返"。

因此，表面看来"百家争鸣"是"道德不一"的社会乱象，而深入分析，我们就会得出与此完全相反的结论：这种学术的争鸣所表现的正是社会的进步和学术的发展。由此看来，"儒分为八"使儒家思想内部产生争鸣和对立，这就大大加强了儒家思想因应社会发展的能力，使其能够流播后世。我们也许可以作这样一个假设，如果墨家不是离为三，而是离为八或更多，其中或可产生适应社会发展的派系，使墨家思想千世之后仍为显学，这亦未可知。总之，争鸣是学术进步的主要动力。普天之下的学术如此，具体到某家某派亦是如此。如果某家思想能够流衍不止，那么，它一定是得益于这种学派内部的争鸣。

从宏观的方面来看，中国思想史之活力在很大程度上就是得益于儒、道，以及后来的佛家之间的争鸣与互补。从微观方面来看，儒、道、佛三家思想之所以生生不息，也正是得益于其学派内部的不同派系之间的争鸣与互补。然而，相对于儒家与佛家来说，道家又有些特殊。从道家之名就可以看出，"道"是这个学派的核心概念，因此之故，道家学者的争论往往根源于对"道"的不同理解。"道"是道家思想存在的根据，同时，"道"亦是使道家内部产生不同学派和争鸣的诱因。因此，泛言之，由于对"道"的信奉，我们把某些学者称为道家，这是一般意义上的"道"；具言之，由于对道的理解方式的不同，以及诠释方式的不同，我们把某个学者归为道家的某一派，这是特殊意义上的"道"。我们在研究道家学者思想的时候，要特别注意从这两个方面来分析其对道的理解。

具体到鹖冠子，他首先是一个道家学者，这是因为他信奉一般意义上的"道"。但是，在此基础上我们需要进一步探讨一个问题，在鹖冠子阐述他的思想的过程中，他对这个"道"又是如何理解和阐释的呢？鹖冠子对"道"的具体的理解与诠释方式就形成了道家思想体系中的又一个特殊之"道"。而这个特殊之"道"不但是鹖冠子对道家思想的主要贡献之一，而且是判定鹖冠子在道家思想内部流派归属的主要根据之一。我们认为，鹖冠子虽然继承了老子之"道"，但是，他对"道"的理解又与老子不完全一致。他是从"天地之道"的角度来理解和诠释"道"这一概念的。鹖冠子认为，君主应当效法"天地之道"来治理国家，"天地之道"是君权得以恰当行使的终极依据。

第一节　道与时行："道"向"天地之道"的演化

学派之间的对立与争鸣是中国思想史发展的内驱力，同样，学派内部不同派系和学者的争鸣和对立则是一个学派发展的内驱力。儒、佛如此，道家亦然。对于道家来说，无论是同时期还是不同时期的学者或学派之间的争鸣，都是围绕着"道"这一概念而展开的。对此，杜道坚有生动形象的描述，他说：

> 自章句著而注者出焉！然道与世降，时有不同。注者多随代所尚，各自其成心而师之，故汉人注者为"汉老子"，晋人注者为"晋老子"，唐人、宋人注者为"唐老子""宋老子"。言清虚无为者有之，言吐纳导引者有之，言性命祸福兵刑权术者有之，纷纷说铃，家自为法，曾不知道德本旨，内圣外王之为要。由是不能相发而返相戾，惜哉！盖自关子、文子亲见犹龙，而其所自著书颇已睽其师之旨；列、庄二贤先后不数代，其言清虚玄远则又过其师之说，殆近天而不人，况孙吴假之为兵法，申韩诡之为刑名，是又人而不天矣！宜乎千载之下未有攷证。（《玄经原旨发挥·章句章十一》）

杜道坚在这里所说的"汉老子"、"晋老子"、"唐老子"和"宋老子"主要是指，随着时代的发展，历代学者在注释《老子》的时候，其理解角度和诠释方式都带有鲜明的时代特征。但是，从其下文罗列关、文、列、庄、孙、吴、韩非来看，杜氏此处所指又不仅仅局限于注解《老子》的诸家，其所指应该是整个道家学派在历代之发展和嬗变。盖老子为道家之祖，故以老子代指。杜道坚认为，这些不同的学者或学派对老子的理解都不尽相同，其各自的立论旨趣亦颇为相异。实际上，从今天的角度来看，杜氏此处所说的就是道家学派内部的争鸣，而其争鸣的焦点无疑就是"道"，这即是杜道坚所谓的"道与世降"。在杜道坚看来，"道与世降"是道家思想的某种退步。随着时间的流逝，后代学者对于老子之道的本旨越来越感疏远和陌生，由之，学者之间的立论不但不能互相发明，而且总是相互乖戾。这种状况令杜氏颇感忧心和失望。

实际上，从现代学术的角度来看，我们得出的结论恰恰与杜氏相反。"道与世降"不但不是道家思想的退步，反而是道家思想发展的必由之路。所以，在此我们不妨将杜氏所谓的"道与世降"改写为"道与时行"，这样我们就可以说道家思想是循着"汉道家""晋道家""唐道家""宋道家"的线索不断向前发展，而并非杜氏所理解的退步。道家思想的这种发展模式充分体现了道与时偕行的重要特性。这种特性不但使"道"具有了因时就势的灵活性，而且从根本上保证了道家思想的长期流衍。

在道家思想历时性地发展过程中所产生的诸多学派，它们既是道家，但又不是相同的道家。这恰如荀子所说的"共名"与"别名"①的关系。"道家"是一个大共名，而历代道家则是此共名统属之下的别名。在"道家"这个大共名的统属之下，诸别名所共有之特征即是：诸家都承认一个虚玄之"道"为此世界之大本大根。然而，虽然诸家都承认这个本根之道的存在，但是由于诠释者各自所面对的历史背景不同，以及致用领域的不同，所以，他们各自的诠释角度就随之而异，这就使各个"别名"之道家流派各自带上了独具的理论特色。列、庄所见为"清虚玄远之道"；孙、吴所见为"兵道"；申、韩所见为"刑名法术之道"。也就是说，在道家的各派之间，本根之道虽不相异，然而，由于识见不同，以及致用各殊，各家所力阐的"道术"的归趋则各不相同，这也就产生了"道与时行"的现象。"道与时行"也正是道家思想所独具的发展模式。

"道与时行"的一个最明显的表现就是历代学者对"道"的诠释方式及诠释角度的不同。本书关注的焦点是《鹖冠子》的治道观及其基于道论而构建起来的君道观，而与鹖冠子关系最密切的就是春秋战国时期道家思想的发展，因此，我们将以春秋战国时期的道家思想的发展为例，以道家各派对"道"的理解及其诠释方式为线索，以之来分析彼时道家思想"道与时行"的具体状况。

只有在这种分析的基础上，我们才能够对《鹖冠子》的道论进行准确的定位，才能准确地捕捉到道家之"道"向"天地之道"演变的线索。这种演

---

① 荀子在《正名》篇说："故万物虽众，有时而欲遍举之，故谓之物。物也者，大共名也，推而共之，共则有共，至于无共然后止。有时偏举之，故谓之鸟兽。鸟兽也者，大别名也，推而别之，别则有别，至于无别然后止。"（清）王先谦：《诸子集成·荀子集解》，中华书局2006年版，第278页。

变同时也是黄老道家学派逐渐形成的过程。以此，"天地之道"与君权就可以有效地沟通，君权需要效法天地之道，天地之道则需仰赖君权来实现人文秩序的建立，人文秩序是天地大秩序的最后一环，这个环节必须通过君权来实现。鹖冠子希望建立不朽之国。国家如何才能不朽？就是靠秩序。天地就是因为秩序才能亘古长存，那么，国家也一定是因为秩序才能不朽不灭。所以，鹖冠子才一直希望出现"有道之君"，强烈地批判"无道之君"。在鹖冠子的思想体系中，君主"有道"与"无道"，其所指都是"天地之道"，效法天地即为"有道"，反之则为"无道"。鹖冠子希望为君权的行使提供一个可供效法的范本，他自己则成为君王的指导者，这是道家学者干预政治、参与治国的尝试。这种尝试与黄老道家的产生有密切关系。

一 庄子学派对"天地之道"的初步建构

（一）庄子以天释道：从"道之自然"向"天之自然"的转变

老子和庄子是早期道家思想的两个主要代表人物。《老子》之书是道家思想的开山之作，因此，从道家思想发展的总体趋势来看，此时的道家之"道"仍处于"涵化未分"的状态，这个"涵化未分"的"道"就是"道家"这个"大共名"存在的主要依据，也是后世道家学者著书立说的主要基础。道家思想正是以此为起点，通过"道与时行"的理论嬗变，实现了随时趋新，与世偕行。

与《老子》相比，《庄子》之书的构成就相对复杂。目前学界多认为《庄子》内七篇乃出自庄子之手，而外、杂诸篇很可能系其弟子和后学所为。刘笑敢就持有这种观点，他说："《庄子》一书基本上是庄子学派的作品总集，所谓庄子学派包括庄子本人以及庄子后学中的述庄派、无君派和黄老派。"[①]有鉴于此，我们在这一部分中所使用的《庄子》特指与"内七篇"相关之《庄子》，而非其他。

1. 天：庄子道论的一个重要维度

那么，老子思想与庄子思想之间的关系是怎样的呢？一般来说，通行的做法是通过对"道"这一概念的分析来揭示老子与庄子之间的关系。然而，

---

① 刘笑敢：《庄子哲学及其演变》，第285页。刘笑敢认为，"述庄派"的作品包括：《秋水》《至乐》《达生》《山木》《田子方》《知北游》《庚桑楚》《徐无鬼》《则阳》《外物》《寓言》《列御寇》十二篇；"无君派"作品包括：《骈拇》《马蹄》《胠箧》《在宥上》《让王》《盗跖》《渔父》七篇；"黄老派"作品包括：《天地》《天道》《天运》《在宥下》《刻意》《缮性》《天下》七篇。

在使用这种方法的时候，人们或许不约而同地忽视了另一个考察庄子哲学的角度，即"天"。笔者想，通过这个角度来考察庄子哲学，对于老、庄之间的关系，我们或许会有新的理解。当然，这并不是一个新的发现，早在战国时期，荀子就指出了这一点。

荀子说："庄子蔽于天而不知人。"① 因此，除了"道"之外，"天"也是《庄子》书中的一个非常重要的概念。而且，在庄子的思想中，"道"与"天"之间的关系大有玄机，它或许是开启庄子哲学之门的另一把钥匙。

在道家人物中，庄子是谈"天"的专家。然而，如果单就内七篇来说，庄子所使用的"天"也具有多义性。纵使如此，有一种意义的"天"特别值得引起重视。在《大宗师》中，庄子对"真人"有如下之定义，他说："不忘其所始，不求其所终；受而喜之，忘而复之，是之谓不以心捐道，不以人助天。是之谓真人。"② 作为对前文的总结，"不以心捐道，不以人助天"对"真人"的理想人格的形成具有至关重要的作用。在这里，"道"与"天"并列出现，那么，这个"天"当作何解呢？

对于庄子所使用的"天"的意涵，学界已经有很多分疏，但是，我们可否尝试暂时搁置这些分疏之义项，采取更为简单、直接的方法来解释"天"的意义呢？就以庄子对"真人"的定义为例，实际上，"捐道"与"助天"两者几乎是平等、并列的关系。也就是说，"捐道"③ 近于"助天"，而"助天"同样近于"捐道"。两者都是对庄子所信奉之至理的违背。那么，庄子为什么在"捐道"之后，马上又提到了"助天"呢？

---

① 王天海校释：《荀子校释》，上海古籍出版社 2005 年版，第 839 页。

② （清）郭庆藩撰：《庄子集释》，第 229 页。

③ 关于"捐道"，历来解释颇有分歧。成玄英："捐，弃也。""〔释文〕《捐》徐以全反。郭作揖，一人反。崔云：或作楫，所以行舟也。卢文弨曰：捐旧讹为楫。案下方云或作楫，则此当作揖。俞樾曰：捐字误。释文云，郭作揖，崔云或作楫，所以行舟也，其义弥不可通。疑皆借字之误。借即背字，故郭注曰，真人用心则背道，助天则伤生。是郭所据本正作借也。"（清）郭庆藩撰：《庄子集释》，第 230 页。如把"捐"理解为"弃"，则"以心捐道"即是"用心则弃道"之义。至于作"揖"，或作"楫"，俞谓其义弥不可通。如果强作解人，揖本为"拱手之礼"，又有谦让之意，此中多少掺杂了一些人意，这与老子以来道家"上礼为之而莫之应，则攘臂而扔之"，"夫礼者，忠信之薄而乱之首"的思想，颇异旨趣。如"捐"作"楫"，楫者所以行舟，则"以心楫道"即是"以心行道"之意。总之，无论"捐"作"揖"或"楫"，如果其义可通，其表达的意思还是在于无论是"得道"或"行道"，其中都不能有人力或人意混杂其中。这与庄子哲学中"天"与"人"之间的对立是一脉相承的。另外，捐，亦有"损"的意思。参见宗福邦等编《故训汇纂》，商务印书馆 2007 年版，第 1667 页。"以心损道"，其义亦通。

不可否认的是，"道"在庄子的思想体系中是最为核心的概念。然而，此处紧随"捐道"而出现的"助天"却向我们透漏了一条重要的信息。这条信息向我们揭示的就是庄子对"道"的独特的诠释角度，抑或说诠释方式。换言之，庄子行文每至紧要之处，他都习惯于用"天"来诠释"道"。也就是说，"天"虽然不能等同于"道"，但是，"天"却是庄子把读者接引至得道之境的不二阶梯。而庄子之所以选取这种方式来诠释道，实际上也是不得已而为之，因为"道"本身与"言"就具有某种天然的对立，为了化解这种对立，就必须寻找一个恰当的中介，而这个中介应该就是庄子所认为的最近于"道"的事物，也就是"天"。当然，这里的"天"并不是泛指，而是指被庄子赋予了某种特定意义的"天"。

对于"不以心捐道，不以人助天"，郭象注云："人生而静，天之性也；感物而动，性之欲也。物之感人无穷，人之逐欲无节，则天理灭矣。真人知用心则背道，助天则伤生，故不为也。"① 观郭象之注，他对"助天"之"天"并未明确解释。成玄英则云："言上来智惠忘生，可谓不用取舍之心，捐弃虚通之道；亦不用人情分别，添助自然之分。"② 在此成玄英似将"天"解为"自然"。对于"助天"之"天"的理解，郭象与成玄英之间是否存在分歧呢？我们暂不置论。下面我们再来看一个例子。庄子于《齐物论》中有云："是以圣人不由，而照之于天，亦因是也。"③ "圣人"也是庄子所描绘的理想人格之一。实际上无论是"真人"还是"圣人"，他们应该都是得道者。而在此处，庄子又一次将"圣人"与"天"关联在一起。循理推断，"圣人"本该照之于"道"的，然而庄子却选择了让圣人照之于"天"，这同样能够说明在庄子的思想体系中，"道"与"天"所具有的某种同义性。这一次，郭象则把"天"解释为"天然"④，而成玄英则把"天"径直解为"自然"⑤。

在这两处注疏中，郭象与成玄英的注解实际上并没有实质的差别。然而，

① （清）郭庆藩撰：《庄子集释》，第230页。

② （清）郭庆藩撰：《庄子集释》，第230页。

③ （清）郭庆藩撰：《庄子集释》，第66页。

④ 郭象注云："夫怀豁者，因天下之是非而自无是非也。故不由是非之途而是非无患不当者，直明其天然而无所夺故也。"（清）郭庆藩撰：《庄子集释》，第67页。

⑤ 成玄英疏云："天，自然也。圣人达悟，不由是得非，直置虚凝，照以自然之智。只因此是非而得无非无是，终不夺有而别证无。"（清）郭庆藩撰：《庄子集释》，第67页。

从其前后用语不定的现象来看，我们也可以推断出郭、成二君于此处"天"之准确意涵，也是拿捏不定。然而，无论是"天理""天然"，抑或"自然"，它们都与"道"有密切的亲缘关系，它们甚至就可以被置换为"道"。从这个意义上来说，这里的"天"解作"自然"应该更为准确。虽然成玄英并没有说明他所理解的这个"自然"是否与老子的"道法自然"相一致，但是，如果我们把成玄英的"自然"理解成老子"道法自然"之"自然"，再返回去关照《庄子》的文本，我们就会发现，这种解释还是非常恰当的。

通过以上的分析，我们认为，庄子正是通过以"天"解"道"来表达他的这种"自然"旨趣的。这样，通过"天"的"自然"之义，庄子与老子就被联系在一起了。这种看法在司马迁那里也可以得到印证。在庄子本传中，司马迁说："其（庄周）学无所不窥，然其要本归于老子之言。"① 然而，在本传之后，司马迁又总其辞曰："庄子散道德，放论，要亦归之自然。"② 这说明，在司马迁看来，庄子之学的根底在于老子，而庄子哲学区别于老子的理论特色则在于"自然"。庄子之所以能够在继承老子思想的基础上，最终形成自己的理论特色，其关键也正在于庄子对老子之"道"的创造性诠释，我认为老子之"道"与庄子之"自然"相衔接的桥梁就是"天"。

2. 庄子之 "天" 对老子道论的发展

庄子为什么用"天"来诠释"道"呢？这就涉及庄子对老子思想的继承和发展。老子说："人法地，地法天，天法道，道法自然。"在这个"人、地、天、道"的取法系列中，"道"居于最顶端。"自然"者，自己而然，或曰"自己如此"③。因此，"道法自然"就是说道自己而然，道于它物无所取法。我们知道，庄子独标"境界之道"，所以庄子最善以"谬悠之说，荒唐之言"④ 来阐释对"道"的真知，而每至高潮，凡至大至远者，难知难为者，至美至妙者，庄子皆归之于"天"。"天"者，自然也，而老子说，"道法自然"，可见"天"与"道"共有之属性就是"自然"，所以，庄子在行文的过程中，就是用"天"来诠释"道"这一概念。

---

① （汉）司马迁撰：《史记》，第 2143 页。

② （汉）司马迁撰：《史记》，第 2156 页。

③ 刘笑敢说："根据古代的汉语：'自'是自己的意思，'然'是'如此'的意思，所以'自然'就是'自己如此'。"刘笑敢：《人文自然与天地自然》，《南京师范大学文学院学报》2004 年第 3 期。

④ （清）郭庆藩撰：《庄子集释》，第 1098 页。

用"自然"之"天"来诠释老子的"道",这也是庄子阐发"境界之道"的理论需要。"境界之道"的特点就在于其高妙玄远而不落俗套。因此,庄子才力辩世间万事、万物之相对性,不肯以低层次的喻体来取譬最高的"本体之道",他试图以现象层面的相对性来维护"道"的绝对性,因为绝对性就意味着超越性,这就很好地表达了庄子于物无系、逍遥自适的哲学追求。所以,在道家人物中,庄子的境界论最为出神入化。由此我们就可以看出,庄子继承了老子的"道",但是,在老子所说的"人法地,地法天,天法道,道法自然"的系列中,庄子着力发展了"道法自然"这个环节,创建了独具庄子特色的"境界之道"。

综上,我们就可以为老、庄关系之定位提供一个新的有益的视角。庄子理论之大本大根定与老子无违,然而也断不尽同。简言之,庄、老之间既有联系又有区别。联系为何?区别何在?笔者认为,这两个问题都可以从庄子诠释"道"的角度获得解答。老、庄之联系在于庄子继承了老子的道论;其区别则在于庄子于老子"道法自然"这个环节用力犹多,故其道论以"境界"见长。因之,庄子实际上就是以"自然"之"天"来诠释"道"的。这就形成了先秦道家思想"道与时行"的第一个环节。

(二)分歧与重构:在庄子学派分化中萌发的"天地之道"

庄子用"自然"之"天"来诠释老子的"道",这在很大程度上是为了凸显"境界之道"的超越性。老子说,"人法地,地法天,天法道,道法自然",在老子这里,在"人—地—天—道(自然)"的系统中,实际上已经出现了人与自然之间的矛盾,所以老子试图以天、地为媒介来逐渐化解这种矛盾,使"人"与"道"能够最终合一,使"人为"即是"自然"。然而,由于庄子的"境界之道"独于老子的"道法自然"这个环节用力,这也就形成了他的"人—天—自然—道"的诠释体系。而在这个系统之中,"人"与"天"的距离虽然更近,但是,"自然"与"人为"的矛盾却被空前凸显。

1. "人为"与"自然":庄子哲学需要化解的一对矛盾

每当庄子论及"人为"与"自然"的矛盾的时候,表面上看,他似乎是在强调天、人之对立,然而,如果我们把"天"与"道"的关系也纳入我们的视野,我们就会发现,在庄子的思想世界中,天、人之间的对立一定是在"道"的层面得到化解,并最终实现天、人之和谐,而这种和谐正意味着

"人"与"道"的对接与合一。

《养生主》中有这样一段话：

> 始也吾以为其人也，而今非也。向吾入而吊焉，有老者哭之，如哭
> 其子；少者哭之，如哭其母。彼其所以会之，必有不蕲言而言，不蕲哭
> 而哭者。是遁天倍情，忘其所受，古者谓之遁天之刑。适来，夫子时也；
> 适去，夫子顺也。安时而处顺，哀乐不能入也，古者谓是帝之悬解。①

对于"是遁天倍情"，成玄英说"逃遁天然之性"②，对于"遁天之刑"，
成玄英说，"逃遁天理"③。细绎庄子之意，此句中的两个"天"应该是同一
个意思，而成玄英则将前者解为"天然之性"，将后者解为"天理"，这明显
是矛盾的。这种矛盾说明，成玄英对"天"字在《庄子》中的特殊地位，以
及其与"道"的特殊关联并没有清醒的认识。实际上，将这里的"天"解为
"自然"就显得直接而恰当，而与庄子本意也颇为契合。在"人"之"人为"
与"天"之"自然"二者的张力与矛盾中，"道"的地位就得到了凸显，这
正是庄子化解"人为"与"自然"之间矛盾的巧妙方式。

正所谓"适来，夫子时也；适去，夫子顺也。安时而处顺，哀乐不能入
也，古者谓是帝之悬解"④。观此之意，则天生万物，有生则有死。生死乃自
然之事，自然之事者，自己而然也，我们无需以哀乐扰怀，这不就是得"道"
者的境界吗？而这种境界的获得，正是通过"人"之"人为"与"天"之
"自然"的最终统一而实现的。然观吊者之意，生则以喜迎之，死则以哀送
之，此则喜其生而恶其死，欲生而逃死则是逃遁天然之命、自然之事，此即
为"遁天"。"倍情"者，"不蕲言而言，不蕲哭而哭者"乃违背胸中实情，
强之以哀乐也。因之，所谓"遁天"和"倍情"不都是违背"道"的表现
吗？由此可以看出，所谓"顺天"就是"顺道"，同理，所谓"遁天"就
是"遁道"。

也正是基于这种认识，当他的妻子死去的时候，庄子才会"鼓盆而歌"。

---

① （清）郭庆藩撰：《庄子集释》，第128页。
② （清）郭庆藩撰：《庄子集释》，第128页。
③ （清）郭庆藩撰：《庄子集释》，第128页。
④ （清）郭庆藩撰：《庄子集释》，第128页。

《至乐》篇有如下记述：

> 庄子妻死，惠子吊之，庄子则方箕踞鼓盆而歌。
>
> 惠子曰："与人居，长子老身，死不哭亦足矣，又鼓盆而歌，不亦甚乎！"
>
> 庄子曰："不然。是其始死也，我独何能无概然！察其始而本无生，非徒无生也而本无形，非徒无形也而本无气。杂乎芒芴之间，变而有气，气变而有形，形变而有生，今又变而之死，是相与为春秋冬夏四时行也。人且偃然寝于巨室，而我嗷嗷然随而哭之，自以为不通乎命，故止也。"①

在被惠子责问的时候，庄子并没有否认自己曾经有过悲伤的情绪，但是，当他醒过神来的时候，通过一系列的"推理"和"还原"，庄子突然发现，人的生死不就是如"春秋冬夏四时行"一般的自然之事吗？春、夏、秋、冬循序而至，来了又走，走了又来，它们就这样一直自动地发生着，亘古不变，这不就是一种"自己而然"吗？而四季更替的循环往复又说明，这种"自然"中又蕴含着一种必然，所以庄子将其归之于"命"。不容忽视的是，庄子在此所描述的四季更替，在当时的知识背景下，这不又可以进一步归结为"天"的一种属性吗？

生死就是这样一件既自然又必然的事情，明白了这个道理之后，庄子终于止住了自己的悲伤。然而，令人意外的是，他又继之以"鼓盆而歌"。这个多少有些令人不解的行为，其所针对的已经不是死亡本身，它所代表的是一种对死亡的最终超越，因之，他要对妻子的重获自由表达一种祝福。而这种"祝福"所折射出的则是庄子本人仍被"生"束缚的一种苦闷。似乎庄子宁愿随妻子而去。在这里，除了通达与不羁之外，我们似乎也能够隐约看到庄子对妻子的一种深沉的眷恋，这也许就是哲学家对"爱情"的一种特殊的诠释吧！总之，由"悲"而"歌"最终体现的就是庄子将"天"之"自然"与"命"之"必然"的最终统一，而这种统一之后，庄子所步入的就是一种生死无系的得道之境。

---

① （清）郭庆藩撰：《庄子集释》，第 614－615 页。

2. 境界与人伦：庄子学派的分化

然而，庄子"鼓盆而歌"的行为必定挑战了"世俗"的神经。惠施的责难也有其根据。这就彰显了庄子"境界之道"的弊端。老子之道比较关注人、地、天、道之和谐，但是，这个"人"不仅仅是指"个人"，还指"群体"。然而，由于庄子的"境界之道"过分关注自我精神境界的提升，这就容易使"群体"秩序没有着落。这就造成了"内圣"与"外王"的矛盾。"庄子偏重内圣，而以外王为余事。"① "内圣"的强势必然导致"外王"之术的暗而不彰。

"鼓盆而歌"在某种程度上也揭示了这样一个事实，庄子在自我陶醉的同时，完全罔顾了世俗的眼光，以及他的行为可能对"群体"秩序造成的影响。"鼓盆而歌"，构成了对社会伦理的挑战。② 实际上，这种偏重境界论的诠释角度与老子论道的初衷还是有所相违的。一部分庄子后学已经注意到了这种情况，并在这个问题上与庄了产生了分歧。也正是由于这个原因，庄子学派内部就产生了争鸣与分化。刘笑敢在《庄子哲学及其演变》中将庄子后学分为"述庄派""无君派"与"黄老派"。他是通过《庄子》各篇的语词特点来区别庄子与

---

① 王叔岷：《庄学管窥》，中华书局 2007 年版，第 26 页。

② 伦理，是人类社会的一大发明和创造。张岱年先生云："伦理学即研究'人伦'之理的学问，亦即研究人与人的关系的学说。"张岱年：《中国伦理思想研究》，中国人民大学出版社 2011 年版，第1 页。可以说，人类社会的发展，是与社会伦理的构建和发展同步进行的。人类社会每进一步，都需要伦理领域发生相应的变革。而人类对理想社会的构建与论证，最终依然会落实于伦理。如《礼运》"大道之行也，天下为公，选贤与能，讲信修睦。故人不独亲其亲，不独子其子，使老有所终，壮有所用，幼有所长，矜、寡、孤、独、废、疾者皆有所养，男有分，女有归"。（清）孙希旦撰：《礼记集解》，中华书局 1989 年版，第 582 页。无论是选贤与能、讲信修睦，还是人不独亲其亲，不独子其子，所描绘的都是一种人与人之间的极度和谐的关系。因此，所谓大同，换言之，即是一种伦理的极度和谐的状态。不独中国古典文献有如此论述。马克思在《共产党宣言》中指出："当阶级差别在发展进程中已经消失而全部生产集中在联合起来的个人的手里的时候，公共权力就失去政治性质。""代替那存在着阶级和阶级对立的资产阶级旧社会的，将是这样一个联合体，在那里，每个人的自由发展是一切人的自由发展的条件。"《马克思恩格斯文集》第 2 卷，人民出版社 2009 年版，第 53 页。阶级差别的消失、每个人的自由发展是一切人的自由发展的条件，这里所描绘的仍然是一种人与人的关系。因此，共产主义理想依然以伦理为依归，它也是一种人类社会克服异化之后的人与人之间的关系极度和谐的状态。因此，从哲学的角度来看，"伦理"俨然成了人类社会的"本体"。对中国哲学来说，尤其如此。正是因为"伦理"本身如此重要，所以，当一种学说构成对伦理的挑战之后，其结果不外乎两种，一种是学说自身发生转变和调适，向适宜社会伦理的方向发展，另一种是社会结构本身发生变化，以此来适应新伦理的要求。"鼓盆而歌"只是一例，如果循着庄子哲学的理路，就会产生刘笑敢所说的"无君派"。这已经构成了对社会伦理的极大挑战。因此，庄子学说的转向可谓势所必然。这亦可看作庄子哲学必然会发生转变的一大动因。

其后学的著作的①，在此基础上，他又通过思想特点分析了庄子后学的不同的理论取向。但是，我们需要进一步追问，庄子哲学演变的内在动力是什么？

3. 境界与秩序：庄子哲学演变的内在动力

结合以上的分析，我们认为，这个动力就产生于庄子的"境界之道"所造成的"个人精神境界"与"群体秩序"之间的张力，正是这种张力的存在使庄子后学在对庄子的"境界之道"的诠释路向上产生了分歧。而这种张力之所以必然导致庄子与其后学之间产生分歧，这又与战国时期特殊的社会背景有关。庄子的"境界之道"固然可以使个人的精神境界获得提升，并获得一种超越现实的"逍遥"。然而，庄子之所以选择超越现实，这一定首先是因为他不满于现实。当他在否定现实的同时，他又寻找不到介入现实的途径，无法获得施展自身才华来改造现实的机会的时候，他也只能对"现实"采取否定并超越的态度，这也就产生了庄子的"无奈与逍遥"②互为交响的哲学。③

---

① 对于刘笑敢的论证方法与最终结论，有些学者提出了疑问。对于论证方法的质疑，刘笑敢回应说："我在书中提到'穷举对比法'，这明显是指在《庄子》一书中对特定的语言现象的穷尽性统计和比较，而不是指对所有文献的统计比较。有年轻人指责我没有做到'穷尽性'是因为我没有统计其他文献中的资料。其实，任何穷尽性的工作都只能是在特定范围内进行的，不明确特定范围的边界是不可能进行穷尽性统计的。"刘笑敢：《庄子哲学及其演变》，第14—15页。对于最终结论的质疑，刘笑敢回应说："总之，我对本书的考据部分和理论部分都是仍然满意的，认为不需要作根本性修改。当然，一些细节的改进是值得考虑的。比如，我应该将本书考证的若干前提明确提出。最重要的前提即当时学术界的共识，即《庄子》书中有庄子及后学的作品。没有这一共识，本书的考证既无必要，亦无可能。不过，这一共识也不是个别人任意提出的，而是在几十年甚至上百年的有关讨论中逐步形成的。相反的假设，如认为《庄子》一书与庄子无关，或认为《庄子》一书都是庄子作品，都没有长期积累的学术讨论的支持，也没有任何有力的新证据，所以，对本书的考证前提没有根本影响。"刘笑敢：《庄子哲学及其演变》，第20—21页。

② 关于"无奈与逍遥"，请参见王博《无奈与逍遥——庄子的心灵世界》，华夏出版社2007年版。

③ 庄子主要是无奈于"道"不得行的现实，而不是忧虑其自身的荣辱。这一点从他拒绝楚庄王"愿以境内累矣"的邀请就可以看出来。《庄子·秋水》记载："庄子钓于濮水，楚王使大夫二人往先焉，曰：'愿以境内累矣！'庄子持竿不顾，曰：'吾闻楚有神龟，死已三千岁矣，王巾笥而藏之庙堂之上。此龟者，宁其死为留骨而贵乎？宁其生而曳尾于涂中乎？'二大夫曰：'宁生而曳尾涂中。'庄子曰：'往矣！吾将曳尾于涂中。'"（清）郭庆藩撰：《庄子集释》，第603—604页。庄子宁愿在"污泥"中打滚，享受逍遥之乐，也不愿意去做官。在此，庄子之所以放弃当官的机会，其实质并不是庄子不想当官，不想展示自己的才能，而是这些"官"并不是庄子想要当的官。因为庄子非常明白当时的时势，楚庄王看重的只是庄子的"贤之名"，而并不是想让庄子来发挥他的"贤之实"。即使庄子接受了楚庄王的邀请，充其量庄子也只能是楚庄王巾笥以藏、装点朝堂的另一枚神龟之骨而已。对于这一点庄子心里应该是非常清楚的。所以他宁愿享受田园之乐，也不愿意趟政治这汪浑水。

　　然而，在"否定"现实的前提下，并非只有"境界之道"一途才是解决之道。我们大可选择去改造这个被你所"否定"的现实，使现实向着你所"肯定"的方向发展。这就涉及理论与现实的辩证关系的问题，这一问题的解决对道家思想的后期发展至关重要。现实不可能主动适应理论，因此，理论必须首先要选择适应现实，只有这样，理论才能获得干预现实的契机，并进而引导现实接受理论的指导。这实际上就是一种以退为进的策略。具有阴柔、居卑、守弱之特性的道家之"道"，在此时就能够发挥它"因时就势"的灵活性。

　　衡以"道"的阴柔、居卑、守弱的特性，庄子的"境界之道"虽高妙玄远，但是毕竟比较激进，这实际上与老子之"道"略有背离。对于现实，否定并超越固是一途，然而，否定并改造亦为一途。在这两条途径中，庄子选择了前者，他在避世高蹈的同时，对"群体秩序"的安排并没有给予足够的重视。庄子的这种选择实际上忽略了老子哲学本来就有的干预并改造现实的题中之义。尤其是在战国乱世的社会背景下，理论干预并改造现实的任务更是被空前地凸显出来。也正是因为庄子哲学在某种程度上罔顾了战国时期纷乱的现实与人伦失序，庄子的后学才产生了不同的分化。

　　庄子后学中的"述庄派"无疑继承了庄子境界之道的超越性特点，他们仍然沿着追求精神自由的方向前进。但是，庄子后学中的"无君派"则与"述庄派"有所不同，他们在追求个人精神自由的同时，又进一步尝试挖掘这种个人精神自由的普适性。在这一追求的过程中，在战国时期特殊的社会背景下，"君权"无疑会成为"个人自由"最大的外在束缚，这也就很自然地在庄子哲学内部引申出了否定君权的思想。

　　"述庄派"与"无君派"可以说是"接着"庄子讲，然而，庄子后学中的"黄老派"在对"道"的理解上则几乎与庄子"背道而驰"。之所以如此，主要是因为这一部分庄子后学自觉地认识到了庄子"境界之道"过分关注"个人"，并忽略"群体秩序"安排的理论弊端。"无君派"的思想就是一个显例。这就构成了"黄老派"反庄子之道而用之的内在动力。

　　4. 天地之道：黄老学派哲学根基的初奠

　　面对着庄子"境界之道"所造成的理论困境，庄子后学中的"黄老派"没有多大的选择余地，他们必须在"境界论"的层面作出让步，从"道法自然"的最顶端退回到"人法地，地法天，天法道"的层面来诠释"道"体。

因此，在《庄子》的外、杂诸篇的一些篇章中，作者大量地以"天"① 和"天地"来取譬，以此来阐释"道"的法则。从以"天地"取譬这一点来看，他们的方法似乎与老子并无不同。仔细分析之后就会发现，事实并非如此。庄子后学倾向于把"天地"看成一个闭合系统来阐释"道"，这就与老子产生了分歧。因为，这种做法有意无意地忽略了老子"道法自然"的这个环节，而把老子"道法自然"之"道"降低为"天地之道"了。而"天地之道"与庄子的"提擎天地，把握阴阳"的超越之道的矛盾就更加明显了。

刘笑敢亦注意到了这种情况，他说："到《天道》诸篇这里情况却发生了变化。《天道》诸篇中虽然也有类似于老庄的说法，但在更多的情况下却是以天为根本存在的。这里讲的道常常是天地之道，老子的'天法道，道法自然'变成了以天为宗，以道法天。"② "老庄至高无上的道变成了'天地之道'，即变成了服从于天地之道。"③ 实际上，庄子后学中的"黄老派"在诠释"道"的过程中所形成的这个"天地之道"应该是主要借鉴了老子而反动于庄子。而在反动于庄子的过程中，"天地"地位的提升，又是直接为其干预现实政治的理论诉求服务的。这就完全纠正了庄子哲学忽视群体秩序的倾向。与此同时，这更可以被看作庄子后学中"黄老派"对"无君派"所作出的一种有力的回应。这是庄子学派内部争鸣的鲜明体现，也是道家的"因时就势"之"道"在与"时势"互动的过程中不断进行种种微调的表现。④

有意思的是，表面看来"黄老派"依然是用"天"来诠释"道"，但是，他们对"天"的理解与庄子完全不同。庄子的"天"往往是指由实体之"天"所引申出的"自然"，然而"黄老派"所理解的"天"就是实体之天、物质之天。在庄子看来，"天"之"自然"同于"道"，而在"黄老派"看来，"天地之道"就是"道"。这种差异是非常明显的。也就是说，"黄老派"对庄子之"天"的内涵进行了巧妙的置换，进而将庄子的超越之"道"拉回到了人间，创造性地把它诠释成了"天地之道"。

与"述庄派"和"无君派"相比，"黄老派"是庄子后学中最务实，也

---

① 此处的"天"与庄子的境界之天不同。
② 刘笑敢：《庄子哲学及其演变》，第 276 页。
③ 刘笑敢：《庄子哲学及其演变》，第 276 页。
④ 这种微调是道家的鲜明特色，这就与墨家形成了鲜明的对比。在此，对于墨家逐渐式微的原因，我们也许可以作出这样一种猜测，即基于"尚同"的主张以及墨家严密的组织体系，这不利于墨家内部展开争鸣。不同观点的争鸣的缺乏就严重削弱了墨家学说适应现实的能力。

是最关心现实的一派。与庄子哲学的"境界之道"对现实的超越相比,"黄老派"在一定程度上是庄子的"境界之道"的一种反向运动,然而,这种反向运动却构成了对庄子哲学最有益的补充和发展,其补偏救弊之功是不可忽视的。庄子后学的分化就形成了道家思想"道与时行"的第二个环节,相比于第一个环节,这个环节更为丰富多彩。道家思想的这次多元分化,不但避免了庄子哲学走入"超越之道"的死胡同,而且直接为后来的黄老道家哲学初步奠定了理论基础。

二 黄老道家对"天地之道"的继承和发展

黄老道家与老子的关系,学界早有论定。在张岱年先生主编的《中国哲学大辞典》中"黄老学派"之辞条云:"战国至西汉时期道家流派之一。尊传说中的黄帝和老子为创始人,故名。"① 而对"黄老学派"传说中的创始人"黄""老"二者之关系,丁原明认为"黄老学从狭义上讲,是指托名于黄帝而推行老子道家某些思想的一派,从广义上讲,则是指以道为核心而兼取百家之学的道家思潮。因此,黄老学的基本内容应当是'老'而不是'黄',应当是'道'及其对百家思想的提取,而不是老学与黄帝学的结合"②。也就是说,黄老学的理论内核是老子的学说,而非黄帝的学说。在"黄老"之合称中,"黄帝"之名似乎更具有象征意义。对黄老学的这种认识,几乎是学界的通行看法。但是,这里有一个值得引起我们注意的问题:黄老道家与庄子学派是一种什么样的关系呢?

(一)天地之道:庄子学派与黄老道家的辅成关系

从目前的研究现状来看,黄老道家与庄子学派的关系并没有引起学界的充分重视。然而,对这个问题的解决,一方面可以加深我们对黄老学的了解;另一方面则有助于我们还原先秦道家思想的发展脉络。表面看来,黄老学的思想似乎与庄子学派,尤其是《庄子》内七篇大异其趣,但是,从哲学的视角来看,"相辅"固可以"相成","相反"亦未尝不可以"相成"。因此,我们不能因为庄子学派与黄老学派所存在的表面差异而忽略了对两者关系的考察。

---

① 张岱年主编:《中国哲学大辞典》,上海辞书出版社 2010 年版,第 435 页。
② 丁原明:《黄老学论纲》,山东大学出版社 1997 年版,第 21—22 页。

首先，庄子不但引据黄帝，而且把黄帝塑造成一个得道超升之圣。黄老之学的基本内容是"老"而不是"黄"，但是，既然"黄""老"并称，"黄帝"就不应该只具有虚设的意义，其中必携带着可供发掘的思想史信息。笔者认为，这至少可以说明，在引据黄帝这个问题上，黄老学派与庄子学派之间存在着一致之处。

在《庄子·大宗师》中，紧接"夫道，有情有信，无为无形"之下，庄子云："黄帝得之，以登云天。"① 可见，在庄子看来，黄帝应该是一个得道超升之圣。不仅如此，《齐物论》又有"是黄帝之所听荧也，而丘也何足以知之"② 之语。由此可见，在庄子看来，黄帝不仅是一个得道超升之圣，他还是一个知见能力远胜于孔子的圣人。这种看法似乎就可以从一个侧面说明"黄老学派"为什么要引据"黄帝"，此中必寓有儒道相争之意也。同时需要指出，这两处引文同出自《庄子》内七篇，这就可略见黄老学派与庄子学派关系之一斑。

其次，庄子后学中的"黄老派"所构建的"天地之道"对于促进"黄老学"理论日益走向成熟，具有至关重要的作用。而在目前通行的看法中，我们都承认黄老学一方面以老子思想为理论内核，另一方面则对百家之说"兼收并蓄"。然而，在这个判断中，我们似乎有意无意地忽略了庄子学派与黄老学派之间可能存在的关系。这不得不说是一个遗憾。在上文的分析中我们已经指出，庄子后学中的"黄老派"有鉴于庄子的"境界之道"忽视"群体秩序"的弊端，他们在诠释"道"的过程中刻意地在"境界论"的层面作出了让步，并从"道法自然"的最顶端退回到"人法地，地法天，天法道"的层面来诠释"道"体。在此基础上，他们逐渐构建了一个不同于庄子的"境界之道"的"天地之道"。无论从目前的传世文献来看，还是从出土文献来看，黄老道家在立论的过程中，"天地之道"都无疑具有举足轻重的作用。从这一点来看，我们说黄老道家与庄子学派存在着紧密的联系，这应该不是一个向壁虚构的问题。

表面看来，在关注现实、干预现实的积极性上，庄子与黄老道家之间似乎存在着霄壤之别。庄子与黄老道家，一个主张逍遥自娱，一个主张积极入

_____

① 王叔岷撰：《庄子校诠》，第228页。
② 王叔岷撰：《庄子校诠》，第86页。

世，并精研君人南面之术，两者的差异自不待言。从这个角度来看，庄子哲学与黄老哲学似有"相反"之势。然而，在前文的分析中已经指出，庄子后学中的"黄老派"所构建的"天地之道"在很大程度上促进了黄老学走向成熟，这说明庄子后学中的"黄老派"与"黄老道家"之间是相辅相成的关系。如果以此为前提，再重新把庄子纳入视野，我们就会发现，通过庄子后学中的"黄老派"，庄子哲学与黄老学实际上就构成了相反相成的关系。

从以上的分析中我们就可以看出，在纵向的方面，老子、庄子、庄子后学，以及包括鹖冠子在内的黄老学派构成了先秦时期道家思想发展的一个完整链条。老子用"人法地，地法天，天法道，道法自然"这个链条来诠释"道"，他虽然也用"天地"等形象来说明"道"的一些特征，帮助读者体悟"道"之真谛，但是，在他那里"道"的超越地位是不可动摇的。而到了庄子，他唯独钟情于"道法自然"这个环节，由之而创立了逍遥自适的"境界之道"。但是，"境界之道"虽于"内圣之道"有颇多发明，却也同时导致"外王之道"暗而不彰，针对这种忽视人的社会性的倾向，庄子后学有意地对"道"进行了再诠释，又在一定程度上回归到了老子诠释道的方式。然而，两者却并不完全一致。这种诠释道的方式就开启了黄老道家的发展路向。

综上，在引据黄帝方面，庄子与黄老道家立场相同。在立论过程中，庄子后学中的"黄老派"与黄老道家都用"天地之道"来诠释道体，在这方面两者持论不异。这就说明，庄子学派与黄老学派之间确实存在着紧密的关联。[①] 这是值得引起我们重视的。

（二）道家参政：黄老道家理论与实践的开新

黄老道家继承了庄子后学的"天地之道"，同时，他们也在庄子后学扭转庄子的理论弊端的道路上越走越远，并试图将"道"干预人间秩序的功能彻底发掘出来。这就使黄老道家思想具有了几分"积极"的理论性格。这一点

---

① 丁原明认为："这种情况表明，所谓《庄子》言黄帝，不是表现在庄周道家把自己的学说推原到黄帝，而是指反映庄子后学的某些著作开始与黄帝的这种结合，通过言黄帝以论道立说。然而，正是由于道家与黄帝的这种结合，则改造着庄周道家的思想内容和存在形式，故有人也认为《庄子》外、杂篇中的《天道》诸篇确有黄老倾向，而这种倾向既是道家与黄帝相结合的产物，又代表着战国黄老学发展的特定阶段。"丁原明：《黄老学论纲》，第 12 页。实际上，正如我们在文中所指出的，《庄子》引据黄帝并不止于外、杂篇。《庄子》内七篇亦存在引据黄帝的现象，且将之塑造为圣人的形象。结合丁氏之说，这就可以充分说明，在庄子、庄子后学中的"黄老派"以及黄老道家之间确实存在着不容忽视的紧密联系。这是一个需要我们深入考察的问题。

在《黄帝书》中就已经表现出来。李学勤说："通过《黄帝书》的发现，人们对道家的早期发展有了新的认识。《黄帝书》的成书，多数论作同意乃在先秦，但《黄帝书》的思想趋向显然和过去以为道家主流的庄子一派有很大的差别，尤其是在政治、军事方面全然是积极的，绝非隐退的，令人观感为之一新。"①

在此，李学勤主要是看到了《黄帝书》与庄子思想迥然不同的一面，然而，在李学勤这个观点的基础上，我们还需要进一步思考一个问题，《黄帝书》如果与庄子的思想真的有那么大的差异，那么，这种思想的转型亦应该是一个渐变的过程，它同时也需要一个触发的契机。同时，《黄帝书》既然是道家著作，我们就需要把它放到道家思想发展的整个历程中来考察。只有经过这种考察，道家思想在先秦发展的起承转合的过程才能被完整勾画出来。②正如上文之分析，我们认为，触发《黄帝书》的思想契机就孕育于庄子后学，他们创造性地以"天地之道"来诠释"道"的做法直接启迪了黄老道家

---

① 魏启鹏：《马王堆汉墓帛书〈黄帝书〉笺证》，第2页。

② 丁四新指出："（1）'四大'次序的变动，乃由于整个战国时期道家思想的内在运动及《老子》思想系统自身的逻辑顺序调整造成的。'天''地'本是传统宇宙观中最为重要的概念，'道'则是由老子首先提升起来的，其与'天''地'在人们的思想世界中平起平坐，这已经充分说明其地位的重要性。然而思想的进程是不会停止的，随着战国中后期诸子思想进一步的分化和斗争，以及道家思想自身的自我表现运动，而迫使'道'在文本的重新组织中得到了优先性的表述，地位进一步稳固，最终促使文本传抄者在观念和文本载体中将其置于'四大'之首。"丁四新：《郭店楚竹书〈老子〉校注》，第192页。诚如丁四新所言，"道"的强化是道家思想发展的一大趋势。从整个道家思想发展的历程来看，庄子的思想就是这种趋势的一个重要的阶段。庄子的"境界之道"着力强调体道境界的超越性，以至于能够提挈天地，把握阴阳，"道"的优先性得到了充分的表达，这实际上就是"道"的观念逐渐强化的一个表现。然而，虽然思想史进程的总的趋势是不会停止的，但是，中间也必须经过一系列的微调，这种微调看似退步，实际上则是为理论的进步开创新的空间。笔者认为，庄子一味强调"道"的超越性，其消极的意义就是降低了"道"的干预现实的"实用性"和"可操作性"。换言之，庄子在强化"道"的过程中多少表现出了一些"极端"化的倾向，他过于重视个人境界的提升，而忽略了群体秩序的安排。庄子后学注意到了庄子思想的这种弊端，于是他们在诠释"道"的概念的时候刻意地在"境界论"方面作出了让步，又在一定程度上将"道"拉回到了"天""地"的层面。因此，庄子后学中的"黄老派"在诠释"道"的过程中，总是习惯性地以"天""地"的意象表达之。虽然他们仍然会象征性地承认"道"的超越地位，但是在实际的操作层面，他们又总是倾向于认为"天地之道"就是"道"的完满表达。黄老道家以及鹖冠子在"道"的诠释方式上实际上是继承了庄子后学的做法。从整个道家思想的发展史来看，这种在"境界论"方面作出的让步和牺牲带来了两种积极的结果，其一，这种让步使庄子成为道家，以至于成为中国思想史上"境界论"的巅峰人物，这就避免了庄子学派最终走入"境界论"的死胡同，使庄子的思想更多地呈现出它的正面价值；其二，这种让步为道家思想开辟出了新的发展方向，黄老思想和鹖冠子就是其中的代表，这有利于道家思想的繁荣发展，对道家思想与时俱进的理论性格的形成也至关重要。

学者。

《黄帝书》是出土文献，它是战国时期黄老学的一个典型代表。《黄帝书》诸篇都不约而同地回避了庄子的"超越之道"，并且把老子的"天法道"的顺序颠倒，变成了"道法天"。从这个角度来看，这似乎是道家思想的一种退步，但是，这种理论上的退步所换取的却是理论对现实政治的干预能力大大增强。由此看来，"在中国历史上，道家参政是从黄老开始的"[①]，这应该并非偶然。同时，"天地之道"与中国上古时期固有的天地崇拜的观念有某种相似之处，这也更易于被黄老道家游说的当权者理解和接受。黄老道家学者的这种努力直接开启了汉初黄老学的繁荣。这就构成了先秦道家思想"道与时行"的第三个环节。

与《黄帝书》相同，《鹖冠子》也是从"天地之道"的角度来诠释"道"的，由此看来，《鹖冠子》的"道论"正处于道家思想"道与时行"的第三个环节。鹖冠子的"天地之道"构成了他治道观的核心内容。如果说黄老学派在为君王建言的过程中，有"道"与"术"两个层面，为了加大君王采纳的概率，黄老派必然更侧重于"术"的陈说。与之相反，鹖冠子则更为重视"道"。这就在一定程度上说明《鹖冠子》具有初期黄老道家的特征。

第二节　道以致用：鹖冠子"天地之道"的务实取向

在先秦道家思想"道与时行"的发展历程中，《鹖冠子》处在以"天地之道"来诠释"道"的阶段。那么，《鹖冠子》的"天地之道"到底是以怎样的形式展开的呢？天地之道又是如何在根本上指导治国理政并规范君权的行使呢？下面我们将紧扣《鹖冠子》的文本来分析之。

一　鹖冠子对"所以然者"的追问

鹖冠子继承了老子的"道"的概念。老子之"道"是鹖冠子道论展开之基础。鹖冠子说：

> 天，文也；地，理也。月，刑也；日，德也。四时，检也。度数，

---

① 丁原明：《黄老学论纲》，第3页。

节也。阴阳，气也。五行，业也。五政，道也。五音，调也。五声，故也。五味，事也。赏罚，约也。此皆有验，有所以然者。随而不见其后，迎而不见其首。成功遂事，莫知其状。图弗能载，名弗能举。强为之说曰：芴乎芒乎，中有象乎！芒乎芴乎，中有物乎！窅乎冥乎，中有精乎！致信究情，复反无貌。鬼见不能为人业。故圣人贵夜行。（《夜行》第三）

鹖冠子认为，天文、地理、日、月、四时等都是或者可见或者可感的现象，而这些现象的背后还有更为根本的原因，即"所以然者"。虽然鹖冠子没有明确指明这个"所以然者"是什么，但是从他对这个"所以然者"的描述中我们可以推知其所指究竟为何。

鹖冠子有"随而不见其后，迎而不见其首"之语，而在论及"道"时，老子说"迎之不见其首，随之不见其后"①，两相比较，除了语序不同之外，两者几乎全同。鹖冠子云，"强为之说曰：芴乎芒乎，中有象乎，芒乎芴乎，中有物乎，窅乎冥乎，中有精乎"，而老子亦有相似的语句，老子说："道之为物，惟恍惟惚。惚兮恍兮，其中有象；恍兮惚兮，其中有物；窈兮冥兮，其中有精。"② 此外，鹖冠子说，"成功遂事，莫知其状"，今本《老子》第十七章中有"功成事遂，百姓皆谓我自然"③ 之语。从以上的对比中我们就可以看出，鹖冠子在形容这个"所以然者"时，大量引据了老子形容"道"体的文句，因此，鹖冠子所说的这个"所以然者"就应该是老子所说的"道"。

二 鹖冠子的"天地之道"对治道的指导与规范

鹖冠子继承了老子的"道"，这就说明在"大共名"的意义上，他属于道家。从这一点来看，鹖冠子的"道"与老子的"道"似乎并没有实质的区别。然而，事实并非如此。为了凸显鹖冠子之"道"与老子之"道"的差异，我们将在二者之间进行纵向的比较。总体来说，鹖冠子与老子的差异主要表现在，老子在论道的过程中始终都很重视凸显道的超越性与本体地位，而鹖冠子在论道的过程中于道之体性则着墨并不多，与道之体相比，他更注重道之用。

---

① （三国魏）王弼注：《老子注》，《诸子集成》（三），中华书局 2006 年版，第 8 页。
② （三国魏）王弼注：《老子注》，《诸子集成》（三），第 12 页。
③ （三国魏）王弼注：《老子注》，《诸子集成》（三），第 10 页。

老子是如何建立道之体的呢？老子说：

> 有物混成，先天地生，寂兮寥兮，独立不改，周行而不殆，可以为天下母。吾不知其名，字之曰道，强为之名曰大。大曰逝，逝曰远，远曰反。故道大，天大，地大，王亦大。域中有四大，而王居其一焉。人法地，地法天，天法道，道法自然。①

在这一章里，老子"比较集中地论述了'道'的本体特性及'道法自然'的基本原理，乃《老子》一书中最为重要的文本之一"②。老子认为道体寂寥难名，为了便于理解，老子说"道大，天大，地大，王亦大"，此"四大"之中，天地之"大"人所共见，帝王之"大"人所共知，老子重点在于强调此"三大"之外还有"一大"，即"道大"。通过与"天地""帝王"之对比，这就可以使人形象地感受到"道"之"大"。然而，"四大"并非并列关系，老子进一步指出，"人法地，地法天，天法道，道法自然"，此即明白指出，"四大"中"道"最大。同时，道体自然，无所取法。正是用这种方式，老子鲜明地突出了"道"的超越性，建立起了"道"的本体地位。除此之外，在其他篇章中，老子亦注重突出"道"的这种特性，虽然老子也会以"天""地""万物"等意象来阐明道体，但是，"道"的大本大根的地位是不容动摇的。

鹖冠子则与之不同。除了上文所引的一段有关"所以然者"的文字之外，鹖冠子在其他地方就没有再提及道的"所以然者"的地位。但这至少可以说明，在鹖冠子的思想世界中，"道"的本体地位也许是不言自明的。有了这个自明的前提，鹖冠子就可以将思考的重心转移到"道"的致用的问题上来。

然而，"道"并不是一件有形的器物，"道"也不能够直接作用于我们所生活的物质世界。"道"的更大的功用在于干预和调整我们的思想世界，进而重塑我们的思维方式。只有经历了这个阶段之后，通过行道主体的具体行为，"道"的干预和调整现实世界的功能才能最终发挥出来。也就是说，鹖冠子必须先用这个"世界"来诠释道，使其所针对的目标群体相信，世界本身就是

---

① （三国魏）王弼注：《老子注》，《诸子集成》（三），第14页。
② 丁四新：《郭店楚竹书〈老子〉校注》，第201页。

在按照"道"的法则在运行，在目标群体接受了这个"道"之后，他们就会反过来用"道"来诠释世界，并试图按照"道"的法则来改造这个世界。

简言之，理论是否能够成立，必须首先要接受现实世界的检验，只有通过这种检验之后，理论改造世界的功能才能最终被发挥出来。马克思在《关于费尔巴哈的提纲》中说："哲学家们只是用不同的方式解释世界，问题在于改变世界。"① 而在鹖冠子这里，在用哲学解释世界之前，必须要经过一个用客观世界来诠释道、验证道的阶段，经过这个阶段之后，他才会用自己的理论来解释并进而改变世界。② 改变世界，始终是鹖冠子致思的重点。

鹖冠子如何用这个世界来诠释道呢？鹖冠子说：

> 道凡四稽：一曰天，二曰地，三曰人，四曰命。（《博选》第一）

张金城曰："稽，广雅释言'考也'。"③ 也就是说，鹖冠子认为我们可以从天、地、人、命四个方面来考察"道"。但是值得注意的是，天、地、人、

---

① 《马克思恩格斯文集》第1卷，人民出版社2009年版，第502页。

② 中国古典哲学有其特定的言说方式。自黑格尔以来，对于这种方式就有很大的误解。关于《尚书》中的"五行"观，黑格尔认为这是很抽象的一种原则，而从这一原则直接过渡到"敬用五事"，黑格尔评论道："在中国人普遍的抽象于是继续变成为具体的东西，虽然这只是符合一种外在的次序，并没有包含任何有意义的东西。这就是所有中国人的智慧原则，也是一切中国学问的基础。"［德］黑格尔：《哲学史讲演录》，贺麟、王太庆等译，商务印书馆1978年版，第134页。实际上，黑格尔在这里忽略了一个环节，中国古典文献的言说，应该是循着"具体的世界——抽象的道理——具体的世界"的理路。第一个"具体的世界"是客观自然的世界，也就是《系辞》中"仰则观象于天，俯则观法于地，观鸟兽之文与地之宜"的这个世界。而第二个"具体的世界"，则是指人文化成的世界。因此，"抽象的于是继续变成为具体的东西"，并非毫无意义，而是事关重大，这种符合是"人与天合一"，也即是"天人合一"的一种表现。在道家看来，这种言说与思考的方式尤为突出。即使如孔子，也有"天何言哉？四时行焉，百物生焉，天何言哉？"（《论语·阳货》）之感叹，亦有"唯天为大，唯尧则之"（《论语·泰伯》）之赞美。因此，在中国古典哲学的深层，一直存在着两个世界——客观世界与人文世界的张力。而化解这种张力的"抽象的道理"就是诸子百家之说。诸子之说虽各不同相，然殊途同归，都是为了将"人"安顿于"世界"中。这种安顿更侧重于伦理与秩序，因此是一种伦理的安顿。可是，这种伦理的安顿却面临着一个深层的问题，即"原则"的多元化，道家观天地，发现的是道，儒家观天地，发现的是礼与仁，法家发现的是冰冷的秩序与人性之恶，不一而足。一言以蔽之，百家争鸣，争论的根本问题就是这个基础性的原则，或曰道。天地不异，所见不同。这就导致自古以来，历代贤哲在人伦安顿的大本大根的原则上，要花费大量的时间和精力进行论证。鹖冠子亦莫能外。而在《鹖冠子》中，客观世界的秩序性与人文世界的混乱，更是形成了鲜明的对比。鹖冠子改变世界的目标，就是建立一种类似天地运行不息的有秩序的社会体制。

③ 参见张金城《鹖冠子笺疏》，《国文研究所集刊》第十九期，第5页。《广雅·释言》云："稽、效，考也。"（清）钱大昭撰：《广雅疏义》，中华书局2016年版，第374页。

命四者在《鹖冠子》中并不是并列的关系，它们是以降序排列的。在这个序列中，"天"居于最高的地位，如果我们在"命""人""地"等层面进行寻根究底的追问，我们将最终回溯到"天"。然而，由于在中国的文化传统中有"天尊地卑"的思想，"地"是顺承于"天"的，地不违天，天道即包括地道于其中，这是中国传统宇宙观的遗迹。因此，这个序列重在突出这样一个事实，即"道"的法则是由天地而彰显的。为了凸显鹖冠子道论的这种特征，我们将鹖冠子在诠释老子之道的基础上所建立的"道"称为"天地之道"。

鹖冠子每每论及治道与人事，都会从"天地之道"的角度切入。对于鹖冠子的这种思维方式，从下面的一段话中就可以看出来。鹖冠子说：

> 已见天之所以信于物矣，未见人之所信于物也。捐物任势者，天也。捐物任势，故莫能宰而不天。夫物，故曲可改，人可使。法章物而不自许者，天之道也。以为奉教陈忠之臣，未足恃也。故法者曲制，官备主用也。（《天则》第四）

对于"已见天之所以信于物矣，未见人之所信于物也"，陆佃曰："无妄，天之道也。"王闿运训"信"为"伸"。吴世拱曰："言天已有守度量而不可滥，生物而不忝失，物之见信矣，人则行不如言，未见有所信于物也。"[1]张金城曰："此言道也。《庄子·天道》：'天道运而无所积，故万物成。'"[2]

结合诸家注解，我们认为王闿运的训解为优。在这句话中，鹖冠子意在申明"天"之"无为"。"天"之"无为"最重要的表现就是"天"不会对"物"横加干涉，任物主导其自身的生息长养，此中略有老子"天地不仁，以万物为刍狗"（《老子》第五章）之意，所以鹖冠子在下文说"捐物任势，天也"。《说文》云：捐，弃也。"捐"有"弃"意，"捐物"即相当于老子的"以万物为刍狗"。正因为如此，"天"才不会被具体之"物"牵执，一任其随时势而或弃或用。这也就是鹖冠子在后文所说的"故莫能宰而不天"。与"天"相比，"物"的最大特点是什么呢？鹖冠子说："夫物，故曲可改，人

---

[1] 吴世拱：《鹖冠子吴注》，九鹤堂丛书，第18页。
[2] 黄怀信撰：《鹖冠子汇校集注》，第54页。

可使。"张金城曰:"独立而不改者,唯道而已。既散为器,故曲而可改,人而可使。人亦物属也。"① "物"最大的特性就是"可改""可使"。此恰如一块混铁,既可被铸成兵刃,也可被铸成一把锄头,这就是具体之物的"可改""可使"的特性。而人亦是万物中之一物,所以,"人"也是具有这种"可改""可使"的特性的。

鹖冠子说:"以为奉教陈忠之臣,未足恃也。"为什么不能够倚仗"奉教陈忠之臣"呢?正如前文之所述,"物"可使、可改,"人"亦属物,那么,"人"相应地也是"可使""可改"的。实际上,鹖冠子在这里并非针对"奉教陈忠之臣"本身,笔者想他必是基于这样的认识,相比于"天之道"的无私、公正的客观性,"人"就难免其主观性。而且,随着情势的不同,人是极易发生变化的。孟子云:"无恒产而有恒心者,惟士为能。若民,则无恒产,因无恒心。苟无恒心,放辟邪侈,无不为已。"② 恒心之所以难得,亦是由于人"可改""可使"之特性。无有恒心之人,受到外物的牵引,将会放辟邪侈,无所不为。

鹖冠子所警惕者,乃是"人为"对其自身所信奉之"教"与"忠"的干扰,以致久而生变,产生因私而废公的流弊。防止"人为"之弊端的最好办法,就是推行客观之"法"。鹖冠子说:"故法者曲制,官备主用也。"陆佃曰:"(曲制),曲为之制。官各守之,以备主用也。"王闿运曰:"臣不可恃,故恃法也。"③ 王闿运的注解可谓一语中的。鹖冠子就是通过描述"天"之特性,进而总结出"天之道"的不可改、不可使的特性,以此引申出根源于"天之道"的"法"所具有的无私、公正的客观性。这就从"天之道"的角度为其推行法治的主张进行了论证。这是鹖冠子所具有的典型的思维方式。

鹖冠子道论的展开即以"天地之道"为基础。"天地之道"建立起来之后,治国之道也就有了哲学的本根。"天地之道"的便利性在于它可以直接为君王所取法,天地就像是一个无言的老师。孔子云:"天何言哉?四时行焉,百物生焉,天何言哉?"④ 天地虽无言,但其运行方式或法则却极易观察。四时运行,百物生息。作为君主,在行使君权的时候,就是要效法天地昭如日

---

① 黄怀信撰:《鹖冠子汇校集注》,第55页。
② 杨伯峻译注:《孟子译注》,第17页。
③ 黄怀信撰:《鹖冠子汇校集注》,第55页。
④ 杨伯峻译注:《论语译注》,第185页。

月、著如四时的这种运行方式。鹖冠子认为，君权的行使必须具有极高的稳定性和可预期性。

至于如何获得这种特性，鹖冠子一直强调诸如度、量等概念。换句话说，君权的行使必须具有类似度量衡丈量长短、轻重的标准。轻就是轻，重就是重，长就是长，短就是短，不容任何人为的因素掺杂其中。因为人是主观的，主观则易变，而标准是客观的，客观则恒定。在鹖冠子看来，贤者就应该得到任用，因其才德都符合安国利民的标准。君主的职责就是任贤使能，不能以个人好恶择人而用，这是因为君主必须具有如天地一般无私的品格。只有如此，君王无僭越，贤才得任用，一个亘古不变的秩序才能在人类社会中建立起来。用鹖冠子的话来说，这样的社会就是"不朽之国"。寻根究底，不朽之国的根基就在于度，就在于法。这是理解鹖冠子治道观的关键。

对于鹖冠子的这种理解宇宙、认识世界的认知方式，在中国文化传统中并不乏见，但是，在此尤需指出的是，这种观天察地的探索活动是其治国理家、安身立命的所有理念的根源。对于鹖冠子来说，他不需要考虑理性的界限，不需要囿于科学的标准，他对天地万物的尊仰是真实的，他认为由此而获得的种种智慧是有效的。如果今天我们在阐述自己的观点的时候，需要符合逻辑一致性的要求，那么，对于鹖冠子来说，他的所思所想则必须契合天地一体、天人合一的标准。按照这样的标准，对参政的贤者要求极高，对主政的君王要求更高。

君主必须压制、减损自己的欲求，以让自己符合一个圣王明君的标准。老子云："损之又损，以至于无为。"① 作为君王，必须把自己易变的、易受自己好恶以及外界影响的属人的特性都极力地减损，最终达到"无为"的境界。什么是"无为"？就如天地一样让四时按其规律运行，万物按其本性生长，这就是"无为"。简言之，君主所为皆其应为，此即"无为"。当然，这个"应为"并不是君主个人能决定的，而是由道、由天地来规定的。不难发现，如果从一个肉体凡胎的人的角度来看，君王要达到这样的要求何其难也！从中国文化传统对君王的要求来看，君主所承之重，天下苍生是一方面，对其个人修养的极高要求则是另一方面。鹖冠子对君主的高标准，与原始道家甚至与儒家并无不同。可以说，期待圣王的出现并为明主建言，这是古代士

---

① 楼宇烈校释：《老子道德经注校释》，中华书局 2008 年版，第 128 页。

人的共同语境，然而，这同样是古代士人群体绝望的原因。鹖冠子无疑也是一个最终对君主绝望的人。所以，他尝试设计一种选贤为君的制度。这种想法虽朦胧且不够明晰完备，然而，作为一种新思想的萌芽却足以让鹖冠子在中国思想史上别具一格并据有一席之地。

在鹖冠子的思想深层有一个矛盾：天、地二者本来是鹖冠子所选取的用来诠释"道"的"事物"，但是，在他实际的诠释过程中，天、地受到了格外的关注，"道"反而隐没在了天、地的光影之后。鹖冠子只是蜻蜓点水式地提到了一个"所以然者"，当这个"所以然者"在实际的诠释过程中也最终被隐没，这就不免引起我们的联想，鹖冠子对于这个"所以然者"的简短描述更像是一次象征性的宣誓，他以这次宣誓来表明他道家的立场，然而，在他的思想世界中，天、地就构成了他思想的边界。也就是说，在实际的操作层面，超越之"道"成了一个虚设的符号，它只具有象征意义，"天地"变成了"道"的载体，"天地之道"即是"道"的完满的体现。①

从发展的视角看，把"道"诠释成"天地之道"，无疑是哲学思维的一种倒退。从历史的视角看，这种表面的哲学思维的倒退，却为其干预现实政治开拓了广阔的空间。毕竟诸侯国君不是哲学家，与抽象的哲学思考相比，他们更需要一个直观的范本来教会他们如何恰当地行使君权，以复兴自己的国家，在诸侯争霸中胜出，或避免亡国灭家的灾难。"天地之道"就是这样一个易于观察和模仿的范本。因此，包括鹖冠子在内的黄老道家，用"天地之道"来诠释"道"实有其历史必然性。以"天地之道"为哲学根基，他们才能构建起一个更易于被君主接受的"治道"。

从哲学流派演变和发展的角度来看，鹖冠子用"天地之道"来诠释"道"亦有其复杂的外因和深刻的内因。首先，老子的"道"虽然是高于天、地的哲学概念，但是，在老子提出"道"的概念之后，原始的天地宇宙观并没有消失，天地系统思维的惯性依然存在，因此，人们在诠释"道"的时候就会习惯性地认为"天地"就是"道"的载体，进而忽略了"道"的超越性；其次，在老子之后，庄子的"境界之道"使"道"的实用性和可操作性

---

①　任继愈先生亦指出："黄老思想经常把'道'与'天地'看作同义语，但不及老子深刻。"任继愈：《老子绎读》，第497页。值得注意的是，在黄老道家那里，"道"与"天地"的并列有更为深层的原因，一方面这与黄老道家对"道"的诠释方式有关，另一方面则与黄老道家对现实政治以及对君人南面之术的重视有关。

遭到了空前的削弱，这也促使庄子的一部分后学开始有意纠正庄子思想的这种倾向，并对"道"的概念从天、地的角度进行再诠释；最后，包括鹖冠子在内的黄老道家，面对战国时期的社会乱象，与"道"相比，他们更加关注"为君之道"和"治国之术"，而在这方面，天、地一方面具有传统天地思维的旧有优势；另一方面又是可供效法的对象，这样，在黄老道家以及鹖冠子这里，天、地就顺理成章地成为"道"的代言人。

因此，与描写"道"的惜墨如金相比，鹖冠子格外重视对天、地这两个概念进行重新定义。他说：

> 所谓天者，非是苍苍之气之谓天也；所谓地者，非是胅胅之土之谓地也。所谓天者，言其然物而无胜者也；所谓地者，言其均物而不可乱者也。（《度万》第八）

《尔雅》："穹苍，苍天也。"注云："天形穹隆，其色苍苍，因名云。"[1]《庄子·逍遥游》亦云："天之苍苍，其正色邪？"因此，"苍苍"所指，乃天之颜色。"苍苍之气"就是指呈现出苍苍之色的"气"，这个"气"实际上就是指"天"，类似于我们今天所说的天空。胅[2]，陆佃注云："形垺也。"吴世拱注云："胅，《释名》：'团也。'言地广厚而形圆也。"[3] 陆注"土有形界"，其义近之。吴注"地广厚而形圆"，似受近世科学之影响，方有此说。这个解释与《鹖冠子》本义似不相符。因此，"胅胅之土"就是指"有形有界之土"，也就是我们今天所说的大地。鹖冠子明确指出，他所理解的天地并不限于实指意义上的天地。如果说实指意义上的天地是指自然之天[4]，那么，我们可以说鹖冠子所指的乃"义理之天"。"义理之天"着重揭示天地之道所蕴含

---

① （清）邵晋涵撰：《尔雅正义》，中华书局 2017 年版，第 472 页。

② 胅，明《正统道藏》本作"胅"，《四部丛刊》本《鹖冠子》作"胅"，《湖北先正遗书》本亦作"胅"，《子汇》本作"胅"，然细考子汇本陆注，其云："胅，形垺也。"以此推之，子汇本正文"胅"应系误字。《故训汇纂》收录有"胅"字，其字第 20 条字义收录陆佃注云："胅，形垺也。"参见宗福邦等编《故训汇纂》，第 3494 页。

③ 《释名》云："膝头曰胅。胅，团也，因形团而名之也。"刘熙撰、毕沅疏证：《释名疏证补》，中华书局 2008 年版，第 77 页。

④ "天，（1）自然之天：大矣！如天之无不帱也。——襄《传》二九·一三（一一六五）。（2）有意志之天，意近天帝：天祸许国。——隐《传》一一·三（七四）。"杨伯峻、徐提编：《春秋左传词典》，中华书局 1985 年版，第 129 页。

的人文意义。对于这种思维方式，《系辞》有详细的描写。《系辞》云：

> 古者包牺氏之王天下也，仰则观象于天，俯则观法于地，观鸟兽之
> 文与地之宜，近取诸身，远取诸物，于是始作八卦，以通神明之德，以
> 类万物之情。①

王弼注云：

> 圣人之作《易》，无大不极，无微不究。大则取象天地，细则观鸟兽
> 之文与地之宜也。②

《系辞》在这里描绘了圣人作《易》的过程。简单地说，作者认为，《易
经》所涵载的智慧根源于大到天地，小到鸟兽之文的万事万物。近则取之于
一身，远则取之于天地。由于《周易》在中国思想史上的特殊地位，这实际
上就是认为华夏智慧起源于"近取诸身，远取诸物"的观法活动。例如：鸟
兽之足迹，在自然的意义上，它们只是动物行走所留下的痕迹，但是，古代
圣贤却受其启发而创立了文字，这样，"鸟兽之文"就不仅仅是动物足迹，它
们还是人类获取智慧的源泉。因此，"天地有大美而不言，四时有明法而不
议，万物有成理而不说"③，古人认为天地万物都涵载着深奥大理，只要你能
够观之、法之，就能够将之转变为人类的智慧。这种理解天地万物的方式，
实际上是基于这样一种信念，即天地万物所蕴之理是与人伦之序相一致的，
两者是相互衔接的，而非断裂的。这就在一定程度上把自然秩序人文化了。
鹖冠子就是从这种角度来理解天地的，他的"天地之道"就是社会人伦之序
的基础。君王的责任就是严格按照"天地之道"的运行方式，在人的世界建
立亘古不变的秩序。君道是天地之道向人文领域的延伸与落实，也是圆满完
成的最后一环。

鹖冠子如何将自然秩序转化为社会伦理之序呢？首先，鹖冠子将天、地

---

① 周振甫译注：《周易译注》，中华书局 1991 年版，第 256 页。

② （三国魏）王弼注，（唐）孔颖达疏：《周易正义》，《十三经注疏》上，上海古籍出版社 1997
年版，第 86 页。

③ 王叔岷撰：《庄子校诠》，第 809 页。

的涵义丰富化、义理化。鹖冠子说：

> 所谓天者，物理情者也。所谓地者，常弗去者也。(《博选》第一)

鹖冠子从"物理情"和"常弗去"的角度来定义天、地，这就突破了实指意义上的天、地这两个概念所具有的确定性，因而获得了更大的诠释空间。在此基础上，鹖冠子就可以从天地万物的某种属性引申出可资人类社会借鉴的自然之理，这样，天地系统就成了人文之理的源头活水。他说：

> 天，文也；地，理也。月，刑也；日，德也。(《夜行》第三)

文、理可以观之法之，刑、德则可资之用之。实际上，天地系统中的最人的"文理"就是自然界中所呈现的秩序性。无论是浩渺的星空，还是广博的大地，只要我们细心观察，就会发现自然本身所具有的秩序性。在传统的思维方式中，既然人是天地系统的一个有机组成部分，那么，由人所组成的社会也应该具有这种文理彰明之秩序，而且这种秩序是与自然秩序相一致的，社会秩序就是自然秩序的合理延伸。这样，鹖冠子就在自然与人文之间架起了一座桥梁。

鹖冠子说：

> 彼天地之以无极者，以守度量而不可滥。日不踰辰，月宿其列，当名服事，星守弗去。弦望晦朔，终始相巡。踰年累岁，用不缦缦。此天之所柄以临斗者也。中参成位，四气为政，前张后极，左角右钺。九文循理，以省官众，小大毕举。先无怨仇之患，后无毁名败行之咎。故其威上际下交。其泽四被而不萌。天之不违，以不离一。天若离一，反还为物。(《天则》第四)

天地无极的原因在于天地守度量而不渝，如果天地不守其度量，那么天地也只不过是普通的一物罢了。天地间的日月之运、星守之位、四时之气等，都有条不紊地运行，可以说是小大毕举，无有阙遗，这都是因为天地守其度量而不违。因此，在鹖冠子看来，这个维系天地运行的"一"就是"度量"。

"度量"的一个最大的特征就在于它的确定性。一旦一个具有"确定性"的"度量"得以确立，那么它的巨大功用就可以发挥出来。鹖冠子在《王鈇》中说：

> 天度数之而行，在一不少，在万不众；同如林木，积如仓粟，斗石以陈，升委无失也。(《王鈇》第九)

"天"就是依靠确定的"度数"来运行的。实际上，此处的"度数"就是上文的"度量"。有了这个"度数"，天地间无论是多么繁复的事情，都可以做到条分缕析，巨细无遗。然而，这个"度数"抑或"度量"到底是什么呢？

从"斗石以陈"一语中我们就可以知道，用今天的话来说，"度量"就是指度量衡之具体单位。只要确定了基准单位，一切事物都可以被准确地衡量，绝对做到"升委无失"。那么，在人文领域，什么才具有"度量"所具有的"确定""客观"的特征呢？实际上这并不难推断，《管子·九守》云："用赏者贵诚，用刑者贵必，刑赏信必于耳目之所见，则其所不见，莫不暗化矣。诚畅乎天地，通于神明，见奸伪也。"①此处所指的"刑赏"之"必"不正是"度量"之确定性在人文领域的体现吗？因此，鹖冠子在此处所称赞的"度量"如果被应用到治理国家的领域，其所指应该就是人文领域的"法"。

分析至此，我们就可以看出，鹖冠子在重新诠释老子的"道"的过程中，最大的发现就是，"天地之道"是以"度量"为其运行之基准的。有了这个发现，在"天人一体"的思维定式下，鹖冠子就会顺理成章地推断，人类社会秩序的建立也应该以此"度量"为基础，这个"度量"就为鹖冠子提倡法治奠定了理论基础。作为一个高明的君主，为君之道并不复杂，就是谨守度量而不僭越。君主所为皆有其度量，或曰皆守其法，这就是无为。

与老子的论述相比，鹖冠子对无为的探讨更为精细，他尝试总结出一些切实的方法来帮助君主实现无为而治。换言之，鹖冠子希望为君主提供一种工具。这种工具就像度量衡一样可以做到"升委无失"。这种神奇的工具是什么呢？就是法。从哲学上来看，法是"无为"概念的明晰化与具体化，它是

---

① 黎翔凤撰：《管子校注》，第 1042 页。

对原始道家含混的无为的否定，同时又是对新生道家简明易行的无为的肯定。法，就是实现无为的工具。君主依法治国就是无为而治。有了"法"这个工具之后，无论是鹖冠子还是黄老道家，都不再过分强调鸡犬相闻，民至老死不相往来，他们不再反对、惧怕文明的进步。他们的理想社会与老子已经截然不同。以鹖冠子为例，他希望建立的是"不朽之国"。这个"不朽之国"只要有了"法"这个基石就可以无比繁荣。这是道家思想因应社会发展的必然结果。如果说庄子是老子后学中的理想派，那么，包括鹖冠子在内的黄老道家就是老子后学中的务实派。理想派开拓了道家的人生境界论，而务实派则充实了道家的治国理政的道术论。道与术是鹖冠子治道观的主线。天地之道是治道观的形而上的哲学原理，法则是治道观的形而下的工具。

第三节　道以治世：法天法地的圣王之道

在鹖冠子的君道观中，"圣王之道"是为君之道的最理想的形态。对于鹖冠子的"圣王之道"的考察，我们将主要从以下两个方面进行，第一，鹖冠子的"圣王之道"提出的历史背景；第二，鹖冠子"圣王之道"的具体内容。

一　鹖冠子基于"天地之道"对"圣王之道"的构建

鹖冠子是战国末期人。春秋战国时期是中国思想史发展的一个黄金时期。在这个时期，学派众多，名家辈出，学者之间的思想交锋激烈，史称"百家争鸣"。"百家争鸣"始于春秋时期，逮至《庄子·天下》成篇之时，针对彼时的学术走向，其作者不无惋惜地说："道术将为天下裂。"如果从今天的立场回望春秋战国时期思想争鸣的历史，我们就会发现《天下》篇作者的判断还是过于保守了。实际上，到了战国时期，百家异说，往而不返的学术争鸣已经不是将然的趋势，而是既成的事实，因此，更确切的说法应该是"道术为天下裂"。

"道术为天下裂"能够更准确地揭示"百家争鸣"的实质，即百家异道。表面看来，"百家争鸣"与"百家异道"是一对矛盾的词组。因为，如果百家之道毫不相干，那么在百家之间就不能形成有效的对话和争鸣。既然两者可以共存，这说明，"百家异道"并非是说百家之道风马牛不相及。

百家之道的相异只是途径的不同，但是殊途同归，诸家的理论焦点都是一致的。

大体来说，百家之道所关注的无非以下两个问题，即修身和治国。"百家争鸣"主要是围绕着这两个问题展开的。因此，百家之间关于"修身"问题的争鸣就体现为彼此之间圣人观的不同，而关于"治国"问题的争鸣就体现为彼此之间圣王观的不同。这就是鹖冠子提出"圣王之道"的历史背景。在这种历史背景之下，诸家于"治国之道"均有自己的独到见解，都尝试构建符合自己理论诉求的圣王观，面对诸家的纷纭之说，鹖冠子并没有采取一概排斥的保守立场，而是在充分吸收诸家观点的基础上进行了有益的创新。

我们已经讨论过，在道家思想"道与时行"的理论发展模式中，鹖冠子选择从"天地之道"的角度诠释老子之"道"。"天地之道"是鹖冠子道论的起点，当鹖冠子的"道论"由这个起点而延伸至治道与伦理层面的时候，这就是鹖冠子的"圣王之道"。既然"圣王之道"是"天地之道"落实到治道与伦理层面的结果，那么，"圣王之道"就必然会相应地体现出"天地之道"的特征。

在鹖冠子看来，"圣王之道"主要从以下三个方面取法"天地之道"，即无为、用法与选贤任能。从这里我们就可以看出，鹖冠子的"圣王之道"虽于他家之说颇有所取，但是，这种借鉴并没有违背鹖冠子的道家立场。因为鹖冠子从道家学者的立场出发，创造性地从"天地之道"的角度论证了"圣人之道"，使其与他的整体思想条贯融会。这样，鹖冠子就在继承了老、庄以来的道家圣王观的同时，又在一定程度上进行了创新与发展。

对于老庄来说，"无为"思想是其构建道家圣王观的基础。在老庄看来，理想的君主必须以"无为"作为指导其施政行为的基本原则。鹖冠子继承了老庄的这种观点。但是，老庄对于"无为"与"为"的辩证关系的探讨，并没有充分地展开，亦没有明确指出，在以"无为"为指导原则的前提下，君主在治理国家的过程中具体要如何作为？也就是说，老庄虽然提出了"无为"的治国之道，但是他们并没有深入探讨"无为"之"为"的具体内容。而对"无为"之"为"的具体内容的探讨，正是鹖冠子的"圣王之道"所要着力解决的问题。这就在一定程度上丰富并发展了道家的"无为"思想。

二 崇法、尚贤的圣王之道

（一）"不创不作"的天地之德——"圣王之道"与无为

鹖冠子继承了老庄以来的道家学者的"无为"思想。"无为"思想是鹖冠子建构"圣王之道"的重要思想资源。但是，与老子不同，鹖冠子主要从"天地之道"的角度来阐发他的"无为"思想，并通过"天地之道"使"无为"思想与"圣王之道"实现了对接与沟通。鹖冠子试图通过"天地之道"使"无为"的施政原则贯彻到君主的实际治国行动当中去，这就形成了对落实"无为"原则的具体途径的探讨。

"圣王之道"是处在帝王之位的圣人对"天地之道"的效法。在鹖冠子看来，"天地之道"的一个显著特征就是"无为"。对于天道无为，儒道两家均有论述。

首先我们来看《论语》中的相关记载。

> 子曰："予欲无言。"子贡曰："子如不言，则小子何述焉？"子曰："天何言哉？四时行焉，百物生焉，天何言哉？"[1]

在孔子看来，"天"不需要发出任何言语指示，也不需要有任何作为，四时自然运行，万物自然生长，天地本身就是一个具有和谐秩序的系统，因此，孔子认为自己应该"无言"，这即是对"天"的效法。

与孔子相比，庄子后学对天地所具有的这种自然秩序的论述就更加清晰，也更加明确地指出了圣人效法天地之"无为"的问题。《知北游》说：

> 天地有大美而不言，四时有明法而不议，万物有成理而不说。圣人者，原天地之美而达万物之理，是故至人无为，大圣不作，观于天地之谓也。[2]

《知北游》的作者认为，天地总是默然地呈现自己的天成之美，天地之间四时

---

[1] 杨伯峻译注：《论语译注》，中华书局 1980 年版，第 187—188 页。

[2] （清）郭庆藩撰：《庄子集释》，第 735 页。

运而不息，万物长养而不绝，一切都自有伦序，循其章法，然而，纵使如此，天地却"不言""不议""不说"，这不就是"无为"吗？所以，作为能够推原天地之美，通达万物之理的圣人，就应该效法天地的"无为"，不创不作。实际上，《知北游》所描写的这种浑然天成的自然秩序就是"天地之道"的完满体现。天地能够成就这种和谐的秩序，不是因为它的某种行动，而是因为它自然无为，因此，"无为"即是"天地之道"的特征之一。"非道弘人，人能弘道"，一般来说，圣人所应践履者应该是"道"，但是，《知北游》的作者却认为圣人应该效法"天地"，践履"天地之道"，从这一点来看，在"道与时行"的过程中，《知北游》已经开启了道家学者以"天地之道"来诠释"道"的新阶段。

鹖冠子继承了这种诠释方法。鹖冠子说：

> 不创不作，与天地合德。节玺相信，如月应日。此圣人之所以宜世也。（《天则》第四）

鹖冠子认为，圣人能够"宜世"而兴的原因就在于，圣人在治理国家的时候能够"不创不作"。而从"与天地合德"一语我们就可以看出，圣人的"不创不作"实际上就是对天地之德的效法和落实。这里，无论是天地的"不创不作"，还是圣人的"不创不作"，其所指实质上就是道家所强调的"无为"。通过对天地之德的效法，圣人施行"无为"之政，这就是鹖冠子对"圣王之道"与"无为"的关系的思考。

鹖冠子诠释"道"的方法与庄子后学颇为一致，他也是以"天地之道"来诠释"道"。由此我们也可以看出，庄子学派与黄老学派的关系是值得引起我们重视的一个问题。

但是，在鹖冠子这里，从"天地之道"的角度证成圣人的治世之道，这几乎已经成为他惯常的表达方式，这就与庄子后学形成了鲜明的对比。庄子后学还游移在庄子的"境界之道"和"天地之道"之间，这说明在"道与时行"的过程中，庄子后学还处于"境界之道"向"天地之道"过渡的阶段，而鹖冠子已处于以"天地之道"诠释"道"的成熟阶段。

对于鹖冠子来说，圣人效法"天地之道"的"无为"，虽然有以之"修身"的意涵，但是，在绝大部分篇章中，鹖冠子都更加关切以"无为"来

"治国"的问题。因此,更准确地说,在《鹖冠子》的文本中,他的"无为"是指"无为而治"。与之相应,无为的"圣人之道"的准确表达就应该是"圣王之道"。

鹖冠子非常重视"无为"对良好的社会秩序的决定性作用。他说:

> 德之盛,山无径迹,泽无津梁,不相往来,舟车不通。何者?其民犹赤子也。有知者不以相欺役也,有力者不以相臣主也。是以鸟鹊之巢可俯而窥也,麋鹿群居可从而系也。至世之衰,父子相图,兄弟相疑。何者?其化薄而出于相以有为也。(《备知》第十三)

由此可以看出,鹖冠子继承了老庄以来的社会理想。但是,鹖冠子与老庄又略有不同。我们知道,无论是老子的"小国寡民",还是《庄子·胠箧》篇所描绘的"至德之世",从他们对理想社会的构想来看,他们似乎希望社会倒退回遥远的过去,"使人复结绳而用之"。"老子主张虚静无为,无知无欲。他认为知识是一切纷争的源泉。"① 由此看来,老子似乎认为,人类文明发展的车轮所留下的就是某种社会退步的辙痕。因此,发达的"文明"与"小国寡民"抑或"至德之世"是不能并存的,我们不能兼而得之。从老子对"文明"的否定态度来看,老子对于用"无为"来对治社会乱象,似乎并没有充足的信心。由此之故,他虽提出了"无为"式的治国之道,但是,他并有尝试进一步充实"无为"的具体内容。所以,他的"小国寡民"的社会理想更像是对过往的追忆,而不是对未来的设计。

因为只有"无为"的具体内容得到充实之后,它才具有可操作性,它才可能被采用和施行。换言之,无论是《老子》还是《庄子》,在它们那里,"无为"与"小国寡民"或"至德之世"之间还存在着矛盾。"无为"的原则本来是用以救治社会动荡、促进社会发展的合理性建议,但是,当他们描述理想社会的时候,却倾向于社会向文明的原始状态的回归。这种矛盾只能说明一个问题,面对社会的不断发展,老庄的"无为"还缺乏足够的因应之道。也就是说,老庄虽然提出了"无为"的大原则,但是,他们还没有找到能够促使君王施行"无为"之政的具体途径。这样,"无为"就有

---

① 高明撰:《帛书老子校注》,中华书局1996年版,第264页。

沦为"空想"的危险。从他们对理想社会的描述来看，他们面对现实的时候，也的确略显无奈。而他们的这种无奈，就只有留给包括鹖冠子在内的黄老道家来解决。

鹖冠子虽然也像老庄一样向往"德之盛"的淳朴之世，但是他却没有对文明采取否定的态度。鹖冠子认为，盛德之世的存在是因为"有知"者不"欺役"，"有力"者不"臣主"。也就是说，鹖冠子并不认为"有知"与"有力"会对社会秩序构成威胁，重要的是你要正确地应用你的"知"与"力"。所以他明确指出了理想社会消亡的根本原因在于"其化薄而出于相以有为也"。

鹖冠子的这种看法就与老庄形成了鲜明的对比。老庄倾向于让社会倒退到"人复结绳而用之"的状态，以此维持理想社会状态的存在。换言之，老庄欲以"文明"为代价而挽回"小国寡民"的"至德之世"。这说明老、庄对于他们所提出的"无为"思想似乎还没有充足的信心。但是，鹖冠子则与之不同。他明确指出了理想社会消亡的原因在于"有为"而非"文明"。我们没有必要拒斥"文明"的发展，只要我们能够成功地对治"有为"，那么，"文明"中所产生的"知"与"力"并不会对社会秩序形成干扰和破坏。而站在道家的立场上来看，对治"有为"的良药则非"无为"莫属。这就显示了鹖冠子对"无为"这一治世的根本原则的信心。

鹖冠子对"有为"的明确否定就进一步凸显了他对"无为"的重视。这与他所提倡的"圣王"应该效法"天地"的"不创不作"之德的思路是一致的。实际上，天地的"不创不作"就是"无为"的最好表现，圣王之所以要"无为"的原因即在于此。从老、庄对理想社会的描述，到鹖冠子对"有为"的直接否定，与其对天地的"不创不作"之德的重视，这都体现了鹖冠子对老庄以来的道家思想的继承和发展。鹖冠子试图在老庄以来的"无为"思想的基础上，进一步充实"无为"的具体内容，并进而找到落实"无为"之政的具体途径，而这正是老、庄所没有解决的问题。这是从道家思想发展的整体趋势来看。这是问题的一个方面。另一方面，从鹖冠子哲学思想的自身特点来看，我们就会发现，鹖冠子以"天地之道"来诠释道，这就决定了天道之"无为"必定会通过圣人的效法而最终落实到社会人伦的层面，这也就必然会引申出无为而治的"圣王之道"。

鹖冠子认为，圣王治世应该取法天道，天地之道"不创不作"，因此，

"圣人之道"就应该无为而治。然而,"运"即为矣,"治"即为矣,天地、圣人何能无为乎?圣王要通过何种途径来调和"无为"与"治"之间的矛盾呢?换言之,圣王要如何作为才是"无为"呢?要解决这个问题,我们首先需要对"无为"这一概念进行厘定。

可以肯定的是,无为并不是指无所作为。《淮南子》对"无为"与"为"的辩证关系作过清晰的说明。《淮南子》说:

> 或曰:"无为者,寂然无声,漠然不动,引之不来,推之不往,如此者,乃得道之像。"吾以为不然。①

《淮南子》认为,所谓"无为"并非指枯槁如木、不动如石般的毫无作为。那么,"无为"何指呢?《淮南子》说:

> 所谓无为者,不先物为也;所谓无不为者,因物之所为。所谓无治者,不易自然也;所谓无不治者,因物之相然也。②

由此可以看出,《淮南子》认为,所谓天地无为,乃指其因物之所为,故能无不为;所谓圣人无治,乃指其因物之相然,故能无不治。所以,无为实有大功,无治实乃大治。《淮南子》的这种看法与《鹖冠子》颇为一致。然而,如何"无为"才能成此"大功"?如何"无治"才能成此"大治"呢?"因物之所为","因物之相然"吗?《淮南子》对这些问题的解答还是有些含混不清。与《淮南子》相比,鹖冠子的论述就更为清晰、详备。

鹖冠子从"天地之道"的角度诠释"道",他认为圣人治理国家应该取法"天地之道",无为而治。但是,"无为而治"只是一种治理方式的总体描述,或曰施政治国的根本原则,它并没有交代具体的治世方法。在某种程度上来说,"无为"还只是一种"形式",它还缺乏充实其中的具体内容。鹖冠子思想的可贵之处正在于,他在遵循"无为"之原则的前提下,致力于思考落实"无为"的具体途径和方法,尝试进一步充实"无为"的具体内容。

---

① 何宁撰:《淮南子集释》,中华书局 1998 年版,第 1311 页。
② 何宁撰:《淮南子集释》,第 48 页。

"老子以'无为'作为'为'的根据和原理。也就是说，一切的'为'都应当以'无为'为前提和环绕的核心，而由'无为'发生的'为'，这不但是应该的，也是值得鼓励的。"① 从这个角度来看，鹖冠子对"无为"这个大原则的坚持，体现了他对老子"无为"思想的继承，而他在秉持"无为"这个原则的前提下，对"为"之具体方法与内容的讨论则是对老子"无为"思想的发展。实际上，对"无为"之"为"的具体内容的探讨是黄老道家的鲜明特色，这和黄老道家的入世倾向有关，从这个角度来看，我们就能更清晰地看到鹖冠子的黄老学特征。

首先，鹖冠子认为"圣人之道"要效法"道之用法"。② 如此，国之治将有所依，民亦知其所往，这就可以杜绝君之妄为，杜绝了"妄为"就可以实现"无为"；其次，鹖冠子认为天地之运、四时之更迭、风雨隆施等都不是单一因素能够完成的，它们都是靠多种因素的配合才得以完成的。从这个角度来看，天地尚且不能独为。因此，圣人也不可能单靠自己的力量而把国家治理好，他必须和圣贤一起治理天下。这就是"圣王之道"效法"天地之道"以成就无为而治的第二个角度。这即是鹖冠子对"圣王之道与举贤用能"的探讨。

（二）"道之用法"——"圣王之道"与用法

鹖冠子认为，天地之所以能够无为而动，这都是因为天地"度数之而行"，因此，圣人"无为而治"的关键在就在于效法天地之"度数"。《鹖冠子》说：

> 天度数之而行，在一不少，在万不众；同如林木，积如仓粟，斗石以陈，升委无失也。列地分民，亦尚一也耳。百父母子，何能增减？殊君异长，又何出入？若能正一，万国同极，德至四海，又奚足阖也？（《王鈇》第九）

天地循"度数"而运行，"度数"之施，不为一物之少而减损，亦不为万物之多而加益。有了"度数"作为依准，哪怕如林木之众，如仓粟之积，

---

① 丁四新：《郭店楚竹书〈老子〉校注》，第11页。
② 从《鹖冠子》的整个文本来看，这里的"道"实际上就是指"天地之道"。

只要以相应度量标准衡定之，就一定会分毫不差。圣王治世亦应守"一"，以"一"裂地分民，则父子之数不为少，异国之众不为多。圣人只要能够正守此"一"，"万国"都将以之为最高标准德被四海，天下同归，不为过也！由此可以看出，鹖冠子这里所说的"一"就是指圣人对天地之"度数"的效法。在天地为"度数"，圣人法之以治民则为"一"。鹖冠子为什么要以"一"来代指"度数"呢？

我们来看"度数"有何特点？鹖冠子在解说"度数"时，曾以"斗石"为例，因此，在鹖冠子看来，度、量、衡是具有"度数"的典型代表物。对于衡具的具体特点，韩非说：

> 人之不事衡石者，非贞廉而远利也，石不能为人多少，衡不能为人轻重，求索不能得，故人不事也。①

韩非认为，衡、石的特点就是它的确定性和客观性，它不会因人而异，亦不会权重为轻。实际上，从今天的角度来看，韩非以衡、石举例就是为了说明客观标准或法度的重要性。从韩非子对"衡、石"之特点的解说中我们不难推知，鹖冠子之所以重视"度数"，也是因为"度数"具有这种确定性和客观性。

无论是韩非子，还是鹖冠子，他们讨论"衡石""度数"的目的，用今天的法律术语来讲，就是确立法治的"形式正当原则"。"法律是人们事先设定的规则，具有稳定性、连续性、普遍性和一致性，它不受事发当时的人的情感和意志所左右。"② 鹖冠子认为，圣人效法天地之"度数"而创制的治理社会的法则，也应该具有如"度数"一般的稳定性、连续性、普遍性和一致性。度数，不被人的情感和意志左右，法，也不应被人的情感和意志左右。"法"在被执行的过程中应该是普遍有效的。因此，鹖冠子以"一"来代指"度数"，就是为了突出圣人用法的这种普遍有效的特征。鹖冠子说：

> 斗柄东指，天下皆春；斗柄南指，天下皆夏；斗柄西指，天下皆秋；

---

① 王先慎撰：《韩非子集解》，第427页。
② 张文显主编：《法理学》，法律出版社2007年版，第84页。

斗柄北指，天下皆冬。斗柄运于上，事立于下。斗柄指一方，四塞俱成。此道之用法也。(《环流》第五)

斗柄东指则春至，斗柄南指则夏来，斗柄西指则秋收，斗柄北指则冬藏。斗柄指一方而六极同应，四塞俱成。鹖冠子用这种天文现象来取譬，就是为了突出斗柄与四季之间的确定不移的联系，这就是"天地"用法的特点，这也是"天地之道"最重要的特征之一。鹖冠子认为圣人治世应该取法天道，而"道之用法"就是圣王取法"天地之道"的一个重要角度，因此，圣王之"用法"亦应如"道之用法"。鹖冠子说：

惟圣人究道之情，唯道之法，公政以明。(《环流》第五)

这里的"道"即是指"天地之道"。"圣人究道之情"就是指圣人要从不同的侧面来了解和认识"天地之道"。在此，鹖冠子是从"道之用法"的角度来阐释"天地之道"的。天地是循着明确的"度数"而运行的，因此，天地所历"度数"之更迭，必伴有具体天象之变化，这种确定不移的关系就是"道之用法"的特征。"道之用法"于万物无所阿私，绝不挠曲，因此，天地才能够久运不息。如果圣人"用法"能够做到这一点，那么，就可以使人世之"法"如天地之"度数"一样显明和普遍有效，"法"就会成为社会的最高准则。① 鹖冠子说：

故日月不足以言明，四时不足以言功。一为之法，以成其业，故莫不道。一之法立，而万物皆来属。法贵如言。言者，万物之宗也。是者，法之所与亲也。非者，法之所与离也。是与法亲，故强；非与法离，故亡。法不如言，故乱其宗。故生法者命也，生于法者亦命也。(《环流》第五)

———————

① "在法律面前只有先承认形式的合理才能承认实质的合理，这是法治建立的基本要求。"张文显主编：《法理学》，第84页。鹖冠子认为圣人应该"究道之情，唯道之法"，把法确立为指导社会活动的最高准则，这与当下法律"形式合理"的精神是颇为符合的。由此可见，鹖冠子已经认识到，要建立稳固的社会秩序，必须首先确立"法"的至高无上的地位。这说明鹖冠子对"法"的哲学思考已经相当深入。

如果圣人能够坚守"一为之法"的"用法"精神，那么，天下都将以之为准则，他所成就的事业将是空前的，甚至超越日月之明、四时之功。这句颇具豪情的话生动地传达出了鹖冠子对"一为之法"的信心，他确信他已经找到了救治天下混乱的良药。"一之法立，而万物皆来属"这句话除了表达鹖冠子的雄心壮志以外，同时也表明鹖冠子怀有天下一统的愿望，这说明《鹖冠子》的成书时间不会晚于战国时期。

鹖冠子的这种豪情与信心建立在他对法的清醒认识的基础之上。鹖冠子对法产生的根源、创制法度的原则都有所论述。

首先，鹖冠子认为，"言者万物之宗也"。"言"就是指政令。在战国时期，政令发布是社会各项活动有序进行的基本保障，它亦是法度产生的主要渠道。当政令发布，付诸施行之后，它就成为官、民必须遵守的法度。因此，在执行法度的过程中，最为可贵，也是最难做到的一点就是保证其与政令的一致。只有这样"用法"，才能达到"斗柄指一方，四塞俱成"的效果。

其次，鹖冠子认为创制法度的原则是确保法度的正义性。"是者，法之所与亲也，非者，法之所与离也"，这就是说，法度要具有正义性。换言之，法，一定要是"良法"。① 亚里士多德在《政治学》中亦有类似的观点。他说："法治应包含两重意义：已成立的法律获得普遍的服从，而大家所服从的法律又应该本身是制订得良好的法律。"② "制订得良好的法律"，亦是鹖冠子的追求。因此，他指出正义的法度要与"是"相亲，与"非"相离。只有这样，法度才能够发挥其惩恶扬善的作用。"是与法亲，故强；非与法离，故亡"，社会的正面价值取向与法度一致，因此能够日益得到彰显，社会的负面价值取向与法度相乖，因此受到法度的制裁、惩罚，直至消亡。

由此我们可以看出，鹖冠子认为理想的"用法"状态应该是上施之，下必行之。上施之，下必行之，这是一种对"用法"效果的追求，这种追求必然要涉及另一个问题，即"法"的正义性问题。因为，如果"法"本身是非正义的，那么就不能强制地要求它被执行，实际上这也是做不到的。鹖冠子

---

① "'普遍服从良法'的观念成为法治的一个基本原则。"张文显主编：《法理学》，第85页。在《鹖冠子》的讨论中，已经触碰到了这个问题。鹖冠子希望"法"能够成为社会的最高准则，具有普遍的有效性。如果要赋予法律这样的效力，其前提是，"法"必须具有正义性，也即是"良法"。

② ［古希腊］亚里士多德：《政治学》，吴寿彭译，商务印书馆1965年版，第200页。

意识到了这个问题，所以他说"是者，法之所与亲也，非者，法之所与离也"。但是，要怎么确保"法"的正义性呢？

鹖冠子说："故生法者命也，生于法者亦命也。"这就是说，"命"可生"法"，而同时"法"亦可生"命"。这里的"命"就是"令"。这里都可以解作"令"的两个"命"字是否存在差别呢？从鹖冠子整体思想来看，它们之间应该是存在差别的。"生法"的"命"应该是一个国家最高的"令"，也就是君主之"令"，而"生于法"的"命"应该是遵循君"令"的原则而衍生的次级政令。因此，生法的"命"是一个国家的最高之"令"，所以鹖冠子说："所谓命者，靡不在君者也。"

由此看来，"命"并不能确保"法"的正义性。因为"命"是源于君主的，而君主还并不是"法"产生的最终根源。"法"的最终根源是"道"，"法"的正义性与权威性都从"道"这里获得。

也就是说，在鹖冠子看来，君主本身并不能确保"法"的正义性。鹖冠子的这种态度可以从两个方面推测出来。其一，现实政治生活中以危为安，亡国破家的君主比比皆是，因此，"法"的正义性必不是在君主这里获得。孟子说"闻诛一夫纣"①，因此，君位本身并不能说明你已经据有了正义的立场。如果君位所处非人，那么，"君"本身就可能成为社会罪恶的渊薮，这样，在君之"命"与法的正义性之间就会产生不可调和的矛盾。面对这种矛盾，鹖冠子最终选择了坚持"法"的正义性，因此他才想要通过"选贤为君"这条途径来化解"君"与"法"之间的矛盾。这将留待后文讨论。

我们再来看其二。鹖冠子认为，上古时期都是圣人治世，圣人效法"天地之道"，因此，"天地之道"才是赋予"法"正义性的最终根源，同时，它也是权力合法性的根源。随着世袭制的到来，情况就发生了变化。世袭制不能够保证处于君位的都是圣人，甚至算不上贤人，在这种情况下，君主必须接受圣贤的辅佐才能成为有道之君，国家也才能处于有道之世，可以说，鹖冠子以圣贤来确保世袭社会的君权合法性。但是，现实的君主却很少能够做到这一点，这就构成了君主与圣贤之间的矛盾。这种矛盾促使鹖冠子进行新的思考，为了解决这个矛盾，实现他天下大治的理想，最后鹖冠子选

---

① 杨伯峻译注：《孟子译注》，第42页。

择颠覆君主与圣贤之间的地位，他认为应该让圣贤处于君位，如此，天下方安。

（三）天地不独运——圣王之道与举贤用能

我们都知道，道家提倡"无为"，道家的这种"无为"精神，如果用于治理国家，它所成就的就是"无为而治"。从这个角度来理解，我们就会理所当然地认为"无为而治"的重点在于"无为"而非"治"。但是，这种理解有一种弊端，它容易忽视"无为"与"治"之间存在的辩证关系。如果我们不给予"治"以充分的重视，"无为"必将最终流于空洞。"治"本身就是一种"为"，因此，"无为而治"就可以理解成"无为而为"，只不过这种"为"更侧重于治理国家的特定活动。

在"无为而为"这个词组中，"无为"是修饰"为"的，也就是说，"无为"对"为"的方式进行了具体限定，因此，其重点在于"为"。为什么这样说呢？因为只有明确了如何"为"这一问题之后，"无为"才是可以实现的。换言之，"为"是实现"无为"的必经途径。如果我们把"为"限定在治理国家的范围，那么我们就可以说，"治"是实现"无为而治"的必经途径。因此，当确立了"无为而治"这一目标之后，我们急需完成的工作就是明确如何"治"的问题，换言之，我们需要指明，如何"为"才不违背"无为"这个指导原则。

鹖冠子就是循着这种思路来思考的。鹖冠子认为行"圣王之道"就要"无为而治"，在确定了这个目标之后，鹖冠子即对"治"的具体内容进行了探讨。首先，圣人执行法度要效法"道之用法"，这一点在上文已经讨论过，此不赘述。其次，鹖冠子认为，天地之间发生的一切自然现象，都不是单一的因素能够完成的，它们都是各种因素相互配合的结果，这说明天地不"独为"。因此，"《鹖冠子》反对独用君主一人之智，强调与贤人共治"①。他认为，治理国家的贤君明主应该从不"独为"的角度效法"天地之道"，这就表现为君主不"独治"，而是急于求贤自辅。鹖冠子说：

> 夫寒温之变，非一精之所化也。天下之事，非一人之所能独知也。海水广大，非独仰一川之流也。是以明主之治世也，急于求人，弗独为

---

① 郭齐勇、吴根友：《诸子学志》，上海人民出版社1998年版，第203页。

也。(《道端》第六)

　　天地之间的寒温之变、四时之运并不是一种"精"能够化生出来的。用今天的话说,"精"就可以理解成"因素"。也就是说,自然现象都是多种因素共同作用而产生的结果。鹖冠子由此而认识到天地是不"独运"的,他认为,"天地之道"的这种特点正可以为圣王提供一个有益的效法角度,即圣王治理国家应该"弗独为也"。因此,君王应该广开求贤之路,以贤自辅,这才是"明主之治"。鹖冠子说:

　　　　与天与地,建立四维,以辅国政。钩绳相布,衔橛相制,参偶其备,立位乃固。经气有常理,以天地动。逆天时不祥,有祟。事不任贤,无功必败。出究其道,入穷其变。张军卫外,祸反在内;所备甚远,贼在所爱。是以先王置士也,举贤用能,无阿于世。仁人居左,忠臣居前,义臣居右,圣人居后。左法仁则春生殖,前法忠则夏功立,右法义则秋成熟,后法圣则冬闭藏。先王用之,高而不坠,安而不亡。此万物之本㔿,天地之门户,道德之益也。此四大夫者,君之所取于外也。君者,天也。天不开门户,使下相害也。(《道端》第六)

　　鹖冠子认为,"圣人之道"是对"天地之道"的取法。"与天与地"说明,在圣人治理国家的过程中,天、地始终是圣人效法的一个重要对象,是圣人获得治国灵感的源泉。在这段文本中,鹖冠子指出圣人治理国家应该效法天地,建立"四维",以辅国政。"四维"就是"仁人居左,忠臣居前,义臣居右,圣人居后"。居于左、前、右、后者分别是仁人、忠臣、义臣、圣人,简言之,此四人都是贤能之士。鹖冠子的这种叙述方法明确地表达了贤人辅政的强烈愿望,他认为君主应该被贤能之士"包围",这样才能确保君主由道而行。为何君主必须有此"四维"拱卫呢?这也说明鹖冠子对君主持有强烈的不信任感,这种不信任感应该源于世袭君主制,这种产生君主的制度不能够确保贤君居位,更多的时候是庸主乱国,所以,贤者拱卫是国泰民安的一个重要保证。鹖冠子说:"是以先王置士也,举贤用能,无阿于世。"这就进一步指出,"举贤用能"实际上就是先王的治国之道。正是由于先王以此治国,所以才能够"高而不坠,安而不亡",这是治国理家的根本之道。

鹖冠子又从反面进行了论证。鹖冠子说:

> 今大国之君,不闻先圣之道,而易事群臣;无明佐之大数,而有滑正之碎智。反义而行之,逆德以将之,兵诎而辞穷,令不行,禁不止,又奚足怪哉?(《近迭》第七)

鹖冠子认为,今天在位的大国之君主,一方面不知道继承先圣之道,另一方面又轻视群臣。没有贤佐辅弼,只凭一己之私智,反义而行,以"逆德"治理国家,像这样的国家,军队士气低落,纪律涣散,这又有什么奇怪的呢?在这里鹖冠子对君主提出了非常严厉的批评。从这种批评中也可以看出,鹖冠子对现实的君主失望至极。他认为,如果君主不遵从举贤用能的治国之道,不任用贤人,而是亲近佞小,那么,亡国覆家就是立而可待的事情。如果君主这样治理国家,即使外表强大,张军布阵以待敌国,这都无济于事。因为真正威胁国家的敌人不是敌国之军,而是所爱之佞。这就说明,佞小之臣的威胁和破坏力是何等之大。正因为如此,贤能的地位和作用才更加凸显,举贤用能实乃君主治国的当务之急。

鹖冠子把"四维"之臣称为"四大夫"。鹖冠子说:"此四大夫者,君之所取于外也。"(《道端》第六)"取于外"谓何?"外"是相对于"内"而言的。从上下文可以推断出,"内"或指君上刚愎自用,或指君主所亲近的群小。那么,与"内"相反,"外"就是指君主突破一己之私而举用的栋梁之材,或换言之,此四大夫乃君主"不拘一格"而提拔起来的贤能之士。同时,我们还可以从另一个角度来理解这个"外"。上文论及天地不独运,也就是说天地之运亦需取资于外。天地如此,圣王亦然。圣王治国"弗独为","弗独为"即是敞开纳贤之路,求贤能之辅,这即是"取于外"。总之,王道要效法天道。

鹖冠子说:"君者,天也。天不开门户,使下相害也。"(《道端》第六)这里,鹖冠子就直接把人间的君王比喻成天。"天不开门户"是什么意思呢?上文已论及天地不独运,"不独运"即是为辅助性因素的流动开辟了通道,这个通道即是"天地之门户"。如果天地闭塞了这个门户,那么天地的运行就将停滞,风不作,雨不至,四时不更迭,万物不复生,这就是"使下相害也"。君主既然是社会结构的顶点,他就相当于社会之"天",因此,君主治理国家也需要敞开"门户"。这个"门户"保证了贤能之士参与政治的权利的实现。有了贤者的辅佐，君主就能够与道相亲，以君主为顶点的政治架构也就获得了合法性的支撑。

鹖冠子的道论以"天地之道"为起点，"圣王之道"是"天地之道"的落实。"圣王之道"以"无为而治"为总纲领，而以"用法"与"举贤用能"为此纲领指导下的具体施政之道。换言之，"无为"是"圣王之道"的形式，而"用法"与"选贤任能"则是"圣王之道"的具体内容。鹖冠子认为，在上古时期，圣王传贤不传子，这就确保了君主的贤明，也就是贤人得位。在这个时期，圣王之道付诸实施是理所当然的事情。但是，到了家天下的时期，君位或兄弟相及，或父子相传，这就使很多不适合当君主的人登上了君位。因此，鹖冠子认为，在家天下时期，贤能的辅佐是君主行道的必要条件，也是维持君权合法性的必要保证。

但是，在实际的政治生活中，庸碌之君或者刚愎自用，或者任用么么，贤能之士反而遭到打压，更遑论其能弘道济世。这是鹖冠子的"道论"所面临的最大的困难。面对这个困难，鹖冠子又进行了深入的思考。他认为，在圣王治世的时代，都是贤圣为君，到了家天下的时代，贤圣为君失去了制度性的保障，因此，贤圣之人就不得不居于辅佐之位。即使这样，如果君主开明，能够在施政的过程中开启其"求贤自辅"的"门户"，这仍不失为贤圣之人弘道济世的一条有效途径。但是，在家天下的时代，庸君相踵，亡国覆家不断，几乎彻底断绝了贤人弘道的可能。既然事已至此，鹖冠子认为，唯一的解决途径就是"选贤为君"，这是鹖冠子为了确保"天地之道"得以最终落实所进行的进一步思考。

第三章　鹖冠子的君道观

关于诸子学术，司马谈有"六家"之论。《汉书·艺文志·诸子略》又有"九流"之说。在此之后，学者们审视先秦文献，往往不出此"六家九流"之范围。对一份具体文献的研究，也往往以此六家为标准，作出非此即彼的选择。这样做的好处在于，在首先判定学术派别的前提下，便于对其思想进行深入系统的研究，相同学派的文献可以作为参照，不同学派的文献可以相互对比，这样，一份文献的思想面貌就可以得到很好的体现。

然而，这样做也有其缺点。当我们面对一份较难确定学术流派的文献时，往往会出现削足适履的情况。为了明确其学派归属，一方面要刻意忽略研究对象的一些固有的特征；另一方面又要刻意地突出研究对象的某些片面的特征，以使其看上去更像是某个学派的文献。这样做明显有欠妥当。春秋战国时期，学术思想号称百家争鸣，而"六家九流"之概括，难免会有遗漏。而且，一方面经秦火焚烧，所存典籍相比于先秦时期，已大量减少；另一方面经过封建帝制的长期洗汰，一些不合帝制时宜的流派和文献必然会消亡，所遗存者则全赖其他学派的吸纳。从这个角度来看，杂家具有天然的开放性与包容性。从学术思想史的角度来看，杂①家之"杂"非但不是劣势，这反而使它具有了还原"百家争鸣"实况的优势。假设思想史对某些学派和思想的认知有僵化趋势，那么，凭借杂家对百家争鸣话题多样性和观点激进性的还原，一方面可以更为接近先秦学术思想史的真实面貌；另一方面或许可以刷

---

① 杂家之"杂"，就是思想多元的体现。而杂家文献中的多元思想，并不是凭空杜撰出来的，它们都是取自诸子百家。如果顺着思想史的潮流看，随着思想史的发展，百家争鸣必然会由分流而渐趋融合，许多不合时宜的思想和流派会逐渐消亡。但是其他学派的吸纳会保留其思想史的足迹。杂家无疑发挥了"百家博物馆"的作用。因此，杂家的思想范围，一定会超越后世六家九流的界定。所以，如果逆着思想史的潮流来看"杂家"，许多消失于历史洪流中的思想流派，只有通过研究杂家才能被还原出来。而被后世普遍认定的一些学派特质，如果以杂家的思想来校准，或许会体现出某些不同。《鹖冠子》与杂家文献的对比，就可以发挥对黄老道家思想校准的作用。

新对某些学派及思想的既有认知。

因此，在对《鹖冠子》研究的过程中，笔者尝试对《鹖冠子》的学派归属持开放态度。当然，我们探讨的起点还是要基于"六家九流"之区分，然而，结论的得出，却未必受"六家九流"之局限。历代史志多将《鹖冠子》归类为道家，近世学者，又多将《鹖冠子》归类为黄老道家，这是我们研究其学派归属的起点。本书认为将其归类为黄老道家，具有一定的合理性。然而，如果只将其归类为黄老，还不足以突显《鹖冠子》所独具的一些特征，于是，在研究过程中笔者又将《鹖冠子》与杂家文献《吕氏春秋》、兵家文献，以及《管子》进行了比较全面的对比。通过这种对比，一方面有助于我们进一步确认《鹖冠子》的成书年代；另一方面，也有助于显示出《鹖冠子》思想与后期黄老不同的一些特殊性。

自老子始，道家就认为万事万物都由阴阳两种力量构成。以此观之，黄老学派内部也必有其阴与阳的两面。司马谈所云"其术以虚无为本，以因循为用"①，"因者君之纲也"②，这是黄老道家属于"阴"性保守的一面。这种理论性格与汉初的政治形势是吻合的。黄老学者精研君人南面之术，为君主治理国家献计献策，他们充当的是君权维护者和合作者的角色。但是，在群雄争霸的战国时期，列国君权一方面面对外敌的挑战；另一方面又需要士人阶层的支持。彼时黄老道家学者的理论空间一定更为广阔，他们比汉初黄老多了一重视角，这就是对君权的反思和批判。鹖冠子无疑自觉地承担起了这种角色。这构成了他与汉初黄老思想有所不同的底色。正是这种不同引导着鹖冠子思考如何改良君权，以实现永不朽坏的长治久安。因此，君—贤（臣）关系始终是鹖冠子思想的主线。而这条主线，又可以辐射到杂家文献当中。这说明，鹖冠子并不是反思君权的孤鸣者，在当时特定的环境下，已经形成了相当规模的思想史氛围。在这种氛围下，初期黄老道家一定会受其影响。《鹖冠子》即是显例。鹖冠子一方面反思君权、批判君权；另一方面又希望改良君权。他最终探索出"博选"这一条途径有其必然性。因此，《鹖冠子》虽属于黄老道家，但却表现出了"博选派"的理论特征。下面就通过《鹖冠子》与杂家文献的对比来揭示这一点。

① （汉）司马迁撰：《史记》，第 3292 页。
② （汉）司马迁撰：《史记》，第 3292 页。

第一节 有道与无道：鹖冠子对君主模型的理论建构

对于君臣之间的关系，不同的学派会有不同的观点。儒家讲君君、臣臣、父父、子子。君要有个君的样子，臣要有个臣的样子，父要有个父的样子，子要有个子的样子。简单地说，就是这么几句话，可是真要把它讲清楚，就是儒家的一门大学问。墨家提倡尚同，下级要对上级绝对服从。按照这个观点，臣子对于君主，也自然要依照尚同的原则来相处。道家对于君臣之间关系的看法，就更为微妙。道家的创始人老子，传说西出函谷关，最后不知所踪。而庄子，则是有官也不做，宁愿做一只在泥水中打滚的乌龟，也不愿意身居庙堂。法家无疑是完全站在君主的立场上，百分之百地为君主着想。法家相信人性恶，所以君主对于臣子，既要防备，又要利用，如果不听话，还有严酷的刑罚作为威慑。总之，学派不同，其所提倡的君臣之间的相处方式就会随之而异。那么，《鹖冠子》与杂家在君臣关系的思考上，会不会有共同之点？如果有，他们又是提倡一种什么样的君臣有关系呢？

一 君主决定了贤者的时与命，贤者决定了国的存与亡

《鹖冠子》云：

> 今世之处侧者，皆乱臣也：其智足以使主不达，其言足以滑政，其朋党足以相宁于利害。昔汤用伊尹，周用太公，秦用百里，楚用申麃，齐用管子。此数大夫之所以高世者，皆亡国之忠臣所以死也。由是观之，非其智能难与也，乃其时命者不可及也。（《备知》第十三）

鹖冠子批评说，在他所处的时代，居于君侧的都是一些"乱臣"。这些"乱臣"总是有办法蒙蔽君主的视听。他们结成朋党，营私趋利。鹖冠子指出，如果让古代的一些名臣，比如伊尹、太公、百里、申麃、管子这些人物，处在"乱亡之国"，他们也一定会被乱臣陷害至死。

关于"朋党"的产生与危害，《管子》也有所涉及。《管子·参患》云：

> 凡人主者，猛毅则伐，懦弱则杀。猛毅者何也？轻诛杀人之谓猛毅。

懦弱者何也？重诛杀人之谓懦弱。此皆有失彼此。凡轻诛者杀不辜，而重诛者失有罪。故上杀不辜，则道正者不安；上失有罪，则行邪者不变。道正者不安，则才能之人去亡。行邪者不变，则群臣朋党。才能之人去亡，则宜有外难。群臣朋党，则宜有内乱。（《管子·参患》）

《管子》指出，君主的性格无论是猛毅还是懦弱，都有其隐患。一个猛毅的君主，容易犯下轻易诛杀的过错。而一个懦弱的君主，容易犯下不敢诛杀的过错。如果君主轻易诛杀，就会牵连、波及无辜之人。而君主不敢诛杀，就会漏掉那些有罪之人。无辜的人被诛杀，那些正义感较强的人，内心就不会安稳，并会最终选择出走。有罪的人被遗漏，为非作歹的人不但不思改变，他们还会勾结为朋党。一个国家，如果人才外流，就会招来外患。如果朋党盛行，就会产生内乱。

由此可见，在《管子》看来，无论是人才外流，还是朋党的产生，其根源都在于君主。君主性格过分强硬，会犯错。君主性格过分软弱，也会犯错。犯了错，就会办坏事。一个把国家大事办坏了的君主，就是庸君。因此，所谓"庸君"，不仅仅是指能力低下者，按照《管子》的观点，性格有缺陷，或情商较低的君主，也是庸君。

《鹖冠子》与《管子》都涉及了"朋党"这个问题。无论是国家的人才外流，还是群臣朋党，《管子·参患》认为，其最终的根源都在于君主。在《鹖冠子》的这段话中，他并没有直接涉及君主。但是，鹖冠子说了这样一句话："由是观之，非其智能难与也，乃其时命者不可及也。"（《备知》第十三）在鹖冠子看来，一个生逢乱世的贤人，之所以不被任用，或难以避免被陷害的命运，这并不是因为贤人的智慧与能力不足，而是因为"时命"不济。表面看来，鹖冠子是在感叹命运的安排，让人无能为力。然而，我们可以进一步追问，什么才是一个贤者的"时与命"？实际上，这个问题并不难给出答案。在位的君主实际上就是贤者的"时"，也是贤者的"命"。对于这个问题，《吕氏春秋》的回答最为直截了当。

《吕氏春秋·谨听》云："主贤世治则贤者在上，主不肖世乱则贤者在下。"[1] 贤者在上的一个不可或缺的条件就是"主贤世治"，而贤者在下的最

---

[1] 许维遹撰：《吕氏春秋集释》，第296页。

根本的原因就在于"主不肖世乱"。换言之,"主贤世治",贤人得到了任用,这就是贤人得到了"时命"的眷顾。反之,"主不肖世乱",贤者在下,而乱臣朋党在侧,这就是贤人失去了"时命"的眷顾。因此,通过《谨听》中的这段话,我们就可以得出这样的结论:在位的君主就是贤者的"时命"。鹖冠子对"时命不可及"的感叹,其最终的根源也还是在于君主昏庸。

君主是贤者的"时命"。君主的贤与不肖,直接决定了贤者的命运。然而,君主与贤者的关系,并不是简单的单向决定的关系。因为,贤者,又反过来可以影响一个国家的安危存亡。《吕氏春秋·高义》云:"人主之患,存而不知所以存,亡而不知所以亡,此存亡之所以数至也。"① 所谓"存亡数至",也就是指朝代的更迭。一个朝代建立了,这就是"存"。忽而又倾覆了,这就是"亡"。朝代更迭,就是存而又亡,亡而又存,存与亡两者在历史上不断地循环往复,故曰"存亡数至"。《高义》篇认为,存亡数至的原因,就在于君主不知道决定一个国家存亡的关键在哪里。

对于这个问题,鹖冠子给出了他的答案。他认为,国家存亡的关键在于"贤人是否得到任用"。他说:"昔汤用伊尹,周用太公,秦用百里,楚用申麃,齐用管子。此数大夫之所以高世者,皆亡国之忠臣所以死也。"(《备知》第十三)鹖冠子提到的这几个"大夫",都受到了"时命"的眷顾,生逢贤君治世,所以成就了一番彪炳史册的事业。然而,即使是具有同样才能与德性的人,如果生在一个"亡国",作为一个忠臣,也难逃死亡的命运。鹖冠子在这里用了"亡国"这样一个概念,实际上,这个概念并不是指"已亡之国",而是指"将亡之国"。什么样的国家才是"将亡之国"呢?从《鹖冠子》的文本来看,一个乱臣在侧、群臣朋党的国家,就是"将亡之国"。换言之,一个君主亲佞远贤的国家,就是"将亡之国"。

《吕氏春秋·至忠》云:"至忠逆于耳,倒于心,非贤主其孰能听之?故贤主之所说,不肖主之所诛也。"② 《至忠》认为,至忠之言总是很难入耳,也总是会让人的心里不舒服。难听的话,能听得进,让自己心里不舒服的事,能容得下,这只有贤主才能做得到。换作不肖之主,进言的忠臣就难逃死亡的命运。这也就解释了,为什么鹖冠子会得出"此数大夫之所以高世者,皆

---

① 许维遹撰:《吕氏春秋集释》,第515页。
② 许维遹撰:《吕氏春秋集释》,第242—243页。

亡国之忠臣所以死也"这样一个结论。

除了思想与观点的相近之外，他们也有同样的感慨。《吕氏春秋·至忠》云："夫忠于治世易，忠于浊世难。"①《鹖冠子》云："苦乎哉！贤人之潜乱世也。"前者深知，处于浊世，为忠不易，而后者深明，身当乱世，必须潜藏。从这一点来看，鹖冠子与《至忠》的作者，可谓同声相应。

从以上的分析可以看出，对于朋党、时命、贤人潜藏于乱世，《鹖冠子》《管子》和《吕氏春秋》都有所关注，这是他们之间共通的话题。作为黄老道家文献，《鹖冠子》涉及这些话题的讨论，这说明，早期黄老道家也并非只是单纯精研君人南面之术的学派，他们对于贤者的命运也极为关注。君主作为贤者的"时"与"命"，是贤者命运顺逆的主要决定力量。明君在位，贤才就可以得到舒展怀抱的机会，庸君在位，贤才就只能潜藏甚至死于非命。破解这种矛盾的关键就在于首先确保当政君主的综合素养能够达到治国理政的要求。如何确保贤君居位，这也是早期黄老道家苦苦思索的一个问题。而杂家文献中大量存在类似材料，这说明，早期黄老关于这一问题的讨论，有其深刻的思想史背景。另外，在黄老逐渐纯化为一个精研君人南面之术的学派的过程中，类似讨论也会被逐渐剔除，这些被剔除的思想，有一部分被杂家吸收并保留下来。从杂家文献入手，以《鹖冠子》为桥梁，反观黄老思想，就可以发现黄老学派发展的大体脉络，以及被后世学者忽略的一些只存在于初期的黄老学的特质。

二　"无道之君"亲佞远贤，危国危民

《鹖冠子》中有一段对"骄君"的描写：

> 上有随君，下无直辞。君有骄行，民多讳言。故人乖其诚能，士隐其实情。心虽不说，弗敢不誉。事业虽弗善，不敢不力。趋舍虽不合，不敢不从。故观贤人之于乱世也，其慎勿以为定情也。（《著希》第二）

骄行，也就是骄傲自大的行为。《鹖冠子》指出，如果君主骄傲自大，那么，各个阶层不但会隐藏自己真实的话语和想法，而且还会隐藏自己真正的本领。心里虽然并不认同，但是却不敢不去赞誉。明知所为"弗善"，却不敢不去尽

---

① 许维遹撰：《吕氏春秋集释》，第246页。

力。趋舍虽不相同，却不敢不遵从。然而，贤人的这些做法，却并不是出自其本心。因此，鹖冠子指出，在考察贤人在乱世中的行为的时候，一定不要以为这是出自他们的真实相法，他们实际上也是不得已而为之。

与《鹖冠子》一样，《吕氏春秋》对这个现象也有所关注：

> 世之人主多以富贵骄得道之人，其不相知，岂不悲哉！（《吕氏春秋·贵生》）
>
> 亡国之主，必自骄，必自智，必轻物。（《吕氏春秋·骄恣》）

《贵生》认为，大多数的人主都会凭借其富贵来骄傲地对待"得道之人"，这里的"得道之人"实际上就是指贤人。既然君主摆出了一副骄傲的姿态，他又怎么肯去了解贤人的真实想法和能力呢？因此，骄傲的君主与贤人之间，不能相知相惜，这实在是一件让人感到悲伤和叹惜的事情！而《骄恣》则直接指出，一个亡国之主必然具有以下三个特征：自骄、自智、轻物。

因此，在"骄君"这个话题上，《鹖冠子》的观点在《吕氏春秋》那里也得到了回应。两者的看法表现出高度的一致性。而且他们对"骄君"的批评，可谓措辞严厉。

《鹖冠子》云："张军卫外，祸反在内；所备甚远，贼在所爱。"（《道端》）鹖冠子指出，一国之君，总是知道张列军队，备御外敌。外敌固然可怕，然而，在外敌还没有到来的时候，就已经祸起萧墙，却很少有君主知道真正的原因在哪里。因为，真正可怕的人，不是外来之敌，而是自己平时所亲近和偏爱的身边人。这样的身边人，总是干一些欺上罔下的勾当，他们才是真正的国之贼。简而言之，外患当然需要防备，内忧却也不可轻视。在鹖冠子看来，亲佞远贤——用人的不正之风，就是内患之渊薮。

《吕氏春秋·情欲》云："巧佞之近，端直之远，国家大危，悔前之过，犹不可反。"①《情欲》指出，如果一个君主亲近巧佞，远离端直，国家就一定会陷入极大的危机。当国家的危机已经浮现出来的时候，纵使为自己错误的行为感到后悔，也已然无法挽回大厦将倾的局面。通过《情欲》的这段话，我们更能够理解为什么鹖冠子会认为"贼在所爱"？因为君主所爱的都是"巧佞之人"。

---

① 许维遹撰：《吕氏春秋集释》，第44页。

《鹖冠子》云："无道之君，任用幺么，动即烦浊。有道之君，任用俊雄，动即明白。"（《道端》）在这句话里，鹖冠子将"无道之君"与"幺么"联系在一起，将"有道之君"与"俊雄"联系在一起。"无道之君"一有行动就会陷入"烦浊"的境地，因为他们总是受到"幺么"之人的误导。"有道之君"总是能功举事成，这是因为他们有"俊雄"之人的辅助。

然而，现实中的君主，在用人的问题上总是会出现差错。"对的人"得不到任用，而"错的人"却总是身居高位。鹖冠子作出了这样的总结，他说："贤良为笑，愚者为国。"（《度万》）贤良的人成为被嘲笑的对象，而愚人却在治理国家，这是极为不正常的现象。从中也不难看出鹖冠子的情绪何其激动，因为这已经很有几分情绪化的味道了。对这一现象，《吕氏春秋》也有所涉及。《吕氏春秋·分职》云："人主之不通主道者则不然，自为人则不能，任贤者则恶之，与不肖者议之，此功名之所以伤，国家之所以危。"① 《分职》指出，人主自任其事则力有不逮，任用贤者则有厌恶之情，且与不肖之人讥而笑之，议而毁之，如此，则功名必属之不肖之人，国家必托于不肖之人。这样的国家，危亡的到来实际是立而可待的事情。这都是对"愚者为国"，抑或是对"不肖者为国"的批评，也是对贤良为笑的现象的无奈与关注。

联系上文的分析，不难看出，"骄君"就是"无道之君"。而"贼在所爱"中，君主的所爱之人，也就是"巧佞"之人，也就是"幺么"之人，同时也是鹖冠子所指的愚者，亦是《吕氏春秋》所指之不肖。不难看出，《鹖冠子》与《吕氏春秋》在这方面仍表现出了高度的一致性。

这说明，作为贤者的"时"与"命"的君主，同时也是国家命运的主宰者。当"无道之君"与"奸佞之臣"在朝堂上合鸣共奏的时候，吹响的只能是家国覆亡的哀歌。经过了春秋战国几百年的乱世，当时的思想家已经发现并总结出了国家兴亡的规律，而其中总是无法绕过的一个关键因素就是君主。儒家希望以君主的修养和圣人的品格来实现国家的久安，法家则以法、术、势为君主治国的利器，道家则首倡无为。当这些都无法实现之后，包括早期黄老道家在内的一些思想家，就已经开始设想确保君主选贤，甚至选贤为君的制度性安排。因此，对昏君佞臣的批判只是第一步，寻求根本的解决之策才是第二步。至为关键的一步就是"博选"，让贤能的人治理国家，无论君臣。

———————————

① 许维遹撰：《吕氏春秋集释》，第 667—668 页。

三 "无道之君"与"有道之君"——鹖冠子对君主模型的建构

与"无道之君"相对应的是"有道之君"。"无道之君"与"有道之君"都不是专有名词。《鹖冠子》中往往不用特定的专有名词来指代君主,而是用"无道之君"这类普通名词来指代君主。

值得注意的是,"有道之君"一词亦见于《管子》。《管子·君臣上》云:"是故有道之君,上有五官以牧其民,则众不敢逾轨而行矣;下有五横以揆其官,则有司不敢离法而使矣。"① 另外,《管子·心术上》云:"是故有道之君,其处也若无知,其应物也若偶之,静因之道也。"② 在《管子》中"有道之君"一共出现了两次。

日本学者大形彻在研究《鹖冠子》时,注意到了这样一个现象,他说:

> 一部分篇章除外,《鹖冠子》的专有名词极端之少,比如,有关君主,《鹖冠子》用"先王""明主""有道之君""无道之君"等一般名词来表示,在中国的思想体系中,不称作"先王""有道之君",而称作"尧",不称作"无道之君"而称作"桀",这种称呼方法是普遍和常见的。《鹖冠子》之所以没有沿袭这种常见的称呼方法,这是因为他害怕这样的情况发生——每当提到尧,在人们的脑海中就会不由自主地想起有关于尧的各种各样的传说——这种联想会破坏(鹖冠子说理的)客观性和普遍性。③

实际上,这并不是《鹖冠子》所独有的特征,如上文所述,在《管子》中也出现了"有道之君"一词,而在《吕氏春秋》中,则出现了与"无道之君"相似的"亡国之主"一词。

为什么在《鹖冠子》《管子》《吕氏春秋》中,他们不使用尧、舜与桀、纣这样的概念,而使用"有道之君"与"无道之君"?大形彻的分析,具有一定的道理。实际上,将大形彻的观点稍作转换,我们可以这样来表述:他们之所以不使用尧、舜、桀、纣这样的专有名词,而使用"有道之君"与

---

① 黎翔凤撰:《管子校注》,第559页。
② 黎翔凤撰:《管子校注》,第764页。
③ [日]大形彻:『「鹖冠子」の成立』,『大阪府立大学紀要』(人文·社会科学)1983年3月31日,第11—23頁。

"无道之君" 这样的概念，是因为他们在有意识地追求论述的普适性。

可以设想，如果他们在论述的过程中，仍然使用尧、舜、桀、纣这样的专有名词，那么，他们论述的就是专属于尧、舜、桀、纣这些人物的个别事例。这些个别的事例，停留在久远的过去，和现实似乎没有一丁点儿的关系。如果有关系的话，也只是折射出了人们对于现实的一种幻想。由于现实中难以实现，于是，人们把这种幻想寄托于传说中的帝王。然而，如果使用 "有道之君" 与 "无道之君" 这样一般性的概念，效果就大为不同。他们的论述，就不再是基于个别的事例，而是针对普遍的现象。也就是说，他们已经不满足于对个别传说的复述，他们已经有了明显的理论自觉。他们开始通过观察，将传说中的尧、舜、桀、纣，与现实中无数的君主联系起来，并最终将这些君主的行为方式，理论化为两个一般性的概念 "有道之君" 与 "无道之君"。如果说尧、舜、桀、纣是真实的历史人物，那么，他们的事迹是永远地停留于过去的某个遥远时代的传说。这些传说与现实的关系不大，即使有任何关系，他们对于现实的作用也是间接的。然而，"有道之君" 与 "无道之君" 这样一般性的概念就完全不同，他们完全是着眼于现实的，他们批评的是现实，他们想改变的也是现实。也就是说 "无道之君" 与 "有道之君"，在《鹖冠子》《管子》《吕氏春秋》当中，已经上升到了一般概念的高度。这代表了思维的飞跃。这种飞跃体现出了明显的理论自觉，也体现出了强烈的付诸实践的诉求。

美国学者艾兰在《世袭与禅让——古代中国的王朝更替传说》一书中指出，古代中国的王朝更替的传说，尤其是尧、舜、禹禅让的传说，发挥了类似神话的功能。神话具有什么样的功能呢？这就需要对列维－斯特劳斯的观点进行适当的回顾：

　　　　我们称作原始的那种思维，就是以这种对于秩序的要求为基础的。[1]
　　　　一位土著思想家表达过这样一种透彻的见解："一切神圣事物都应有其位置。"（弗莱彻 2，34 页）人们甚至可以这样说，使得它们成为神圣的东西就是各有其位，因为如果废除其位，哪怕只是在思想中，宇宙的整个秩序就会被摧毁。因此神圣事物由于占据着分配给它们的位置而有

---

[1]　［法］克洛德·列维－斯特劳斯：《野性的思维》，李幼蒸译，中国人民大学出版社 2006 年版，第 11 页。

助于维持宇宙的秩序。①

原始的思维——神话思维，是以"对秩序的要求"为基础的。正是出于这种对秩序的要求，原始人类才会通过自己的不懈努力来认识身边的各种事物，因为只有充分认识了事物本身，才能使其在某个系统中占有各自的位置。通过将事物安置到属于它自己的位置，就产生了一种秩序，或者说是结构。结构是秩序与稳定性的双重结合。这就好比一间杂乱无章的屋子，一个人要想在这间屋子里很好地生活，他首要的工作就是对这些东西分门别类，各归其位，而其结果就是产生了秩序，或曰结构。当一个新的东西出现时，由于它在原来的秩序和结构中没有自己的位置，这就意味着秩序的失衡和结构的破坏，面对这种情况时候，原始思维一定会按照过往的经验，将之安置到一个特定的位置，于是秩序就得以恢复，结构又趋于平衡。

所以皮亚杰指出："因为，这种学说②把结构看作是人类社会生活的初始事实。"③ 因此，当秩序－结构被打破的时候，人类就会尝试去修补。斯特劳斯将原始思维的这种特征用"修补术"的例子加以说明。

也正是从这个角度出发，艾兰认为中国古代王朝更替——世袭与禅让的传说，发挥了类似于神话的调节社会矛盾——血缘氏族和公共国家利益之间的矛盾的功能。根据结构主义的理论，"对秩序的要求"是神话思维的基础。当"血缘氏族和公共国家利益之间的矛盾"出现的时候，这就是秩序紊乱、结构失衡的一个信号。这就好比一个全新的东西，进入了一个秩序井然的房间，人们需要认识它，并将它归入属于它自己的位置。于是，世袭与禅让、君王与大臣、大臣与隐士、摄政与叛逆的各种传说就应运而生。这些传说是旧的事迹，但是它们有助于对新事物的认识。因为每一种传说都针对了现实中存在的某种矛盾——传说指出的问题的症结，预示了解决的方法——对秩序的破损进行修补。然而修补之后，所回归的仍是旧的秩序和结构。

艾兰的这个分析是颇有见地的，先秦诸子中，谈及尧、舜、禹禅让传说的，比比皆是。这的确反映了当时诸子的一种对于秩序的焦虑。周王朝覆灭，诸侯之间相互征战了几百年，生灵涂炭，这种状态是持续下去，还是需要被终结？

---

① ［法］克洛德·列维－斯特劳斯：《野性的思维》，李幼蒸译，第11页。
② 指斯特劳斯的人类学结构主义。
③ ［瑞士］皮亚杰：《结构主义》，倪连生等译，商务印书馆1984年版，第89页。

而要终结这种状态，新的统一政权的建立就必不可少。然而，这种政权如何产生？如果仍然用世袭制的方式产生，会不会时隔几百年再出现一次混乱的状况？这是当时的诸子最为焦虑的问题。也正是基于这种焦虑，尧、舜、禹禅让的传说，才日益变得广为人知。实际上，这些传说盛行的深层原因在于，它们提供了一种解决现实矛盾的可能性。最高权力的产生和转移，不应再用世袭的方式，不应再以血缘为依据，而应该以美德为依据。从这个角度看，古代禅让的传说，还有一些君臣之间的故事，的确发挥了类似神话的调节社会矛盾的功能。

然而，艾兰的这种理解，也不是完美无缺的。因为，神话思维也有其局限性。

> 工程师向世界发问，而"修补匠"则与人类活动的一批存余物打交道，这些存余物只是文化的一个组成部分。①
> 工程师总是设法越出或超脱某一特殊文明状态所强加的限制，而"修补匠"不管愿意与否却始终安于这些限制之内。换句话说，工程师靠概念工作，而"修补匠"靠记号工作。②

工程师——其工作由科学思维来指导，总是向世界发问，总是尝试打破限制，进而创造出新的东西。而"修补匠"——其工作由神话思维来指导，他们总是安于某种限制，他们的工作就是修补破损的结构，使其重新获得秩序。换句话说，科学思维能产生新的东西，而神话思维总是在修补旧的东西。

从这个角度来看，艾兰认为世袭与禅让的传说具有类似神话的功能，这里就有一点需要补充。神话思维的指向在于修补结构，重获秩序，它没有创新的要求。而在春秋战国时期"百家争鸣"的背景下，是中国新思想爆发的一个时期，这些思想的一个重要诉求就是创新。他们希望产生一些完全不同于过去的东西。换言之，他们已经不安于旧的秩序，他们也在尝试构建一个全新的秩序——这一点恰恰是科学思维的特征。

神话思维的特征与科学思维的区别，恰好可以通过先秦诸子在争鸣的过程中，不同时期所使用的不同概念来说明。尧、舜、禹是一个符号，关于他

---

① ［法］克洛德·列维–斯特劳斯：《野性的思维》，李幼蒸译，第20页。
② ［法］克洛德·列维–斯特劳斯：《野性的思维》，李幼蒸译，第20页。

们的传说，总是指向过去的某一个帝王。他们在传说中的出现 以尧、舜、禹禅让的形象，以及与之相关的传说的变体，都只是提供了一个存在于过去的参照。它在暗示人们矛盾的存在，它也在督促人们重建秩序。然而，这种秩序的指向仍是旧的秩序，或结构。

而"有道之君"这样的词语，就不仅仅是一个具体的符号，它在一定程度上具有了概念的特征。因为，它不但可以包括过去的帝王，而且还可以指向未来的帝王。通过"有道之君"的概念，他们试图建立一个合格君主的标准模型。过去的帝王，现实的君主未必会去模仿，而一个合格君主的标准，现实的君主必须达到。这就是两者的不同之处。

艾兰的分析具有一定的合理性。然而，需要在此指出的是，先秦诸子的思考，并没有止步于上古帝王禅让的传说，他们也在尝试建立一种能够彻底解决现实矛盾的理论，他们在尝试建立全新的秩序。因此，当时的思想界，正在努力从禅让的传说转向理论的建构。从这个角度来看，在《鹖冠子》《管子》和《吕氏春秋》中出现的"有道之君""无道之君""亡国之主"这些概念是值得重视的。它们代表了当时思想争鸣所达到的理论高度。而有高度的理论，一定是充分争鸣的结果，因此，先秦时期应该发生过一次试图匡正"君—贤"关系的争鸣，我们将之称为"博选思潮"。而鹖冠子就是这次争鸣的参与者之一。《管子》和《吕氏春秋》中则遗留了这次争鸣的痕迹。这说明，早期黄老道家的"博选派"深度参与了这次争鸣。

第二节 君道与君位：鹖冠子的王权体用论

"君—贤"的关系，可以从两个方面来理解。一方面，君主决定了贤者的"时"与"命"。有道之君在位，贤者就能够得到任用；反之，贤者就只能选择潜藏。另一方面，贤者是否被任用，又关乎着国家的兴衰存亡。任用贤者的国家，就能够兴盛长久，而排斥贤者的国家，终究难逃灭亡的命运。然而，在这种双重关系中，君主毕竟是占据着相对主动的位置。因此，君主是国家秩序的最后一道保障。要确保国家长治久安，必须避免庸碌的无道之君的出现。对于这一点，《鹖冠子》也有他自己的思考。

一　"易姓而王"是为了纠正"君位"与"君道"的背离

《鹖冠子》云：

> 圣道神方，要之极也。帝制神化，治之期也。故师为君而学为臣。上贤为天子，次贤为三公，高为诸侯。易姓而王，不以祖籍为君者，欲同一善之安也。（《泰录》第十一）

在这段文字中，《鹖冠子》提出了以下几个观点。（1）师为君而学为臣。黄怀信认为，"师"是指"圣道神方、帝制神化"，"学"是指"后世君王"。①这种解释忽略了上下文之间的有机联系，不够准确。师为君，而学为臣，是明确的君臣关系。以"圣道神方、帝制神化"——前世君王为"师"为"君"，而以后世君王为"学"为"臣"，前者为历史人物，而后者为现世君王，如果说两者之间存在着"师"与"学"的关系，尚且可通，然而，如果认为两者之间存在着君臣关系，则不免牵强。实际上，《鹖冠子》的观点，简单地说就是，以贤者为君，而以次于贤者之人为臣。（2）政治等级与分工应以贤德程度为依据。最贤德之人就是天子，而次之者则为三公，又有所谓"高"②者，则为诸侯。（3）否定世袭君主制，提倡选贤为君。《鹖冠子》认为，应该"易姓而王"。所谓"易姓而王"，就是"王位不世袭"。③所谓"不以祖籍为君者"，就是"不袭祖位以为君"。④这是否定旧的制度。那么，新的制度应该怎样运作呢？联系前面的两个观点，就不难看出，鹖冠子认为应该选择贤德之人来当君主——这也就是"上贤为天子"。我们概括其观点为"选贤为君"。然而，需要说明的是，此处的"选贤为君"，并不同于今天我们所熟知的选举制，而是类似于传说中尧、舜、禹之间帝位传递的禅让制。这种"选贤为君"是自上而下的，而非自下而上的。也就是说，在位之帝要主动地去选择贤德之人，考察贤德之人，并最终托付贤德之人，简言之，即

---

① 参见黄怀信《鹖冠子校注》，第 251 页。
② 陆佃云："高者以为诸侯。"黄怀信按语云："高，崇高。以义高者为诸侯。"黄怀信撰：《鹖冠子校注》，第 252 页。
③ 黄怀信之注解。参见黄怀信《鹖冠子校注》，第 252 页。
④ 张金诚之注解。参见黄怀信《鹖冠子校注》，第 252 页。

"传贤而不传子"。这是一种自上而下的博选贤材的机制。

"选贤为君"的思想不唯独出现在《鹖冠子》中,《吕氏春秋》中也涉及这个问题。《吕氏春秋·恃君览》云:

> 昔太古尝无君矣,其民聚生群处,知母不知父,无亲戚兄弟夫妻男女之别,无上下长幼之道,无进退揖让之礼,无衣服履带宫室畜积之便,无器械舟车城郭险阻之备,此无君之患,故君臣之义不可不明也。自上世以来,天下亡国多矣,而君道不废者,天下之利也。故废其非君,而立其行君道者。(《吕氏春秋·恃君览》)

《恃君览》认为,"无君"必有无君之患,因此,君臣之义不可不明。可贵之处在于,《恃君览》区分了"君主"与"君道"。虽然天下亡国众多,然而,"君道"却始终不废,其原因就在于,"君道"明则天下受其利,"君道"暗则天下受其害。有君而无道,国必亡;为君而有道,国必昌。实际上,鹖冠子也表现出了将"君道"与"君位"区分的倾向。世袭制的问题在于试图将君位永固,但是,它却无法解决君非其人的问题。当君主的才德无法胜任君主之位的时候,就会出现与"君道"背离的情况。君道为体,君位为用。君位背离君道的时候,只能变用以适体。这就是《吕氏春秋》"废其非君"的理论依据,也是鹖冠子选贤为君的理论依据。

因此,《恃君览》认为,自古以来,亡国只是表象,通过亡国这种方式废除无道之君才是本质。历史正是通过这种方式,使无道之君让出最高权力。"废其非君,而立其行君道者",实际上就是《鹖冠子》所说的"易姓而王"。这就等于否定了血缘世袭的优先性,而承认了"不以祖籍为君"的正当性。因为,决定一个君主是否合格的标准,不是血缘,而是"君道"。君道之体是永恒的,君位之用却是随时变化的,只有变化,才能保证居于君位的人能够承担起履行君道的职责。

鹖冠子批评了世袭制的不合理性。在此基础上,他进而想设计出一种更为合理的君权转移的方式——选贤为君。《恃君览》无疑对世袭制也抱有否定的态度,因为,在世袭制下经常会产生没有"君道"的君主,也就是无道之君。对于有"君位"而无"君道"的君主,《恃君览》认为必须废除,重新让有"君道"的人获得君位。也就是说,"君道"与"君位",必须两位一体。这就是鹖冠子的"君道"与"君位"的二体合一之论。鹖冠子认为，当"君道"与"君位"出现分离的时候，历史一定会纠正这种现象。这就等于承认了古代王朝更迭的合理性，因为，只有通过这种方式，无道之君才能被废除，"君道"与"君位"才能重新合而为一。这是一种更大范围的选贤观。这种观念所体现的是一种对于"道"的自信，鹖冠子认为"道"会自动修正历史的歧途，使之重回正轨。

这与老子"道法自然"的观念是一脉相承的。老子认为，在道"自己而然"的状态下，宇宙会呈现出自发的秩序性，人唯有限制自身主观妄为的冲动，遵奉"无为"的行事法则，才能不干扰宇宙的秩序。从这个角度来看，君主世袭制无疑违背了"道法自然"的原则。获得最高权力的人，试图将天下无限期地掌握在自己的一姓血脉手中，同时又不能确保后世继承者的才德足以堪当大任，久而久之，这种制度必然会导致"君道"与"君位"的背离。这是私天下的"人心"与"公天下"的"道心"之间的斗争。这种出自私心的"有为"干扰了以道为主导的宇宙自发秩序。要恢复这种秩序，就要打破这种出自"有为"和"私心"的世袭制，让天下重回贤者当政的正轨。因此，鹖冠子的"博选"思想，恰是老子思想的自然延伸。这说明，早期黄老道家较后期精研君人南面之术的黄老政客和谋士，更具原始道家的风貌。老子哲学有"道"和"术"两个层面。在"道"的指导下，"术"有所用，有所不用；离开了"道"的指导，"术"就会流于无所不用。后世对道家崇尚阴谋和心术的批判，所谓精研"君人南面之术"的后期黄老与有责焉！鹖冠子继承了老子的"道法自然"观，他相信有才能的贤人必然会获得继承君位的优先性，只有如此，"君道"与"君位"才会二体合一。这是鹖冠子对"选贤为君"合理性的哲学论证。

二　君主"以贤为后"可确保"君位"与"君道"二体归一

然而，从"废其非君"到"立其行君道者"，还涉及一个"新君"如何产生的问题。从《恃君览》推断，既然打破了血统的限制，新君的产生就应该以君道——"道统"为依据。简言之，即是有道者得之。然而，有道之人如何获得君位呢？从一个贤人到一国之君主，这条路途太过遥远，其所需要的条件也太过苛刻。为了克服这个巨大的障碍，在战国时代，尧、舜禅让的传说开始广为流传。尧历选贤能，从虞舜进入视野，并在实际事务中考察他的能力，并最终禅让帝位，完成"传贤而不传子"的壮举，这都是在叙述从一个贤人变成君主的可能性：选贤为君。

《吕氏春秋》中还记载了一则魏惠王想要禅让君位给惠子的故事。《吕氏春秋·不屈》云：

> 魏惠王谓惠子曰："上世之有国，必贤者也。今寡人实不若先生，愿得传国。"惠子辞。王又固请曰："寡人莫有之国于此者也，而传之贤者，民之贪争之心止矣。欲先生之以此听寡人也。"惠子曰："若王之言，则施不可而听矣。王固万乘之主也，以国与人犹尚可。今施，布衣也，可以有万乘之国而辞之，此其止贪争之心愈甚也。"惠王谓惠子曰古之有国者"必贤者也"。夫受而贤者，舜也，是欲惠子之为舜也。夫辞而贤者，许由也，是惠子欲为许由也。传而贤者，尧也，是惠王欲为尧也。尧、舜、许由之作，非独传舜而由辞也，他行称此。今无其他，而欲为尧、舜、许由，故惠王布冠而拘于鄄，齐威王几弗受；惠子易衣变冠，乘舆而走，几不出乎魏境。凡自行不可以幸为，必诚。（《吕氏春秋·不屈》）

魏惠王"上世之有国，必贤者也"这句话，充分说明在战国时代，尧舜禅让、贤者为君的传说，传播是何其广泛。"必贤者也"只有一种可能性，就是君主的产生，必须通过广泛的遴选。只有如此，才能保证君主"必为贤者"。如何遴选呢？尧、舜禅让就提供了一个最佳的范例。这说明，战国的思想家意识到了传统血缘世袭的弊端，也意识到了贤者参与治国，甚至是贤者为君的必要性。然而，在战国时代，君权与才能之间很难达到理想的平衡状态。在这种情况下，当时的"士"阶层又怀有空前强烈的参与治国的愿望，与此同时，他们却又苦于无法实现自己的理想与抱负，于是，尧、舜禅让的传说，就为他们提供了一个启示，也提供了一种可能。这个传说，就是战国时期"选贤为君"的"博选思潮"曾经存在的证据。

魏惠王欲让国于惠子这件事说明，在战国时期，颇有君主出于种种目的，想要导演一出出禅让的闹剧。然而，闹剧终归是闹剧。应该没有任何一个清醒的君主会真心地拱手让出王位，让贤者来治理国家。"凡自行不可以幸为，必诚"这句话也点明了禅让传贤这个传说所面临的现实困境——缺乏君主层面的诚心诚意的支持。这个困境是那些有理想、有雄心的贤者所不能解决的。

因为，没有一个君王会来认真地做这样一件事情。这说明，战国时期"选贤为君"的"博选思潮"中，思想家对政治的观察是透彻的，思考是深入的，发现的问题也是真实的，但是，他们所设想的解决方案却近乎是空想的。《鹖冠子》与《吕氏春秋》同时涉及这个话题，这至少说明鹖冠子是当时"选贤为君"思潮的积极参与者。在确定《鹖冠子》学派归属的过程中，它的这个侧面是必须予以重视的。同时，这也是一个可以证明《鹖冠子》成书于战国时期的有力证据。

鹖冠子对世袭君主制有激烈的批评。《鹖冠子》云：

> 为彼世不传贤，故有放君。君好偪阿，故有弑主。夫放、弑之所加，亡国之所在，吾未见便乐而安处之者也。（《备知》第十三）

高诱云："父死子继曰世。"① 鹖冠子认为，施行父死子继的世袭制，而不施行选贤为君的传贤制，这是被流放之君屡屡出现的原因。而从哲学层面来看，其根本原因就在于"君位"与"君道"的背离。这种背离导演了中国历史兴衰治乱大循环的种种剧目。居君之位而无君之道，喜私意偏袒，又喜结党小人之奉承，由此才会出现被弑之主。总之，政治混乱的源头都在于传子不传贤的世袭制。只有"君位"与"君道"二体归一，才是确保天下久安的治本之策。在鹖冠子看来，这个治本之策就是博选贤者以为君。只有君主以贤者为后，君位传贤而不传子，才能打破一治一乱不断循环的魔咒。

《吕氏春秋》中对传子不传贤的世袭制亦有批评。《吕氏春秋·圜道》云：

> 尧、舜，贤主也，皆以贤者为后，不肯与其子孙，犹若立官必使之方。今世之人主皆欲世勿失矣，而与其子孙，立官不能使之方，以私欲乱之也。何哉？其所欲者之远，而所知者之近也。（《吕氏春秋·圜道》）

《圜道》认为，尧、舜之所以是贤主，就是因为他们皆以贤者为接班人，而不

① （汉）高诱注：《吕氏春秋》，《诸子集成》（六），第32页。

肯将帝位传给自己的子孙。这就好比"立官",必须选择"方正而不私邪"①之人。而当下之人主,都想要父死子继,都想要将帝位予其子孙,传之千秋万代。这就好比"立官"而不去选择"方正无私"之人,同时又要这些官员奉公守法,这就犹如南辕北辙,缘木求鱼。这就产生了一种矛盾:他们内心想要的是帝位永续,而他们所知道的,却只是一味偏袒子孙。如此,江山永固,其可得乎?究其根源,传子不传贤的世袭制导致"君位"与"君道"的背离就是混乱的根源,而传贤不传子的选贤为君制才是解决问题的根本方法。

三 厚德隆俊才是治国之正器

在《博选》篇中有这样一句话:"王鈇非一世之器者,厚德隆俊也。"这句话中提到了治国之器,也就是"王鈇"。鹖冠子认为,作为治国之器,"王鈇"并不是只用一世即可,而是要代代相传。在鹖冠子看来,这个代代相传的治国之器"王鈇"就是"厚德隆俊"。"厚德隆俊"与篇题《博选》正好呼应。鹖冠子的这个观点,与他对"世袭制"弊端的思考有关。在"世袭制"之下,最高王权以"血缘"为纽带,一般是父子相传。然而,仅仅依靠父子相传,并不能保证江山永固。要保证江山永固,"厚德隆俊"才是根本。鹖冠子把"厚德隆俊"称为一个王朝需要代代相传的"王鈇",是想要突出贤者在治理国家方面的重要作用。作为一国之"王"必须执持此"鈇",而这个"鈇"却不是用来砍削、镇压的凶器,而是指德能兼备的人才——贤者。

《管子·重令》对于治国之器也有所思考。《管子·重令》云:

> 凡先王治国之器三,攻而毁之者六。明王能胜其攻,故不益于三者而自有国正天下;乱王不能胜其攻,故亦不损于三者而自有天下而亡。三器者何也?曰:号令也,斧钺也,禄赏也。六攻者何也?曰:亲也,贵也,货也,色也,巧佞也,玩好也。三器之用何也?曰:非号令毋以使下,非斧钺毋以威众,非禄赏毋以劝民。(《管子·重令》)

除了这段文字之外,《管子·版法》中也有相似的说法。《管子·重令》认为

---

① 参见(汉)高诱注:《吕氏春秋》,《诸子集成》(六),第32页。

治国之器有三种，分别是"号令""斧钺""禄赏"。与《鹖冠子》相同的是，此处也以"斧钺"为治国之器。然而，两者的内涵却大相径庭。在《鹖冠子》中，作为"王鈇"的"厚德隆俊"，是要求帝王"举贤任能"。而在《管子·重令》中，"斧钺"则是用来体现王权威慑力的"诛杀的利器"，也就是"非斧钺毋以威众"。相较之下，我们可以称前者为"选贤任能"派，而后者则有十足的法家味道。两者都是对"治国之器"的思考，然而得出的结论却完全不同。

在鹖冠子看来，君主治理国家离不开治国之器——王鈇的辅助，也就是离不开贤德之人的辅助。即使君主是贤能之君，他也不能依靠自己的力量来治理天下。毋宁说，君主最主要的工作，不是参与具体的实际事务。君主最主要的工作就是"厚德隆俊"——通过"博选"来选拔人才。一旦君主认识到了人才的重要性，他也就稳稳地把持住了"王鈇"。这个"王鈇"如果不断传承下去，不但确保为官者正，而且同时确保为君者贤，就会出现"不朽之国"。因此，"王鈇"的威慑并不在于刑杀，而在于斩断据天下为一姓之有的"私心"。

第三节　明君与贤臣："君道"与"君位"的体用合一

在鹖冠子看来，最高明的君主，往往是那些知道贤人重要性的君主。因此，鹖冠子有这样比较形象的说法，帝者把贤人看作自己的老师，王者把贤人看作自己的朋友。反之，如果一个君主不去任用贤者，而只与一些跟班打杂的人厮混，那么，他终究会成为一个亡国之主。

一　帝者博选贤者以为师友

君主与贤人之间的关系决定着一个国家的兴衰和存亡。《鹖冠子》说："故帝者与师处，王者与友处，亡主与徒处。"（《博选》第一）君主如果尊奉贤者为师，就可以成为"帝"，如果与贤者为友，就可以成为王。但是，如果君主亲近阿谀奉承的小人，而远离忠言逆耳的贤者，就会成为亡国之主。

关于这个问题，《吕氏春秋》中也有所涉及。《吕氏春秋·劝学》云：

圣人之所在则天下理焉，在右则右重，在左则左重，是故古之圣王未有不尊师者也。尊师则不论其贵贱贫富矣，若此则名号显矣，德行彰矣，故师之教也，不争轻重尊卑贫富而争于道。(《吕氏春秋·孟夏纪·劝学》)

《劝学》认为有了"圣人"的帮助，国家就会得到治理，所以古代的圣王都会尊重和任用贤人，把他们当成自己的老师。如果尊奉"圣人"为老师，君王的名号与德行就能显明于诸侯。因此，以贤为师，贤者的尊卑贫富并不重要，关键在于贤者是有道之士。贤者辅弼君主，可以增强君主道义的属性，这样就可以稳固"君道"与"君位"的合一。所以，鹖冠子认为以贤者为师友，是保持"君道"与"君位"合一的一个必须条件。

《吕氏春秋·骄恣》中还举了一个例子来说明以贤为师的重要性。

魏武侯谋事而当，攘臂疾言于庭曰："大夫之虑，莫如寡人矣！"立有间，再三言。李悝趋进曰："昔者，楚庄王谋事而当，有大功，退朝而有忧色。左右曰：'王有大功，退朝而有忧色，敢问其说？'王曰：'仲虺有言，不谷说之。曰：诸侯之德，能自为取师者王，能自取友者存，其所择而莫如己者亡。'"(《吕氏春秋·恃君览·骄恣》)

魏武侯因为谋事得当，就有点自鸣得意。作为臣子，李悝并不认可魏武侯的这种态度。于是，他向魏武侯讲了楚庄王的故事。楚庄王与魏武侯相反，自己谋事而当非但没有高兴，反而面露愁容。楚庄王忧虑，如果自己事事都比臣子高明，这说明在臣子中没有人的德行能堪任自己的老师，抑或是净友。如果身边没有德能胜过自己的人，恐怕就会成为一个亡国之主。这与《鹖冠子》的观点是相近的。

到了汉代初年，仍可见到关于君贤关系的讨论，这是战国时期相关争鸣的遗迹。贾谊《新书·官人》云：

王者官人有六等：一曰师，二曰友，三曰大臣，四曰左右，五曰侍御，六曰厮役。①

_____

① (汉)贾谊撰：《新书》，阎振益、钟夏校注，中华书局2007年版，第292页。

故与师为国者帝，与友为国者亡，与大臣为国者伯，与左右为国者强，与侍御为国者若存若亡，与厮役为国者亡可立待也。①

可以看出，这两段话与《鹖冠子》和《吕氏春秋》可谓一脉相承。到了汉初，关于君贤关系的讨论还出现在贾谊的文本中。这说明，在战国时期有关君贤关系的讨论曾经有很大的影响力。这种话题与观点的一致性，也足以说明《鹖冠子》是战国时期的子书。

《鹖冠子》中有这样一句话，"九皇之制，主不虚王，臣不虚贵"（《天则》第四）。也就是说，作为君主，要有实际的权力，能够把控住国家的全局，另外，还要让臣子因能授职，各安其位。要做到这一点，其中的一个关键点仍然在于能够选拔出贤能之人。与此相应，《吕氏春秋·谨听》云："名不徒立，功不自成，国不虚存，必有贤者。"② 在《谨听》看来，无论是功名之成立，还是国家之强胜稳固，一定都离不开贤者。如果非贤而有名，非贤而有功，这一定说明这个国家出现了比较严重的问题。更进一层，如果不任用贤者而能国家强大，这就更是痴人说梦。因此可以说，在这个问题上，《鹖冠子》与《吕氏春秋》的观点也是一致的。

《鹖冠子》云："先王之盛名，未有非士之所立者也。"（《天则》第四）《吕氏春秋·先识览》云："凡国之亡也，有道者必先去，古今一也。地从于城，城从于民，民从于贤。故贤主得贤者而民得，民得而城得，城得而地得。夫地得岂必足行其地、人说其民哉！得其要而已矣。"③ 这两段文字都体现出了浓厚的重贤思想。《鹖冠子》认为，先王盛名之建立，"士"与有力焉，没有了"士"的帮助，先王的盛名是无法树立起来的。而《先识览》则将"士"视为国存国亡、拓土广民之关键。没有了有道之士，则国之破亡立而可待，有了有道之士，则民斯至矣，城斯得矣，地斯广矣。可见，这个"士"就是一切事业成立的"要"，也就是"关键"。

二 君主治国不能独为，须假借贤人之力

《鹖冠子》云："夫寒温之变，非一精之所化也。天下之事，非一人之所

① （汉）贾谊撰：《新书》，阎振益、钟夏校注，第292—293页。
② 许维遹撰：《吕氏春秋集释》，第296页。
③ 许维遹撰：《吕氏春秋集释》，第395页。

能独知也。"（《道端》第六）《鹖冠子》反对君主自认"独知"天下之事，而师心自用。《吕氏春秋》也持有相似的观点。其《谨听》云："故人主之性，莫过乎所疑，而过于其所不疑；不过乎所不知，而过于其所以①知。故虽不疑，虽已知，必察之以法，揆之以量，验之以数，若此，则是非无所失而举措无所过矣。"②《谨听》认为，人主所犯之过错，往往发生于"其所已知"与"其所无疑"之处。之所以如此，也无非由于一个人无法"独知"天下之事。既无法"独知"，而又囿于"其所已知"与"其所无疑"，因之而生过，不足为怪也。因此，《谨听》有这样的总结："不知而自以为知，百祸之宗也。"（《吕氏春秋·谨听》）无论是《鹖冠子》还是《吕氏春秋》，在这里都是在劝诫君主不要"自贤而少人"（《吕氏春秋·谨听》）。

《鹖冠子》云：

> 海水广大，非独仰一川之流也。是以明主之治世也，急于求人，弗独为也。（《道端》第六）

鹖冠子反对君主"独为"天下，因此，明主治世，要急于求人。所谓"求人"，求取天下贤士之谓也。

《管子·形势解》云：

> 明主不用其智，而任圣人之智；不用其力，而任众人之力。故以圣人之智思虑者，无不知也；以众人之力起事者，无不成也。能自去而因天下之智力起，则身逸而福多。乱主独用其智，而不任圣人之智；独用其力，而不任众人之力，故其身劳而祸多。故曰：独任之国，劳而多祸。（《管子·形势解》）

《形势解》总结了"明主"与"乱主"的特征。所谓"明主"者，不独用其智，不独用其力，而是能够任用天下之智与力。所谓"乱主"者，则独用其智与力，于治天下，贤圣无与焉。因而，它得出结论说："独任之国，劳而多

---

① 王念孙云："'以'同'已'。"参见许维遹《吕氏春秋集释》，中华书局 2009 年版，第 295 页。
② 许维遹撰：《吕氏春秋集释》，第 295 页。

祸。"此处之"独任"与《鹖冠子》之"独为"，实指一事。

《吕氏春秋》也认为君主"劳于论人"，方得其要领。《吕氏春秋·当染》云：

> 凡为君，非为君而因荣也，非为君而因安也，以为行理也。行理生于当染，故古之善为君者，劳于论人而佚于官事，得其经也。不能为君者，伤形费神，愁心劳耳目，国愈危，身愈辱，不知要故也。不知要故则所染不当，所染不当，理奚由至？（《吕氏春秋·当染》）

凡为君王，非为其尊荣安逸，而在于其行而当理。而当理之行，则不外乎论人求贤。能够求贤而任之，就不是"独为""独任"之君。所以，《吕氏春秋·介立》就认为，"劳于求人，而佚于治事"，这才是一代"贤主"。求贤而任之的君主，善于借助自己之外的力量来助其治国理政。《吕氏春秋·用众》将这种现象称为"假人"。其云："物固莫不有长，莫不有短，人亦然。故善学者，假人之长以补其短。故假人者，遂有天下。"（《吕氏春秋·用众》）不难看出，所谓"假人"，就是指假借外人之力。此处所"假借"之外人，就是贤能之士。能"假人"而治国，则非"独为""独任"之君。

由此可见，在不"独为""独任"，"假人治国"这几个方面，《鹖冠子》《管子》和《吕氏春秋》，其观点也是一致的。"独"是一种狭隘地治理天下的观念，秉持这种观念的君主，事事都要亲力亲为。然而以君主一人而治天下，必定力有不逮，其所为尤多，而其所遗亦众焉！此无它，一人力寡之故也。因此，要对治这种"独"的弊端，就要用"博"这种良药。只有广博地去遴选人才，使其充实到治国理政的各个岗位，国家才会昌盛久安。在鹖冠子看来，君主只要关心一件事就足够了，这就是选贤。国家的其他事务，都可交由专门人才去治理。

第四节　法道与任贤：鹖冠子对何为"贤君"的思考

一　君主治国要取法天地

《鹖冠子》主张在治理国家的过程中，君主要取法天地。其云：

> 天之不违，以不离一。天若离一，反还为物。不创不作，与天地合德。节玺相信，如月应日。此圣人之所以宜世也。（《天则》第四）

《鹖冠子》认为，天文垂象，有条不紊，四季代更，循序渐进，这都是因为"天"遵守"一"这样一个法则。如果"天"离开了"一"，它就会失去其高高在上的优越性，变成与物无别的普通存在。鹖冠子认为，在治理国家的过程中，君主也应该取法天地的这种特性，做到像日月运行那样准确无误，昭信无疑。这就是圣人能够治世的原因。

《吕氏春秋》则认为，无论是"治身"还是"与天下"，都必须取法天地。《吕氏春秋·情欲》将这一原则简单地概括为这样一句话："故古之治身与天下者必法天地也。"（《吕氏春秋·情欲》）

由此可见，在取法天地这一点上，《鹖冠子》与《吕氏春秋》也持有一样的观点。

《鹖冠子》认为，"天地"是万物得以安立的根本。所以，圣人要取象天地。故云："天者，万物所以得立也。地者，万物所以得安也。故天定之，地处之，时发之；物受之，圣人象之。"（《道端》）《吕氏春秋·情欲》云：

> 古人得道者，生以寿长，声色滋味，能久乐之，奚故？论早定也。论早定则知早啬，知早啬则精不竭。秋早寒则冬必暖矣，春多雨则夏必旱矣，天地不能两，而况于人类乎！（《情欲》）

《情欲》中通过自然现象的分析，最后得出了"天地不能两"的结论，并指出古代得道之人，无论是修身养生，还是治理天下，都要效法天地。而所要效法天地的具体内容就是"天地不能两"。《鹖冠子》也认为圣人要效法天地。那么，具体效法天地的哪些方面呢？《鹖冠子·天则》云："天之不违，以不离一。天若离一，反还为物。"可见，其所效法天地者，乃是天地"守一"的特性。《情欲》认为"天地不能两"。"天地不能两"，换一种说法，就是"天地必守一"。而《鹖冠子·道端》认为"天之不违，以不离一"，可见二者的一致性。

二　圣王要有"听微""决疑"之道

《鹖冠子》认为，作为一个圣王，要有两方面的本事，一个是"听微"，另一个是"决疑"。"听微"可以辨别真假之言，不错过任何的合理性建议；"决疑"可以在疑似之间作出分判，不被诬罔蒙蔽。《鹖冠子·天则》云：

> 圣王者，有听微决疑之道。能屏谗权实，逆淫辞，绝流语，去无用。杜绝朋党之门，嫉妒之人不得著明。非君子术数之士，莫得当前。故邪弗能奸，祸不能中。（《天则》第四）

这就是"听微决疑"在君主治国理政的过程中所发挥的作用。

关于这一点，《吕氏春秋》也有所讨论。《吕氏春秋·有度》云：

> 贤主有度而听，故不过。有度而以听，则不可欺矣，不可惶矣，不可恐矣，不可喜矣。（《吕氏春秋·有度》）

这段材料所讲的，也是君主要听而有度，不能被无度之言欺骗、蒙蔽，也不能因无度之言而欣喜或惶恐。总之，君主要有权衡言语是非的"度"与"量"，内中方寸也要有个定准。这与《鹖冠子》的讨论是相通的，两者都涉及君主要听之有度，决断有力，这是一个合格的君主所必须具备的素质。

三　一个成功的君主要善于抓住关键

鹖冠子认为，一个成功的君主要善于抓住关键。其《著希》篇云：

> 道有稽，德有据。人主不闻要，故端与运尧而无以见也，道与德馆而无以命也，义不当格而无以更也。（《著希》第二）

这句话看上去很难理解。但如果对照《吕氏春秋·察贤》当中的一段话，就会豁然开朗。《吕氏春秋·察贤》云：

> 今有良医于此，治十人而起九人，所以求之万也。故贤者之致功名

也，比乎良医，而君人者不知疾求，岂不过哉！今夫塞者，勇力、时日、卜筮、祷祠无事焉，善者必胜。立功名亦然，要在得贤。魏文侯师卜子夏，友田子方，礼段干木，国治身逸。天下之贤主，岂必苦形愁虑哉？执其要而已矣。(《吕氏春秋·察贤》)

《鹖冠子》中"人主不闻要"的"要"是关键的意思，《察贤》中的"执其要而已矣"中的"要"，也是关键的意思。《察贤》认为，君主治国理政的"关键"在于求贤。实际上，鹖冠子希望人主把握的这个"关键"也是求贤，或者认识到贤者的重要性。"道"有其稽考的迹象，这个迹象就是贤人，只有通过贤圣之人，才能够领悟和把握"道"。"德"也要有其根据，这个根据还是在于"贤人"。如果没有了贤人的辅佐，政治秩序就会陷入混乱，道德就会失去根据，故旷而无实，国家中不合乎义的东西也无法调整和理顺。因此，如果把《鹖冠子》中的这个"要"理解成"求贤""任贤"，就可以很好地解释这句话的意思。

四 君主要遇人有德

《鹖冠子》云：

> 时君遇人有德，君子至门，不言而信，万民亲附；遇人暴骄，万民流离，上下相疑。(《道端》第六)

《吕氏春秋·期贤》云：

> 今夫爝蝉者，务在乎明其火、振其树而已。火不明，虽振其树，何益？明火不独在乎火，在于暗。当今之时世暗甚矣，人主有能明其德者，天下之士，其归之也，若蝉之走明火也。凡国不徒安，名不徒显，必得贤士。(《吕氏春秋·期贤》)

《吕氏春秋·功名》云：

> 水泉深则鱼鳖归之，树木盛则飞鸟归之，庶草茂则禽兽归之，人主贤

则豪杰归之。故圣王不务归之者，而务其所以归。(《吕氏春秋·功名》)

综合以上几段文字，可以看出，《鹖冠子》中"时君遇人有德"，即是《期贤》中所明之火、所振之树。有此，则天下之士争归之。而"时君遇人有德"，亦可以理解为《功名》之"务其所以归"。几者之间，其重视贤人、招徕贤人的思想是一致的。

五　"精通"于上下，为政则如体之从心

《鹖冠子》云：

> 月毁于天，珠蛤蠃蚌虚于深渚，上下同离也。(《天则》第四)

何以上下同离？曰：精通。所谓"精通"，即是精气相感相通。对此，《吕氏春秋·精通》言之甚详。其云：

> 德也者，万民之宰也。月也者，群阴之本也。月望则蚌蛤实，群阴盈；月晦则蚌蛤虚，群阴亏。夫月形乎天，而群阴化乎渊；圣人行德乎己，而四荒咸饬乎仁。(《吕氏春秋·精通》)

《吕氏春秋》中的这则材料是专言"精通"的材料。其论证精气相通的方式，与《鹖冠子》完全相同，所用的类比之物也完全相同。由此可见，《鹖冠子》与《吕氏春秋》分享了同样的思想史材料。

《鹖冠子》云："未令而知其为，未使而知其往，上不加务而民自尽，此化之期也。"(《天则》第四)而《管子·立政·七观》则云："未之令而为，未之使而往，上不加勉而民自尽竭，俗之所期也。"两相对比，虽一为"化之所期"，一为"俗之所期"，然达到所期状态之表现，却毫无二致。

《鹖冠子》云："为而无害，成而不败，一人喝而万人和，如体之从心，此政之期也。盖毋锦杠悉动者，其要在一也。"(《天则》第四)《管子·君臣上》则云："故曰：主身者，正德之本也。官治者，耳目之制也。身立而民化，德正而官治。治官化民，其要在上。"《鹖冠子》把"政之所期"之理想状态，比作"体之从心"，而《管子》则将"主身"视为"正德之本"，而将

"官治"视为"耳目之制",实亦是"体之从心"之变体。可见,二者对理想政治状态之构想亦有相似之处。而且,"其要在一也"与"其要在上",同为"其要在×"之句式。此亦是同一时代思想语言相通之佐证。

六 君主为政,最忌上下离心

以下几段文字之间,仍有一定的可比性。

《鹖冠子》云:

> 下之所遁,上之可蔽,斯其离人情而失天节者也。(《天则》第四)

《管子·法禁》云:

> 上以蔽君,下以索民,此皆弱君乱国之道也。(《管子·法禁》)

《吕氏春秋·慎小》云:

> 上尊下卑。卑则不得以小观上。尊则恣,恣则轻小物,轻小物则上无道知下,下无道知上。上下不相知,则上非下,下怨上矣。人臣之情,不能为所怨;人主之情,不能爱所非。此上下大相失道也。(《吕氏春秋·慎小》)

《鹖冠子》认为,下之所以能够蒙蔽上,而上之所以能被下蒙蔽,这都是因为离人情而失天节。所谓"人情"是什么呢?在《博选》中有这样一句话:"所谓人者,恶死乐生者也。"因此,所谓的"人情",应该就是指人恶死乐生的趋向性。所谓"天节"是什么呢?《天则》云:"天之不违,以不离一。"又云:"不创不作,与天地合德。"因此,所谓"天节"应该就是指"天则",也就是天地所遵循的法则。把天地遵循的法则移植到治理国家上,这就是有"天节",相反,在治理国家的时候,违背了这一法则,就是无"天节"。

"离人情而失天节"其后果是非常严重的。《管子·法禁》就认为,如果臣子对上蒙蔽君主,对下穷索民众,这就是弱君乱国。《法禁》中的这句话,与《鹖冠子》中"下之所遁,上之可蔽"这句话,所讨论的实际上是一个问题。

而《慎小》则是从君主的角度出发，指出"尊则恣，恣则轻小物，轻小物则上无道知下，下无道知上"。也就是说，如果君主因其尊贵而骄恣，则必轻小物，这就会导致上不知下，下不知上的局面。上不知下，易于指责相非，则爱无由生；下不知上，易于怨诽于心，则敬无由起。上下不相知，且无爱敬之情，这就是上下大失其道。可以说，这个观点与《鹖冠子》和《管子》中的观点仍然是相通的。虽然三者各有侧重，然而，它们所关注的都是"上下大失其道"这一现象。

七　君主为政，不能只凭目视耳听

《鹖冠子》云：

> 昔者有道之取政，非于耳目也。夫耳之主听，目之主明。一叶蔽目，不见太山；两豆塞耳，不闻雷霆。（《天则》第四）

《吕氏春秋·别类》云：

> 目固有不见也，智固有不知也，数固有不及也。不知其说所以然而然，圣人因而兴制，不事心焉。（《吕氏春秋·别类》）

《鹖冠子》认为"有道之取政"，不能只依靠耳、目两种感官，因为这两种感官太容易出现偏差。虽一叶蔽目，可遗泰山之巨，虽两豆塞耳，不闻雷霆之声。《吕氏春秋》在此基础上更进一步，它认为不但耳目之感官不能依靠，就连人的心智也存在缺陷，也会出现"盲区"。因此，圣人之行事，从不私智妄作，亦不师心自用。这实际上也是同一话题的不同表述。

《鹖冠子》云："一国之刑，具在于身。"（《道端》第六）《吕氏春秋·审分览》则云："夫治身与治国，一理之术也。"两者的意思都在于"治国"与"治身"，其理不二。

通过这章的对比，不难发现，《鹖冠子》与《吕氏春秋》，无论是语言、概念，还是思维方式，都存在着许多共通之处。从这个角度来看，将《鹖冠子》归类为杂家的著作，也未尝不可。也就是说，《四库全书》将《鹖冠子》

归类为杂家，也是有其合理性的。

在《鹖冠子》《吕氏春秋》《管子》三者之间，《鹖冠子》与《吕氏春秋》的思想风格更为接近，共同的话语也更多，与《管子》虽然也会有共同的话题，然而，它们之间的距离感无疑更强。这种距离感主要表现在，《管子》的思考，更倾向于站在君主的立场，而《鹖冠子》和《吕氏春秋》，则是完全地站在贤者的立场。

由此看来，《鹖冠子》思想风格与时代气息，都与《吕氏春秋》更为接近，而与《管子》较远。

值得注意的是，通过文本的比较，我们能够清楚地看到，《鹖冠子》与《吕氏春秋》，都表现出了强烈的重贤主义的立场。他们对于君臣关系的看法，更具颠覆性，因为他们对"无道之君"的批评非常严厉，而且，他们对世袭制的弊端也看得非常透彻。他们尝试构建一种新型的君臣关系，君主奉贤者为老师，或视贤者为朋友，总之，君主要主动邀请贤者来帮助他治理国家。然而，现实中的君主，都很难做到这一点，因此，《鹖冠子》与《吕氏春秋》都触碰到了选择贤者来当君主这一话题。这就是对君主世袭制的直接的否定。

从这些特点来看，《鹖冠子》又不像是杂家，因为他所关注的问题并不驳杂，重贤的思想在他的文本中是贯穿始终的。这一点就与《吕氏春秋》有明显的区别，由于《吕氏春秋》的文本篇幅较长，除了与《鹖冠子》有共鸣的部分之外，它还对很多其他的问题进行了探讨。所以说，《鹖冠子》虽然与《吕氏春秋》有诸多的共通之处，但是，《鹖冠子》还是不能归为杂家的文本。从这一点来看，《四库全书》将《鹖冠子》归类为杂家，又是有失偏颇的。

通过与《吕氏春秋》的比较，更为鲜明地突显出了《鹖冠子》重视贤人的倾向，而且，在先秦时期，有这种讨论的并不只有鹖冠子一家，因为，在《吕氏春秋》中还遗留着这些讨论的痕迹。从这一点来推断，笔者认为在先秦时期曾经发生过一次关于君贤关系的争鸣。鹖冠子就是这次争鸣的一个重要的参与者。因此，笔者倾向于将鹖冠子定位为先秦时期的选贤派，对于这一思想派别，我们就用《鹖冠子》的首篇来命名，将其称为"博选派"。

因此，基于上一章的结论，我们就可以对《鹖冠子》进行更为准确的定位：《鹖冠子》属于"黄老道家"中的"博选派"。

第四章 《鹖冠子》的选贤为君思想[①]

鹖冠子认为，圣王治理国家要效法"天地之道"，"圣王之道"就是"天地之道"在人文层面的落实。在鹖冠子看来，"圣王"要想做到"无为"之"为"，他就需要从以下两个方面来效法天地，首先，"天度数之而行"，圣人之治就应该"唯道之法，公政以明"；其次，天地不独为，圣人治国就应该"举贤用能"。然而，在现实的政治生活中，在位的君主并不都是"圣人"，甚至是些昏庸之辈。在位君主的才德根本不足以取法"天地之道"，更遑论以"圣人之道"来治世。这就陷入了一种矛盾的境地，一方面，只有"得道"并且"行道"的君主才能够算得上贤明之君，而贤明之君也正是国泰民安的基本保障；另一方面，多数君主之才德并不能够胜任君主之位，虽然贤能之士为君主指明了"道"之所在，但是，君主却没有兴趣"得道"，更没有愿望去"行道"。这种矛盾的直接恶果就是国家的长期混乱，天下生灵涂炭。

历观中国古代诸子所著之书，几乎每个人都会提出自己的治国方案。然而，又有几人的治国之道能够被君主采纳并施行呢？纵使君臣意合，能够共同演绎一段君明臣贤的历史佳话，但是，一旦新君临朝，这些显赫一时的"贤臣"大多都只落得个"以身殉道"的下场。这些不断重演的历史悲剧催生了众多的文苑奇葩。然而，我们不得不思考，这些血的教训只是激发创作灵感的历史素材吗？历史地看，很多思想家都无法跨越这个矛盾。在悲己之不遇的同时，他们并没有把思考的焦点转移到君主的身上。可贵的是，鹖冠子迈出了这艰难的一步。鹖冠子是一个隐者，因此，从《鹖冠子》之书中我们几乎看不到鹖冠子对自己的际遇有任何的不满，但是，从他对庸主佞臣的反复批判中，我们不难感受鹖冠子那种希望君明臣贤、天下有道的强烈愿望。正是这种强烈的愿望促使

---

① 本章的部分内容以《鹖冠子"选贤为君"思想初探》为题发表于《贵州师范学院学报》2017年第11期。

鹖冠子从全新的角度来思考对治天下混乱的解决方案。

鹖冠子认为，既然道不得行的关键在于君主不胜其任，那么，我们为何不考虑选择能够胜任的人来当君主呢？鹖冠子认为，"选贤为君"是一条可行之道。"选贤为君"这一思想的提出，在中国思想史上可谓惊雷之说。然而，随着历史的不断前行，这声惊雷已经逐渐被湮灭。积年的尘埃恰似一层神秘的面纱，掩住了鹖冠子思想的本有光辉。时至今日，我们的任务就是扫去积尘，重新聆听惊雷遗韵，拨动鹖冠子的思想之弦。

第一节　无道之君：不循法度、用人而择

鹖冠子从君、贤关系的角度来审视政治，他希望以君、贤关系为突破点，找到解决现实政治困境、谋求长治久安的途径。鹖冠子认为，在君、贤二者中，贤者的作用尤为重要。

首先，一个合格的君主本身就应该是一个贤者。从这个角度来讲，家天下的社会制度本身就是不合理的，因为它无法保证贤者居位。其次，政治秩序的维持需要贤君，然而，现实的权力运行机制却无法确保贤君当位，面对这种矛盾，用贤为辅成为解决这种困境的唯一出路，也正是这一点使家天下的制度得以维持。但是，现实的政治制度在以上两点都无法满足。君主不但无能，而且往往亲佞远贤，这样，家天下制度就失去了其存在的合理性。正是认识到这一点，鹖冠子认为必须建立新的君主产生机制，以确保政治清明，百姓安居，天下太平。鹖冠子思想中的这个闪光点，他为战国乱世提供的这个解决方案，在中国思想史上足以振聋发聩。下面我们就来深入分析鹖冠子的"选贤为君"思想是如何逐步展开的。

对于这一点，我们可以从两个方面来分析，首先，从反面来看，鹖冠子有否定现行君权转移程序的充足理由；其次，从正面来看，鹖冠子思想中已经具有了建立新的君权转移程序的思想基础。正是在把反面的批判性思考与正面的建设性致思结合起来的基础上，鹖冠子才最终提出了"选贤为君"的思想。下面我们就来具体分析，鹖冠子是如何逐步否定现行的君权转移制度的。

鹖冠子认为，一个合格的君主不但要效法"天地之道"，而且要继承"圣王之道"。他说：

若上圣皇天者，先圣之所倚威立有命也。故致治之自，在己者也。招高者高，招庳者庳。(《泰录》第十一)

此处所谓"上圣皇天"就是指"天地之道"与"圣王之道"。而"先圣之所倚威立有命也"当如何理解呢？笔者认为，"倚威"者，民畏之，"立有命"者，政施之，这里需要指出的是，"畏"应该是敬畏之畏，而非恐惧之畏。也就是说，先王受民拥戴，政令施行的根本原因不在于威权之恐吓，而在于于对"天地之道"的效法，与对"圣王之道"的继承。

用今天的话来讲，鹖冠子认为"道"才是一个政权的合法性根据。所以，无论是在马王堆帛书《老子》乙本卷前古佚书中，还是在《鹖冠子》中，我们都可以看到"道生法"的命题。而要把"道生法"这一原则贯彻到底，在黄老道家内部，必定会引申出"选贤为君"①的思想，因为在现实的政治生活当中，世袭君主制并不能够保证产生循道而行的贤君明主，这无疑是与"道生法"这一命题相违背的。然而，黄老道家的这种理论特征，在汉初的黄老道家那里是无法找到的，这一方面可以说明《鹖冠子》的成书时间要早于汉初，另一方面则可以说明，在战国时期，黄老道家思想内部亦存在着不同的发展方向。

"道生法"这一命题意在"申明君主的权力和意志也必须符合大道的要

---

① 囿于通行本《老子》"不尚贤使民不争"(《老子》第三章)，以及"绝圣弃智"(《老子》第十九章)的说法，我们一直都认为道家排斥贤、圣，因之，很难把道家思想与崇贤的思想联系在一起。但是，从目前出土的文献来看，早期道家未必激烈地反对贤、圣。郭齐勇先生说，"通行本《老子》有'绝圣弃智''绝仁弃义'的主张，但目前发现的最早的竹简本《老子》并不直接反对圣与仁义，相应的说法是'绝智弃辩''绝伪弃诈'"。"其实，老子并不绝对地排斥圣、智、仁、义、学问、知识，但显而易见的是，他十分警惕知、欲、巧、利、圣、智、仁、义对于人之与生俱来的真正的智慧、领悟力、德性的损伤与破坏，他害怕小聪明、小知识、小智慧、小利益的计较以及外在的伦理规范影响了人之天性的养育，戕害了婴儿赤子般的、看似懵懂无知实则有大知识、大智慧、大聪明、大孝慈、大道德的东西。"郭齐勇：《中国哲学智慧的探索》，中华书局 2008 年版，第 161 页。从这个角度来看，道家思想与崇贤、尚贤的思想并非不能兼容，只是道家思想非常警惕崇贤、尚贤之风可能带来负面效应。在《鹖冠子》中，"贤"与"圣"不但不被排斥，鹖冠子还把他们看成沟通"道"与"人伦"的不二中介，这也是鹖冠子提出"选贤为君"的初衷。由此看来，不仅早期道家，后期道家中的某些支派也不是一味地排斥贤圣与仁义的。

求，试图用大道来制约君权"①。但是，"人能弘道，非道弘人"，君主是否依"道"而行，这却是君主个人的主观选择，所以，鹖冠子说："故致治之自，在己者也，招高者高，招庳者庳。"从鹖冠子的主观愿望来说，他当然希望天下的君王都是圣主，但不幸的是，在"招高者高，招庳者庳"二者中，现实的君主大多数都会选择后者，这样做的结果就是君主失道。鹖冠子认为，君主施行"招庳者庳"的失道之政主要有两种表现：一方面体现在君主刚愎自用，另一方面体现在用人不当。

一　鹖冠子对君主不循法度、养非长失现象的批判

君主刚愎自用主要表现为既固执又不肯征询和听取别人的意见，这会给国家带来很大的危害。《左传·宣公十二年》云："其佐先縠刚愎不仁，未肯用命。"② 杨伯峻注云："愎，狠也，戾也。"③ 刚愎者，刚强狠戾也。君主一味地固执己见，就无法及时发现和改正自己的错误，如此不断地"养非长失"必然会导致政治无序，国家倾危。刚愎如此，自用亦然。《尚书·仲虺之诰》云："能自得师者王，谓人莫己若者亡。好问则裕，自用则小。"④ 君主自以为是，其智日益狭促亦势之必然。鹖冠子充分地认识到了君主刚愎自用的危害，他说：

> 法度无以，噫意为摸。圣人按数循法，尚有不全。是故人不百其法者，不能为天下主。今无数而自因，无法而自备，循无上圣之检，而断于己明，人事虽备，将尚何以复百己之身乎？主知不明，以贵为道，以意为法。牟时诳世，遏下蔽上，使事两乖。养非长失，以静为扰，以安为危，百姓家困人怨，祸孰大焉？若此者，北走之日，后知命亡。（《近迭》第七）

鹖冠子指出，圣人"按数循法"尚有不全，何况当今的君主"无数而自因"，上不效法"天地之道"，下不遵循"圣人之道"，这就是"主知不

---

① 张岱年主编：《中国哲学大辞典》，第 160 页。
② 杨伯峻编著：《春秋左传注》，中华书局 1990 年版，第 730 页。
③ 杨伯峻编著：《春秋左传注》，第 730 页。
④ （唐）孔颖达等撰：《尚书正义》，《十三经注疏》上，上海古籍出版社 1997 年版，第 162 页。

明"的表现。这样的君主"以贵为道，以意为法"，怎么能治理好复杂的国家事务呢？长此以往，必将落得个"北走之日，后知命亡"的悲惨下场。

二 鹖冠子对君主"用人而择"现象的批判

君主失道的另一个表现就是用人不当。鹖冠子说：

> 欲知来者察往，欲知古者察今。择人而用之者王，用人而择之者亡。逆节之所生，不肖侵贤命曰凌。百姓不敢言命曰胜。（《近迭》第七）

"择人而用之者王，用人而择之者亡"应该怎么理解呢？一个贤明的君主会选择合适的人选来担当特定的职务，以辅助他来治理国家，这就是"择人而用"。而一个昏庸的君主在用人问题上，就会受到自己个人喜好的影响，他不考虑具体岗位对人员素质的客观要求，而是一味地行一己之私，择其亲、选其爱而用之，让这些人来担当关键职务，这就是"用人而择"。"择人而用"使贤愚各得其所，而"用人而择"就会造成"不肖侵贤"的局面。鹖冠子对此深有感触，他说：

> 过生于上，罪死于下。有世将极，驱驰索祸，开门逃福。贤良为笑，愚者为国。天咎先见，灾害并杂。人执兆生，孰知其极？（《度万》第八）

在这种混乱的社会中，是非已然颠倒，正面价值与反面价值已经错位，君主整天都在干一些"驱驰索祸，开门逃福"的勾当，这是多么荒诞啊！更为荒诞的是，在这样的世道中，洞若观火的明智之人总是受到排挤，不能得到重用，鹖冠子一针见血地说，这真是一个"贤良为笑，愚者为国"的世道啊！

在这样的世道中，君主只知道下合意内之人，贤良之士没有任何发声的机会。鹖冠子说：

> 昔之登高者，下人代之悽，手足为之汗出，而上人乃始搏折枝而趋

操木。止之者僇。是故天下寒心，而人主孤立。① 今世之处侧者，皆乱臣也：其智足以使主不达，其言足以滑政，其朋党足以相宁于利害。昔汤用伊尹，周用太公，秦用百里，楚用申麃，齐用管子。此数大夫之所以高世者，皆亡国之忠臣所以死也。由是观之，非其智能难与也，乃其时命者不可及也。（《备知》第十三）

在这里，鹖冠子以"登高"为例，作了一个形象的比喻。一个正在登高或爬树的人，如果你不去惊扰他，他会非常悠然娴熟地攀援而上，但是，一旦下面的人为之担心，"手足为之汗出"，并大声呼喝，提醒其危险的时候，这个时候登高者也会突然意识到其处境的危险，顿时，他会格外地小心谨慎，他的动作也会随之僵硬，并急于寻找可供抓握的平衡物，这就是"而上人乃始搏折枝而趋操木"。

这个例子意在说明什么呢？一个人登高的时候，身处险境而全然不知，下面的人进行善意的提醒，这应该没有任何过错。但是，在一个是非颠倒的社会中，这种善意的提醒也许会招来杀身之祸。君主养非长失，亲佞远贤，

---

① 愚以为，目前有关《鹖冠子》的校注本，对这两句话的理解都有问题，故而有必要重新梳理其文意。我们认为，这句话应该分为两个层次来理解，其中，"昔之登高者，下人代之悷，手足为之汗出，而上人乃始搏折枝而趋操木"是第一个层次。在这句话中，鹖冠子以"爬树"为例，为下文之引申预作铺垫。以日常经验来说，爬树本身是有一定风险的，因此，在爬树的过程当中，爬树者需要将注意力高度集中于支撑点与攀援点之选择。换言之，在攀援而上的过程中，爬树者一般就只将注意力集中于"爬"本身，而于"危险"往往不去过多考虑。你越怕，反而会越危险，因为"怕"的情绪会分散了你的注意力，僵硬了你的手脚。但是，不去考虑"危险"，也不等于"危险"可以全然忽视。爬树者于"危险"之程度是有所估计的。但是，有一种情况却是例外，就是观看爬树的人突然为爬树的人感到"担心、害怕"，于是大声呼喊，令其中止。就在呼喊这一刻，爬树的人的第一反应必是就近寻找最为安稳的地方停下来，也就是鹖冠子所说的"搏折枝而趋操木"。这一方面是因其注意力已被分散，无法再专注于"爬"，这本身就无形地加大了爬树的风险，另一方面，突然的"呼喊"会使爬树者认为有其估计之外的未知风险的存在，故而会心生紧张，手脚立时不便。从这个例子来看，呼喊者无疑是善意的，而爬树者及时停止爬树的行为，并询问呼喊者令其停止的缘由，并对"危险"进行重新估量以决定最终"爬"还是"不爬"，这也是对呼喊者的"善意"的接受与理解。这就形成了一种良性的沟通。如果把这个例子引申到君主治国的领域的时候，君主对于劝谏，必首先明其乃善意之举，并有所咨问，对于自己的不当行为及时收敛，以规避未知"风险"，防止政治危机的发生，这应该是情理之中的举动。然而，鹖冠子认为，有些君主非但不如此，反而"止之者僇"，也就是以"屠戮"止"忠言"。这必然会导致"是故天下寒心"的结果，受此结果而影响，忠贞之士必缄口而远祸，"人主孤立"亦是必然。这就是第二个层次。对于关键的"而上人乃始搏折枝而趋操木"这句话，诸家解释大体一致。此处权且以陆佃为例，以指出诸家注解之不当处。陆佃曰："言旁观者为之惊惧，而登高之人虽高莫知焉，乃始搏而折枝，趋而操木。"也就是说，陆佃认为，登高的人在旁观者的警告下不但没有意识到风险，反而毫无顾忌地继续攀援，这种理解一方面明显不符合"爬树"这项活动的实情，同时也淡化了前后两个层次间的起承转合的关系。这明显是不恰当的。

贤良之士也许会对君主进行善意的提醒和规劝，然而，这种善意很可能使他招致灭顶之灾。鹖冠子说："止之者僇。是故天下寒心，而人主孤立。"正因为如此，处于君侧者都是乱臣群小，以致朋党乱政。此时的鹖冠子感到非常悲观，历史上的伊尹、太公、百里奚、申麃、管子这些贤良之士的典故曾经鼓励了多少人砥砺操行，并心向往之，鹖冠子绝望地指出，这些人物彼时可为豪杰，然而，如果他们处在今天的社会中，他们的操行与才能正是招来杀身之祸的虎纹豹斑啊。面对此情此景，鹖冠子非常悲痛，他近乎哀号地说，这真是"万贱之直，不能挠一贵之曲"（《近迭》第七）的世道啊！

三 鹖冠子对"世不传贤"的世袭君主制的否定

然而，鹖冠子没有止于这种悲观与绝望，他进一步冷静地思考导致这种局面的根本原因是什么？鹖冠子把"君主"作为他思考现实政治问题的核心。因而，当他在分析现实政治危机的时候，鹖冠子就能更清晰地看到君主的过失，以及君主的过失给国家带来的危害。鹖冠子认为，一切政治危机的症结都在于君主不贤，甚至昏庸。一言以蔽之，鹖冠子认为现实中的君主往往都不胜其任。那么，又是谁使这些本来就不胜其任的人成为君主呢？鹖冠子说：

> 为彼世不传贤，故有放君。君好儳阿，故有弑主。夫放、弑之所加，亡国之所在，吾未见便乐而安处之者也。夫处危以忘安，循哀以损乐，是故国有无服之丧，无军之兵，可以先见也。（《备知》第十三）

鹖冠子指出，"彼世不传贤，故有放君。君好儳阿，故有弑主"。经过一番追问，鹖冠子发现，之所以使一些不胜其任的人成为君主，这都是因为最高权力在转移的过程中，不传于贤而传其子。这样，经过对现实的考察，鹖冠子得出了这样的结论：现实的君权转移程序不能够确保产生合格的君主。因此，这种制度是需要被否定的。但是，我们需要格外留意鹖冠子否定现行制度的方式。他并没有直接指出问题的症结在于"传其子"，而是用了一个间接的否定，即"不传贤"，从这个曲折的表达中我们可以体会，鹖冠子一方面以此表达了自己对现实的批判和否定，另一方面，在这个间接的否定中，鹖冠子实际上同时就给出了自己所支持和肯定的答案，即"传贤不传子"。因之，我们将鹖冠子的这种思想，概括为"选贤为君"。

鹖冠子之所以能够提出"选贤为君"的思想，这与鹖冠子对政治的独特的致思方向有关。鹖冠子对政治有自己的独到见解，而这种独到见解在很大程度上都要归功于他选择了一个非常特殊的角度来思考彼时的政治现实，这个角度即是君主。鹖冠子总是以君主为核心来展开自己的思考。鹖冠子说："君者，天也。"（《道端》第六）在鹖冠子看来，君主就是人伦之天。在鹖冠子的思想世界中，天，抑或天地是一个有序运行的自足系统，而天地之所以能够有序运行，这都是因为它们是遵循着天地之道而运作的。

鹖冠子认为人类社会的至治之极就是要像天地一样有序运行，法度彰明，信而不违。因此，君主治理国家就是要效法"天地之道"。远古的圣王时代，社会有序，政治昌明，这都是因为他们成功地效法天道以用诸人伦。这些圣王所成就的就是"圣王之道"。对于后世君主来说，其贤明或不及古代圣王，对于"天地之道"也许不能够完全知晓、效法。即使如此，现实中的君主仍有"圣王之道"可资借鉴。

但是，现实却并非如此。鹖冠子失望地发现，当政的君主不但于"天地之道"无法究晓，而且于"圣王之道"亦不能继承。正因为如此，社会每每因为君主不胜其任而陷入混乱。君主不胜其任的现象屡屡发生，归根结底，这又主要是因为在家天下的社会中，君主权力转移的程序不能够确保贤者得位。也就是说，家天下的最高权力转移程序不能够确保产生合格的君主，或者说，在这种机制下产生合格君主的概率非常之低。因此，鹖冠子认为，解决这种政治困境的唯一途径就是改变这种不合理的君权转移程序，从而建立新的"选贤为君"的政治制度。

第二节　选贤为君：鹖冠子对君权转移制度的新设想

经过一番考察，鹖冠子最终发现，在现实的政治生活中，登上君位的人大多都是不那么适合做君主的人，这是一个匪夷所思的奇怪现象。由于君主地位之特殊，君主不贤就会导致一系列的社会问题和政治危机。鹖冠子认为，要使国家强大，百姓安居乐业，就必须从根本处着手来寻找解决问题的办法。最终，鹖冠子认为，问题的根源在于"彼世不传贤"。这样，鹖冠子就从反面对现行的君权转移方式进行了否定。如果鹖冠子始于批判现实，并最终止于否定现实，那么，他所得出的结论也许只是愤激之言。然而，事实并非如此，鹖冠子并没有就此止步，在从反面否定了现实之后，他进一步从正面进行了建设性的思考：既然现实的君权转移程序积弊丛生，那么，我们应该如何改善它呢？

一 鹖冠子对贤人参政重要性的论证

在鹖冠子的思想中，始终都存在着过去与现在的对比，历史与现实的碰撞。对于鹖冠子来说，过去与现在的对比，其反差如此强烈，历史与现实的碰撞，其震动如此激烈。然而，这种思想内部的苦恼与斗争并非徒劳，它为鹖冠子吹响了迎接曙光的号角，矛盾碰撞所产生的火花为鹖冠子点燃了思想的灯塔。

在鹖冠子看来，历史既是理想社会的所在，也是现实的归宿。中国现有的古文献中，仍然大量记载着有关上古圣王的古史传说，有关尧、舜、禹禅让帝位的光辉事迹，然而，我们总是把这种对过去的回忆解释成一种自我安慰式的追想，认为中国思想天生就具有向后看的惰性，而缺乏向前看的活力。实际上，这是我们没有读懂古人。因为，我们忽视了非常重要的一点，即这种向后看的行为本身就是对现实不满的呐喊。因此，这种对过去的回忆所昭示的是一种对未来的憧憬，只要我们不把这种回忆解读成虚无缥缈的梦境，而是从中寻找古代思想家变革现实的意志与决心，并把这种意志和决心最终转化成变革现实的实际力量，那么，我们可以说，这种向后看实际上就是向前看。对于中国古代的思想家来说，理想的过去就是未来的蓝图，鹖冠子亦不例外。

鹖冠子频繁地表达了他对现实的不满。在表达这种不满的过程中，鹖冠子逐渐将批判的焦点对准了君主。他说：

> 及至乎祖籍之世，代继之君，身虽不贤，然南面称寡，犹不果亡者，其能受教乎有道之士者也。不然，而能守宗庙存国家者，未之有也。（《泰录》第十一）

"祖籍之世"，黄怀信云："谓王位世袭的时代。"[1] 代继之君，黄怀信云："世

---

① 黄怀信撰：《鹖冠子汇校集注》，第270页。

袭之君。"① 换言之，"祖籍之世"就是指"天下为家，各亲其亲，各子其子"②，"大人世及以为礼"③ 的时代。在这个时代，上至帝王下至天下诸侯，都奉行"传子而不传贤"的权力转移制度。鹖冠子认为，在天下为家的大背景下，君主权力转移的首要依据是血统，并且主要以父子世袭的方式实现。鹖冠子敏锐地发现，这种君权转移的程序存在着极大的弊端。在这种制度下，为了保证君权世袭的顺利实现，它甚至会忽略对君主实际"业务水平"的考核，甚至会把一个襁褓中的婴儿捧上帝位。这实际上就构成了天下动荡、危机不断的总根源。对于这一点，贤明的君主应该更加心知肚明，所以，在政权结构的设计上，他们就会采取措施来尽量弥补这个致命的缺陷。这就构成了中国古代政治体制的另一个特点：贤人参政。

鹖冠子说："代继之君，身虽不贤，然南面称寡，犹不果亡者，其能受教乎有道之士者也。"为了弥补君权转移程序的这个致命缺陷，贤明的君主就会非常重视吸收"有道之士"加入政府。"有道之士"，贤人也。这样，纵使在君权转移的过程中出现了庸碌之君，政府中的贤能之士也能在最大的程度上尽量降低君主不贤给国家和百姓带来的冲击。所以，即使庸君据位，有了贤人的辅佐，一个朝代也不一定就会立刻灭亡。

由此我们可以看出，鹖冠子对其所处时代的政情可谓洞若观火，他一定对此进行了长期的观察和思考。可以说，鹖冠子对王权政治的这种弊端的分析是颇中肯綮的，此一语甚至道破了此后两千多年中国历史"其兴也悖焉，其亡也忽焉"④ 的天机。然而，我们需要知道，鹖冠子真正的关切点还不在这里，他真正关切的是贤者对于政权延续的关键作用。实际上，鹖冠子把政治危机的主要责任都归咎于君主，通过这种归咎行为，鹖冠子意在说明，贤者是中国政治安定的中坚力量，他们才是"道"的担负者。他说：

> 从是往者，子弗能胜问，吾亦弗胜言。凡问之要，欲近知而远见，以一度万也。无欲之君，不可与举。贤人不用，弗能使国利，此其要也。

① 黄怀信撰：《鹖冠子汇校集注》，第 270 页。
② （清）孙希旦撰：《礼记集解》，第 583 页。
③ （清）孙希旦撰：《礼记集解》，第 583 页。
④ 此语本于《左传》。《左传·庄公十一年》云："禹、汤罪己，其兴也悖焉；桀、纣罪人，其亡也忽焉。"杨伯峻编著：《春秋左传注》，第 188 页。

（《度万》第八）

千番问答，以要为归。鹖冠子认为，所有的问题都可以用一句话来回答，即"贤人不用，弗能使国利，此其要也"。鹖冠子为什么如此重视贤者，并且把贤者当成"包治百病"的良药呢？这种观点一方面源于他对远古理想社会的追慕，另一方面则关乎他对未来的设计。

二 鹖冠子对"选贤为君"程序的设计与构想

现实总是不尽如人意，那么，到底哪里才是理想的归宿呢？对于鹖冠子来说，过去是理想社会的所在，同时也是未来的归宿。鹖冠子说：

> 圣道神方，要之极也。帝制神化，治之期也。故师为君而学为臣，上贤为天子，次贤为三公，高为诸侯。易姓而王，不以祖籍为君者，欲同一善之安也。（《泰录》第十一）

在频繁地批判现实中的君主之后，鹖冠子终于提出了自己的理想。对于我们来说，表达理想一定和未来相关，但是，鹖冠子还不能像我们今天这样直接。相对于我们来说，鹖冠子表达理想的方式略显曲折，因为，对他来说，理想社会需要理想政治的支撑，而对理想政治的设计则需要一个可以参照的蓝本，而这个蓝本不在未来，而在过去。

对于鹖冠子的这种回顾，我们不可以把它理解成对现实的逃避，借助对过去的回忆来安抚现实的伤疤。其实恰恰相反，这种回顾所传达的正是鹖冠子改变现实的坚定决心和意志，既然理想的政治蓝本存在于过去，那么，这就说明它确实发生过并存在过，所以，对于已经存在过的美好的东西，我们有理由让它再次出现，过去的理想政治就是现实政治改革的蓝本，过去就是未来的方向。

那么，这个过去与未来相重叠的政治蓝本是什么呢？鹖冠子认为，上古时代政治的特点就是以贤德而居位，而这个"位"不但包括"臣位"，而且包括最高的"君位"。在这个理想社会中，政治架构以"贤德"为核心而撑开。对此，他描绘道："故师为君而学为臣，上贤为天子，次贤为三公，高为诸侯，易姓而王，不以祖籍为君者，欲同一善之安也。"作为总括性的描述，鹖冠子作了一个形象的比喻，"故师为君而学为臣"，在惯常所见的师生关系中，"师"以贤德而居尊位，"生"以问道而处卑。鹖冠子认为，理想的政治架构就应该像师生关系一样按照贤德程度之高低而居相应之职位。这就在根本上否定了世袭君主制存在的合理性。"不以祖籍为君者，欲同一善之安也"，世袭君主制以血缘为关注的核心，为了维护"家天下"的延续，甚至不惜无限制地降低对君主资质的要求，正因为如此，才衍生出了无数天下沉浮的悲喜剧，有鉴于此，鹖冠子与之针锋相对，在他设计的政治架构中，血统不再是政权转移的最终依据，"一善之安"才是政权合法性的最终标准。

　　一言以蔽之，鹖冠子在此所描绘的就是贤人政治理想，在这种政治体制之下，贤德是通往最高权力的唯一合法的通行证。然而，世不绝贤，世亦不乏贤。如果最高权力对所有的贤德之人都是平等的，那么，到底由谁来执掌最高权力呢？换言之，新的君主产生程序的设计是鹖冠子贤人政治理想成败的关键。对此鹖冠子亦有思考。鹖冠子说：

> 贤生圣，圣生道，道生法，法生神，神生明。神明者，正之末也。末受之本，是故相保。（《兵政》第十四）

"贤生圣，圣生道"，也就是说，鹖冠子认为，"贤"乃一类称，然而犹有出其类拔其萃的秀出者，此秀出者即是"圣"。因此，按照鹖冠子的贤人政治观，"圣"才应该是最高权力的执掌者。而"贤"则是拥有合法资质的候选者。那么，"贤生圣"，这个"生"又作何解呢？鹖冠子说：

> 人者，以贤圣为本者也。贤圣者，以博选为本者也。（《博选》第一）

作为一个类称，"人"是一个普遍性的群体，在这个群体中，"贤圣"才是其根本。换言之，"贤圣"是人类社会的精英，是主导社会发展的核心力量。那么，"贤圣"又以何为本呢？鹖冠子指出，"贤圣者，以博选为本者也"，"博选"是"贤圣"产生的最终方式。至此，我们对"贤生圣"就有了更深的理解，此"生"字即是"博选"之意。也就是说，鹖冠子认为，"贤圣"是人类群体的秀出者，而"圣"是贤者群体的秀出者，使一个人秀出于众的程序性保障就是"博选"。按照鹖冠子的贤人政治理想，由"博选"产生的"贤"

是政治架构的主体，而由"博选"最终产生的"圣"就必然居于权力金字塔的顶端。到了这里，鹖冠子"选贤为君"的思想也最终变得清晰。

第三节 圣贤弘道：《鹖冠子》对君、道关系困境的破解

一 《黄帝书》君、道关系之困境

（一）"人主者，天地之配也"——人主与天地的平等

《黄帝书·经法·论》说：

> 人主者，天地之□也，号令之所出也，□□之命也。不天天则失其神，不重地则失其根。不顺〔四时之度〕而民疾。不处外内之立（位），不应动静之化，则事窘（窘）于〔外。八〕正皆失，□□□□。〔天天则得其神，重地〕则得其根。顺四〔时之度〕□□□而民不□疾。〔处〕外〔内之位，应动静之化，则事〕得于内，而得举于外。八正不失，则与天地总矣。天执一，明〔三，定〕二，建八正，行七法，然后□□□□□□□之中无不□□矣。①

在这段话中，《经法·论》的作者开门见山地说："人主者，天地之□也，号令之所出也，□□之命也。"此句中有几处阙文，魏启鹏认为"天地之□也"中之阙文或为"配"字，而"□□之命也"中之阙文或为"万物"二字。②

那么，经魏启鹏补充之后，这句话的完整表述即是："人主者，天地之配也，号令之所出也，万物之命也"。这句话应该怎样理解呢？笔者想，我们可以尝试将这句话分成两个部分来理解。其中，"人主者，天地之配也"为前半部分，而"号令之所出也，万物之命也"为后半部分。在前半部分中，作者意在说明，"人主"是"天地"之"配"。这应该包含两重意思，首先，"人主"是社会结构的最高层级，而"天地"是宇宙系统的最高层级，从这个角度来看，两者是完全可以进行类比的，"人主"就相当于社会结构中的"天

---

① 魏启鹏：《马王堆汉墓帛书〈黄帝书〉笺证》，第55页。
② 参见魏启鹏《马王堆汉墓帛书〈黄帝书〉笺证》，第55—56页。

地",其重要性可想而知;其次,正因为在"人主"与"天地"之间可以进行这种类比,而"天地"本身就是一个具有完满秩序的和谐整体,所以,"人主"在治理社会的时候也应该效法"天地"的这种特征。

"人主"如何来效法"天地"呢?我们可以结合《经法·论》首句的后半部分来进行解读。首先,"天地"在整个宇宙系统中居于什么样的地位呢?结合后半部分的内容,我们可以这样理解,即:"天地者,号令之所出也,万物之命也"。其次,"人主"要效法"天地",既然"天地"如此,"人主"亦应如此。也就是说,"人主"者,亦应是"号令之所出也,万物之命也"。如果说前半句中"人主者,天地之配也"强调的是二者在形式上居于各自体系的最高层级,那么,后半句强调的则是二者在实质上还必须掌握最高的权力,具有能够支配整个系统的实际权威。只有形式上的地位"最高"与实际掌握的权力"最大"对应起来,"天地"才能称为"天地","人主"才能被称为"人主"。"天地"的"地位"与"权威"是天然具有的,对于"天地"来说,这种"形式"与"实质"的匹配当然不成问题。但是,对于"君主"来说,这种匹配却必须通过主观努力才能够实现。

"人主"如何才能够实现最高地位与最高权力的统一呢?从"人主"与"天地"的类比中我们就可以看出,《经法·论》的作者认为君主必须通过效法"天地"才能够实现这一目标。而"天地"之所以能够具有"号令之所出"的最高权威,并主宰"万物之命",这都是因为"天地"是严格遵照"天地之道"来运行的。所以,如果说"天地"是"人主"所应效法的对象,那么,"天地之道"就是"人主"需要从"天地"那里所效法的具体内容。

然而,"天地之道"也只是一个概括的说法,"人主"效法"天地之道"应该从何处入手呢?《经法·论》说:"天执一,明[三,定]二,建八正,行七法,然后□□□□□□□之中无不□□矣。"虽然此句中有颇多阙文,但是我们不难推测,所谓"天执一,明[三,定]二,建八正,行七法"就是"天地之道"的具体内容,而"然后□□□□□□□之中无不□□矣"之所指,则应该是"天地"按照"天地之道"运行而达到的效果。这就是"人主"效法"天地之道"的入手处。然而,"天地之道"毕竟是自然秩序的表现,而社会治理所涉及的则是人文领域,《经法·论》的作者如何跨越"自然"与"人文"之间的鸿沟呢?

《经法·论》说:

岐（蚑）行喙息，扇蜚（飞）耎（蠕）动，无□□□□□□□□□□□
不失其常者，天之一也。天执一以明三。日信出信入，南北有极，［度之稽
也。月信生信］死，进退有常，数之稽也。列星有数，而不失其行，信之
稽也。天明三以定二，则一晦一明，□□□□□□□□［天］定二以建八
正，则四时有度，动静有立（位），而外内有处。天建［八正以行七法］。
明以正者，天之道也。适者，天度也。信者，天之期也。极而［反］者，
天之生（性）也。必者，天之命也。□□□□□□□□□者，天之所以为
物命也。此之胃（谓）七法。七法各当其名，胃（谓）之物。物各
□□□□胃（谓）之理。理之所在，胃（谓）之□。物有不合于道者，胃
（谓）之失理。失理之所在，胃（谓）之逆。逆顺各自命也，则存亡兴坏
可知［也］。①

《经法·论》的作者首先站在天文学的立场，从"天执一，明［三，定］
二，建八正"的角度解释了"天地之道"的具体内容，在此番解释之后，作
者对"天地之道"的特征进行了进一步的概括，这也就是"天建［八正以行
七法］"中的"七法"之所指。而"七法"的具体内容就已经与"人主"之
"治道"密切相关了。也即是说，"七法"既基于"天地之道"，又与人文领域
的"治道"紧密衔接。细绎帛书的这段文字，我们不禁会惊讶于帛书作者论证
的绵密。他在阐释"天地之道"的过程中，使"天地之道"由"执一""明三"
"定二""建八正"这几个环节逐渐过渡到"七法"，而"七法"就是"天地之
道"与"人主"之"治道"所共有的特征。通过这个链条，《经法·论》的作
者成功地把"天地之道"与"人主"之"治道"紧密地衔接在了一起。

这种绵密的论证充分说明了这是作者的精心安排。而从"天地之道"的
角度来诠释"道"这一概念，这也应该是有意的选择，这就已经充分体现出
了作者的理论自觉性。这种理论自觉就是为了突破老子之"道"的不可言说
性，并扭转庄子"境界之道"忽略社会群体秩序安排的倾向，为"人主"提
供一个可供效法的"对象"，进而为"人主"开列出所需效法的内容，最终
指明建立"治道"的方向。也就是说，作者从"天地之道"的角度来诠释

① 魏启鹏：《马王堆汉墓帛书〈黄帝书〉笺证》，第57—58页。

"道之体",在很大程度上就是为了从"天地"的角度来揭明"道之用"。这与鹖冠子通过"天地之道"来论证"圣人之道"的方法如出一辙。这是《鹖冠子》与《黄帝书》的理论共性,也是我们将《鹖冠子》归为黄老道家的主要依据之一。

然而,《黄帝书》所精心构建的这个由"道"—"天地之道"—"人主"—"治道"几个环节组成的链条是否能够最终落实呢?换言之,《黄帝书》的"天地之道"是否能够最终落实到"治道"的层面,发挥对人间秩序的影响力呢?我们不难发现,这里还有一个至为重要的环节,这个环节就是"人主"。实际上,无论《黄帝书》所构建的这个链条多么缜密、完善,只要"人主"不采纳这种观点,或者没有效法"天地之道"的主观意愿,那么,《黄帝书》的这种理论建构的努力就是徒劳的。这也是《黄帝书》以及黄老道家所无法回避的一个理论困难,或者更准确地说,这是一个理论与现实如何对接的困难。当面对这种困难的时候,或者是黄老道家在理论方面作出一定程度的让步,或者是"人主"屈"尊"而接受理论的指导和限制。从《黄帝书》的"道生法"的命题来看,《黄帝书》的作者无疑倾向于用"道"来限制君权的滥施。

(二)"道生法"——人主对道的遵从

《道法》是《黄帝书·经法》之首章,在这一章里,作者"系统地阐述了黄老刑名法术之学的基本内容,是《经法》全篇的总纲"[1]。然而,在这样一章总纲性的文字中,其起首几句则又是此总纲之"总纲"。其云:

> 道生法。法者,引得失以绳,而明曲直者殹(也)。故执道者,生法而弗敢犯殹(也),法立而弗敢废殹(也)。[2]

对于这段文字材料,有几个关键的问题需要澄清。此篇作者开章明义地指出"道生法",那么,"道"为什么能生法呢?这个生法之"道"到底是个什么样的"道"呢?一直以来,受老子"道可道,非常道"之影响,论者于"道"之准确含义往往惜墨如金。然而,我们需要注意,"道可道,非常道"

---

① 魏启鹏:《马王堆汉墓帛书〈黄帝书〉笺证》,第1页。
② 魏启鹏:《马王堆汉墓帛书〈黄帝书〉笺证》,第1页。

在《老子》文本中有其特定的内涵，它未必适用于其他的道家著作。因为，当老子提出"道"这一概念之后，虽然老子的后学所论之"道"是从老子处继承而来的，但是，这绝不意味着两者完全相同，因为在其后学引用此"道"的时候，他们必然会对"道"进行重新诠释，进而赋予"道"相对确定的内容，以为其理论诉求服务。这个诠释的过程就是一个再创造的过程，因之，"道"的内涵必会发生变化。也就是说，在道家"道与时行"的发展过程中，必然伴随着"道"的内涵的微妙变化，这是值得引起我们注意的现象。因此，结合具体的著作，对"道"这一概念进行说明是十分必要的。

首先，"道"为什么能够生法呢？这一定是基于"道"的某种具体特征，我们才能够从"道"中体悟出"法"。在这里我们不能用"道可道，非常道"来搪塞这个问题，也不能满足于只是用"虚无""玄妙幽冥"等词语来形容"道"。如果说从"道"的这些特性能够"生"出"法"的话，这是讲不通的。我们必须对"道"进行更深入的考察，"道生法"之难题才能获得破解，这对于我们准确把握鹖冠子的思想，以致黄老道家的思想是非常重要的。

笔者想，结合前文对鹖冠子"天地之道"的分析，我们不难作出这样的推测，《黄帝书》中"道生法"之"道"也一定是具有"度量"的特征，抑或说，"度量"就是"道"揭示给我们的真谛。这种推断是否能够成立呢？

在《道法》中有一段与《鹖冠子》相似的话。其云：

> 称以权衡，参以天当，天下有事，必有巧验。事如直木，多如仓粟。斗、石已具，尺、寸已陈，则无所逃其神。故曰："度量以具，则治而制之矣。"[1]

在前文我们曾经分析过，这种文句的相同，在一定程度上为证真《鹖冠子》提供了有力的证据支撑，然而，我们不能止于文句相同或相似的表面判断，我们还需要进一步追问，在这种文句相同或相似的表象下，是否掩盖着更为深刻的东西。一般来说，语言是表达思想的工具，那么，诉诸语言的概念不但是语言的骨架，同时也是思想的骨架。如果我们能够由语言的相同，进而挖掘出两者所使用概念的相同，这就能够在很大程度上证明两者思想上

---

[1]　魏启鹏：《马王堆汉墓帛书〈黄帝书〉笺证》，第6页。

的相同或相近。

在《道法》这段文字中，其首句云"称以权衡，参以天当，天下有事，必有巧验"。"称以权衡"者，以"权衡"判断是非之意也。然而，值得我们注意的是，这种判断是非的"权衡"是需要"参以天当"的。换言之，"天当"就是"权衡"的根据。"天当"为何呢？魏启鹏云："天当，当与常通，殆即天地之常，其运行有恒制，予夺德虐以时而行，赢缩转化，周环不已。"① 也就是说，"天当"即是"天常"。而"天常"就是"天地运行有恒制"的意思。对此，《道法》亦有解说，其云："天地之恒常，四时、晦明、生杀、輮（柔）刚。"② 观此可知，天地之"恒制"即是"四时、晦明、生杀、輮（柔）刚"往而复返，周行不殆。而天地之"恒制"又是以何为其根基呢？参以下文，"斗、石"与"尺、寸"之语，我们就可以推知，这个"恒制"的根基就应该是"度量"。果不其然，其总结之语就是"度量已具，则治而制之矣"。而《经法·君正》又曰："法度者，正之至也。而以法度治者，不可乱也。而生法度者，不可乱也。"③ 由此可以看出，此处用以"治而制之矣"的"度量"就已经是人文领域之"法度"了。

对上文略作总结，我们就可以进一步发现《鹖冠子》与《黄帝书》之相似绝不止于表面的文字。《道法》中这段话的推理过程应该是这样的，即天地（以四时、晦明等为恒常）—度量（以权衡、斗、石、尺、寸类比）—法度（治而制之矣）。这个思维与推理的过程与上义我们所分析的鹖冠子的思维方式若合符节。也就是说，在语句相同的基础上，我们进而可以发现，两者所使用的核心概念也是相同的。这就说明，两者的语句上的相似是以思想上的相似为基础的。

《鹖冠子》与《黄帝书》都是从"天地"的角度来诠释"道"的，通过这种诠释，两书的作者成功地把"天地"所具有的"度数之而行"的特点赋予了"道"，这样，"道"之内涵就发生了微妙的变化，在老子那里不可言说的"道"，在《鹖冠子》与《黄帝书》中则变成了不但可以言说，而且是可以效法的"天地之道"。无独有偶，《管子·心术上》亦云，"故事督乎法，

---

① 魏启鹏：《马王堆汉墓帛书〈黄帝书〉笺证》，第 7 页。
② 魏启鹏：《马王堆汉墓帛书〈黄帝书〉笺证》，第 8 页。
③ 魏启鹏：《马王堆汉墓帛书〈黄帝书〉笺证》，第 25 页。

法出乎权，权出乎道"①，由此可以看出，《管子》也是在"道"—"权"—"法"之间进行了沟通。"道"是"法"的终极根据，"权"是由"道"至"法"的过渡环节。"权"是什么呢？它不正是《鹖冠子》与《黄帝书》中的"度量"吗？而"道"如何才能具有"权"，抑或"度量"的特征呢？从这点来看，这个"道"实际上也只能是"天地之道"，这是没有疑义的。

通过对"道"—"权"—"法"的沟通，表面看来，《黄帝书》是在论证"道""法"之间的关系，然而，在实质上，《黄帝书》是想要通过这种论证来建立"道"的君权合法性之根源地位。因为在"道生法"的命题中还隐含着这样一种含义，如果我们将"道"所生之"法"称为"道法"的话，那么，"道法"无疑是针对"王法"而提出的一个概念，并且是高出"王法"的概念。这就为君权施加了外在的约束。

然而，从历史发展的进程来看，黄老道家最终还是作出了让步，虽然黄老道家在历史上曾经产生过实际的影响，但是，他们往往以"人主"谋士的身份出现。这种身份决定了他们不具备限制君主的能力，他们只能苦口婆心地"劝说"君主效法"天地之道"。至于"人主"是否践行，他们无法保证。甚至当他们遭遇更糟糕的情况，遇到昏庸的君主，他们在慨叹之余也并无他法，归隐或是一条仅有的退路。简言之，在理论上高高在上的"天地之道"，在实际执行的过程中，还是不得不屈居于"人主"的威严之下，仰其鼻息而或屈或伸，这也就是黄老道家的真实处境。这说明，《黄帝书》虽然一方面提出了"人主者，天地之配也"的命题，另一方面又欲以"道生法"之"道"来限制君权，但是，对于王、道关系的理论困境，后期黄老道家并没有能够真正破解。

不独黄老道家如此，法家也面临着这种理论与现实对接的矛盾。虽然法家对"道"的诠释方式，以及在"治道"的具体内容上，都与黄老道家存在很大的区别，但是，他们也同样是在为君主进献治国之道。这也就是所谓的"此务为治者也"②。在这一点上，黄老道家与法家，甚至是战国诸子都是一致的。然而，虽然诸子"务为治"，但是，实际治国的掌舵之人却是"人主"，无论他们多么有才华，多么充满一腔热情，他们必须首先得到"人主"

① 黎翔凤撰：《管子校注》，第770页。
② （汉）司马迁撰：《史记》，第3288—3289页。

的认可才能够获得施展的机会。这种处境对于战国诸贤来说，既是尴尬的，也是危险的，或者"人主"更迭，或者"人主"反悔，这些活跃在政治前沿的人，这些志为苍生的人，往往都会付出生命的代价。

实际上，不仅仅是黄老道家认为"天地之道"是人间秩序的根源，是高于"人主"的人文化成的终极秩序所在，如果从理论的终极诉求来说，法家人物的内心中也必定认为"法"是高于一切的最高权威，"人主"当然也不能例外，但是，面对现实，他们还是不得不千方百计地游说君主，因而也不得不降低了他们的理论期望值，而把"法"蜕化成了"人主"操弄权柄的"治术"。法家人物的"惨礉少恩"① 最终为"人主"铸就了一把冰冷的"利剑"，然而，剑有双锋，在伤及了别人的时候，他们自己也未能幸免。

但是，鹖冠子对于理论与现实对接的困境，却有全然不同的解决之道，这是鹖冠子对黄老道家的独特的理论贡献。

二 鹖冠子对破解君、道关系困境的新思考

在上文我们分析了《黄帝书》所面对的王、道关系的理论困境。为了破解这个困境，《黄帝书》一方面希望出现能够效法"天地之道"来治理国家的"圣王"，这样的"圣王"就是"天地之配"，既然如此，那么，在王与道之间也就不存在矛盾了。但是，现实中却难得有"圣王"出现，在战国时期特殊的社会背景下尤其如此。面对这种情况，《黄帝书》提出了"道生法"的命题，并希冀以"道"来限制君权的滥施。但是，这并不能从根本上解决王、道之间存在的矛盾。毕竟在现实的政治生活中，"王"是最高权力的执掌者，其行道与否，全凭君王的个人意愿，纵使当政的君王昏庸无能，枉道行非，也没有谁有能力去限制君王的妄为。在这种情况下，"道生法"就只能停留在理论层面，而无法发挥其对现实的调节作用。

由此我们就可以看出，对于《黄帝书》来说，理论上的"道"大，与现实中的"王"大，这是一对不可调和的矛盾。然而，这种矛盾是否无法破解呢？通过对比《黄帝书》与《鹖冠子》的相关文本，我们就会发现，鹖冠子对这一问题实际上进行了更为深入的思考，并且在这种思考的基础上提出了他的解决问题的思路。

---

① （汉）司马迁撰：《史记》，第2156页。

《黄帝书》说："道生法。法者，引得失以绳，而明曲直者殹（也）。故执道者，生法而弗敢犯殹（也），法立而弗敢废殹（也）。"但是，鹖冠子对此明显存在不同的看法。鹖冠子在《兵政》中说：

> 贤生圣，圣生道，道生法，法生神，神生明。（《兵政》第十四）

通过对比，我们就会发现一个有意思的现象，鹖冠子将《黄帝书》中的"道生法"的位置进行了调整。在《黄帝书》中，其作者把"道"看成生"法"的根源，这样，"道法"与"王法"之间就形成了对立，而"道法"无疑是高于"王法"的。所以，作为"执道者"的"人主"，对于"道"生之"法"一方面不敢违犯，另一方面也不敢废除。一言以蔽之，王权要接受"道"的指导与限制。"道"是权力合法性的来源。这是在理论层面的论证。但是，在现实的政治生活中却并非如此，在现实中的"人主"是"天地"之配，他居于权力金字塔的最顶端，这样就不存在一种能够限制君权的力量。

所以，鹖冠子对"道生法"的位置进行了调整，他并没有将"道"看成高于权力的一极。在"道生法"之前，鹖冠子又加上了"贤生圣，圣生道"两个环节。这种调整说明鹖冠子对于王、道之间的矛盾的解决有不同的思路。鹖冠子认为，贤、圣才是行"道"的主体，而非君王。这说明，在《黄帝书》那里，"人主者，天地之配也"与"道生法"被看成了两个问题，而鹖冠子则将其看成了一个问题。鹖冠子认为，"道生法"无法对君权发挥制约作用的关键在于君主根本就没有行"道"的主观意愿，那么，要解决这种困境，就只剩下一条可能的途径：选择贤、圣之人来当君主。这样王、道之间的矛盾就能得到解决。

与黄老道家和法家相比，《鹖冠子》其书有一个显著的特点，在《鹖冠子》中充斥着大量针对君主的"怨言"。虽然在黄老道家、法家，抑或战国诸子的著作中，也有很多有关昏庸之君的典故，但是，这种典故的引用几乎都是为了对当政之君起到警醒的作用，它并不是直接针对当政之君的。《鹖冠子》则恰恰相反。鹖冠子每述及天道、君道的时候，都会发表对昏庸君主的批评。虽然这种批评没有指名道姓，但是，从他的批评中我们不难推测，鹖冠子对战国之世的君主是颇感失望的，这就使他的批评带有一种普遍性。鹖冠子倾向于否定所有的君主，他认为战国之世的君主都不能够胜任他们的工作，不能够履行他们的职责，这也正是天下混乱的根源。

那么，为什么本不胜任君位的人却成了君主呢？鹖冠子把矛头直接指向了"世袭君主制"。"世袭君主制"的存在就是为了保证国家的最高权力在一姓至亲的范围内传递，它把血缘作为继承君权的唯一依据。这种制度发展到极端，就会完全忽略对继任者资质的考察。这就罔顾了天下苍生的生死，而唯至高权力是图，这是极端的"私"天下的行为。"世袭君主制"的这种致命缺陷就导致了昏君庸主比比皆是。在这种情况下，欲求天下艾安简直是痴人说梦。正是由于对最高权力传递的根本制度的否定，鹖冠子就表现出了否定所有君主的倾向。

否定所有家天下制度下产生的君主，这或许失于极端。实际上，这种极端恰恰反映了鹖冠子对君主的期望之高。鹖冠子如此，战国诸子又何尝不然呢？我们且以上文分析过的黄老道家和法家为例，如果严格依照他们的理论来要求君主，我们就会发现，成为一个合格的君主几乎是不可能完成的任务。无论是效法"天地之道"，还是唯"法"是依，二者都倾向于要求君主去除其主观上的任何私心和所有欲求。这就等于要求君主最大限度地压制其主体人格所具有的"主观"成分，而去履行一套"客观"标准。二者对君主的这种要求，如果君主能够完全履行，这就等于是一个主体"客观化"的过程。

"客观化的主体"不再具有任何主观的人格，当然也就不会犯错，这样的君主还是人吗？没有主观人格的君主实际上就是神的化身。至此，我们不难发现，无论是黄老，还是法家，他们对君主的要求都过于苛刻了。从这个角度出发，我们就有充足的理由对一直被人苛责的君主施予同情。然而，天下至重也，从这个角度出发，我们反而又会倾向于向君主施加任何"苛刻"的要求。这是一种矛盾的处境。黄老道家没有破解，法家也没有破解，然而，由于对君主的一腔怨愤，鹖冠子却找到了破解的方法。

我们不能期望君主变成具有神格的人，这是不能实现的。同时，我们也不能罔顾天下苍生而放宽对君主的要求。如何破解这个困境呢？实际上，鹖冠子的逻辑也非常简单，既然天下混乱的症结在于君主，那么，我们就在君主的身上来寻找答案。君主不贤是一切问题之根源，我们就设法让贤能的人来当君主。把家天下制度下以血缘为依据的权力继承制度变成以贤德为依据的制度。从历史的发展进程来看，这也的确是唯一可行的办法。这也就是鹖冠子的"选贤为君"的思想。

"选贤为君"的思想实际上是彻底坚持贯彻"天地之道"的结果。鹖冠子把"天地之道"作为君主合法性的唯一依据。有了这个最高的依据之后，当他发现昏庸的君主是"天地之道"落实至人文领域的障碍之后，唯一解决的办法就是完善君权转移的制度。而思考至此的时候，中国上古时期有关尧、舜、禹的传说就成了他唯一可资借鉴的思想资源。在这一点上，鹖冠子对黄老道家思想作出了重要的贡献。相比之下，鹖冠子对理论的执行更加坚决、彻底，而对现实问题的思考也更加深入。

鹖冠子的"选贤为君"思想，必然会涉及另外一个命题，即"选贤为臣"。换言之，君主要选择贤能之人来担当，臣子当然也要选择贤能之人来担当。可是，对于"选贤为臣"这一命题，《鹖冠子》中基本没有涉及。凡论及奸佞之人，更多的都是谴责。《鹖冠子》的这种处理方法，在先秦诸子文献中，并不鲜见。这说明，在先秦子书文献中，都容易有一种倾向，即认为政治理所当然地是君子的游戏，小人只不过是偶然介入其中的搅局者。① 而小人介入政治的一个重要途径，就是君主。鹖冠子云："君道知人，臣术知事。"（《道端第六》）在这种思想的指导之下，政局中一旦出现小人，其责任必然会落实到君主身上。然而，"君道知人"，这实际上是一个非常艰难的任务，甚至是一个永远不可能圆满完成的任务。从这一点来看，为君之难，首先就难在"知人"。尤其是在君主大权独揽，君权毫无制约的情况下，在选人用人的过程中，难免掺杂个人的喜恶于其中，这就会出现"用人而择之"（《近迭第七》）的情况，也就是君主在用人的过程中，要依自己的喜恶来选择人才，久而久之，这就会给国家带来灾难性的后果。要避免"用人而择之"的情况，就需要思考如何进行选人用人的制度化建设。然而，君权独大与选人用人的制度化建设，这本身又是一对不可调和的矛盾。这不仅是鹖冠子所面对的问题，也是先秦诸子共同面对的问题。

另外，鹖冠子希望君主在治理国家的过程中，要效法"天地之道"。从哲学上来讲，"天地之道"没有善、恶的属性。比如，春夏万物生长，我们不能因此说天地就是善的，秋冬万物肃杀，我们不能因此说天地就是恶的。作为宇宙的最高法则，"天地之道"应该是超越于善恶的。那么，在君主效法"天地之道"的过程中，在伦理层面上，君主还需不需要面对善与恶的拷问？对

① 在这方面，法家算是一个例外。

于这一问题，在此可引用马基雅维里的几段文字，以助思考：

> 因为一个人如果在一切事情上都想发誓以善良自持，那么，他厕身于许多不善良的人当中肯定会遭到毁灭。所以一个君主如要保持自己的地位，就必须知道怎样做不良好的事情，并且必须知道视情况的需要与否使用这一手或者不使用这一手。①

> 我知道每一个人都同意：君主如果表现出上述那些被认为优良的品质，就是值得褒扬的。但是由于人类的条件不允许这样，君主既不能全部有这些优良的品质，也不能够完全地保持它们，因此君主必须有足够的明智远见，知道怎样避免那些使自己亡国的恶行（vizii），并且如果可能的话，还要保留那些不会使自己亡国的恶行，但是如果不能够的话，他可以毫不踌躇地听之任之。②

> 还有，如果没有那些恶行，就难以挽救自己的国家的话，那么他也不必要因为对这些恶行的责备而感到不安，因为如果好好地考虑一下每一件事情，就会察觉某些事情看来好像是好事，可是如果君主照着办就会自取灭亡，而另一些事情看来是恶行，可是如果照办了却会给他带来安全与福祉。③

马基雅维里认为：（1）君主不可能在一切事情上都以善良自持，而且在必要的时候，要知道怎样做不良好的事情，或依具体情况而为善或为恶；（2）由于人类社会条件不允许，君主不可能保有全部的优良品质，甚至要保留一些必要的恶行，才能避免亡国；（3）本是好事，君主照做，可能结果却是坏的，本是坏事，君主做了，结果可能是好的。总结马基雅维里的观点，可以看出，在他看来，君主不可能拥有完美之善的品格，而且适当为恶是必要的，因为人类社会一方面复杂，另一方面又充满了恶行。

按照马基雅维里的观点，现实中的君主，在品格上就应该是一个不好不坏的君主，既拥有善良的品质，又有恰当为恶的能力。马基雅维里的这个观点，如果和儒家对圣明之君的界定相对比，两者一定是格格不入的。儒家倾

---

① ［意］尼科洛·马基雅维里：《君主论》，潘汉典译，商务印书馆1985年版，第73—74页。
② ［意］尼科洛·马基雅维里：《君主论》，潘汉典译，第74页。
③ ［意］尼科洛·马基雅维里：《君主论》，潘汉典译，第74—75页。

向于认为，一个合格的君主，要具有近乎纯善的品格。然而现实中的君主，却少有能达到圣王高度的人，可能正是由于这个原因，在漫长的历史进程中，虽儒家独尊，历代君主却往往都会采用"外儒内法"的治国方略。政治不能没有理想，但现实的政治操作，如果过于理想化，一定会招致灾难性的后果。"外儒"就是一种政治理想，是对圣王理想的认可，"内法"则更切近现实，是在一定程度上保有了"为恶"的余地。相较之下，道家由于以"道"为最高准则，"道"是超越的存在，因之，道家对君主并没有近乎理想化的纯善的要求。"天地不仁，以万物为刍狗"（《道德经》第五章），这句话本身就透露出，君主是不受世俗之善恶价值判断所约束的。抑或说，一个有道之君，在伦理秩序上，有超越善恶的特殊地位。

因此，鹖冠子"选贤为君"的思想中，这个"贤"与儒家的"贤"是有所区别的。在鹖冠子看来，一个效法"天地之道"的贤君，一方面要效法天地的秩序系统，另一方面，也必然要效法天地的生息长养与无情肃杀。从"天地之道"的角度来看，"生息长养"不是善，"无情肃杀"也不是恶。所以在鹖冠子的思想中，有流于残酷无情的一面，这在他的哲学思想中是有其依据的。从道家的立场来看，一个君主是否贤明，这不仅仅是一个事关君主品行与能力的问题，它还是一个哲学问题。道家的君道观，尚是一个有待深入系统研究的领域。

第五章 《鹖冠子》的为政思想

在"道与时行"的过程中，鹖冠子处在以"天地之道"来诠释老子之"道"的阶段。鹖冠子之所以从这个角度来诠释"道"，在很大程度上是因为他想为君主施政提供一个可以效法的对象。鹖冠子认为，上古时期的圣王是效法"天地之道"来治理国家的，他们所成就的就是"圣王之道"。但是，当历史发展到家天下的时期，世袭君主制自身的弊端导致它无法确保君主的实际执政能力，同时，王权私有又在一定程度上加剧了君主"以贵为道，以意为法"的倾向，使其志骄意满，无所畏惧。这样，君主往往成为"天地之道"落实到社会人伦层面的阻碍。君主一旦站在了"道"的对立面，王权的正义性与合法性就会随之丧失。因此，为了使"圣王之道"得以最终实现，鹖冠子提出了"选贤为君"的思想。

与世袭君主制不同的是，"选贤为君"不是以血缘作为君权转移的根据，而是以"贤"为唯一的标准。用今天的话来表述，所谓"贤"就是指君主的实际执政能力。在鹖冠子看来，"贤能语"在主观上要具有遵循道的意愿，在客观上要具备落实道的能力。由此可以看出，鹖冠子之所以提出"选贤为君"的思想，主要是为了杜绝庸君据位的发生，这样他就为"天地之道"的最终落实清除了障碍。鹖冠子认为，一个贤明的君主法道而治，主要有两个方面的表现，一个是顺天，另一个则是因民。

第一节 天以民视听：古典政治逻辑中"民"之地位的确立

鹖冠子所提出的"唯民知极"的治国思想，其思想史的渊源甚为久远。早在《尚书》中，"民"之于治国理政的重要性就已经被提出和强调。《尚书·泰誓》说："天佑下民，作之君，作之师。惟其克相上帝，宠绥四方，有罪无罪，予曷敢有越厥志。"① 在《泰誓》看来，君主是"上帝"的代理人，而君主的使命就是执行"天佑下民"的"上帝"意志，君主权力的合法性以及正当性即建立于此。换言之，"天"，或"上帝"就是君权的合法性依据。但是，当中国历史发展至殷商末年的时候，仅仅依靠"天意"已经无法维护君权的正当性了。商纣王即以"天之所命"而自居，其政治昏暗，统治残暴，罔顾民命。因此，纣已经完全站在了民意的对立面。商纣的统治鲜明地凸显了"天意"与"民意"的对立。

周趁殷政之弊，在"天意"与"民意"的对立中，周选择了"民意"一方。出土文献中的材料可以很好地佐证思想史的这种转变。"卜辞中没有'民'字；周人才重视了'民'。"② 自周而始，"民"在中国古典政治思想史的话语体系中几乎从未缺位。《泰誓》说："天矜于民，民之所欲，天必从之。"③ 周武王正是以此为据而推翻了商朝的统治。周武王自称是顺从民意而"革命"。按照《泰誓》的逻辑，"民意"就是"天意"的表达。这样，周武王的行动就是既顺从了民意，也顺从了天意。天意与民意实是一种二而一的关系。因此，早在周初，"民"就已经成为中国古典政治逻辑的关键一环。

在此之前，"天意"是一个政权合法性的神圣根据，而在此之后，"天意"虽然依然重要，但是，"民意"已然成为"天意"的代言。易言之，"民意"就是君权合法性的晴雨表。与重视"民意"相关，周初的统治者，于天命之外，又特重一个"德"字。"德"即于"天意"之外，又对统治者自身的品格、素质提出了特定的要求。王国维云，"故其所以祈天永命者，乃在德与民二字"④，"文武周公所以治天下之精义大法胥在于此"⑤。《泰誓》说："天视自我民视，天听自我民听。"⑥ 民所视者，民所听者，即是国家运行过程中所体现出来的君王之"德"。中国的民本政治由此而开启。不难看出，鹖冠子也深受这种传统的影响。"德"也是鹖冠子衡量君主合格与否的一个关键标准。他一方面强烈地批判君主无德的现实政治，另一方面又设想用"选贤为君"的制度来确保君主德与能的达标。在鹖冠子看来，君主的德能并不

① （唐）孔颖达等撰：《尚书正义》，《十三经注疏》上，第180页。
② 侯外庐、赵纪彬、杜国庠：《中国思想通史》（第一卷），人民出版社1957年版，第73页。
③ （唐）孔颖达等撰：《尚书正义》，《十三经注疏》上，第181页。
④ 王国维：《观堂集林》，中华书局1959年版，第476页。
⑤ 王国维：《观堂集林》，第477页。
⑥ （唐）孔颖达等撰：《尚书正义》，《十三经注疏》上，第181页。

是一个空洞的指标，它一定会在君民关系的处理中体现出来。"为之以民，道之要也"，这就是鹖冠子为君道设定的一个路标：为君之道的关键就是"为之以民"。

肇始于周初的这种变化，到了老子这里又有了新的发展。老子完全否定了"天"以及"上帝"的至高无上性，但是，这不等于君权没有了任何制约。"道"取代了"上帝"的意志，成为君权合法性的依据。老子强调"以道莅天下"（《老子》第六十章），劝说君主"重积德"（《老子》第五十九章），并建议君主以无为无智的方式"爱民治国"（《老子》第十章）。这都是周初民本思想的延续。由于"道"剔除了"上帝"的神秘性因素以及非理性的因素，"道"与民意的连接就更为紧密，它实际上进一步强化了中国的民本政治思想。鹖冠子继承了老子以来的这种思想传统，他的"天地之道"亦由"民"而体现。

一　鹖冠子对为政以民的强调

在鹖冠子的思想中，"天地之道"、君、民三者之间到底是一种什么样的关系呢？首先，"天地之道"必须通过"君"而最终落实于"民"。从民本政治的传统来看，鹖冠子的"天地之道"是否得到落实必定会通过"民意"而体现出来。鹖冠子说：

> 为之以民，道之要也。唯民知极，弗之代也。此圣王授业，所以守制也。彼教苦，故民行薄。失之本，故争于末。人有分于处，处有分于地，地有分于天，天有分于时，时有分于数，数有分于度，度有分于一。天居高而耳卑者，此之谓也。（《天则》第四）

"为之以民，道之要也。"鹖冠子认为，为君之道的关键就在于"民"。"陆佃曰：民之所未安，圣人不强行；民之所未厌，圣人不强去。吴世拱曰：以，因也。因民为而不自为，则为可成矣。张金城曰：《老子》曰：'圣人无常心，以百姓心为心'。是也。"[1] 按照陆佃的解释，在君主治理国家的过程中，凡涉新政的推行或旧政的革除，都要考虑"民"这一阶层是否能够接受。对于

---

① 黄怀信撰：《鹖冠子汇校集注》，第62页。

新政，只要"民"有疑虑，就不强制推行；对于陈年旧政，只要"民"尚且认可，就不必强制革除。按照吴世拱的解释，君主治国要"因民为"而"不自为"。"因民为"就是善于倾听民意，顺应民的普遍诉求；"不自为"就是要避免一意孤行情况的发生。总而言之，君民之间沟通的渠道一定要畅通。一旦君民悬绝，君心与民意互相违背，就会给国家治理带来巨大的挑战。久而久之，必成隐患。按照张金诚的解释，"圣人无常心"，就是要求治国的君主不要有一颗固执不化的心，而是要时时去想民之所想，急民之所急，要去民意中探寻施政治国的方向，这就是"以百姓心为心"。换言之，这就是要求君主不要有个人的私心，而只有一颗为民兴利除害的公心。君主一旦有了私心，目之所视不出己私之域，心之所想不出己私所图，所有施政均以一己之私为鹄的，这必将导致政策的量度狭隘，甚或偏激以致极端，长此以往，整个天下都会成为君主私心的代价。综合以上几家对"为之以民，道之要也"注解，其意已甚是明白。

除了"为之以民"之外，鹖冠子还提出了一个观点："唯民知极。""陆佃曰：夫因人而不自任者，天也。民实知极，圣人岂侵越而代之？《大司徒》曰：使民兴贤，出使长之；使民兴能，入使治之。"[1] 陆佃认为，天因人而不自任，圣人则因民而不侵越。这就进一步解释了为什么君主治国要"为之以民"的原因。因为民既然已经知"极"，君主就不必再代替民来做决定，只要因顺百姓，就可以取得很好的施政效果。这与道家"道法自然"的观点一脉相承。道家认为宇宙天地有其本有的圆满秩序，君主治国的要务是发现和顺应这种秩序，而没有必要再人为地设计另外一种秩序。人为的设计不但无法取得预期的效果，还会反过来干扰天地宇宙已然的秩序体系。所以老子倡导无为，就是试图将人为的干扰降至最低的程度。鹖冠子的"唯民知极"也在一定程度上体现了对"道法自然"的自信。换言之，鹖冠子认为，秩序要去百姓中去寻找，而无须到百姓之外去创建。万民所知之"极"，就是政治秩序的最高准则。

在此，我们可以再次回顾《尚书·泰誓》中"天视自我民视，天听自我民听"这句话，在这句话中，"天视""天听"被转化为"民视""民听"，我们是否也可以适当地扩展一下这句话的语意空间呢？我们可以尝试把"圣

---

① 黄怀信撰：《鹖冠子汇校集注》，第 62 页。

人"或"君"纳入这句话中，"圣人"或"君"就是这句话所要告诫的主体。那么，这句话实际上就交代了"圣人"或"君主"所必须依准的两"极"，即天和民。但是，这里似乎就出现了矛盾。一般地理解，作为终极根据的标准应该是唯一的。然而，无论是在《尚书》中，还是在鹖冠子这里，我们都可以发现一个有趣的现象，他们都倾向于认为有两个终极标准，一个是天，另一个则是民。如何来解决这个矛盾呢？我们可以尝试从以下两个角度来解释两个终极标准存在的合理性。

首先，在上古时期，"天"或"上帝"曾经被视作人间秩序的终极主导者，而君主则是"天"或"上帝"在人间的唯一代理人。"天"与"君"或许可以有所沟通，但是，民却没有任何向"天"表达意愿的途径。也就是说，天与民是割裂的。人、神之隔绝，早已通过"绝地天通"这一事件最终完成。《尚书·吕刑》云："乃命重、黎绝地天通，罔有降格。"[①] 传云："重即羲，黎即和。尧命羲、和世掌天地四时之官，使人、神不扰，各得其序，是谓绝地天通。言天神无有降地，地民不至于天，明不相干。"[②] 这种割裂一方面赋予了君权以神圣性，另一方面则使君权失去了任何实际有效的外在制约。这样，君主行道当然是代天理民，相反，君主为非也可以说成代天虐民了。天不分别正义与否，只是永远站在君主一方。

《尚书·泰誓上》说："〔纣〕乃曰：吾有民有命，罔惩其侮。"[③] 纣即是以天之所命而自居，为非作歹。这说明君主代天理民的政治逻辑已经陷入了困境，它急需扩展和完善。周武王正是意识到了这一点，在《泰誓》中他创造性地把"天""君"二者互动的政治逻辑扩展为"天""君""民"三者互动的政治逻辑。天既然不具有主体性，不能够主动地表达自己的意愿，那么，天的意愿就由民来表达。君主虽然仍然是受天命而治理国家，但是，天意的表达权却赋予了人民。这样就既保住了君权的神圣性，又对君权施加了外在的制约。从这个角度来看，我们可以这样来理解"天""君""民"三者之间的关系，"天"依然是君权合法性的最高依据，但是，君主施政是否合理

---

① 关于"绝地天通"，《山海经·大荒西经》亦有记载，其云："颛顼生老童，老童生重及黎。帝令重献上天，令黎邛下地，下地是生噎，处于西极，以行日月星辰之行次。"（清）郝懿行撰：《山海经笺疏》，中华书局 2019 年版，第 354—355 页。

② （唐）孔颖达正义：《尚书正义》，上海古籍出版社 2007 年版，第 775 页。

③ （唐）孔颖达等撰：《尚书正义》，《十三经注疏》上，第 180 页。

则必须由人民的评价来判断。可以打这样一个比方，君主是"天"所委派的地方长官，但是，此地方长官政绩之评定则必须以民意为唯一标准。由此看来，天、民二极的存在并不矛盾，天是委任君权之"极"，"民"是评判君权之"极"。

其次，在"天""君""民"三者互动的政治逻辑中，君主受命于天，且君权必须接受"民"的监督，这说明，为君之道必须使三者之间实现良性的互动。为了便于理解，我们可以把为君之道分成两个部分。君道之上半部分承自天命，君道之下半部分则系于民心。简言之，君道是始生于天而终成于民的。君道生于天，这就保证了君权的神圣性与合法性，君道成于民则杜绝了君权行使过程中的随意性。君权之行使必须以"民"的利益为依归。

二　鹖冠子对"天居高而耳卑"的论证

老子对中国政治哲学的主要贡献，在于他颠覆了"天"或"上帝"的神圣地位，而以"道"取替之。因此，周初统治者所构建的"天""君""民"三者互动的政治逻辑就演变成了"道""君""民"三者互动的政治逻辑。鹖冠子继承了老子的这种思维框架。在鹖冠子看来，"君主"效法"天地之道"是治道之"生"，而"君主"因"民"而施政则是治道之"成"。鹖冠子说："此圣王授业，所以守制也。"鹖冠子认为，这种天道、君主、百姓三者互动的政治逻辑是自古以来"圣王"授业传国所必须遵守的祖制。但是，对于这种祖制存在的合理性，鹖冠子则有自己的理解。

鹖冠子说："彼教苦，故民行薄。失之本，故争于末。人有分于处，处有分于地，地有分于天，天有分于时，时有分于数，数有分于度，度有分于一。天居高而耳卑者，此之谓也。"（《天则》第四）什么是"天居高而耳卑"呢？为了理解这句话，我们可以尝试性地补出另一句话，即"天居高而眼卑"。这样，我们就可以发现，这两句话实际上与"天视自我民视，天听自我民听"存在对应关系。这种对应关系的存在，说明鹖冠子的治国思想与始自《尚书》的民本思想是一脉相承的。

何为"耳卑"？何为"眼卑"？天以"民"耳而听，此即"耳卑"；天以"民"眼而视，此即"眼卑"。但是，鹖冠子不同于传统思想的地方在于，他更进一步思考了这种视、听能力由"天"转移至"民"的可能性与合理性。至于这种转移的可能性，鹖冠子构建了一个层层分属的链条。通过这个链条系统，"天"之视听逐渐地转化为"人"之视听。这个链条就是：人、处、地、天—天、时、数、度、一。仔细观察之，这个链条又可以分成两个部分：其一：人、处、地、天；其二：天、时、数、度、一。整个链条以"分"的形式互相发生关联。

在第一个链条中，人虽处于"卑"位，但是依靠"分"的层层递进，人就与天紧密地联系在了一起。而第二个链条则是相反的过程，天虽处于"高"位，但是，依靠"分"的层层下贯，天也就与处于最"卑"位的"度"紧密地联系在了一起。最"卑"位的"度"又与"一"密切相关。"一"又从何而来？它是人从"多"中提炼的一个概念。讲到"一"，它就不像天地一样高高在上，与人悬隔万里，人可以通过主观能动性从纷繁的现象世界中提炼出一个"一"。而"一"在中国哲学中是地位非常特殊的一个数字，它经常被用来代指"道"。而在鹖冠子这里，"道"的最完满的体现就是"天地之道"。以此，人从现象世界中提炼的"一"与天地垂象而昭示的"道"，就形成了一个首尾相接的闭合系统。

在这个系统中，"道"的生成与人的视听之间存在着紧密的关系。毋宁说，道就是人通过自己的耳目视听和思维能力而被发现的。一方面，道的生成和彰显要仰赖人的发现和创造，另一方面，人的行为又要接受道的指引和规范。道与人，相得益彰，相失两亡。"天居高而耳卑"所要揭示的就是这种天人合一、道我相益的关系。在这种关系中，每一个人都是道的发现者。普天之下的眼都是天（道）的眼；普天之下的耳都是天（道）的耳。君主不能只靠自己的一双眼睛来看，不能只靠自己的一双耳朵来听。只凭单眼只耳所视听到的东西一定是片面的。正如鹖冠子所云："昔者有道之取政，非于耳目也。夫耳之主听，目之主明。一叶蔽目，不见太山；两豆塞耳，不闻雷霆。"（《天则》第四）在君主为政的过程中，如果只依赖自己的耳目，其视听的范围必然狭窄逼仄，同时也太容易被蒙蔽。所谓蔽目之叶、塞耳之豆，此实小物也。然其物虽小，君主一旦为其所蒙蔽，则必成聋盲！

纵观历史长河，君主之过失，失之小者多，失于大者少。究其原因，都在于蒙蔽二字。试想君主以九五之尊，决天下之生死荣辱，欲以一叶两豆蒙蔽君主而邀荣宠者，勿论两手十指，纵穷天下之指以数之，亦难穷尽其数也。所以，鹖冠子反对君主以自己的耳目取政。他倡导君主以天下的耳目来取政。何者？一目易蔽，众目难遮之故也。是以鹖冠子云："明主之治世也，急于求人，弗独为也。"（《道端》）天下大业，至繁至重，以君主一人而独为，耳目易受蒙蔽，心智易受干扰，必致力寡难支。而解决之道就是要"求人"，也就是求贤能以自辅。舍此不用而自用，往而不返，祸萌于萧墙之内，患生于四海之间，求天下之不覆不坠，不可得也！孟子云："闻诛一夫纣。"[①] 以纣之恶贯满盈，孟子以"一夫"尽之矣。可见独为之害！

通过将天之视听转移为人之视听，鹖冠子成功地论证了"天居高而耳卑"的可能性。此外，通过有道者之取政不以耳目、明主不独为的讨论，鹖冠子又论证了"天居高而耳卑"的合理性。在传统思想中，虽然有"天视自我民视，天听自我民听"的说法，但是，对于天之"视听"如何转化成民之"视听"，传统思想中并没有进行论证和说明，造成这种现象的原因之一就是在这种论述中还是保留了"天"的神秘性，"天"仍然是具有神秘力量的存在。正因为"天"仍然具有神格，这种视听的转化就无须说明，也无法说明。而鹖冠子对于"天"的神格明显是持否定态度的，而这种否定态度的理论根据就是老子的"道"。

老子的"道"为什么要颠覆"天"或"上帝"呢？这在很大程度上就是为了剔除其神秘性的因素，向更加靠近理智的方向发展。从这里可以看出，鹖冠子继承了老子的思想。在继承的同时，鹖冠子还付诸实际行动，他想要依靠理智的力量来论证天、民之间的紧密关系。鹖冠子的论证是否成功我们暂且不论。但是我们可以讨论这种论证所带来的后果。一旦"天""民"之间的关系被理论论证，那么，天、君、民之间的关系就趋于明晰化。我们知道，"天"必定是虚设的一环，因此，这种明晰化也就意味着"民"对"君"的限制途径和方式的明晰化，甚至程序化。

这样，君权不但受到了限制，而且必然拉近"君""民"之间的距离，"君"要尊重民意，"民"则可对君"指手画脚"。由此我们可以看出，这与鹖冠子"选贤为君"的思路是一致的。如果中国思想沿着这个方向继续前进，中国的传统政治究竟会走向何方就是一个很难回答的问题，而这个走向的选择也很可能提前开启"现代"中国的大门。然而可惜的是，历史不容许假设，到了汉代，董仲舒又一次把"天"推上了神坛，并且又一次把皇帝变成了"天子"，中国传统政治也随之步入了漫长的皇权时代。

---

① 杨伯峻译注：《孟子译注》，第 42 页。

鹖冠子对"天居高而耳卑"的论证，成功地将传统政治的"天""君""民"互动的政治逻辑转化成了"道""君""民"互动的政治逻辑，同时也成功地在"道""君""民"三者之间建立起了紧密的联系。传统政治以"天"与"民"作为制约君权的两极，鹖冠子继承了这种模式，以"道"与"民"作为制约君权的两极。所以，在鹖冠子强调"天地之道"的重要性的同时，他亦同时指出"为之以民，道之要也。唯民知极，弗之代也"。在鹖冠子的思想中，他希望君主在治理国家的过程中，重视"民"的作用，并善用"民"的力量，尤其是在"民"这一阶层中举贤用能。

第二节 顺爱之政：鹖冠子对"无为"与"民本"的创造性融合

如果说"为之以民，道之要也。唯民知极，弗之代也"只是一个概括性的施政纲领，那么，"顺爱之政"则是对这个施政纲领的具体落实。在中国政治哲学发展的过程中，为什么居于最底层的"民"[①] 最终被抬高到了几乎与"天"平起平坐的地位，成为制约君权的"两极"之一，这主要是因为最高统治者逐渐认识到了"民"众中所蕴含的不容忽视的力量，这种力量才是决定国家生死存亡的关键。

一 鹖冠子以"爱"安民的为政思想

《荀子·王制》中说："《传》曰：君者，舟也；庶人者，水也。水则载舟，水则覆舟。"[②] 这就是对"民"的力量的清醒认识。荀子引据《传》中的话，这说明《传》应该是荀子之前的一本古书，在《传》对"民"的这种认识中，我们已经完全看不到"天"的影子了。换言之，"民"已经不是"天"的附庸，他已经成长为一股左右政治的独立力量。相比于"天视自我民视，

---

① "民"字有颇多义项，不同时期，不同典籍中，民字含义都有变化。大体来讲，有两种含义值得重视。其一，民氓，言其无所知，或言其冥而未见仁道；其二，民者，人也。第一种近于贬义，第二种较为中性。本书中使用的"民"字乃中性之"民"。对于"民"字的含义，如果基于不同时期和不同典籍进行详细分疏，将是一种很有意义的尝试，对于理清中国政治哲学的发展历程，颇有助益。这需要专文进行探讨，此不详论。关于"民"字的详细义项，可参看宗福邦等编《故训汇纂》，第2269—2271 页。

② （清）王先谦：《荀子集解》，《诸子集成》（二），第97 页。

天听自我民听"，我们就可以看出，《传》是对《尚书》这一思想的进一步发展。当这句话经唐太宗引用之后，它就更加成为一句人们耳熟能详的警语。相比于荀子，孟子对"民"的定位就更为明确。他说："民为贵，社稷次之，君为轻。"① 这就直接把"民"置于了最高的位置。在孟子看来，君主为政的首要目标就是安民、利民。

鹖冠子亦持有类似的观点。他说：

　　置下不安，上不可以载累其足也。其最高而不植局者，未之有也。辩于人情，究物之理；称于天地，废置不殆。审于山川，而运动举错有检。生物无害，为之父母，无所躏跞。仁于取予，备于教道；要于言语，信于约束。已诺不专，喜怒不增。其兵不武。树以为俗，其化出此。（《王鈇》第九）

所谓"置下不安，上不可以载累其足也。其最高而不植局者，未之有也"，这亦是对君、民关系的一种陈述。君主居于高位，必有倾危之患，君主如果想泰然处于民上，就必须因民情、顺民心，使民欣然拥戴方可。所以，鹖冠子对君主提出了一系列的要求，要而言之，君主必须对"民"有同情之心，有爱护之意。"为之父母"者，爱民如子也。

然而，一母生九子，九子各不同。君主如何爱民才能取得民众的集体拥护呢？鹖冠子认为，既然"人"作为一个"类称"能够存在，那么，这个"类称"一定是以某种相同的东西作为基础的。《鹖冠子》中记载了庞煖与鹖冠子的这样一段对话：

　　庞子曰："以今之事观古之道，舟车相通，衣服同采，言语相知。画地守之，不能相犯；殊君异长，不能相使；逆言过耳，兵甲相李。百父母子，且未易领。方若所言，未有离中国之正也。丘第之业，域不出著，居不连堁。而曰成鸠氏周阖四海为一家，夷貉万国莫不来朝，其果情乎？"

　　鹖冠子曰："虎狼杀人，乌苍从上，蟆蛾从下聚之。六者异类，然同

————————

① 杨伯峻译注：《孟子译注》，第 328 页。

> 时俱至者，何也？所欲同也。由是观之，有人之名，则同人之情耳，何
> 故不可乎？"（《王鈇》第九）

庞子认为，以古今之事观之，天下虽舟车相同，衣服同采，言语相知，然而，殊君异长，各领其民，各守其域，互不交通。彼此之间摩擦不断，兵甲相攻。同一父母，子息众多尚且不易统领，何况万国殊俗，您怎么能使四海为一家，万国来朝贡呢？您说的是真的吗？我感觉有点太玄了！

针对庞煖的疑惑，鹖冠子首先举了一个例子。如果虎狼杀人，那么，鸟、苍就会从天上降落下来，聚集到这里，螾、蛾就会从土里钻出来，聚集到这里。虎、狼、鸟、苍、螾、蛾是不同种类的动物，然而它们同时汇聚到这里，这是为什么呢？鹖冠子说，这是因为它们都有共同的欲求，都是为了来分一杯羹。从这个角度来看，既然天下之民都是"人"，那么，这个大共名之成立一定是以某种共同的东西作为基础，鹖冠子认为这个基础就是"情"。因之，只要因顺其"情"，异类尚可同时共聚，何况同类之人呢？然而，可惜的是，至于这个"情"到底是什么，鹖冠子并没有交代清楚。这个"情"是与动物相同的"欲"吗？应该是不止于此。

那么，是什么力量使四海之民合为一家，万国之君同时来朝呢？鹖冠子说：

> 文、理者，相明者也。色、味者，相度者也。藻、华者，相成者也。众者，我而众之，故可以一范请也。顺爱之政，殊类相通。逆爱之政，同类相亡。故圣人立天为父，建地为母。范者，非务使云必同知一，期以使一人也。氾错之天地之间，而人人被其和。和也者，无形而有味者也。同和者，仁也。相容者，义也。仁义者，所乐同名也。能同所乐，无形内政。故圣知神方，调于无形，而物莫不从。天受藻华，以为神明之根者也。地受时，以为万物原者也。神圣详理，恶离制命之柄，敛散华精，以慰地责天者也。调味章色，正声以定。天、地、人事，三者毕此矣。（《泰鸿》第十）

"众者，我而众之，故可以一范请也"，这句话怎么理解呢？笔者想，鹖冠子在这里，还是从"人"的"类"之同入手来寻找解决问题的思路。"我"是

每个人对自己的称谓，无数的"我"就构成了"众"。这应该是"有人之名，则同人之情"的另一种表达。正因为"人"具有相同的类属性，因此，天下之"人"就可以以"一范"请。这就又回到了问题的原点，这个可以畴合四海为一家的"范"是什么呢？

鹖冠子进一步说："顺爱之政，殊类相通，逆爱之政，同类相亡。"看来这个可以畴合四海为一家的"范"还是与对民之"爱"有关。可惜的是，鹖冠子始终没有交代清楚这个"人"的类属性到底是什么。然而，这只是我们的困惑，因为鹖冠子认为他自己已经找到了"范"请天下的答案，这个答案就是"顺爱之政"。鹖冠子认为，君主在治理国家的时候，如果施行"顺爱之政"，纵使如虎、狼、鸟、苍、蟥、蛾者都会同时俱至，异类尚且如此，同类之人就可想而知了。反之，如果君主施行"逆爱之政"，纵使同为"人"类，大家都会彼此相攻相杀，终归会落得个众叛亲离的下场。

二 鹖冠子对"无为"与"爱民"辩证关系的分析

那么，什么才是"顺爱之政"呢？对于这个问题，鹖冠子虽然没有进行清晰的描述或准确的定义，但是，从他下面的说法中我们可以推知一二。鹖冠子说：

> 夫使百姓释己而以上为心者，教之所期也。
> 为而无害，成而不败，一人唱而万人和，如体之从心，此政之期也。
> 未令而知其为，未使而知其往，上不加务而民自尽，此化之期也。

（《天则》第四）

"教之期"与"化之期"所体现的是"民"对上的绝对信任和顺从。但是，两者又略有区别。"教之期"是从百姓以"上"为"心"的角度来着重强调百姓对"上"的绝对信任，而"化之期"则是从"上"以百姓为"体"的角度来着重强调对于"上"之政令，百姓奉行而不违。百姓与君主之间达到了如"体之从心"般的和谐与融洽，这应该就是君主施行"顺爱之政"的直接结果。

但是，什么才是"顺爱之政"呢？鹖冠子指出，"民"对君的服从有一个前提条件，即"为而无害，成而不败"。君主之施政治国是一种"为"，但是这种"为"不但不能伤害、牺牲百姓的利益，还要服务于百姓，"成"就百姓之业，而不去败坏百姓之生资。那么，在君主与百姓之间如何才能达到这种默契呢？我们可以在鹖冠子的"化之期"中找到答案。

谈到"化之期"，鹖冠子说："未令而知其为，未使而知其往，上不加务而民自尽。"在君主没有发布政令的时候，"民"自己就知道如何去做，以及要做什么。如果君主不给百姓施加任何额外之"务"，百姓就会把一切都做得很好。在这段材料中，鹖冠子极力强调了百姓"自治"的能力。换言之，百姓可以做好一切事情，但是，其前提就是要排除"上"之干扰。由此我们可以看出，在鹖冠子看来，如果君主于政有所"为"的话，那么，这种"为"应该以不干扰百姓的正常生产生活为标准，也就是说，君主之"为"，对于百姓来说恰如"无为"。因为这种"为"最大限度地因顺了百姓的"欲"与"爱"。由此不难看出，鹖冠子在此所强调的就是"无为"之"为"。"无为"之"为"就是鹖冠子的"顺爱之政"得以实现的基本保证。

从这个角度来看，我们可以这样理解鹖冠子的"顺爱之政"："顺爱之政"的最低限度就是君主的"政"不去干扰百姓的生活，这其实就是"无为而治"。这样，鹖冠子的思想就又和道家思想衔接在了一起。而"顺爱之政"对"民"之"爱"的强调，又明显地体现了儒家民本思想的特征。由此我们就可以看出，鹖冠子"顺爱之政"的思想实际上是对道家"无为"思想与儒家民本思想的创造性结合。

以此为基础，鹖冠子对"顺爱之政"是否有更高的期许呢？笔者不敢确定。但是，有一点是可以确定的，他的"顺爱之政"中寓有富国强兵、统一天下的雄心壮志，然而，兵不血刃的王道政治毕竟已是昨日的落英，在以强称雄的时代，这个理想一定会以很多无辜的生命为代价，而付出代价尤为惨重的阶层必定是最底层的百姓。从这个角度来看，鹖冠子思想中的这个闪光点似乎又被天边的阴霾掩住了几丝光辉。因此，鹖冠子"顺爱之政"的思想还是在"爱民"与"拥君"二者之间徘徊，似乎难以作出抉择。然而，兵者，凶器也，国之存亡系之，民之生死系之，故战事不可轻启，鹖冠子对此有清醒的认识，这就涉及他的"无军之兵"的军事思想。

鹖冠子"顺爱之政"的思想，虽有继承儒家民本思想的一面，但是，两者之间也有很大的不同。所谓"顺爱"，就是顺民之所爱。那么，在鹖冠子看来，这个"爱"的内容是什么呢？《博选》云："所谓人者，恶死乐生者也。"

从这句话，我们可以推断出，鹖冠子对人性的看法，与法家更为接近。鹖冠子"顺爱之政"的思想，应该是建基于人性本恶论。这是与儒家的不同之处，而与法家的相同之处。

基于人性论的不同，在具体的治理方法上，与儒家也会呈现出较大的不同。《韩非子》有云："好利恶害，夫人之所有也。"① 这种观点与鹖冠子对人性的看法非常接近。人之大利，莫过于生，人之大害，莫过于死。既然如此，君主在治理国家的过程中，就要充分利用人的这种"大利"和"大害"。《韩非子》云："夫安利者就之，危害者去之，此人之情也。"② 韩非子认为，人都有趋利避害的心理。这种心理，正好可以为治国者所利用。因其趋利，则可诱进之；因其避害，则可慑止之。这是法家治国的一个基本思路和方法。

鹖冠子在这一点上，与法家亦有相同之处。在此我们可以再次回顾《鹖冠子》的一段话，其曰："虎狼杀人，乌苍从上，蝱蛾从下聚之。六者异类，然同时俱至者，何也？所欲同也。由是观之，有人之名，则同人之情耳，何故不可乎？"（《王鈇第九》）由虎狼杀人，异类齐聚，推断出"有人之名，同人之情"，这里的"同人之情"，更侧重于人的"人欲"之同，人的"好利"之同。因此，在鹖冠子看来，治国者可以利用人的这种"好利"之心来诱导民人。这是"顺爱"的题中之义。正因如此，"顺爱"的反面，在鹖冠子的思想中也是成立的，即用人的"恶害"之心理来慑止人民。如"其诛柱国，灭门残疾"（《王鈇》第九），"其轸令尹以狗"（《王鈇》第九），这都是用严刑峻法来达到震慑效果的体现。因此，鹖冠子的思想中，亦有果于杀伐的一面。在这些方面，鹖冠子都更近于法家，而不同于儒家。因此之故，陆佃称鹖冠子"著书初本黄老而末流迪于刑名"③。这是在理解鹖冠子"顺爱之政"思想时，需要格外注意的方面。

① （清）王先慎撰：《韩非子集解》，第369页。
② （清）王先慎撰：《韩非子集解》，第98页。
③ 黄怀信撰：《鹖冠子校注》，第382页。

第六章 《鹖冠子》的治国先兵思想

战争之焦点在胜败，因此，诸兵家思考之重心往往集中在两个方面，其大者为战略之制定，其小者为战术之执行，而鹖冠子却与诸家相异。战争的发动是一个庞大的系统工程，孙子在《谋攻篇》中说："故曰：知彼知己者，百战而不殆；知彼而不知己，一胜一负；不知彼，不知己，每战必殆。"① 所谓"知彼知己者"当如何理解呢？"彼"者，敌方也，"己"者，我方也。孙子在这里就是在提醒战争的谋划者，战争的发动是一个系统工程，小而言之，这个系统只涉及我方政治、经济、军事、外交等诸环节的紧密配合，大而言之，这个系统则不但包括我方于其中，而且还包括敌方涉及战争的各个环节于其中，甚至还包括敌方外交之敌友关系于其中。战争的谋划者只有通过认真研究这个庞大的系统，才能对敌我之孰优孰劣了然于胸，如此，则奇正生焉，胜负定焉。

然而，在鹖冠子看来，对战争系统的全盘把握固然重要，但是，在筹划战争的过程中，善于抓住主要矛盾更为重要。鹖冠子指出，人道当以"兵"为先，用兵之道则须以"顺之于道，合之于人"为要。人道以兵为先，这是突显军事的重要性，兵之运用又需要顺道、合人，这又是在强调道与人心的重要性。鹖冠子的这种思考方式，实际是对政治与军事两者关系的哲学思考。政治是体，军事是用；政治是本，军事是末。政治活动作为本体，必须重视它的末梢——军事。因军事之作用正在于充当政治活动的护盾和长矛。没有了军事的强力，政治就犹如失去了它的四肢；没有了政治的指导，军事就犹如失去了它的大脑。正因如此，鹖冠子才主张政治活动永远都要把"兵"——也就是军事置于优先的地位。这就是"人道先兵"中"先"的涵义。而从另一个方面来看，只有政治这个根本坚固，军事才能真正地强大，

---

① 杨炳安校理：《十一家注孙子校理》，中华书局 1999 年版，第 62—63 页。

所以，政治对军事的决定作用永远都不能被忽视。为了维持强大的军事力量，政治生态健康是一个必需的前提。所以，鹖冠子格外重视一个国家内政状况对军事的最终影响。这就是"无军之兵"所探讨的内容。鹖冠子提醒我们要注意，战争的胜利有时犹如一剂强心针，它固然可以一时提振士气，巩固团结，但是，如果国君昏庸，治国无道，这种国民士气的暂时提振，永远无法抵消内政混乱的长期耗损，失败终究会到来。所以，鹖冠子说"国有无服之丧，无军之兵，可以先见也"。

第一节 人道先兵：政治为本体，军事为器用

前文我们已经作过分析，在道家"道与时行"的理论发展过程中，鹖冠子处在以"天地之道"来解释"道"这一发展阶段。但是，由于鹖冠子所欲破解的是有关"人"的难题，因此，"天地之道"必然会向"人"的层面逐渐落实，"圣人之道"就是这种落实的结果。"天地之道"以天"文"地"理"而彰显，那么，"圣人之道"又是以何次序而施行呢？鹖冠子的学生庞子亦有如此疑问，下面我们就来看他与鹖冠子的一段对话。

> 庞子问鹖冠子曰："圣人之道何先？"鹖冠子曰："先人。"
> 庞子曰："人道何先？"
> 鹖冠子曰："先兵。"（《近迭》第七）

"先"者，黄怀信曰："首先，首要。"① 庞子问鹖冠子："圣人之道以何为首要呢？"鹖冠子说："以人为首要。"庞子继续发问："人道以何为首要呢？"鹖冠子说："以兵为首要。"这是一段简明扼要的对话，然而就是这样一段简短的对话，其内涵却是非常丰富的。这里需要指出的是，"人"在此具有两种含义，除了通常意义上的"人"之外，它还包括一切"人事"于其中。前一种意义上的"人"，与鹖冠子的"唯民知极"的思想相关，而后一种意义上的有关"人事"的"人"，不但包括了鹖冠子"选贤为君"的思想，而且还包括此处我们即将要展开的鹖冠子的军事思想。

---

① 黄怀信撰：《鹖冠子汇校集注》，第115页。

一 鹖冠子论"先人"与"先兵"

鹖冠子的"人"具有三重含义，那么，这三重含义之间是什么关系呢？笔者认为，只有通过对这三者关系的深入探讨，我们才能够对鹖冠子的"人道先兵"思想进行准确定位，即在"选贤为君"、"唯民知极"与"人道先兵"三者之间，鹖冠子到底把"兵"置于何种位置。如果只局限于这一段文本来看，我们可以说鹖冠子已经给出了明确的答案，鹖冠子认为"兵"为重中之重。但是，如果我们从《鹖冠子》的整个文本来看，这个判断是否还准确呢？

首先，"选贤为君"的必要性在于，鹖冠子认为世袭制下产生的君主不但不能够担当弘道之重任，而且经常站在道的对立面，这样，君位与君道之间就出现了背离。所以，鹖冠子才以"选贤为君"来破解这种困境。从这里就可以看出，与君权的延续性相比，鹖冠了更为重视"道"。换言之，鹖冠子实际上是以"道"为标准来衡定君权存在的合法性。当君权之用与君道之体合而为一的时候，君位的保有就有其正当性。反之，君位必须发生转移，并最终使其回归君道的正轨。这实际上就是对政权合法性的探讨。然而，"道"非人非神，它不具有人的主体性，亦不具有神的神秘性，如此，君主行道与否又通过什么渠道而表现出来呢？以何为判断依据呢？对于这一问题，鹖冠子继承了"天视自我民视，天听自我民听"的民本思想传统，秉承了传统民本思想把"天视""天听"赋予"民"的思路，鹖冠子亦把君主行道与否的裁判权赋予了民众，这就形成了他的"唯民知极"的思想。

无论是"选贤为君"，还是"唯民知极"，在鹖冠子看来，都不仅仅是一个政治问题，它们同时也是一个严肃的军事问题。因为君主是否贤明，关系着国家政治是否符合道的要求，而政治的良莠，百姓都看在眼里记在心中，这又决定了人心的向背，两者最终会以合力的方式反映到军事上来。鹖冠子认为，既有道义的支撑，又有民心的归向，这样的军事力量才是最强大的存在。鹖冠子对军事的思考，从不会远离政治。关注政治对军事的决定作用，这是他的军事思想的特点。正因为如此，鹖冠子才强调"先人"。"先人"就是强调政治的优先性。然而，问题还有另一个侧面，政治虽决定军事，但军事反过来又构成政治的强力保障，因此，"先人"的当务之急又一定是"先兵"。这就是两者之间的辩证关系。

二 鹖冠子论"礼义忠信"之兵

在《鹖冠子》中记录了鹖冠子与庞煖的这样一段对话：

鹖冠子曰："神灵威明与天合，勾萌动作与地俱，阴阳寒暑与时至。三者圣人存则治，亡则乱，是故先人。富则骄，贵则嬴。兵者，百岁不一用，然①不可一日忘也，是故人道先兵。"

庞子曰："先兵奈何？"

鹖冠子曰："兵者，礼义忠信也。"

庞子曰："愿闻兵义。"

鹖冠子曰："失道，故敢以贱逆贵；不义，故敢以小侵大。"

庞子曰："用之奈何？"

鹖冠子曰："行枉则禁，反正则舍，是故不杀降人。主道所高，莫贵约束。得地失信，圣王弗据。倍言负约，各将有故。"（《近迭》第七）

这段对话主要阐述了以下几个问题。首先，"兵"的作用。鹖冠子认为"兵者，百岁不一用，然不可一日忘也"，从这句话我们可以推测出，鹖冠子之所以认为"人道先兵"，是因为在他看来"兵"之主要功能在于防备不虞之事。从这个角度来看，鹖冠子虽然期望天下一统，但是，具体到用兵的问题上，他并没有秉承富有侵略性的政策。从另一个层面来看，一个国家政权要延续和发展，国家安全是一个先决的条件。如果没有了国家安全，一切有关国家发展前途的谋划都无从谈起。实际上，从"兵者，百岁不一用，然不可一日忘也"这句话可以推断出，鹖冠子已经意识到了国家安全的重要性。

从世界文明发展的实际进程来看，作为文明古国，只有中华文明延续至今，对于这一现象，我们可以从各种不同的角度来解释，但是，有一个维度永远不能缺位，这就是中国的军事思想家很早就意识到了国家安全的重要性。文武之道，一阴一阳，这两种力量的相互配合才成就了中华文明长盛不衰的

---

① 黄怀信撰《鹖冠子汇校集注》"然"作"而"。黄怀信撰《鹖冠子校注》作"然"《鹖冠子》（子汇本）亦作"然"。今从诸体作"然"。

辉煌。这说明，政治活动虽居于木体的地位，但它永远都不能忽略军事强力的作用，一旦轻视军事，政治本身就会付出极大的代价。作为末梢的军事的作用倘若被轻视，政治这个本根一定会被逐渐侵蚀，直至被连根拔起。文明的消亡，往往都是忽视军事的代价。

关于政治与军事的本末体用关系，《孙膑兵法》中也有类似的观点。孙子见威王曰："夫兵者，非士恒埶（势）也，此先王之传道也。"① "此二句乃谓谋士不专依靠兵械为击敌之势，而应如先王以兵作辅助行道之器。" "此文强调'道'字，欲国家强盛，兵固不可缺，但不可单纯靠兵，而以兵辅道，尤为重要。"② 将兵界定为行道之器，实际就是确立了政治与军事二者的道—器关系，换句话说，就是以政治为本体，而以军事为器用。军事作为器用，它的功能被政治赋予和决定。只有政治有效运作，军事的功能才能得到正常的发挥。因此，欲强固军事，首要的一个任务就是康健政治。

这种观点与鹖冠子是一致的。在鹖冠子看来，政治是否健康，主要取决于执政者是否有"道"。"人道先兵"虽然是在强调兵的重要性，但同时也是在确立"人道"的优先性。因为在鹖冠子的思想世界中，"兵"是在"人道"的大背景下展开的。"人道"是本体，"兵"则是器用。也正因如此，作为"人道"层面的"礼义忠信"才会被鹖冠子赋予军事，成为"兵"的一个重要规定性。因此，"先兵"只不过是强调"兵"对于"人道"的重要性，并不是让"兵"成为优先于"人道"的存在。

孙子与鹖冠子也有共鸣。孙子说"先为不可胜"（《孙子·形篇》），"不可胜在己"（《孙子·形篇》），"不可胜者，守也"（《孙子·形篇》）。孙子认为，军事上不可战胜的一个决定性因素就是"自己"。这个"己"所体现的是一个国家的核心实力。这个核心实力的根基，就在于政治的生态。政治的生态好，军事就强大，政治的生态坏，军事就衰弱。政治的操作虽可暂时制造军事强大的假象，一时迷惑人们，但真实到来的战争冲突，总是会击碎一切谎言。至于"不可胜者，守也"，如果把孙子的这句话只是简单地理解为构筑坚固周全的防御工事，这就有失于狭隘了。这个"守"，孙子也一定考虑到了国家政治的决定作用。前线要守得住，关键还是要看庙堂是否靠得住。后

---

① 张震泽撰：《孙膑兵法校理》，中华书局2014年版，第19页。
② 张震泽撰：《孙膑兵法校理》，第22页。

方与前线不可割裂地看待。这都是在强调一个国家的政治对军事的决定作用。正因为政治如此重要，当我们思考军事问题的时候，才不能仅仅着眼于军事本身，而是要回溯政治对军事决定的作用。因此，军事优先，必然会引申出下一个命题：政治生态必须健康。这就是鹖冠子"人道先兵"的逻辑。

在这样的逻辑下，鹖冠子"兵者，礼义忠信也"的表述，实际就是表明了他对"人道"的看法。兵的礼义忠信的品格实是承继于政治，也就是人道。因此，对于鹖冠子"兵者，礼义忠信也"这句话的理解，我们不能狭隘地将之理解为在战场上要奉行礼义忠信的原则，而应该从更宏观的角度，从政治与军事关系的角度来理解。这句话一方面是在确立一些战场上的具体原则，另一方面则是在表明政治对军事的决定作用。既然政治必须遵守"礼义忠信"的原则，那么军事就绝不能违背这些原则。"礼义忠信"之兵，一方面是讲礼奉义忠心守信之兵，另一方面则是遵守政治原则的兵，也就是讲政治的兵。鹖冠子坚信军事不能脱离政治的指导。

鹖冠子的"兵者不可一日忘也"与孙膑"战胜，则所以在亡国而继绝世也；战不胜，则所以削地而危社稷也。是故兵者不可不察"的意思接近，两者强调的都是"兵固不可缺"。而"兵者，百岁不一用"，换言之，即是"不得已而用之"（《老子》第三十一章）。此中也寓有"不专依靠兵械，而以兵作辅助行道之器"的意思。可见，鹖冠子并不是"乐兵"者，也不是一个"利兵"者。他深谙"乐兵者亡，而利兵者辱"[1]的道理。在这一点上，鹖冠子与中国传统兵法思想是一致的。因此，鹖冠子的"人道先兵"，这个"先"应该是重视的意思。也就是说，政治必须重视军事，因为重视军事，所以才要有一个良好的政治环境。否则，军事也必定会逐渐衰弱。从这一点来看，鹖冠子虽然提倡"先兵"，但他并不是一个穷兵黩武主义者，恰恰相反，他实际上是一个政治决定论者，他思考军事问题的时候，总是会回顾和强调政治的决定作用。这是鹖冠子军事思维的一个重要特点。

关于治兵的方法。庞煖问鹖冠子曰："兵既为首要之务，当如何治军呢？"鹖冠子说："以礼义忠信治军。"对于这一段话，诸家都有注解。"张之纯曰：'晋士蒍论战，以礼、乐、慈、爱为主；楚申叔论战，以德、祥、义、礼、信为主。鹖冠子之说，盖本于此。'吴世拱曰：'《左传》成十六

---

① 张震泽撰：《孙膑兵法校理》，第19页。

年：子反入见申叔时曰：师其何如？对曰：德、刑、义、礼、信，战之器也。庄二十七年《传》：夫礼、乐、慈、爱，战所畜也。僖二十七年《传》晋子犯俟民知义、知信、知礼而后用之战。'张金城曰：'士蒍论战，见《左传》庄公二十七。皆论兵当以德为干也。'按：'兵者礼义忠信，言"兵"含礼、义、忠、信之德。'①

各家的解说是否准确呢？从今天的立场来看，我们很难把"兵"与"礼义忠信"联系在一起。这主要是因为，今天的我们更为熟知孙子的用兵思想。孙子在《计篇》中说："兵者，诡道也。"② 这种对"兵"的认识与"礼义忠信"完全不沾边，甚至是反其道而用之。两种治军思想孰是孰非呢？我们如何来理解两者之间的矛盾呢？实际上，历史地来看，这两种用兵思想之间的反差正展示了春秋战国时期军事思想的发展历程。在春秋战国时期"礼崩乐坏"的社会背景下，军事领域也相应地发生了"舍弃礼让，抛弃仁义"③ 的深刻变革。

宋襄公就是这种变革所造就的一个充满悲情色彩的历史人物。在指挥"泓水之战"的过程中，由于宋襄公一味固守陈旧的军事理论，不但导致了战争的失败，自己也付出了生命的代价。对此，《韩非子》有如下记载：

> 宋襄公与楚人战于涿谷上。宋人既成列矣，楚人未及济。右司马购强趋而谏曰："楚人众而宋人寡，请使楚人半涉未成列而击之，必败。"襄公曰："寡人闻君子曰：不重伤，不擒二毛，不推人于险，不迫人于阸，不鼓不成列。"今楚未济而击之，害义。请使楚人毕涉成阵而后鼓士进之。④

在双方交战的过程中，由于宋襄公对"义"的固守与执着，最终导致了"宋人大败，公伤股，三日而死"⑤ 的悲惨结局。韩非子对此评价说："此乃慕自亲仁义之祸。"⑥ 实际上，韩非子对宋襄公的评价还是稍显偏颇，这主要是由于韩非子并没有意识到宋襄公所面对的新旧军事理论交锋的历史背景，因此，他也无法同情地理解宋襄公对道、义的固守。

① 黄怀信撰：《鹖冠子汇校集注》，第118页。
② 杨炳安校理：《十一家注孙子校理》，第12页。
③ 尹振环：《重识老子与〈老子〉——其人其书其术其演变》，商务印书馆2008年版，第131页。
④ 张觉撰：《韩非子校疏》，上海古籍出版社2010年版，第753页。
⑤ 张觉撰：《韩非子校疏》，第753页。
⑥ 张觉撰：《韩非子校疏》，第753页。

宋襄公的失败并不能完全归咎于他的"慕自亲仁义"的虚荣，他身上还折射出了社会大变革带给人们的困惑与抉择之痛。相比之下，《淮南子·氾论训》的作者似乎意识到了社会大变革带给人们的困惑与阵痛，如果他知道宋襄公的故事，他一定会对宋襄公表达自己的理解与同情。所以《淮南子·氾论训》说："古之伐国，不杀黄口，不获二毛，于古为义，于今为笑。古之所以为荣者，今之所以为辱也。"① 由此，无论是从古、今之变，还是从荣、辱之际来看，宋襄公都应该被看作一个被历史淘汰的悲情英雄，而不应该被仅仅当作笑料来看待。历史本身是严肃的，对于宋襄公的失败，在一笑之余我们还必须进行反思：面对社会大变革，面对古今、中西之冲突，我们又当何去何从呢？

从某种角度来看，鹖冠子实际上也是一个"宋襄公"式的传统的守望者。两相比较，鹖冠子论兵与春秋时期诸家论兵颇为相近，而与孙子不同。孙子的用兵思想是对春秋时期军事思想的继承和发展，它无疑更为适合战国时期的军事斗争的实际需要。然而，我们不能武断地认为鹖冠子没有自觉地意识到军事斗争环境的变化。鹖冠子舍此取彼，这至少可以说明他对战国时期的诸侯混战是持否定态度的，而他否定这种战争的原因之一也许正在于这种战争不符合鹖冠子"道义"至上的原则，是一种非正义的战争。孟子有"春秋无义战"② 的说法，春秋时期尚且如此，战国时期更是有过之而无不及，可见鹖冠子的这种看法与孟子亦有一致之处。非正义的战争以利益为归趋，鹖冠子对此则不以为然，他认为干戈之起当另有原因。

三　鹖冠子对王道政治理想的坚持

关于兵争所起的原因。"庞子曰：愿闻兵义。"黄怀信曰："义，宜也。"③ "愿闻兵义"的大意应该是：请您讲一讲兵之所宜。鹖冠子对此回答说："失道故敢以贱逆贵，不义故敢以小侵大。"这句话稍有不明之处，"失道"与"不义"的主体是谁呢？鹖冠子省略了这句话的主语，但是，干戈之事往往是国与国之争，据此推测，鹖冠子所省略的主语应该是"国"，或者是"君"。因此，鹖冠子这句话就可以理解为：国有失道则贱敢逆贵，国有不义，故小

---

① 何宁撰：《淮南子集释》，第 930 页。
② 杨伯峻译注：《孟子译注》，第 324 页。
③ 黄怀信撰：《鹖冠子汇校集注》，第 119 页。

敢侵大。由此我们可以看出，鹖冠子认为兵争之起应该是由于"道义"之失，而非唯利是图。这就间接地批判了战国时期的诸侯之争。那么，在鹖冠子看来，用兵应遵守什么样的"道义"原则呢？

关于用兵之根本原则。庞子曰："用之奈何？"鹖冠子曰："行枉则禁，反正则舍，是故不杀降人，主道所高，莫贵约束，得地失信，圣王弗据，倍言负约，各将有故。"庞煖问鹖冠子：怎么用兵呢？这里需要注意，从鹖冠子的回答来看，庞煖这里所问的并非具体的战略、战术之事，而是用兵之原则，即我们发起战争的理由是什么，停止战争的理由又是什么？鹖冠子对此回答说："行枉则禁，反正则舍。"鹖冠子的这两句话实际上就非常明确地指出了用兵的原则。"行枉"之后应该还有一个宾语，即"道"。也就是说，鹖冠子认为，如果某国之君行枉道则需举兵相临，匡其过患，但是，一旦彼国之君返归正道，则需罢兵息战。从这个回答来看，鹖冠子对战争原则的阐述，与战国诸侯之所施行者，实际上大异其趣。鹖冠了坚守了他的"兵者，礼义忠信也"的原则。

这是鹖冠子不通时务吗？笔者想应该不是这样。从鹖冠子对国君的批评来看，鹖冠子对战国时政还是相当了解的。笔者认为，这种看似不合时宜的战争原则正表明了鹖冠子对现实的否定，也是他坚持自己的一贯的"道义"立场的表现。张金城对鹖冠子的军事思想评论道："此言兵事生于失德之世也。"[1]"失德之世"也许正是鹖冠子对战国历史的评价。

表面来看，鹖冠子既期望天下一统，又不以"兵"为首要的解决途径，这似乎是矛盾的。这种矛盾之产生，主要是因为我们往往把"兵"作为统一天下的唯一途径。然而，在鹖冠子看来却并非如此。鹖冠子始终坚持唯"道"至上的原则，始终站定"道义"的立场，这是因为鹖冠子认为"道"才是一统天下、四海来归的利器。这是他怀有王道政治理想的表现。在这种理想政治的框架之下，"兵"与"道德"是相反相成的两极，国无兵则不足以自立，但是，"兵"的使用却必须非常审慎，它必须接受"道"的指导和制约。

在春秋战国时期的军事思想史的发展过程中，充斥着政治与军事之间的角力。周朝鼎盛时期，政治占据着对军事行动决定的绝对优势。因此，彼时

---

[1] 黄怀信撰：《鹖冠子汇校集注》，第118—119页。

的战争，虽兵戎相见，但是一定要遵循周代礼制的相关要求。这是当时的政治大环境所决定的。因为在周朝势力所及的范围内，即使有战争，也只是兄弟之国的争斗。这种争斗，主要拼的是硬实力，因此，就需要用礼制的规则来消除诡计的影响。正是由于周代礼制对当时军事行动的制约，才最大程度上限制了战争的烈度。但是，随着周朝势力的衰退，政治对军事的决定作用日渐式微，军事行动再也没有了礼制的制约，兄弟之国的争斗也逐渐演变成了你死我活的战争，在这种情况下，为求胜利，只能无所不用其极，"兵者，诡道也"的战争原则也就慢慢深入人心。战争逐渐变成了失控的野兽。人人都成了残酷战争的受害者。

从这个角度来看，鹖冠子的坚持是有理由的。只要大家都接受"道"的指导，遵守礼义忠信的用兵原则，战争就是可控的，甚至是可消灭的。因此，思考和平问题的时候，不能只想着用战争消灭战争，还要思考用规则去消灭战争。鹖冠子在军事问题上坚守道义和礼义忠信的原则，实际上就沿用了用规则消灭战争的思路。孔子积极恢复周代的礼制，也许就是考虑到了这一点。孔子是想用一种大家都接受的规则来结束混乱，尤其是战争。当下的世界局势亦何其相似。世界可持续发展的局面要得以维持，不引发大规模的战争，就需要确立在世界范围内都得到承认和遵守的规则。制定规则的人也要遵守规则，谁违反规则，谁就付出代价，那么自然就会消灭战争。但是，如果制定规则的人，只要别人遵守规则，而自己却可以随意打破，甚至建立新的规则，这就是霸权主义的政治。这样的规则，只是强者话语权的表现，当然无法得到共同自觉的遵守。这说明，鹖冠子的思考是有其现代的价值和意义的。

第二节 无军之兵：君明军强，君暗军亡

战争的目的是取得胜利，但是，一旦敌我双方兵戎相见，战场形势总是瞬息万变，战争的结果也往往让人出乎意料。表面看似强大的国家未必能赢得战争的胜利，而表面看似弱小的国家也未必就不堪一击。

一 鹖冠子论君主德能对战争结局的影响

一般来说，军事斗争就是敌我双方综合国力之较量，综合国力较强的一方必定占有较多的优势，赢得战争胜利的概率也比较大，而综合国力较弱的

一方则优势较少，其胜算亦低。虽说如此，从古至今，却不乏以弱胜强、以少胜多的经典战例。这又是什么原因呢？庞煖亦有此疑问。

> 庞子曰："弟子闻之曰：地大者国实，民众者兵强，兵强者先得意于天下。今以所见合所不见，盖殆不然：今大国之兵，反诎而辞穷，禁不止，令不行，之故何也？"
>
> 鹖冠子曰："欲知来者察往，欲知古者察今。择人而用之者王，用人而择之者亡。逆节之所生，不肖侵贤命曰凌。百姓不敢言命曰胜。今者所问，子慎勿言。地大、国富、民众、兵强，曰足。士有余力，而不能以先得志于天下者，其君不贤而行骄溢也。"（《近迭》第七）

庞煖说："弟子听说过这样的说法：'地大物博者则国富，百姓众多则兵强，兵力强大的国家就可以先得意于天下。'但是，无论是以我所亲自经历的战争，还是以我所耳闻的战争来印证之，这种说法都是不能够成立的。如今的情况，反而是大国之兵士气低落、纪律涣散，这究竟是什么原因呢？"

鹖冠子回答说："欲知来者察往，欲知古者察今。如果以史为鉴，反观当今的情况，你就会发现，选贤任能者总是能够称霸天下，用人而择其亲选其爱者则终会灭亡。逆节是怎么发生的呢？不肖之人居上位，贤能之士反居卑位，这种现象就叫作'凌'；百姓虽有冤苦，但是不敢直言，这种现象就叫作'胜'。类似今天的问题，今后你还是尽量少问为好。如果一个国家地大物博、国库充实、人口众多、兵丁强壮，我们怎么来形容这样的国家呢？就一个字：'足'。像这样的军队，战斗力没得说，但是为什么就不能称雄天下呢？这都是因为君不贤而行骄溢啊！"由此可以看出，鹖冠子认为，在战阵之上，强国为虏、弱国反为虎的原因主要在于君主不贤，德能有亏。

二 鹖冠子论君主反义逆德对军事本体的侵蚀

鹖冠子说：

> 今大国之君不闻先圣之道，而易事群臣；无明佐之大数，而有滑正之碎智。反义而行之，逆德而将之，兵诎而辞穷，令不行，禁不止，又奚足怪哉？（《近迭》第七）

鹖冠子认为，今天在位的大国之君主，一方面不知道继承先圣之道，另一方面又轻视群臣，不但不去寻求贤佐之辅弼，反而只行一己之私智。这样的国君总是"反义而行之"，以"逆德"来治理国家。在这样的国家里，军队士气低落、纪律涣散，这又有什么奇怪的呢？在这里，鹖冠子对君主提出了非常严厉的批评。从这种批评中我们就可以看出，鹖冠子对现实的君主是何等地失望！鹖冠子说：

> 大乎哉！夫弗知之害。悲乎哉！其祸之所极。此倚贵离道，少人自有之咎也。（《近迭》第七）

君主刚愎自用的危害真是太大了啊！由此而造成了多少祸害？这都是由于君主倚贵离道，少人而自有！这真是可悲啊！从这段话中就可以看出，鹖冠子对现实君主之无知，以及由此种无知而带来的祸患，真是感慨系之！感慨不足以尽其情，鹖冠子又以悲哀继之！这种近乎呐喊的哀号充分说明了鹖冠子对现实的失望和不满。由这样的君主来治理国家，又能有什么好的结果呢？

鹖冠子认为，军事斗争的失败固然是一个国家的灾难，但是，深究起来，这种灾难又是怎么造成的呢？鹖冠子说：

> 国有无服之丧，无军之兵，可以先见也。（《备知》第十三）

冰冻三尺非一日之寒，战争的失败都是由日积月累的内政之弊而引起的。一般的人只看到战争的失败会导致一个国家生灵涂炭，但是，庸君据位，内政浑浊，这比可见的刀兵还可怕啊！正所谓"苛政猛于虎也"[1]。当敌国进攻的号角还没有吹响之时，庸碌的君主就已经率先吹响了鱼肉百姓的号角！当我们的将士还未出征之时，那昏庸的君主就已经在用靡靡之音在殿堂上为其招魂！这是多么可悲的事情啊！所以，鹖冠子用"北走之日，后知命亡"（《近迭》第七）这句话来严厉批评和指责这些昏庸之君。在鹖冠子看来，这些所谓的君主只有单骑出逃的时候才知道自己已经一败涂地。

---

[1] （清）孙希旦撰：《礼记集解》，第292页。

从这种严厉的批评来看，鹖冠子俨然已经把昏庸的君主看成了战阵上的敌军。对于这样的君主，我们还能怎么做呢？我们还能对他们寄予什么样的期望呢？在尧舜的时代，因其有道，故民推举之而为君主，称帝天下；然而，今天的君主又是怎样产生的呢？在这样一个天下家传、富贵天生的时代，有些庸人出生之时就已经注定成为君主。这样的不贤之主，又怎么能不倚贵而离道，非人而自有呢？因此，鹖冠子指出，要改变这一切，首先就必须阻止庸碌之人登上君位，而要实现这一目标，除"选贤为君"而外，似乎也别无他法。这样，鹖冠子军事思想就又和他的贤人政治理想衔接在了一起。

三　鹖冠子论君主自取灭亡

表面上看，鹖冠子的论述似乎偏离了军事的主题，但是，如果换个角度思考，我们就会发现，鹖冠子的这种思想实际上恰好构成了对老子"将欲夺之，必固与之"的军事哲学的逆向思考。

老子说："将欲歙之，必固张之；将欲弱之，必固强之；将欲废之，必固兴之；将欲夺之，必固与之，是谓微明。"① 在国与国互相竞争的过程中，任何一方都想将对方"歙之""弱之""废之"，直至"夺之"。然而，要想达到这个目的，却不一定非要大张旗鼓地在战阵上争个输赢。我们完全可以通过"张之""强之""兴之""与之"的种种谋略，来一步一步地引导敌方在战略失误的道路上越走越远，这不但可以削弱敌方自身的实力，而且还可以巩固我方的联盟。这样，敌方就会逐渐地走上自取灭亡的不归路。

这种军事策略的实效可以从《战国策》的一则记载中得到印证。《战国策·魏策》云：

> 智伯索地于魏桓子，魏桓子弗予。任章曰："何故不予？"桓子曰："无故索地，故弗予。"任章曰："无故索地，邻国必恐。重欲无厌，天下必惧。君予之地，智伯必骄。骄而轻敌，邻国惧而相亲。以相亲之兵，待轻敌之国，智氏之命不长矣！《周书》曰：'将欲败之，必姑辅之；将欲取之，必姑予之。'君不如予之，以骄智伯。君何释以天下图智氏，而独以吾国为智氏质乎？"君曰："善。"乃与之万家之邑一。智伯大悦。因

---

① 楼宇烈校释：《老子道德经注校释》，第88—89页。

索蔡、皋梁于赵，赵弗予，因围晋阳。韩、魏反之外，赵氏应之于内，智氏遂亡。①

由此我们就可以看出，实际上，智氏就是被魏国暂"予"其"地"的策略而迷惑。任章正是通过暂"与"其地的战略部署来"张"智氏之野心，"强"智氏之私智，"兴"智氏之弊政。随着智氏私欲之膨胀，当他又转向赵国索地的时候，韩、赵、魏三家结盟的战略时机也终于成熟。智氏的这种"无故索地"的行为直接刺激了邻国的神经，使邻国感到潜在的威胁正逐渐逼近。智氏的这种战略失误就等于是自掘坟墓。果不其然，智氏最终在韩、赵、魏三家里应外合的围攻下而覆灭。

两相对比，任章所引《周书》之语，"将欲败之，必姑辅之；将欲取之，必姑予之"，与老子的"先与后夺"的军事哲学可谓"曲同工同"。如果对《周书》与老子的这种"先与后夺"的军事哲学进行概括，它实际上就是孙子所说的"上兵伐谋"②。而"上兵伐谋"的重点则在于"不战而屈人之兵"③。怎么样才能"不战而屈人之兵"呢？此道无它：令敌国自取灭亡之谓也！

从智氏覆灭的典故中我们就可以看出，实际上，只有智氏自取灭亡的战略失误在先，韩、赵、魏三家之兵才能随后。智氏内政外交的失误为三家结成战略同盟创造了条件，这才是智氏失败的根本原因。所以孙子说："故善用兵者，屈人之兵而非战也，拔人之城而非攻也，毁人之国而非久也。"④ 智氏的覆亡可以说是对孙子的这种军事思想的最好注解。

也就是说，敌国之兵虽然是有形的敌人，但是，内政之积弊却是无形的敌人，而这个无形的敌人才是决定战争胜败的关键。如果一个国家的国君施行猛于虎之苛政，那么，不待兵临城下，其兵将自"屈"，其城将自"拔"，其国将自"毁"。敌国之兵只不过是随而攻之，顺而取之。这就等于是将社稷大业拱手相让。鹖冠子正是从这个角度来思考军事问题的。

实际上，鹖冠子思考军事问题的重点，可以用人们常说的一句俗语来概括：最坚固的堡垒总是从内部被攻破的。从鹖冠子思考军事问题的这个独特

① （汉）刘向：《战国策》，第775页。
② 杨炳安校理：《十一家注孙子校理》，第46页。
③ 杨炳安校理：《十一家注孙子校理》，第45页。
④ 杨炳安校理：《十一家注孙子校理》，第50－51页。

的视角来看，他是深谙用兵之道的。在军事斗争中，失败与否的关键，主要取决于自身。一个国家的清明的政情就是这个国家的最好的国防。在战国时期的政治体制下，国家政治的清明主要取决于君主。所以鹖冠子一再强调人主的贤德对战争胜负的决定性作用。

孙膑有云："不用间，不胜。"①"间，即间谍。"② 只有通过间谍行动，详细了解敌方的情报，尤其是敌人留下的，可以为我所乘之机会，我方之"歆之""弱之""废之""夺之"的目标才能达成。然而，从反击敌人用间的角度来思考，最有效的方法，就是尽量弥补一切可能为敌所用的疏漏。这就对全盘的筹划者——君主，提出了极高的要求。

鹖冠子认为，只要一个国家的国君能够效法"天地之道"，建立明确的"法度"使民有所依，事有所据，坚定不移地推行"圣王之道"，施行"无为"之政来爱民、安民，并乐于"举贤用能"，使人无弃才，这样，纵使敌国想要从外部施加"必固与之"的诱惑和离间，它也是无法得逞的。换言之，"将欲夺之"，只是去"夺"那些已经准备好"被夺"的国家。正所谓"得时无怠，时不再来，天予不取，反为之灾"③，既然昏庸的君主时刻都在准备将国家拱手相让，敌国就没有不顺而取之的道理。

老子之所以将"先与后夺"的军事哲学称为"微明"，这主要是由于这种军事哲学注重识破敌国内政之弊端，看准其自取灭亡的未萌之兆，并因势利导，使其战略部署一步错，步步错，并最终导致满盘皆输的结局。而鹖冠子"国有无服之丧，无军之兵"的思考维度与老子的思考维度适成对比。老子以旁观者的身份来审视敌国之政情，以"微明"之识取得战略优势，争取以最小的代价取得战争的胜利；而鹖冠子则是以当事者的身份来审视一个国家的政情对战略优劣的影响，以及对战争胜负的决定作用。

实际上，孙子也非常重视君主对战争结局的影响，他尤其警惕昏庸之君。孙子云：

> 故君之所以患于军者三：不知军之不可以进，而谓之进；不知军之不可以退，而谓之退，是谓縻军。不知三军之事，而同三军之政者，则

---

① 张震泽撰：《孙膑兵法校理》，第52页。
② 张震泽撰：《孙膑兵法校理》，第56页。
③ 徐元诰撰：《国语集解》，中华书局2002年版，第584页。

军士惑矣。不知三军之权，而同三军之任，则军士疑矣。三军既惑且疑，则诸侯之难至矣，是谓乱军引胜。①

"乱军引胜"就是引敌胜己。这是君主一手导演的自取灭亡的悲剧。孙子的"乱军引胜"与鹖冠子的"无军之兵"所探讨的实际上是同一个问题。他们关注的都是君主对战争结局的影响，尤其是昏庸之君，经常能够大大削弱己方的军事实力，甚至招致战争的失败。

"孙子曰：兵者，国之大事，死生之地，存亡之道，不可不察也。"（《孙子·计篇》）作为一国之君，一定要重视军事问题，一定要仔细研究军事问题。马基雅维里亦有类似观点，他说：

> 君主除了战争、军事制度和训练之外，不应有其他的目标、其他的思想，也不应该把其他事情作为自己的专业，因为这是进行统帅的人应有的唯一的专业。
>
> 反之，大家都知道，君主沉醉于安逸比对关心军事想得更多便亡国。亡国的头一个原因就是忽视这种专业，而使你赢得一个国家的原因，就是因为你精通这门专业。②

马基雅维里认为，作为君主，应以军事相关事宜为自己的唯一目标，唯一专业。君主精通这门专业，就能赢得一个国家，而君主忽视这门专业，沉醉于安逸，就会亡国。这种观点，与孙子的"兵者不可不察也"的观点实际上是一致的。只不过，马基雅维里明确地指出了"察兵"的主体——君主。

君主对于战争的胜负具有决定性作用。《孙子兵法》主张从七个方面考察敌我双方的实情，以判断胜负的概率，其中一个方面即是"主孰有道"。何谓"道"？孙子曰："道者，令民与上同意也，故可以与之死，可以与之生，而不畏危。"（《孙子·计篇》）言外之意，有道之君，可以团结一切可以团结的力量，全国上下一心，同仇敌忾，故可战无不胜。而无道之君，就会沉醉于安逸和享乐，任人唯亲，怨声载道，民心涣散，故战而必败。

---

① 杨炳安校理：《十一家注孙子校理》，第57—59页。
② ［意］尼科洛·马基雅维里：《君主论》，潘汉典译，第69页。

鹖冠子对军事问题的关注，正是从"无道之君"入手。所谓"无军之兵"，就是指当下事实上并无外敌入侵，而在将来必然会发生外敌的入侵。这实际上是在断定"无道之君"与战争失败之间的必然联系。克劳塞维茨说："政治目的是终点，战争是达到它的手段，手段决不能与其目的隔开而被孤立地考虑。"① 从鹖冠子的角度来看，实际上，政治与战争的关系远非目的与手段那么简单。政治还是战争的起点，它亦是战争的终点。简言之，政治的健康度，决定了战争的最终结果，它决定了战争最终能走多远。因此，战争是否能实现政治目的，还取决于政治本身的清明与否。

鹖冠子认为，决定一国政治清明与否的关键是君主，决定一国战无不胜的关键也是君主。因此，鹖冠子提出"选贤为君"的思想，就是希望选择贤能之人来当君主。在他看来，这是解决政治问题与军事问题的治本之策。鹖冠子希望建立一个"不朽之国"。这个"不朽之国"是他的理想国。而这个"理想国"的实现，则最终取决于一个理想的君主。柏拉图在《理想国》有这样一段话：

> 我们关于国家和政治制度的那些意见并非全属空想；它的实现虽然困难，但还是可能的，只要路子走的对，像我们前面说过的那样做。只要让真正的哲学家，或多人或一人，掌握这个国家的政权。②
>
> 他们的王则必须是那些被证明文武双全的最优秀的人物。③

鹖冠子的理想就是选择"最优秀的人物"来当君主。这个理想的君主虽然不一定是"哲学王"，但他一定是中国传统思想所念兹在兹的"圣王"！有了这个"圣王"，鹖冠子的思想就会实现，没有这个"圣王"，他的思想就会流于空想！

---

① ［德］卡尔·冯·克劳塞维茨：《战争论》，时殷弘译，商务印书馆2016年版，第119页。
② ［古希腊］柏拉图：《理想国》，郭斌和、张竹明译，商务印书馆1986年版，第313页。
③ ［古希腊］柏拉图：《理想国》，郭斌和、张竹明译，第315页。

第七章 《鹖冠子》兵法的"道"与"术"

班固《汉书·艺文志》道家类著录有《鹖冠子》一篇。除此之外，原有的兵家类的《鹖冠子》被班固省略掉了。关于这种省略，班固在"右兵权谋十三家，二百五十九篇"这句话之后，用这样一条自注来说明："省《伊尹》《太公》《管子》《孙卿子》《鹖冠子》《苏子》《蒯通》《陆贾》《淮南王》二百五十九种，出《司马法》入礼也。"① 然而，这种省略，并不意味着原属兵家的《鹖冠子》不复存在。在这一章里，将对《鹖冠子》的用兵思想进行一个系统、深入的分析。

第一节 用兵之道：鹖冠子"明性""用势"的军事哲学

鹖冠子的"人道先兵"这一思想容易给人一种错觉，乍一看去，我们很容易产生这样的印象，鹖冠子似乎把军事事务置于了"绝对优先"的地位。但是，经过上文的分析，我们知道事实并非如此。鹖冠子否定非正义的战争行为，他认为干戈之动，主要用于"入以禁暴，出正无道"（《王鈇》第九）。一言以蔽之，鹖冠子认为军事要接受"道义"的指导。这说明，鹖冠子是在他的"王道政治理想"的框架下来定位军事作用的。这本无可厚非，毕竟鹖冠子的王道政治的理想本身是美好的，但是，在战国诸侯混战的历史条件下，鹖冠子的思想就显得有点不合时宜。这也许就是理论与现实的差距。

在残酷的现实中，任何美好的理论、任何美好的梦想都会"显得"无用，但是，这种暂时性的"无用"并不是理论本身的问题，它恰恰是现实的问题。正是混浊的现实激发鹖冠子去坚持他的这个近乎虚幻的理想。这种近乎虚幻的理想就是鹖冠子对现实的掷地有声的回应。然而，坚持理想不等于无视现

---

① （汉）班固撰：《汉书》，第1757页。

实，鹖冠子对战国时期的社会形势有清晰的认识。从"人道先兵"中的这个
"先"字可以看出，鹖冠子实际上充分地认识到了"兵"的重要性。这个
"先"字无论是理解成次序的优先，还是重要性的优先，它都足以说明，在所
有的国家事务中，鹖冠子都把军事放在了头等重要的位置。这也许就是鹖冠
子对现实所作出的妥协吧。

在战国的历史条件下，这种妥协是必要的，也是必须的。如果说战国是
一个失德之世，兵戈四起，道义无存，那么，现实社会无疑是令鹖冠子失望
的。然而，解铃还须系铃人，失望之地更容易发现希望的火种。既然战祸起
于诸侯，那么，想要消解战祸，也一定要从诸侯身上来做文章。笔者想，鹖
冠子一定是非常殷切地希望有那么一个有道的诸侯，治理一个有道的国家，
这个诸侯能够扛起正义的旗帜，消弭战祸，畴合四海为一家。

然而，这样的诸侯，鹖冠子始终没能等到，这样的国家也始终没有出现，
正义的旗帜也只是在鹖冠子思想的天空中迎风飞舞。即使如此，在现存的
《鹖冠子》的文本中，我们很难看出鹖冠子有任何的悲观与绝望。他是如此坚
信古昔理想之世的存在，这种坚定的信念也使他相信，现实一定会在合适的
时候发生改变。在他的理想光辉的照耀下，他也许有意无意地忽略，甚至忘
记了现实。因此，当他思考战争的时候，他耳边所响起的仍是道义的号角，
而丝毫没有现实兵道之诡谲的丁点儿杂音。

当论及战争胜利的关键之处的时候，鹖冠子与庞煖有如下一段对话：

> 庞子问鹖冠子曰："用兵之法，天之，地之，人之，赏以劝战，罚以
> 必众。五者已图，然九夷用之而胜不必者，其故何也？"
> 鹖冠子曰："物有生，故金、木、水、火未用而相制。子独不见夫闭
> 关乎？立而倚之，则妇人揭之。仆而措之，则不择性而能举其中。若操
> 其端，则虽选士，不能绝地。关尚一身，而轻重异之者，势使之然也。
> 夫以关言之，则物有而势在矣。九夷用之而胜不必者，其不达物生者也。
> 若达物生者，五尚一也耳。"
> 庞子曰："以五为一奈何？"
> 鹖冠子曰："天不能以早为晚，地不能以高为下，人不能以男为女。
> 赏不能劝不胜任，罚不能必不可。"
> 庞子曰："取功奈何？"

鹖冠子曰："天不能使人，人不能使天。因物之然，而穷达存焉。之二也，在权在势。在权，故生财有过富；在势，故用兵有过胜。财之生也，力之于地，顺之于天。兵之胜也，顺之于道，合之于人。其弗知者，以逆为顺，以患为利。以逆为顺，故其财贫；以患为利，故其兵禽。昔之知时者，与道证，弗知者，危神明。道之所亡，神明之败，何物可以留其创？故曰：道乎道乎，与神明相保乎！"

庞子曰："何如而相保？"

鹖冠子曰："贤生圣，圣生道，道生法，法生神，神生明。神明者，正之末也。末受之本，是故相保。"（《兵政》第十四）

这段对话比较详细地阐述了鹖冠子的军事思想。首先，鹖冠子认为，用兵取胜的关键在于明物之性、用物之势。鹖冠子认为物有其性，性有其极，我们应该因顺其性，利用其势。这也是用兵的一个重要原则。对于用兵取胜之道，庞煖有一个疑问，他问鹖冠子："在用兵的过程中我们需要处理好以下五个因素：天时、地利、人和、以赏劝战攻、以罚必号令。对于这五个因素，九夷之人都很明晓，但是，他们却不能够取得战争的胜利，这是什么原因呢？"

鹖冠子回答说："物有性，所以金、木、水、火才能够相互克制。你难道没见过用来关城门的门闩吗？把门闩立起来，倚在城墙上，一个妇人就能把它扛起来，如果把门闩横放在地上，不用刻意挑选精壮之士，大多数的人都能持其中而将它举起。但是，如果只允许抓住门闩的一端，那么，就连精选的壮士也不能把它举离地面。你看，在这个过程中，门闩就是门闩，它没有发生任何变化，但是，在不同的情况下，它会给人造成轻重悬殊的错觉，这就是物'势'。从门闩这个例子我们就可以明白一个道理，物在则势存，就看你如何巧妙地应用它了。九夷之人虽粗知兵道，但是不明物性，如果他们能够通达物性，就可以将这五个因素化作一个因素。"

这段对话很不好理解，其难点就在于如何将这段对话疏通贯穿起来。笔者认为，要准确理解这段对话，我们必须首先找出这段话中的关键词，进而理清关键词之间的关系，有了这个基础，我们就可以由点及面，将整段对话疏通贯穿起来。

笔者认为，在这段对话中，有两个词特别关键，一个是"物性"，另一个是"物势"。那么，什么是"物性"呢？鹖冠子认为"物有性"，并且他以金、木、水、火相互克制的关系为例，来说明"物性"之存在。据此，我们可以推测，鹖冠子所说的"物有性"之"性"，用今天的话来讲应该是指一物之"性质"。但是，值得指出的是，此处的"性质"一词又不完全等同于我们今天在自然科学的意义上所使用的"性质"一词，因为我们今天对某物的"性质"的理解是基于对某物的单独考察，而鹖冠子则与此不同，他是基于物与物之间的相互关系来理解"物性"的。例如，金、木、水、火之间相互克制的关系的构成，就是因为"物性"的存在。正是鹖冠子的这种独特的理解"物性"的方式，使他能够由此而过渡到对"物势"的思考。

鹖冠子认为，门闩之"势"因门闩的放置方式和持举方式的不同而发生变化。我们是否可以这样理解，门闩之所以为门闩者，就是"物性"，而在清晰认识门闩之"物性"的基础上，合理利用门闩自身所具有的性质与特点，使之在一定的环境中最大限度地发挥其所具有的某种能力，这种自身能力的最大限度地发挥就形成了一种"势"。任何事物，在恰当的时机，它的潜能都能被最大限度地激发出来，这就是鹖冠子所说的"物有而势在矣"。

孙膑用兵，亦极为重视"势"之发挥。"孙子曰：兵之胜在于篡卒，其勇在于制，其巧在于埶（势）。"① 孙膑认为，"势"发挥的关键在于一个"巧"字。这恰好与鹖冠子的思想呼应。鹖冠子要因时因地发挥"物性"的特长，而形成可用之"势"，又何尝不在一个"巧"字？

另外，鹖冠子对"物势"的思考与孙子也存在一致之处。孙子曰："故善战者，求之于势，不责于人，故能择人而任势。任势者，其战人也，如转木石；木石之性，安则静，危则动，方则止，圆则行。故善战人之势，如转圆石于千仞之山者，势也。"② 孙子认为，在战争的过程中，我们要充分认识到"势"的重要性，要懂得"依靠有利的态势取胜"③。因此，我们要根据客观之"势"来调整将帅之部署及兵力之分配，也就是"择人而任势"。我们知道，势者，客观且易变，故只能依之任之。"人"者，有长必有短，故只能择而用之。只有这样，才能扬其所长，避其所短。所以，善于利用"势"来战

---

① 张震泽撰：《孙膑兵法校理》，第 52 页。
② （三国魏）曹操等注：《十一家注孙子》，郭化若译，上海古籍出版社 1978 年版，第 117 页。
③ （三国魏）曹操等注：《十一家注孙子》，郭化若译，第 394 页。

胜敌人的人，会在认清客观之"势"的前提下，灵活地调兵遣将，将客观之"势"为我们创造的有利因素发挥到极致，这就像"转圆石于千仞之山"，一旦战机到来，我军之势必锐不可当。

从这个角度，我们就可以进一步加深对鹖冠子"用物之势"的理解。鹖冠子说："关尚一身，而轻重异之者，势使之然也。"门闩本身前后并没有发生变化，但是，当它"立而倚之"的时候，"则妇人揭之"，当它"仆而措之"的时候，"不择性而能举其中"，但是，当只允许操持一端的时候，就是精选之壮士也不能将门闩举离地面。在这种时候，我们就不能一味地去苛责于人：为什么本来妇孺都能胜任的工作，你一个年轻力壮之人竟然不能完成？因为，这并不是"人"本身的问题，而是"关"之"势"发生了变化，也就是"客观的形势"不一样了，所以才造成轻重悬殊的假象。鹖冠子所举的这个例子，就是想要通过"关"不变"势"有变的事实提醒军事统帅，在战争的过程中，我们要因"势"而制胜，要客观地考察形势的变化，而不能只见"人"而不见"势"，固执一端，坐以待毙。

由此可以看出，鹖冠子认为九夷之人失败的原因就在于不达"物性"，此处之"物"应该是指"天、地、人、赏、罚"五个因素，或者指与用兵相关之一切，亦未可知。因为九夷之人不达"物性"，他们就不能把"兵"所具有的"势"能最大程度地发挥出来。换言之，此处所讲的就是 $1+1$ 是否大于 2 的问题。九夷之人机械地理解与用兵相关之各个环节，这样，"兵"势就不能够被完全地激发出来，甚至出现 $1+1<2$ 的情况，其失败就不足为奇了。

其次，鹖冠子认为"物性"有其极限，不能过分注意某物之"性"与"势"的发挥，而忽略了其他因素。用兵的各个要素之间要作综合的思考，使之优劣相补，长短相应。鹖冠子认为"若达物生者，五尚一也耳"。那么，从"五个因素"到"一个因素"，这种"五"与"一"的转换是如何发生的呢？由于语句简短，此处颇令人费解。庞煖亦有此疑问，他紧接着又问了鹖冠子一个问题："怎么样才能做到以'五'为'一'呢？"[1] 这就涉及了鹖冠子军事思想的系统观。

---

[1] 抑或此处可以翻译成：为什么要以五为一呢？

第二节　用兵之道：鹖冠子军事思想中的系统观和人才观

一　鹖冠子军事思想中的系统观

针对庞子："以五为一奈何"的提问，鹖冠子说："天不能以早为晚，地不能以高为下，人不能以男为女，赏不能劝不胜任，罚不能必不可。"这一问一答给人一种答非所问的感觉。鹖冠子在这里并没有用肯定句式来回答庞煖的问题，他没有明确阐述如何才能够做到以"五"为"一"，而是分别指出了五个因素的局限，这说明或者此处有阙文，或者鹖冠子认为这五个否定已经足以解答庞煖的问题。在没有充分证据的情况下，我们只有假定后者成立。

那么，鹖冠子想以这五个否定句式来说明什么呢？我们可以先从最后两个否定着手来分析鹖冠子的弦外之音。庞煖认为天、地、人、赏、罚五个因素是掌握用兵之道的关键，而赏、罚居其中，可见赏、罚对于用兵的重要性。虽然重要，但是我们也需要注意它们的极限。鹖冠子就一针见血地指出"赏不能劝不胜任，罚不能必不可"，虽悬赏千金，不能使无臂之人弯弓搭箭，极罚以死，不能令喑哑发声，这说明赏罚虽然重要，但是它们都各有其极限。

也许正是由于这个原因，孙膑也认识到了赏、罚的局限性。他说："夫赏者，所以喜众，令士忘死也；罚者，所以正乱，令民畏上也；可以益胜，非其急者也。"[1] 孙膑认为，赏、罚二者，在战争过程中，充其量只有"益胜"的作用。所谓"益胜"，就是指在一定程度上可以增加胜算，但绝不是战争成败的决定性因素。因此，孙膑认为，赏、罚并不是用兵的当务之急。总之，赏、罚有其极限。天、地、人三者亦有其极限。

在什么情况下会出现这种极限状况呢？笔者认为只有在一种情况下会出现这种情况，那就是过分强调某个因素，而忽视其他因素。为了避免这种情况的发生，我们就应该将这五个因素进行综合思考，将之看成一个由五个"相互联系，相互作用"[2] 的因素构成的有机整体。先秦系统观"坚持用整体的观点看待自然、人体、军事、政治、社会，认为一切事物及其变化都不是

---

① 张震泽撰：《孙膑兵法校理》，第 27 页。
② 萧萐父总编，李德永本卷主编：《中国辩证法史稿》，武汉大学出版社 1990 年版，第 361 页。

一种因素组成和决定的，而是有机整体的联合作用。认识和处理事物，首先要从整体着想，这是其思想的核心"①。鹖冠子的军事思想带有鲜明的先秦系统观的特征。因此，所谓的"以五为一"并不是把五个因素化约为一个因素，而是强调要注意对五个因素进行综合思考与权衡。如果"兵"为一"物"，天、地、人、赏、罚是"兵"之"性"，那么，"兵"之"势"就只有在五者协调配合的情况下才能得到最大的激发。这应该就是鹖冠子的话外之音。

孙子也说：

> 故兵无常势，水无常形，能因敌变化而取胜者，谓之神。故五行无常胜，四时无常位，日有短长，月有死生。②

孙子认为兵无常势就像水无常形，军事的部署和行动一定要因应敌人而作出相应的变化。这种变化的基础，实际上就是系统内各个要素的协调和配合。每个独立的要素，都要与其他要素实现良好的衔接和配合，最终达到如臂使指、从心所欲的效果。如果手自是手，脚自是脚，眼自是眼，耳自是耳，它们都各行其是，不服从大脑的调配，那么，就会出现手东脚西、眼南耳北的情况，不但各自的效能不能得到发挥，还会牵扯并降低其他要素的效能，整体协同之效就更是无从谈起。因此，与鹖冠子的观点一致，孙子也特别注意每个要素的局限性。五行无常胜，四时无常位，日有短长，月有死生，其所强调的就是特定的条件下具体要素必定有其局限。规避其局限，发挥其特长，这就需要通过要素之间的彼此配合来实现。这也是军事系统观的体现。

二 鹖冠子军事思想中的人才观

鹖冠子认为财之生也，力之于地，顺之于天，兵之胜也，顺之于道，合之于人。那么，在通达"物性"，知道如何激发"物势"之后，如何才能取得最终的胜利呢？鹖冠子认为，人之穷达，兵之胜败的关键在于权与势。鹖冠子以致富为例来说明这个问题。有的人富可敌国，他的钱是怎么赚来的呢？这是他在上顺天时下尽地利的情况下辛苦劳作的结果。如果只顾埋头苦干，

---

① 徐水生：《中国哲学与日本文化》，中华书局 2012 年版，第 239 页。
② 杨炳安校理：《十一家注孙子校理》，第 125—126 页。

而忽略天之时节，地之宜否，无论你有多努力，也不可能发财致富。鹖冠子认为，生财如此，用兵亦然。用兵取胜需要上顺于道，下合民心。孙膑云："知道，胜。得众，胜。"① 上顺于道，其前提是"知道"。"得众"的前提是"合民心"。孙膑的观点与鹖冠子颇为一致。如果违道妄行，不顾民心所向，就会兵败国危。

换言之，恰如"生财"需要度之于天地，"兵胜"则需要因顺于大道，取势于民人。所以，鹖冠子总结说，归根结底，"道"是衡量用兵宜否的唯一标准，不明白这一点就会危及"神明"。非道而行，神明浊败，又有谁可以全身而退呢？所以，道与神明是相互依存的。

至此，庞煖又向鹖冠子提出了另一个问题，他问鹖冠子"道与神明是如何相互依存的呢？"鹖冠子说："贤生圣，圣生道，道生法，法生神，神生明。神明者，正之末也。末受之本，是故相保。"

从这个回答里我们可以看出，鹖冠子在他的军事思想中再次指出了人才，也就是"贤"的重要性。"贤生圣"者，于贤士之中博选秀出者，则圣生焉！这与鹖冠子的"选贤为君"思想是一致的。"圣生道"者，圣人效法"天地之道"而成就"圣人之道"，这与鹖冠子的道论是一致的。而"道生法，法生神，神生明"三者又是紧密相关的，知"道"之所存，则知天节、度数之所在，效法天之度数而施之于人则为"法"，循法而动，则智识清明，神斯生也。

由此可以看出，鹖冠子的军事思想呈现出两个特点，其一，由于鹖冠子是在王道政治理想的框架下来思考军事问题的，这就使他的军事思想带有一定的理想性，重道义而轻诡谲，重征伐，而非侵攻；其二，鹖冠子的军事思想与他的博选思想紧密相关，鹖冠子认为，道是出兵制胜的关键，而道之存废与人才选拔制度息息相关。人才济济，则弘道者众，如此则国家富，军威壮；亲佞远贤，则行非者多，如此国家贫，危先现。这就构成了鹖冠子思考军事问题的另一个独特的角度。

第三节　用兵之术：因任与顺爱

"用兵之术"也就是具体的用兵的方法。虽然《鹖冠子》对具体的用兵

① 张震泽撰：《孙膑兵法校理》，第 52 页。

方法论述不多，但是，如果与其他传世兵法相对比，还是能够发现一些共通的地方。

一 鹖冠子的因任之术

所谓"因任之术"，就是指对于各种人才，量能而使，因力而任。《鹖冠子》云：

> 故临货分财使仁，犯患应难使勇，受言结辞使辩，虑事定计使智，理民处平使谦，宾奏赞见使礼。用民获众使贤，出封越境适绝国使信，制天地御诸侯使圣。（《道端》第六）

鹖冠子认为，根据任务性质的不同，应该委任不同的人去执行。"临货分财"的任务，应该交给"仁人"去执行，这也许是因为"仁人"不贪，且能做到公平分配。人有欲求，就会有贪取的欲望。然而，面对可欲之物，到底是伸手还是不伸手，就需要用内心中的那杆秤来衡量。这杆秤是价值之"称"。人有所取，必有付出。人就要在内心中衡量所取与付出之间是否对等。《礼记》中有一句非常著名的话："不食嗟来之食。"（《礼记·檀弓》）为什么人都要饿死了，却不食嗟来之食？因为嗟来之食中含有施予者对接受者尊严的轻蔑，所以，作为一个视尊严如生命的人来说，就宁可有尊严地死去，也不想苟且地活着。《老子》云："下士闻道大笑之，不笑不足以为道。"（《老子》第四十章）不食嗟来之食的故事，估计很多人听了也会笑。然而，人之为人，终究是要靠内心深处那一条不可跨越的界线。你会在内心认定，一旦跨越了那条界线，你就已经不是人了。所以，从不会轻易触碰，并选择默默坚守。只有如此，才会有人的光辉。作为人，坚守的虽是底线，攀登的却是高峰。一切伟大的事业，莫不由此而跬步千里。孔子云："仁者乐山。"（《论语·雍也》）仁人是个人修养的高峰。在他如山的品质面前，不会因为一点私欲，而去贪取。所以，鹖冠子认为"临货分财"应该"使仁"。

"犯患应难"的任务，应该交给"勇者"去执行，因为身处患难，最忌怯懦退缩，勇者不怯，恰好具有应对患难的品质。"受言结辞使辩"，"受言"，指"受人之言"，受人言语，必有答对，一往一来须辩才卓越。"结辞"，指"缔结之辞"概指盟约一类。缔结盟约，要誓定盟，字斟句酌，非文笔通达不足以胜任。虑事定计，必须思虑周详，远见不失事物的全体，近见不遗漏事物的细节，因此一定要委任有智慧的人。调解纠纷，处理诉讼，一定要与民同体同戚，只有恭谦、廉洁、明察的人才能胜任。承担礼仪、接待的工作，如果不熟悉礼的要求，就不能完成任务。调遣百姓，深孚众望，如果没有贤德的品质，就不能收获民心。处理外交事务，远近奔走，如果不恪守诚信，传达的外交信息就不会被他国采信。裁制天地，御使诸侯，就只有圣者才能完成。

因任之术，《黄石公三略》也有所涉及：

> 军势曰：使智，使勇，使贪，使愚。智者，乐立其功。勇者，好行其志。贪者，邀趋其利。愚者，不顾其死。因其至情而用之，此军之微权也。（《武经七书·黄石公三略·中略》）

《黄石公三略》认为"因任之术"的关键在于"因其至情而用之"。《黄石公三略》认为，智者的至情是"乐立其功"，这个观点缺乏针对性。为事而期成者，又何必智者？勇者，好行其志。俗语云：有志者事竟成。任何事业的成功，立志都是一个最基本的前提。为何唯独勇者而好行其志？这个观点也缺乏说服力。贪者，邀趋其利。此语诚然。然而，贪利亦足以败事。在具体使用其人之时，要如何驾驭？这也是一个疑问。愚者，不顾其死。此语亦有值得商榷之处。对阵杀敌，同仇敌忾，舍生忘死，难道竟以"愚者"视之。总体来看，《黄石公三略》中的这种"因任之术"，阴谋的成分太重。而从"因任"的角度来看，其主要的应用对象应该是自己人。对自己人用如此阴谋，终究必败其事。识者慎之。

《鹖冠子》是根据具体的情况而选择才能品行堪任之人，《黄石公三略》则是根据因任对象的最强烈的主观欲求而用人。相比较而言，鹖冠子的因任之术有其可取之处，而《黄石公三略》则有失偏颇。这种差异中仍然透露出了兵法中古今之变的气息。古兵法中所用术有道术的气息，而后世一些兵家则流于心术与阴谋。

二 鹖冠子"顺爱之政"的军事意义

《鹖冠子》中有"顺爱之政"的说法。"顺爱之政"是一种"为政"的方式。然而，其作用与效果却不止于内政，它对于军事也有不可忽视的影响。因此，很多兵书都会涉及"爱"这样一个词语。这种"爱"一方面包括体现于内政的"爱"，另一方面则是指体现于治军方面的"爱"。

我们首先来看《鹖冠子》，其云：

> 文、理者，相明者也。色、味者，相度者也。藻、华者，相成者也。众者，我而众之，故可以一范请也。顺爱之政，殊类相通。逆爱之政，同类相亡。故圣人立天为父，建地为母。（《泰鸿》第十）

鹖冠子认为，"顺爱之政"可以使殊类相通，而"逆爱之政"则会导致同类相亡。"同类相亡"的意思就是指，如果逆其爱而治之的话，虽为同类，也会互相攻杀。"殊类相通"的意思应该与"同类相亡"正好相反。也就是说，"殊类相通"是指，如果顺其爱而治之的话，虽为异类，也可以互相沟通、互相帮助，甚至互相成全。可见"顺爱之政"具有强大的力量。

那么，在鹖冠子看来，人之所"爱"与人之所"恶"是什么呢？在《博选》中鹖冠子说："所谓人者，恶死乐生者也。"人最讨厌的东西，无疑就是死亡，而人最希望的东西，无疑就是生存。因此，"顺爱之政"就是有助于人们生存的为政方式。而"逆爱之政"就是迫使人们接近死亡的为政方式。然而，鹖冠子实际上举出了两个最极端的例子，生是人最大的愿望，死是人最大的恐惧。在这两个端点之间，还各有不同层次的人之所爱与人之所恶。因此，"顺爱之政"不仅仅是让人能够活着，而且还要让人活得好。简而言之，"顺爱之政"就是"善政"，而"逆爱之政"就是"恶政"。

顺爱之政，百姓拥戴，当危难来临的时候，可以共克艰难。可以与之俱死，与之俱生。孙子云："道者，令民与上同意也，故可以与之死，可以与之生，而不畏危。"[1] 让"民"与"上"心意相通，甚至甘愿同生共死，试想一下，除了"爱"之外，还有什么力量能够达到这种效果呢？因此，鹖冠子的"顺爱之政"与孙子兵法所论之"道"实际是一个层面的问题。这都是在强

---

① 杨炳安校理：《十一家注孙子校理》，第3页。

调政治对军事的决定作用。政治之体如果腐坏，那么，军事之用就不能够得到很好的发挥。有道、顺爱能够激发出一种强大的凝聚力和战斗力。反之，百姓就会怨诽在心，当危机来临的时候，不免会倒戈相向。所以，无论多么强大的堡垒，最容易从内部攻破。这也是不容小觑的破坏力。总之，两种施政的方式，都会对军事产生强大的影响力，只不过前者是正面的，而后者是负面的。

《六韬》也谈到了善政"爱民"的重要性：

> 文王问太公曰："愿闻为国之大务，欲使主尊人安，为之奈何？"
> 太公曰："爱民而已。"（《武经七书·六韬·国务》）

在文王与太公的这段对话中，"爱民"被看成"国之大务"，是"主尊人安"的关键。《左传》中有这样一句话："国之人事，在祀与戎。""爱民"与"戎"的关系最为紧密。在《六韬》看来，"爱民"不仅仅是一个政治问题，还是一个不容忽视的军事问题。如果爱民而治之，大敌当前，举国皆兵。如果逆民所爱，大敌当前，人人都想开门迎敌。因此，武王诛"一夫纣"的故事经常被提起。何为"一夫"？众叛亲离是谓"一夫"。由此就更加可以看出爱民的重要性。《六韬》的"爱民而已"与《鹖冠子》的"顺爱之政"是相通的。

《六韬》也提到了如何"爱民"，这有助于加深我们对《鹖冠子》"顺爱之政"的理解。《六韬》云：

> 故善为国者，驭民如父母之爱子，如兄之爱弟。见其饥寒则为之忧，见其劳苦则为之悲。赏罚如加于身，赋敛如取己物。此爱民之道也。（《武经七书·六韬·国务》）

《六韬》认为，一个善于治理国家的君主，对待民众就要像父母疼爱自己的子女，也要像兄长爱护自己的弟弟。见到百姓饥饿，就为之忧愁，见到百姓劳苦，则为之悲伤。赏百姓，如加诸己身，罚百姓，如自残自戕，赋敛百姓就如同索取自己的财物。总之，君主要与百姓同体同戚。这就是"爱民之道"。有如此爱民的君主，恐怕没有哪个国家敢于轻易发动战争。纵观中国历史，王朝的兴衰史，实际上就是从君主与民同体同心到离心离德的更迭史。民可载舟亦可覆舟，爱民者必兴，戕民者必亡。这就是《六韬》与《鹖冠子》为何如此重视"爱民"的原因。

"爱兵"是军队战斗力的源泉。《尉缭子》云：

> 夫不爱悦其心者，不我用也；不严畏其心者，不我举也。爱在下顺，威在上立，爱故不二，威故不犯。故善将者，爱与威而已。（《武经七书·尉缭子·攻权》）

《尉缭子》认为，作为一个"善将者"，也就是一个善于统领军队的将领，其关键就在于"爱"与"威"。只有通过"爱"的感化，士兵才会为主将所用。而"爱兵"的关键，就是要"下顺"。"下顺"也就是"下顺其爱"的意思。这与《鹖冠子》的"顺爱之政"，亦有相通之处。而在"爱"与"威"二者中，无疑"爱"是根本。因为，如果没有对士兵的爱，士兵对于将领就会只有"畏"而没有"敬"。有"畏"无"敬"，求其全力赴战，不可得也。通过"爱"在军事领域中的作用，我们就能够更好地理解，在君主治理国家的过程中，"顺爱之政"的重要性。

综上，"顺爱之政"，即可以被看成"为政"之术，也可以被看成"用兵之术"。古兵法似乎已经认识到，在政治与军事二者之间，政治才是本体，而军事只不过是此本体所衍生之器用。因此，政治上对民的"爱"与"不爱"将从根本上决定军事力量的强弱。而孙吴兵法更多地从将领士卒关系的维度来讨论这个问题。

第四节　用兵之术：以内政而寓军令

《鹖冠子·王鈇》中有关"治邑理都，使曈习者五家为伍，伍为之长……"的一段文字，与《管子·小匡》中的一部分文字"于是乎管子乃制五家以为轨，轨为之长……"大体相同。鹖冠子与管子为什么要制定这样的制度？同为《小匡》中的一段文字，给出了答案：

> 桓公曰："民居定矣，事已成矣，吾欲从事于天下诸侯，其可乎？"

管子对曰："未可，民心未吾安。"公曰："安之奈何？"管子对曰："修旧法，择其善者，举而严用之，慈于民，予无财，宽政役，敬百姓，则国富而民安矣。"公曰："民安矣，其可乎？"管仲对曰："未可。君若欲正卒伍，修甲兵，则大国亦将正卒伍，修甲兵。君有征战之事，则小国诸侯之臣有守围之备矣。然则难以速得意于天下。公欲速得意于天下诸侯，则事有所隐，而政有所寓。"公曰："为之奈何？"管子对曰："作内政而寓军令焉。为高子之里，为国子之里，为公里。三分齐国，以为三军。择其贤民，使为里君。乡有行伍卒长，则其制令，且以田猎，因以赏罚，则百姓通于军事矣。"桓公曰："善。"（《管子·小匡》）

桓公想要从事于诸侯，也就是想要对诸侯有军事的行动。但是，管仲认为，如果桓公有任何军事的准备或行动，都会引起大大小小的诸侯国争相效仿。用今天的话来说，也就是齐国的军事活动容易引起各国的军备竞赛。因此，管仲为桓公想了一个对策，就是"事有所隐，而政有所寓"。"事有所隐"，这里的"事"指的是军事，要把与军事有关的活动都隐藏起来，不让其他的诸侯国察觉。"政有所寓"，用管子自己的话说，就是"作内政而寓军令焉"，也就是通过内政的手段实现军事的目的。

"择其贤民，使为里君。乡有行伍卒长，则其制令，且以田猎，因以赏罚，则百姓通于军事矣。"这实际上就是一种全民皆兵的体制。管子把军队的行伍之制，照搬到居民管理上来，让居民也各有其行伍，层层相属，且各有统领。在农闲的时节，这些居民又被组织起来参加田猎活动，按照田猎中的表现论功行赏。这就是打着田猎的旗号，定时进行军事练习。久而久之，居民就会通于军事。一旦有需要，民间的百姓就可以随时转为战斗部队。

由于《鹖冠子·王鈇》中的文本，大体与《管子·小匡》相同，我们推断鹖冠子想构建的也是一种全民皆兵的体制，他也是想把军令寓于内政当中。但是，鹖冠子这样做的目的，应该不是掩人耳目，而是全民皆兵化。

我们再来看一看《尉缭子》中对"军中之制"的描述：

军中之制，五人为伍，伍相保也。十人为什，什相保也。五十为属，属相保也。百人为闾，闾相保也。有干令犯禁者，揭之免于罪，知而弗揭，全伍有诛。什有干令犯禁者，揭之免于罪，知而弗揭，全什有诛。属有干令犯禁者，揭之免于罪，知而弗揭，全属有诛。闾有干令犯禁者，揭之免于罪，知而弗揭，全闾有诛。（《武经七书·尉缭子·伍制令》）

这段描述与《管子·小匡》《鹖冠子·王鈇》大体相通。由此也足见《管子·小匡》《鹖冠子·王鈇》是就内政而言军事，其效果就是举国皆兵。这是一种"内政而寓军令"的制度。从《鹖冠子》与《管子》的角度来看，由于所编之行伍，全是乡里乡亲，一旦在战时转为作战部队，就更能发挥出超强的战斗力。《鹖冠子》说：

游敖同品，祭祀同福，死生同爱，祸灾同忧，居处同乐，行作同和，吊贺同杂，哭泣同哀，欢欣足以相助，偫谍足以相止。安平相驯，军旅相保。夜战则足以相信，昼战则足以相配。入以禁暴，出正无道，是以其兵能横行诛伐，而莫之敢御。（《王鈇》第九）

由于这些人都比较熟悉，相对来说就更容易管理。而且，无论是平时还是战时，互相之间的监督也更为容易。一旦有违纪的情况发生，连坐的惩罚也更具威慑力。

《尉缭子》说：

使什伍如亲戚，卒伯如朋友。止如堵墙，动如风雨，车不结辙，士不旋踵，此本战之道也。（《武经七书·尉缭子·战威》）

《尉缭子》也看到了"什伍"之间的亲密关系会对提升战斗力有效果。"什伍如亲戚，卒伯如朋友"，就是"军中之制"最理想的状态。当然，这种状态要通过长时间的相处，反复的军事训练才能实现。反观《鹖冠子·王鈇》和《管子·小匡》，他们所设计的制度，一旦在战时转化为军事编制，就具有天然的"亲戚"与"朋友"的关系，其战斗力自然非比寻常。《尉缭子》认为，一旦具有这种亲密的关系，在军事行动中，就会有"止如堵墙，动如风雨，车不结辙，士不旋踵"的效果。

通过《尉缭子》的记载，我们来探讨一下这种"什伍之制"的特征。

首先，是层层相属：

> 战诛之法曰：什长得诛十人，伯长得诛什长，千人之将得诛百人之长，万人之将得诛千人之将，左右将军得诛万人之将，大将军无不得诛。（《武经七书·尉缭子·束伍令》）

什长、伯长、千人之将、万人之将、左右将军，层层相属，都对其下级享有生杀的大权。大将军职级最高，对全军都可行诛杀。

其次，是互相监督：

> 夫什伍相结，上下相联，无有不得之奸，无有不揭之罪，父不得以私其子，兄不得以私其弟，而况国人聚舍同食，乌能以干令相私者哉。（《武经七书·尉缭子·伍制令》）

"无有不得之奸，无有不揭之罪，父不得以私其子，兄不得以私其弟"，就是这种互相监督的效果。从"况国人聚舍同食"这句话来看，《尉缭子》中的"什伍之制"很可能也以同乡居民的行伍卒长之制为基础。无独有偶，《吴子兵法》也说："乡里相比，什伍相保。"（《武经七书·吴子兵法·治兵》）也许，随着战争的日益加剧，这种全民皆兵的制度曾经被广泛推行。

再次，是连坐制度：

> 吏自什长以上，至左右将，上下皆相保也。有干令犯禁者，揭之免于罪，知而弗揭之，皆与同罪。（《武经七书·尉缭子·伍制令》）

"上下皆相保"的"保"是担保、保证的意思。比如"十人为什，什相保也"。什长与所统领的下属十人，要互相担保。其他层级的担保可以依此类推。一旦有"干令犯禁"的人，必须揭发，否则缔结担保关系的全体，都要接受惩罚。"什有干令犯禁者，揭之免于罪，知而弗揭，全什有诛"，这句话所说的就是"全什"连坐。至于更高的级别，应该也有此连坐制度，但不可能是诛杀全部人员，很大的可能性是诛杀层级较高的人员，而对于层级较低的人员，则可以不问，因其不知情也。

最后，就是惩罚严厉：

> 束伍之令曰：五人为伍，共一符，收于将吏之所，亡伍而得伍当之。得伍而不亡有赏，亡伍不得伍，身死家残。亡长得长当之，得长不亡有赏，亡长不得长，身死家残，复战得首长，除之。亡将得将当之，得将不亡有赏，亡将不得将，坐离地遁逃之法。（《武经七书·尉缭子·束伍令》）

在战斗的过程中，要有一个成本的计算。如果我方在战斗过程中的实际损失与敌方持平，则可以免除参战人员的处罚。如果我方在战斗过程中的实际损失大于敌方，就要受到处罚。而处罚之严厉，也超乎想象：身死家残。不但参战人员要受处罚，他的家人也要被连坐。反之，如果我方在战斗过程中的实际损失，小于敌方，则可以受到奖励。这种严厉的惩罚，就是为了保证参战人员拼尽全力而战，以死相拼。这就可以最大限度地接近胜利。由此可以看出，为了胜利，参战各方也是无所不用其极。

从以上的分析可以看出，战国晚期，各国之间的战争，其惨烈程度可能是超乎我们想象的。仔细分析，《鹖冠子》中的"五家为伍，伍为之长"的制度，其组织之严密，惩罚之严厉，可以说是刻薄少恩。这与鹖冠子所追求的王道之兵，是背道而驰的。然而，对比来看，《管子·小匡》与《尉缭子》也是如出一辙。这说明了一种情况，战国晚期的战争，已经到了失控的程度。一个人参战，可能不是完全出于自愿，正因为如此，国家才要想方设法让你用全家人的性命做担保，以此来促使你走上战场之后，会与敌人以死相拼。可见这种战争是何等背离人道，有违人性。荀子称其为"盗兵"，不亦宜乎！

如果对比宋襄公，对比我们所分析的古兵法，我们就会理解，古兵法中对战争原则和底线的强调，出自深思熟虑，是为了最大限度地降低战争对人类社会造成的伤害。"孙、吴之术"，当然是适应新的战争形式的产物，也更强调诡诈。然而，战国末期惨烈的战争，如果为孙、吴所目睹，不知他们会作何感想？诡诈，一方面是出自不得已，另一方面也是出自对胜利的渴望。无论如何，当战争原则被打破，底线被跨越的时候，人类在战争中所付出的代价也就越来越大。这种代价会不会达到人类所能承受的极点，这是值得我们警惕的，也是值得我们反思的。

第五节 用兵之术：临阵知敌

鹖冠子在论述用兵之道的时候，会提及"五行"和"五音"。

> 兵有符而道有验。备必豫具，虑必早定。下因地利，制以五行。左木，右金，前火，后水，中土，营军陈士，不失其宜。五度既正，无事不举。招摇在上，缮者作下。取法于天，四时求象：春用苍龙，夏用赤鸟，秋用白虎，冬用玄武。天地已得，何物不可宰？（《天权》第十七）

"下因地利"，就是要因顺和利用"地利"的条件。"制以五行"，有可能是用"五行之法"节制部队，也有可能"制以五行"就是"陈以五行"，也就是列"五行之阵"以迎敌。"五行之阵"也可能兼有以上两种功能：一是列阵之法，以便于迎敌；二是节制部队的方法，以便于发号施令。

从"左木，右金，前火，后水，中土，营军陈士，不失其宜"这句话来看，可以确定，这是一种列阵的方法。而从"五度既正，无事不举"这句话来看，这种阵法中也肯定寓有节制部队的功能。因为"度"在《鹖冠子》中有"度量单位""标准"的意思。"五度"实际上就是指五种度量单位。军队按此五种度量单位来分配人员，便于命令的下达与执行，为作战指挥带来极大的便利。据此可以猜测，五行之阵的每一个单元，从部队标识和服色来说，可能都会有区分。

李零在《兵以诈立——我读〈孙子〉》中总结了几种"五行阵"[①]，可以作为参考。李零认为，五行阵中，金（形如□）、土（形如〇）、水（形如Ｖ），火（形如∧），木有直或伏（衡）两种形式，直（形如丨），伏（衡）（形如一）。

---

① 李零：《兵以诈立——我读〈孙子〉》，中华书局2012年版，第223页。

按照李零的总结，我们可以将鹖冠子的"五行阵"列出，并且，不同的阵形，表示以不同的颜色。

鹖冠子"五行阵"：左木，右金，前火，后水，中土。其中，木阵有两种形式，一为"直形"，一为"衡形"或"伏形"。因此，"五行阵"也有两种形式。图7－1为"直形木阵"，图7－2为"衡形木阵"或"伏形木阵"。

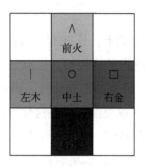

图7－1 直形木阵图

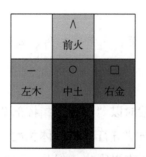

图7－2 衡形木阵或伏形木阵图

从图7－1和图7－2就可以比较形象地看出，"火阵"和"水阵"分居前后，各以"锐角"朝外，有攻击的功能，而以"钝角"朝内向"土"，有护卫中军的功能。而在实战中，"火阵"和"水阵"的形态可以因不同的敌我形势发生改变，具有很强的机动能变性。比如"火阵"，可以以"锐角"冲破敌阵，在冲破敌阵的过程中，当"锐角"推进速度变慢的时候，两翼的形态可以随之发生变化，一种变化是，两翼从内部重新组织"锐角"形态，旧的"锐角"向两侧冲击，新的"锐角"再度当敌深入。另一种变化是两翼可以前冲，起到分割包围敌人的作用，形成分割包围，左"木阵"与右"金阵"就可以相机而动。"水阵"的变化与"火阵"基本相同。

"金阵"的机动性最差，而且可变性也最小，但其特点在于稳固、耐冲击。可以在受敌突袭的时候发生稳固阵脚的作用。而且，随着"火阵"或"水阵"向前攻击的时候，"金阵"可以护卫大部队向前推进。左方的"木阵"无论是"直（｜）"形还是"横（一）"，都具有最大的机动性，但其抗攻击的能力也最差。因此，"木阵"不像"水阵"和"火阵"一样有主动攻击的功能，但是，临阵奇袭或是在"水阵"或"火阵"之后形成二次攻击，却是极易收到奇效。

中央是"土阵"。土阵是圆形，这就有一种好处，"土阵"周围的四阵，可以随时围绕"土阵"进行阵形的转换。也就是说，"土阵"以圆形居中，就使整个"五行阵"具有了最大的可变化性。因此，在我们的想象中，要将"五行阵"转起来、动起来，就更能够体会这种阵法的威力。

在实战中，要想让"五行阵"的机动性得到最大限度的发挥，就需要它们相互之间有不同的信号指挥系统。笔者猜测，这种指挥"五行阵"的信号系统，一种可能是声音，一种可能是颜色。鹖冠子说：

> 陈以五行，战以五音，左倍宫、角，右挟商、羽，徵君为随。（《天权》第十七）

"战以五音"，很可能是指战时以"五音"指挥部队。"左倍宫、角，右挟商、羽，徵君为随"却并不能与"五行阵"具体相配。在此笔者只能给出自己的推测。准确的理解，暂时还难以得出。但是，我们可以尝试两种方法。第一种方法是将"左""右""随"理解成整个"五行阵"的方位，那么，"五音"与"五行阵"的相配如下图所示：

		∧ 火		
左倍宫、角	一 木	○ 中土	□ 金	右挟商、羽
		∨ 水		
		徵君为随		

图 7 – 3　五音配阵图

这种"五音"与"五行阵"相配的模式，相对难以理解。在这种模式下，"五音"如何发挥作用，也不得而知。

然而，如果我们将"五音"的方位理解成中央"土阵"的方位，就能很形象地看出，"战以五音"就是"五行阵"的信号指挥系统。如下图所示：

	前	
左倍宫、角	○ 中土	右挟商、羽
	徵君为随	

图 7 - 4　五音号令图

"左倍宫、角，右挟商、羽"，宫、角、商、羽四音，是用来指挥水、火、木、金四阵的，这四音最为常用，因为水、火、木、金乃是四围之侧阵，是冲锋陷阵的主力。而"徵君为随"是指"徵"音轻易不会响起，它是最重要的中军号令。

《六韬》也提及"五音"与"五行"。

> 武王问太公曰："律音之声，可以知三军之消息、胜负之决乎？"
>
> 太公曰："深哉！王之问也。夫律管十二，其要有五音：宫、商、角、徵、羽，此其正声也，万代不易。五行之神，道之常也，可以知敌。金、木、水、火、土，各以其胜攻之。古者，三皇之世，虚无之情以制刚强。无有文字，皆由五行。五行之道，天地自然。六甲之分，微妙之神。"（《武经七书·六韬·龙韬·五音》）

在这段对话中，武王的问题是，通过"律音之声"是否可以知三军之消息，以及胜负之决？在太公的回答中，却把"五音"与"五行"联系在了一起。这种没有任何铺垫的转换，说明在当时"五音"与"五行"的相配基本是一个常识。五音：宫、商、角、徵、羽，这是万代不易的"正声"。"五行"则是"道之常"。"五音""万代不易"的特征与"五行"之"道之常"的特征，也正好能够对应。所以，人们就将"五音"与"五行"联系在了一起。

"五行之神",应该是指"五行"之间相生相克的关系变化多端、神妙莫测。上文对鹖冠子"五行阵"的分析已经指出,"五行阵"在实战中应该并不是一个固定的模式,根据地形以及实战的情况,"五行阵"能够生出各种变化,以应对敌人。兵无常势,水无常形。"五行阵"一定具有随机应变的特征。"金、木、水、火、土,各以其胜攻之",这句话的意思,就是要根据敌方的实际情况,我军要用"五行"相生的关系来组织部队,提升战斗力,用"五行"相克的关系来克敌制胜。

因此,我们推断"五音"应该是军队的指挥信号系统,而"五行"是列阵的方法。我们可拈出两句话:"武王问太公曰:'律音之声,可以知三军之消息、胜负之决乎?'"为什么通过"律声之音"可以知三军之消息、胜负之决?因为"律音之声",主要是"宫、商、角、徵、羽"五种声音,是我方以及敌方的指挥信号系统,通过"五音"的状况,可以判断对方部队的指挥系统是否有序。而且"五音"也可以在一定程度上反映对方的军心与军情。一个高明的、善于观察的将领,要具备从"五音"之中,也就是我方以及敌方的指挥信号系统中判知军事情报的素质。

通过"五行"可以达到"知敌"的目的。太公的回答中有这样一句话:"五行之神,道之常也,可以知敌"。"五行"是最主要的列阵方法,其他的列阵方法,都是在"五行阵"基础上的演变。因此,通过观察对方阵列的情况——是否整齐有序,不同分阵之间转换是否迅速,分阵之间的配合是否协调等,来判断敌方军队的状态。而且,以"五音"为代表的指挥信号系统,会通过"五阵"的响应,比较直观地反映出整个部队的状态。由此就可以判断敌人是否可胜。

"古者,三皇之世,虚无之情以制刚强。无有文字,皆由五行。"这句话也可以说明,在"无有文字"的上古,"皆由五行",其中应该也包括了"五音","五音"与"五行"是当时组织军队的主要方式。所以,"五音"与"五行"中携带了大量的军事信息。因此,《六韬》才会专门讨论。

《六韬》云:

> 其法:以天清净,无阴云风雨,夜半遣轻骑,往至敌人之垒,去九百步外,偏持律管当耳,大呼惊之。有声应管,其来甚微。角声应管,

当以白虎；徵声应管，当以玄武；商声应管，当以朱雀；羽声应管，当以勾陈；五管声尽不应者，宫也，当以青龙。此五行之符，佐胜之征，成败之机。(《武经七书·六韬·龙韬·五音》)

这是通过故意惊动敌人的方法，让敌人被迫作出反应。观察人员持"律管"在耳边，收集敌方传来的声音，据此判断敌方军队的情况。这里也谈到"角声""徵声""商声""羽声"四音应管的情况，如果无声来应，则为"宫"音。据此我们可以推断，故意惊扰敌人，就是要让敌人在仓促之间启动应急机制，通过指挥系统调动军队应急，敌军的响应方式中就携带了大量的军事信息。而且，这一段也把"五音"与"五行"相联系。"五音"是"五行"的符验与表征。

《六韬》中还有一段文字：

太公曰："微妙之音，皆有外候。"

武王曰："何以知之？"

太公曰："敌人惊动，则听之；闻枹鼓之音者，角也；见火光者，徵也；闻金铁矛戟之音者，商也；闻人啸呼之音者，羽也；寂寞无闻者，宫也。此五者，声色之符也。"(《武经七书·六韬·龙韬·五音》)

在这段文字中，明确指出了何为"五音"。"五音"应该是用"听"，但是，文中却出现了"见"，且把"火光"视为"徵"，这种解释明显存在矛盾之处，比较牵强。

综上，"五音"很可能是指挥信号系统，"五阵"则是排兵布阵的方式。《鹖冠子》中"陈以五行，战以五音"，就是以"五行"布阵，以"五音"指挥交战。

五　古兵法论君主对战争胜败的关键作用

鹖冠子指出：

为彼世不传贤，故有放君。君好偪阿，故有弑主。(《备知》第十三)

放君，是指"被流放之君"①。弑主，是指"被弑杀之君"②。无论君主被流放还是被弑杀，都会引起国家的动荡。国家动荡之时，就是兵祸四起之日。鹖冠子认为，君主是万祸之源。要解决天下不断陷入动荡的循环，就要从根本处着手。鹖冠子认为，应该打破以血缘为基础的世袭制，而施行以才能与德性为基础的选贤制。我们将鹖冠子的这种观点概括为"选贤为君"。

《六韬》云：

> 文王问太公曰："天下熙熙，一盈一虚，一治一乱，所以然者，何也？其君贤、不肖不等乎？其天时变化自然乎？"
> 太公曰："君不肖，则国危而民乱；君贤圣，则国安而民治。祸福在君，不在天时。"（《武经七书·六韬·盈虚》）

相比于《鹖冠子》，《六韬》明确地把天下"一治一乱"的责任归结到了君主的身上。如果君主不肖，国家就会陷入危难，人民也会经受混乱之苦；如果君主贤能，国家应会安定，人民也会享受升平。因此，《六韬》得出了一个结论："祸福在君，不在天时。"君主是国家祸福的根源。主贤则治，主不肖则乱。可见，选择贤能之人来当君主是多么重要。其观点与《鹖冠子》是一致的。

"选贤为君"，就是要保证处在君主位置上的都是有道之人。《六韬》云：

> 天下者，非一人之天下，唯有道者处之。（《武经七书·六韬·武韬·顺启》）

《六韬》认为，天下并不是一人之天下。从这句话就可以引申出，天下也不是一家一姓之天下，而是天下人之天下。这实际上就是在间接地批评君主世袭制。君主世袭，血缘至上，君主之贤与不肖，都带有一定的随机性。这明显是不合理的。所以，《六韬》认为，天下应该"唯有道者处之"。换言之，就是让有道的人来当君主。让有道的人来当君主，有两条途径可以实现。其中

---

① 黄怀信撰：《鹖冠子校注》，第 295 页。
② 黄怀信撰：《鹖冠子校注》，第 296 页。

一种就是鹖冠子的选贤为君制，另一种就是通过改朝换代，将无道的君主推翻，易姓而王。两种方式中，无论是哪一种，都带有选贤为君的意味，前一种是主动地选贤，而后一种是被动地选贤。

通过对比我们发现，《鹖冠子》与《六韬》都认识到了君主才是国家祸福成败的关键。从《鹖冠子》的整个文本来看，他倾向于提出一种"选贤为君"的制度。《六韬》的观点与《鹖冠子》具有一定程度的一致性。这说明两者都受到了博选思潮的影响。两者都认为，君主是事关战争成败的战略关键。

春秋战国时期，是一个突破"原则"与"底线"的时代。这种时代背景，也会深刻地影响军事领域。在这一时期前后成书的军事理论著作中，也体现出了对"底线"与"原则"的突破的特征。在《司马法》中出现了"战道"一词。因此，我们可以将古兵法应时而变的这种特征概括为古代兵法在"战道"领域的突破和革新。基于"战道"的不同，古代兵法也存在着不同的分期和不同的类型。关于这一点，目前学界尚且未有充分之讨论。

通过《鹖冠子》与其他传世兵法的对比，我们可以看出，在兵家内部也应该存在着不同派系之间的分歧和争鸣。我们认为，以孙、吴为代表的兵法，是兵家内部的革新派。这一派的兵法应时革新，其趋向是在具体的作战方法和谋略上，更崇尚"诡道"，其结果是将战争暴力程度推向更高的层级。与之相对，孙、吴之外的兵法，在不同程度上，都还带有古兵法的特征。相较之下，古兵法中融会了周代礼制中仁义礼智信的成分，并尽力地将战争的规模和暴力程度限制在一定的层级。这符合周代宗法社会的特征。由于分封国大多都是宗亲之国，因此，国与国之间，一旦发生矛盾，如果必须通过战争的方式解决，那么，大家都会默契地共同遵守"战道"，这种"战道"划定了关于战争的原则与底线。因之，可以将战争的规模和暴力程度，限制在一定范围。这与战国时期那种你死我活的战争是截然不同的。

古兵法与孙、吴为代表的兵法的另一大不同在于，古兵法更为重视内政状况对战争胜负的影响。换言之，古兵法虽为兵法，但是其关注焦点却不仅仅在于军事活动本身，古兵法会花费更多的笔墨来探讨内政问题。因为，在他们看来，内政的影响一定会波及军事，甚至最终影响军事行动的成败。这种看法有其合理性。

克劳塞维茨在《战争论》中提到了"军事精神"和"武德"两个概念。实际上，一国的内政状况，一定会影响到一国军队的"军事精神"和"武德"之养成。克劳塞维茨说：

> 因而，军事精神是战争中最重要的精神要素之一。凡在这要素缺乏之处，它必须由其他要素之一例如统帅的优越才能或民众的热忱去替代，否则结果将抵不上被花费的努力。这精神、这宝贵素质、这变粗矿石为贵金属的提纯精炼成就了多少伟业，由下列史例显示出来：亚历山大麾下的马其顿人、凯撒麾下的罗马军团、亚历山大·法尔尼塞麾下的西班牙步兵、古斯塔夫·阿多弗斯和查理十二麾下的瑞典人、弗雷德里克大王麾下的普鲁士人和波拿巴麾下的法国人。如果拒不承认只是依凭拥有这些武德的军队的襄助，才能有这些统帅的卓越成功和与其在逆境中的伟大，那就必须盲然无视一切历史证据。①

> 武德只有两个源泉，为了造就它，它们必须交互作用。第一是打过一系列胜利的战争，第二是军队经常竭尽全力。②

克劳塞维茨认为，正是在拥有"军事精神"抑或"武德"的军队的襄助之下，才会有西方历史上著名军事统帅的卓越成功和在逆境中所造就的伟大。他指出，"武德"有两个源泉，其一是打过一系列胜利的战争，其二是军队经常竭尽全力。

基于克劳塞维茨的这种观点，我们在此可以提出两个延伸性的问题：其一，军队能够打一系列胜利的战争，其缘由何在？其二，军队为什么能够经常地竭尽全力？

笔者想，这两个问题的答案，一定会延伸到内政的领域。也就是说，一国的内政状况，决定了征战在外的军队是否能够取得对敌的胜利，内政状况也决定了一国的军队是否能够经常性地竭尽全力。因此，古兵法将内政状况纳入思考，是有其合理性的。他们对军事的看法，更为系统，更为全面。这种看法，对当下也或有启示。在当今的世界环境下，我们永远不能就军

---

① ［德］卡尔·冯·克劳塞维茨：《战争论》，时殷弘译，第267—268页。
② ［德］卡尔·冯·克劳塞维茨：《战争论》，时殷弘译，第268页。

事而论军事。换言之，当我们思考军事问题的时候，要意识到政治问题与军事相关，经济问题与军事相关，科技问题与军事相关，文化问题亦与军事相关……

总之，在审视军事问题的时候，我们必须具有极为宏观的视野，将一切都囊括其中。孙子云："故经之以五事，校之以计，而索其情：一曰道，二曰天，三曰地，四曰将，五曰法。"（《孙子·计篇》）道、天、地、将、法，其内容包罗万象。审敌之情，察敌之实，军事固为一端，内政亦为一端。从哲学的视角来看，道为本根，将、法实为末条。根本不固，枝叶焉荣？

第八章　《鹖冠子》：博选思潮下的兵法

《鹖冠子》与兵家，也有千丝万缕的联系。班固在《汉书·艺文志》中省略了"兵家类"的《鹖冠子》，而独存"道家类"的《鹖冠子》，他的这种做法，可以有不同的解释。在这一章里，笔者将会把《鹖冠子》与其他的兵家文本进行比较。只有通过这种比较，才可能探明《鹖冠子》与兵家的关系，也才可能找到班固在《汉书·艺文志》中作此取舍的最为可能的原因。

《鹖冠子》的兵法，与"孙、吴之术"存在着一定的区别。这种区别一方面是由于《鹖冠子》的兵法中更多地保留了古兵法的痕迹，另一方面则反映在，从整个思想史的背景来看，《鹖冠子》的兵法应该是受到了"博选思潮"的影响。因此，在他的军事理论中，尤其关注贤能之士对于战争胜负的决定性作用。

《鹖冠子》的这种特征，在今天传世的兵法中，也可以不同程度地被看到。这可以在一定程度上说明，《鹖冠了》与这些传世兵法具有共同的思想史背景，这是它们共同的时代特征的体现。这是较为宏观的视角。而从微观来看，《鹖冠子》兵法中所使用的一些概念，也与这些兵法具有一定程度的相似性与共通性。这就更可以说明《鹖冠子》与这些传世兵法是相同或相近时代的产物。

第一节　道兵与盗兵：从《鹖冠子》看用兵之道的古今之变

在本节中，主要从比较宏观的方面，选取一些与《鹖冠子》论述用兵之道有关的概念，并从传世兵法中撷取一些与之相似的论述，进行对比互诠。在对比互诠之前，我们先尝试从新的视角来分析春秋战国大变革的时代特征。这有利于我们后续分析的深入。

一 春秋战国时期军事思想家对战争"原则"与"底线"的争鸣

对于春秋战国时代，历史上有各种的描述，比如春秋五霸、战国七雄、百家争鸣等。然而，如果抛开所有这些既有的描述，尝试去发现这些现象背后的共性因素，我们就可以得出这样一个结论：春秋战国时代，是一个不断突破"原则"和"底线"的时代。在今天，提及突破原则和底线，我们大多是在贬义的层面上来使用它，而在本书中，我们则是兼顾了它的积极的意义和消极的意义。

周礼对周代社会的治理，发挥着极大的作用。随着周王朝的不断衰落，周礼对社会的规范与调节的作用逐渐被削弱。即使如此，人们仍然无法完全规避周礼的限制，在一定意义上来说，周礼已经内化成了人们思考和行为的方式，这就是周礼的强大之处，也是周礼的成功之处。在春秋争霸的过程中，诸侯动辄以周王为旗号，动辄以违背礼制为借口，这都是周礼对世道人心浸润之深的体现。"周王"与"周礼"曾经是那个社会原则和底线的根基。然而，随着周王朝的彻底覆灭，这个"原则"与"底线"也就被突破了。

荀子在《议兵》中斥责战国时期的战争行为是"盗兵"[1]，因为，此时的战争已经不用任何冠冕堂皇的口号，尽是赤裸裸的私心与私欲，言利而不言义，蔚然成风。根植于周王朝的，作为一个时代的"原则"与"底线"的"道"与"义"，都在不断地被一点点地突破。如果从这个角度来看，春秋无义战，战国尽盗兵，可以说是对这个时期历史特点的较为贴切的描述。

从思想史来看，"百家争鸣"仍然可以看作对旧的"原则"与"底线"的突破。因为，只有触及了"原则"与"底线"的根本性问题，大家才会群起而争之，群起而鸣之。可以说，春秋战国时期，实际的历史进程，正处在一个突破"原则"与"底线"的过渡时期，旧的"原则"与"底线"正在逐渐地被突破，而新的尚未建立起来。而"百家争鸣"在突破旧的"原则"与"底线"的同时，也肩负着重要的历史使命，就是重新构建新的，能够统合整个社会的"原则"与"底线"。孔子周游列国，孟子继之，这是儒家推行其所构想的"原则"与"底线"的努力。老子著书言"道"，这个"道"实际上也是一个全新的"原则"和"底线"。而庄子大谈齐物和逍遥，更多地关

---

[1] （清）王先谦撰：《荀子集解》，第 182 页。

注个休生命的饱满，尝试去突破任何客观的原则。对庄子来说，只有绝对的自由，而无绝对的原则。实际上，他是开始深深地怀疑如孔、老一样的尝试，是否能够成功。所以，他宁愿将更多的精力放在个体生命的修炼上。然而，无论是何家何派，都在无意中突破旧的"原则"与"底线"，而在有意中构建和推行自己所发现的新的"原则"与"底线"。

相应地，在用兵的领域，也发生了这样的革命性的变化，根植于周王朝和周代礼制的战争的"原则"和"底线"，也在不断地被突破，直至最终消失。以致人们似乎已经忘记，曾经存在过完全不同于后世兵法的指导战争的"原则"，限制战争暴力升级的"底线"。宋襄公就是这样一个充满悲情的人物。他不幸地处在了这样一个变革的时代，他不幸地坚守旧的战争"原则"与"底线"，他也不幸地遭遇到了一个已经突破了"原则"与"底线"的对手，因此，他的失败与死亡，都具有一定的必然性。而历史对于这样一个人物的讥笑与嘲讽，则象征着旧时代帷幕的彻底落下，新时代的帷幕正在拉开。今天我们所熟知的"兵不厌诈"的兵法，就是战争突破了所有的"原则"和"底线"的产物。作为这个产物的代表，就是"孙、吴之术"。

实际上，这里面也有人们对"孙、吴之术"的误解。因为，随着时代的前进，随着战争规模的日益扩大，战争对抗日益惨烈，人们的关注点更多地集中于孙吴兵法的诡诈。因为诡诈更好学、更实用。而在无意之间，人们却忽略了，无论是孙子还是吴子，实际上还是有一种努力——尝试最大限度地保留原有的战争"原则"与"底线"。虽然创立了用于指导战争的兵法，但是，也不可否认，他们也在尝试控制与驾驭战争。因为，战争的无限升级，其结果只能是人与人的相互毁灭。这将是人类社会的悲剧。从这个角度来看，《孙子兵法》对于战争、对于暴力、对于杀戮，都保留了极大的克制，这种克制，在一定意义上来说，仍是古兵法遗存的表现。然而，在实际的战争进程中，极少有人能够将孙子的这种克制，贯彻到实际的行动中去。《孙子》仍然想为战争划定底线，仍想在一定程度上控驭战争，然而，现实中的战争却如脱缰的野马。人们骑在这匹马上，渐行渐远。

可以说，"孙、吴之术"早早地就意识到了时代的这种剧变，并且感受到了战争模式即将颠覆的前奏。他们主动地去适应和研究，于是才有了新的兵法的诞生。能够适应新的形势，这是他们的兵法能够广为传播的根本原因。

然而，《鹖冠子》的兵法，相比之下，对于旧有的战争原则与底线，还怀有一丝眷恋。因此，他还在略微执着地坚持用旧的军事理论模式来思考战争。在对《鹖冠子》兵法进行研究的过程中，为了更好地解读《鹖冠子》，将其与传世兵法进行对比研究将是一种非常有意义的尝试。让人欣喜的是，在传世兵法中，也往往会体现出与《鹖冠子》一样的特征。他们也还在一定程度上坚守着旧的战争的原则与底线。虽然，如上文所说，对旧的战争原则与底线，孙、吴也不是彻底地否定，但是，这些孙、吴以外的兵法，则明显是在执着地坚持和信守。这就使孙、吴以外的这些兵法更为鲜明地体现出了古兵法的特征———一种对旧的战争原则和底线的坚守。

因此，孙、吴可以说是兵法的主动和彻底的革新者，而孙、吴之外的兵法，则属于旧有军事理论的坚持者，同时又是新理论的被动适应者。正是因为他们是在被动地适应，所以古兵法的理论特征还显得格外浓厚，而新兵法的特征却刚刚显露端倪。下面，就通过相互对比的方式，将《鹖冠子》与"孙、吴之术"以外的兵法的共同特征展现出来。

二 《鹖冠子》与古兵法中的仁义礼智信

在《近迭》中有这样一个观点：

> 鹖冠子曰："兵者，礼义忠信也。"（《近迭》第七）

如果从孙、吴之术的角度来看，这句话颇为费解。用兵讲究诡诈，敌我双方斗智斗勇，虚虚实实，为了争取胜利，几乎是无所不用其极。在这种残酷的竞争中，礼、义、忠、信又从何谈起？然而，通过与传世兵法的对比，我们就能够发现，持有这种观点的，不仅仅是鹖冠子一人。

在《尉缭子》中，有一段与《鹖冠子》相似的文字：

> 古率民者，未有不信其心，而能得其力者也，未有不得其力，而能致其死战者也。故国必有礼、信、亲、爱之义，则可以饥易饱；国必有孝、慈、廉、耻之俗，则可以死易生。古者率民，必先礼信而后爵禄，先廉耻而后刑罚，先亲爱而后律其身。（《武经七书·尉缭子·战威》）

这段文字比《鹖冠子》要详细。其中，"国必有礼、信、亲、爱之义"与

《鹖冠子》"兵者，礼义忠信也"的观点相近。区别在于，前者是从"国"的角度出发，而后者是从"兵"的角度出发。但是，《尉缭子》作为兵书，其论述也必然是与用兵相关的。因此，我们至少可以将《尉缭子》的论述，看作有助于理解《鹖冠子》的一个参考。

战争发起之前，要有一个备战的阶段。备战，一方面涉及物资的准备，另一方面涉及人员的准备。其中，人员的准备，又涉及人员的数量和质量两个方面。人员的质量，主要是指兵员的素质。从狭义来看，兵员的素质主要是指兵员的军事素质。而从广义来看，兵员的综合素质，都事关兵员整体军事素质的提高与军事能力的发挥。《尉缭子》所关注的正是广义的兵员素质。

"国必有礼、信、亲、爱之义，则可以饥易饱。"礼、信、亲、爱，表面上看，与军事似无关系。然而，当军队遭遇困境的时候，比如说军粮不足，这些礼、信、亲、爱之义，就会发挥作用，成为军规、军令之外，帮助维持部队秩序的重要力量。虽有饥馑不足，士气还不至于顷刻馁败。短期内，基于道义的精神力量，可以帮助军队共克时艰。

"国必有孝、慈、廉、耻之俗，则可以死易生。"作为军人，只有知道"孝""慈"，才能够理解保家卫国的意义——孝者为至亲，慈者为幼子。只有知道廉耻，才能够理解进退即是荣辱。换句话说，只有通过这种价值教育，才能让人从本能的求生欲望中解放出来，把一味自保的本能，转换成为意义与价值而战斗的意志。实际上，人都怕死。但是，一旦能让人相信，有比生命更为重要的东西，人就会有死而无憾，甚至视死如归的豪情。这就是礼、信、亲、爱、孝、慈、廉、耻对于提升战斗力的重要作用。

这种讨论，带给我们这样一个启示，内政与军事并不是完全无关的。内政才是军事的本体，它事关能否发动战争，事关能否在战争中取胜。相比较而言，孙、吴之术更为关注战争的实际操作，而孙、吴之术以外的兵法，更为关注政治本体对战争胜负的决定性作用。换言之，孙、吴之术，更为关注正在发生或业已发生的军事冲突。《鹖冠子》与《尉缭子》，则把目光延伸到了军事的本体——政治。《鹖冠子》与《尉缭子》坚持认为，甚至在战争远未萌芽之时，一个国家的内政状况已经为战争的结果埋下了伏笔。

他们认为，一个国家的内政状况和人文礼俗，都会决定日后战争的成败。

所以，战争的胜负，早就在内政的或良或莠中埋下了种子，真正的战争结局，只不过是这颗种子结出的果实。对于战争，孙、吴之术是干预于已然之后，他们只针对业已发生和显露的病症；而《鹖冠子》与《尉缭子》却思考在未然之前，他们秉持的是"不治已病治未病"① 的原则。换言之，前者救国于战事已发之际，而后者则医国于祸患未萌之时。孙、吴之术的关注点在于如何谋求战争的胜利，而《鹖冠子》与《尉缭子》的关注点却在于如何从根本上避免战争的失败。

孔子不喜欢谈论军旅之事，一种很大的可能是，他已经清楚地意识到了春秋末期的战争是突破原则与底线的战争，是后世"盗兵"的先声。对于这样的战争，他不想触碰。"卫灵公问陈于孔子。孔子对曰：'俎豆之事，则尝闻之矣；军旅之事，未之学也。'明日遂行。"（《论语·卫灵公》）孔子自称没有学过军旅之事。这却未必是实情。孔子对军事的重要性有充分的认识。

> 子贡问政。子曰："足食，足兵，民信之矣。"子贡曰："必不得已而去，于斯三者何先？"曰："去兵。"子贡曰："必不得已而去，于斯二者何先？"曰："去食。自古皆有死，民无信不立。"（《论语·颜渊》）

子贡向孔子请教为政的要目。孔子明确指出，三件事最为紧要：足食、足兵、民信之。如果不得已而必须有所去取，孔子认为足食、足兵都是可以去掉的，只有"民信之"必须保留。孔子说，没有粮食吃，不过就是一死。从古至今，人皆有死。但是，如果人民对政府没有信任，那么，国家是站立不起来的。由此可以看出，"民信之"不仅仅是一个政治问题，更是一个军事问题。国家生死存亡的关键，都在于人民是否对政府有充分的信任。"民信之"是发动战争的前提，是取得胜利的前提。不具备这个前提，无异于自取灭亡。因此，孔子对于军旅之事，并不是不关注，也并不是不谈论。在孔子看来，内政是否有道，就是最大的军事问题。孔子更为关注政治本体。这与古兵家的思考是一致的。

《鹖冠子》"兵者，礼义忠信也"的说法，实际上，也是在强调教民以"礼义忠信"，这就是用兵的前提。内政本体与军事器用二者之间，不能截然

---

① （清）张志聪集注：《黄帝内经集注》，浙江古籍出版社 2002 年版，第 13 页。

分开。如果内政无道，民心涣散，就无法在战场上取得胜利。《尉缭子》云：
"故战者必本乎率身以励众士，如心之使四肢也。"（《武经七书·尉缭子·战
威》）在战场上，将领必须身体力行，为士兵树立一个表率。只有士兵充分信
任将领，将领的号令才能得到充分贯彻和执行。将领指挥士兵，就会达到如
臂使指的效果。上下一心，同仇敌忾，才是用兵制胜的关键。而内政有道，
民知礼、信、亲、爱、孝、慈、廉、耻，又是全国"上下一心"的关键。《鹖
冠子》与《尉缭子》对"礼义忠信"或"礼、信、亲、爱、孝、慈、廉、
耻"的关注，是古代用兵之法的遗存。古兵法是以政治为思考前提的兵法，
而孙、吴的兵法则是以战争制胜为目的的兵法。两者侧重有所不同。

以上是从内政治理的角度来理解"兵者，礼义忠信也"这句话。在用兵
的过程中，《鹖冠子》也恪守"兵义"的原则。

> 庞子曰："愿闻兵义。"
> 鹖冠子曰："失道，故敢以贱逆贵；不义，故敢以小侵大。"
> 庞子曰："用之奈何？"
> 鹖冠子曰："行枉则禁，反正则舍，是故不杀降人。主道所高，莫贵
> 约束。得地失信，圣王弗据。倍言负约，各将有故。"（《近迭》第七）

鹖冠子认为，用兵的目的是匡正敌国的"失道"与"不义"。敌国"失道"
的表现，就是"以贱逆贵"，"不义"的表现就是"以小侵大"。这句话，目
前还没有较为合理的解释。如果从《鹖冠子》中尚有古代兵法遗存的角度来
看，这里的"以贱逆贵""以小侵大"应该与西周的分封制有关，或与春秋
时期的争霸战争有关。它是指国家之间存在着等级的差别。这种等级差别的
确定，以实力为基础，以道义为旗帜。这就类似于盟主与盟国之间的关系。
如果盟国违背了道义，以下犯上，那么，盟主就有了正义的立场，对之发动
战争。

战争的目的是纠正对方不符合道义的行为，这就是"行枉则禁"；当对方
改弦更张，就要停止战争行为。与此同时，还不能够杀害投降之人。"主道所
高，莫贵约束"，一方面指同盟国的服从，另一方面，也是指双方对道义立场
的遵守。所以，对于"得地失信"的行为，圣明之王是不屑一顾的。不仅如
此，如果发生"不履行誓言，违背约定"的情况，一定会有变故发生在他的

身上。通过这段文字可以看出，《鹖冠子》所描述的战争，有很多需要遵守的原则与底线，而且，违背原则与底线的行为，鹖冠子确信其将会遭到报应。这与所谓"孙、吴之术"是存在着明显差别的。这种对用兵的看法，也应该是古兵法的遗存。

《尉缭子》中有一段话可以与《鹖冠子》相呼应：

> 凡兵不攻无过之城，不杀无罪之人。夫杀人之父兄，利人之财货，臣妾人之子女，此皆盗也。故兵者所以诛乱禁不义也。兵之所加者，农不离其田业，贾不离其肆宅，士大夫不离其官府，由其武议在于一人，故兵不血刃，而天下亲焉。（《武经七书·尉缭子·武议》）

《鹖冠子》"行枉则禁，反正则舍，是故不杀降人"的意思，就是《尉缭子》所说的"凡兵不攻无过之城，不杀无罪之人"。而且《尉缭子》直接就把"杀人之父兄，利人之财货，臣妾人之子女"的战争行为称为"盗"。这与荀子将战国时期的战争称为"盗兵"的观点也是一致的。而且《尉缭子》认为，兵之所加，在于"一人"，这里的"一人"应该指无道之君，与孟子"一夫纣"的"一夫"相似。也就是说，正义的战争，只讨伐无道的君主，而不去侵扰无辜的百姓与士大夫。这多少有点王道之兵的意思。古兵法，明显更倾向于王道之兵。

无独有偶，在《司马法》中也有类似的观点：

> 战道：不违时，不历民病，所以爱吾民也。不加丧，不因凶，所以爱夫其民也；冬夏不兴师，所以兼爱民也。故国虽大，好战必亡；天下虽安，忘战必危。（《武经七书·司马法·仁本》）

战道，也就是用兵之道。从这段文字也可以看出，用兵的行为要受到"战道"的严格约束：不能违背农时①；"不历民病"，历，《广雅·释言》："逢也"，"不应在人民遭受饥荒、疾疫、困苦之时发动战争"②；敌有丧，不加兵；敌

---

① 王震撰：《司马法集释》，中华书局 2018 年版，第 11 页。
② 王震撰：《司马法集释》，第 11 页。

有疾疫凶灾，不加兵；这是爱护敌方国民的休现。冬夏时节，气候严酷，不兴兵。这是"兼爱民"的体现。所谓战道，就是我们上文中所说的"战争的原则和底线"。在《司马法》所描述的战争中，人们还需要受到公认的"战争的原则与底线"的约束。这与《鹖冠子》"兵者，礼义忠信也"的观点是相近的。这种思想无疑也是古兵法的遗留。

此外，《司马法》中的"古者"，应该就是"古时用兵之道"的意思。

> 古者：逐奔不过百步，纵绥不过三舍，是以明其礼也；不穷不能而哀怜伤病，是以明其仁也；成列而鼓，是以明其信也；争义不争利，是以明其义也；又能舍服，是以明其勇也；知终知始，是以明其智也。六德以时合教，以为民纪之道也。自古之政也。（《武经七书·司马法·仁本》）

古时的用兵之道，对于"逐奔""纵绥"等都有明确的要求。"奔，败北也，谓追人败北之兵，不过一百步。"[1] "古者以退军为绥，谓从人退还之军，不过九十里。"[2] 这是为了能够显明其"礼"。将领对于自己的军队，有不能则不强使，有伤病则哀而怜之，这是为了显明其"仁"。敌人列阵完成，才鸣鼓进军，这是为了显明其"信"。在上文我们曾提到宋襄公，从古者"成列而鼓，是以明其信也"，正好可以看出宋襄公为什么会"不鼓不成列"。因为，"成列而鼓"是古兵法的明确要求。用兵，所争的是道义而不是利益，这是为了显明其"义"。"争义而不争利"的观点，与《鹖冠子》"行枉则禁，反正则舍"的观点相近。由此可以看出，《鹖冠子》继承了古兵法中的一些观点。服，是降服之意。"人既降服，又能舍之而不杀"[3]，这是为了显明其"勇"。这个观点，又能够与《鹖冠子》"不杀降人"的观点相对应。能够知终知始，是为了显明其"智"。

"六德以时合教"中的"六者"就是指上文已经出现的礼、仁、信、义、勇、智。这与上文提到的《鹖冠子》的"兵者，礼义忠信也"，以及《尉缭子》的"国必有礼、信、亲、爱之义"，"孝、慈、廉、耻之俗"，都

---

① 王震撰：《司马法集释》，第 17 页。
② 王震撰：《司马法集释》，第 17 页。
③ 王震撰：《司马法集释》，第 21 页。

能够相互印证。这说明，《鹖冠子》与《尉缭子》的兵法，都有其古兵法的根据。

《尉缭子》中有一段话，亦以"古者"起首，且内容与《司马法》大体一致：

> 古者，逐奔不远，纵绥不及。不远则难诱，不及则难陷。以礼为固，以仁为胜。既胜之后，其教可复，是以君子贵之也。（《武经七书·司马法·天子之义》）

这段话也是来源于古兵法。但这段话又进一步解释了为什么会"逐奔不远，纵绥不及"。这主要是为了防止敌方以"奔"为诱我之计，以"绥"为陷我之谋。从这种解释中就可以明确地看出后世兵法"兵者，诡道也"的影子。这说明《尉缭子》是新旧兵法转型与整合的产物。兵法史，亦有其起承转合的过程。把"兵法"仅仅看成"孙、吴之术"，是有失片面的。

对于古兵法对"逐奔"与"纵绥"的规定，王震指出：

> "逐奔不过百步""纵绥不过三舍"，皆虚指，逐奔当指一车而言，逐出一二百米而止，纵绥则是大军追击败北之敌，追出三十多公里即可，皆因当时战车机动性能和军队补给能力所限。且西周至春秋前期，以车阵作战为主，行列严整者战斗力更具优势，而途逐奔极易自乱阵脚而致败绩，非惟恐敌有谋也。[①]

这种解释，亦可备一说。西周至春秋时期，战争主要以车战的形式进行，古兵法针对这种较为特殊的战斗形式，而制定有别于后世兵法的规定，这是合情合理的。也就是说，战争的形式在一定程度上决定了兵法的内容。战国后期的战争形式，决定了孙吴兵法的内容。而今天高科技的战争形式下，孙吴兵法肯定已经不完全适用，我们就要探索新的兵法来因应这种变化。同理，古代的战争形式，必有古代的兵法作为指导。

综上，《鹖冠子》《尉缭子》《司马法》中都有古兵法的遗存。这种古兵

---

① 王震撰：《司马法集释》，第19页。

法的遗存，可以在很大程度上说明《鹖冠子》的时代特征。古兵法，产生于"礼崩乐坏"之前。彼时，周礼完备，且能够发挥实际的作用。因此，周礼中的一些内容，也会反映到战争的行为当中，同时，也自然会在兵法中得到体现。古兵法，吸收了周礼中的一些道德条目，比如礼、仁、信、义、勇、智，忠，在当时是具有进步意义的。这就等于为战争指定了应该遵守的原则，也为战争划定了不能跨越的底线，这有利于在最大限度上限制战争的规模，减少战争对社会的损害。这也有助于我们看到，周礼对于社会的强大调节作用。周礼的这种成功之处，是值得我们重视和研究的。孔子一心向往恢复周礼，他也一定是看到了这一点。周礼曾经在很长的一段历史时期内，将一些道德准则注入军事行动之中，限制了战争烈度的升级，这对于当下也是有启示意义的。和平，一定是建立在公认的规则之上，这需要世界范围内的制度文明的创新和升级。而战争必须靠和平规则来消灭，而不能靠战争本身来消灭。毕竟，政治才是军事的本体。军事产生于政治的需要。政治才是战争的土壤。欲谋和平，必须首先建立和平的政治制度。

古兵法与孙、吴之术的差异，可以简单地概括为：无法有法与有法无法的差别。古兵法，无法有法。所谓无法，是指古兵法中，可能少了一些像孙、吴之术一样的诡诈之法；所谓有法，是指古代用兵，要遵守一些周礼的要求。相应地，那时的战争，是有原则的战争，是有底线的战争。孙、吴之术，有法无法。所谓有法，是指诡诈之法；所谓无法，是指为了战争胜利，可以不受任何限制，不择手段。相应地，孙、吴之术指导下的战争，是无原则的战争，是无底线的战争。

然而，这并不是说，孙、吴之术完全流于诡诈。如上所述，孙、吴之术中，实际上也可以看到很多古兵法的残留，他们也在极力地限制战争，他们想尽力地驾驭战争。他们也尝试为战争设定很多道义的要求。然而，在实际应用的过程中，战争无疑变得越来越惨烈，越来越无原则，越来越无底线。战争，就像是一头庞大的怪兽，时刻在窥伺着人类，一有可乘之机，就会张开血盆大口来吞噬生命。这样的战争，并不值得赞美，而应该警惕！

三 古兵法中的理性萌芽

在中国思想史的背景下，"用兵之道"一定是与终极之道相通的。在《鹖冠子》中，这个终极之道是如何确立的呢？同一时期的兵法是否存在与《鹖冠子》相同或相近的认识呢？下面我们简要分析一下。

《鹖冠子》与《尉缭子》中，都出现了"苍苍之天"这个词语。《鹖冠子》云：

> 所谓天者，非是苍苍之气之谓天也；所谓地者，非是膊膊之土之谓地也。所谓天者，言其然物而无胜者也；所谓地者，言其均物而不可乱者也。（《度万》第八）

《尉缭子》云：

> 苍苍之天，莫知其极，帝王之君，谁为法则？往世不可及，来世不可待，求己者也。（《武经七书·尉缭子·治本》）

两者都认为，"苍苍之天"不足取法，所谓的"苍苍之天"就是指"自然之天"。这是其相同之处。不同之处在于，《鹖冠子》在否认"天"即是"苍苍之天"的同时，却又赋予"天"以新的涵义——即"然物而无胜者也"。《尉缭子》则认为，"苍苍之天"完全不足以取法。帝王之君所应遵守的法则，应该求诸己。

然而，如果深入地分析，两者却也并非完全对立。《鹖冠子》与《尉缭子》都否认"苍苍之天"，实际上就是否认存在一个客观外在的主宰之天、超越之天。鹖冠子的"然物而无胜"之"天"，无论其是否为外在的客观实在，其所蕴含之义理，却是有待于人的主体能动性去认识和发现。这在一定程度上就与《尉缭子》的"求己者也"有共通之处。这体现了古兵法中的理性萌芽。战争逐渐摆脱了神秘超越力量的干预，而完全取决于人的理性的操控和驾驭。

第二节 兵法有古今：《鹖冠子》的古兵法特征

李零认为，道家类的《鹖冠子》应为全书，而兵家的《鹖冠子》则是有关鹖冠子论兵内容的单行本。李零指出，班固自注中"省"的意思，是在兵家类目下，省略作为单行本的兵家著作，只保留《诸子略》中的全书。他说：

"……是把权谋类的《司马法》归入《六艺略》的礼类，改叫《军礼司马法》，不再当兵书；二是把《伊尹》《太公》《管子》《孙卿子》（即《荀子》）《鹖冠子》《苏子》《蒯通》《陆贾》《淮南王》《墨子》中有单行本的兵书，加以省并，只保留《诸子略》中的全书；三是在技巧类加了《蹴鞠》一书。"①《鹖冠子》即是班固省并的著作之一。

然而，这里面仍有一个问题有待解答：班固为什么要省略兵家类的《鹖冠子》。如果道家类的《鹖冠子》是全书，而兵家类的《鹖冠子》是单行本，这说明《鹖冠子》论兵的内容与其全书本来就存在着紧密的关系，此其一；其二，在班固看来，兵家的《鹖冠子》可能有点儿不像兵书，所以，他认为没有必要把它在兵家类下再单列出来。也就是说，班固的这种省并，实际上是对兵家类典籍的又一次细分与纯化，他剔除了在他看来不类兵书的著作。

然而，这种"不类兵书"的"兵书"的存在，却可能说明了这样一个问题：兵家内部本来也有不同的流派，这就像儒家内部有孟、荀，道家内部有老、庄一样自然。只是，随着时代的变迁，用兵的诡诈氛围变得越来越浓厚，阴谋的作用也越来越被凸显，人们才渐渐地认为，兵书，就是讨论战争中如何运用阴谋诡计的书。非此类者，即不在兵书的范围之内。班固对一部分兵书的省并，应该也有这样的因素存在。然而，这也会导致我们对兵家的认识趋向单一化、刻板化，使我们忽略了兵家历史形态的变迁过程，忽略了兵家思想形态的多样性。

一 "孙、吴之术"以外的兵法

关于兵家历史形态的变迁，李零指出：

> 我估计，早期兵法，主要就是讲治兵，用兵是从治兵发展而来，这是兵法和军法的中间环节。《司马法》的"法"，汉代《军法》的"法"，都是军法。《尉缭子》的"令"，都是军令。古书中的法令，有些还是设计出来，并未实施的东西，但它们的性质摆在那里，明显不同于专讲谋略的兵书。②

---

① 李零：《兵以诈立——我读〈孙子〉》，第15页。
② 李零：《兵以诈立——我读〈孙子〉》，第6页。

李零认为，早期的兵法，并不是专讲谋略的书，而是主要讲治兵的书。也就是说，今日我们所惯见的兵书，与历史上曾经存在的一些兵书，两者间可能存在着较大的差异。古代的兵书，用今天的视角来看，可能根本就不像兵书。班固对所谓兵书的看法与分类，也难免不受其时代氛围的影响。因此，班固省并一部分兵书，在他看来，实为必要，而从历史发展的视角来看，却实属多余。因为兵书的发展，也有一个历史过程，在不同的历史时期，会以不同的形态存在，原有的分类，恰恰能够反映这个历史过程。而经班固之省并，后人对此过程则渐渐无视，将兵书专论"诡道"视为当然。纵使敌我交战，你死我活，阴谋诡计在所难免，然其所占比重，或所用形式，在不同的历史时期却可能有极大不同。

李零也认为：

> 中国的孙、吴之术，背景是贵族传统大崩溃，兵不厌诈。齐人多诈，适合搞兵法。他们的学术也发达。战国中期，齐国是国际学术中心。《孙子》长于思辩，不是偶然的。①

今日我们所熟知的兵法，正是"孙、吴之术"。然而，"孙、吴之术"却是贵族传统崩溃之后的产物。试问，在贵族传统尚未崩溃之时，敌我交战，是否需要谋略，是否要用诡道？答案当然是肯定的。可是，我却不能忽略了一个颇具悲情色彩的历史人物——宋襄公。

在"泓水之战"中，宋襄公连失两次战机——楚军半渡而不击、未阵而不击。错失了这两次机会之后，宋襄公最终被击败。面对国内质疑的声音，宋襄公有这样的回应："君子不重伤，不擒二毛，古之为军也，不以阻隘也，寡人虽亡国之余，不鼓不成列。"② 从这个回应可以看出，宋襄公并不认为自己做错了，因为他有自己的依据——"古之为军"之法。这说明，宋襄公所处的时代，正是从"古之为军"之法向新型军事思想——孙、吴之术转变的时期。而宋襄公无疑选择了坚持前者。后世用"宋襄之仁"来讥笑他将仁义用错了地方。这正是由于后世之人没有意识到宋襄公所处的时代，正是新旧

---

① 李零：《兵以诈立——我读〈孙子〉》，第43页。
② 杨伯峻编著：《春秋左传注》，第397—398页。

军事思想交锋转换的一个时代。从这个角度来看，宋襄公的失败具有一定的
必然性，这是新军事思想对阵旧军事思想的一场战争。

宋襄公的失败，也宣告了旧式军事思想的彻底破产。宋襄公的失败抹去
了战场上最后一缕仁义的余晖。在此之前，诡道虽有用武之地，但是，却被
严格限定了使用范围。可以确信，宋襄公也一定有自己用兵的诡道，但是他
严格恪守了使用诡道的边界。然而，一代新人胜旧人，在新的军事思想之中，
诡道使用的边界被最终冲破。诡诈、阴谋、血腥、暴力，成为形容战争的最
贴切不过的词语。到了近代，德国军事家在对克劳塞维茨的解读中，又产生
了"追求暴力无限的倾向"①。人类，在彼此毁灭的方式和手段上，越来越精
纯，也越走越远。战争成为考验人性的最后的法庭，当战争中人性的光辉消
失殆尽的时候，在人类身上爆发出的纯粹的兽性，会不会最终毁灭了自己？
这需要时间来回答。总之，我们需要意识到，战争曾有不同的形式，兵法也
曾有不同的原则。

从时间上看，兵法有古今之别，而从空间上来看，兵法又有中外之异。
李零认为：

> 西方传统，打仗是军人的事，和老百姓无关。日本也是，武士打仗，
> 老百姓观战。19世纪以前，欧洲没有民兵。法国革命，因为革命，才有
> 全民皆兵。拿破仑靠民兵打仗，把民兵制传播开来，在当时是一场革命。
> 但我国不一样，春秋战国以来，就有这场革命。西方制定的国际惯例，
> 不伤平民、不杀俘虏，美国美化的高科技，精确打击、零伤亡，其实是
> 古老的骑士原则（我们打仗，老百姓别掺乎），但敌人如果全民皆兵，或
> 老百姓持敌对态度，他们玩的是另一套规则（比如恐怖主义），这些原则
> 就成了剃头挑子一头热。②

曾经，军事人员与非军事人员之间存在着严格的区分，打仗是军人的事，与
百姓无关，只是一旁观战。到法国革命，打破了军民之间的界线。而在我国，
早在春秋战国以来，这种界线就已经非常模糊。这种空间的差异，也说明战

---

① 李零：《兵以诈立——我读〈孙子〉》，第43页。
② 李零：《兵以诈立——我读〈孙子〉》，第337页。

争的形态在一直发生变化，与此相应，指挥战争的军事思想也一定在变化着。

综上，兵法，在中国历史上，不只有"孙、吴之术"一类，除此而外，还有其他类型的兵法，宋襄公就是其中的一例。《鹖冠子》也是一例，这一点将在下文详细论述。

二　《鹖冠子》中兵法的构成

分析《鹖冠子》中兵法的构成，依据的标准和方法不同，得出的结论也会随之而异。比如说《老子》，今天的大多数人都不认其为兵书，然而，还是有少数人认为《老子》就是兵书。李零说：

> 值得注意的是，汉以后，诸子中的兵书已不再单行，但《隋志》有《老子兵书》一卷。唐人王真说《老子》的每一章都是谈兵（《道德经论兵要义述》），毛泽东很欣赏。看来，这种读法早就有，并不始于王真。①

汉以后，诸子中的兵书都不再单行，这说明，汉代对兵书的界定越来越严格，一些在历史上本来是兵书的典籍，也被排除在兵家之外。这导致一种结果：后世人们所见的兵家的文本越来越单一，人们也越来越倾向于认为，所谓兵家，不外乎孙、吴之术。似乎，兵家内部，在春秋战国那个思想大解放的时代，就从来没有过任何争鸣。这明显不符合思想史发展的规律。一种思想的渐臻成熟，不同流派的争鸣与碰撞是必要的，也是必需的。兵家思想也不能例外。他们的内部也一定有过争鸣。从这个角度来看，我们就可以说《老子》就是一本兵书。只不过，它的形式和内容与孙、吴之术有所不同。它属于"孙、吴之术"以外的兵法。以此为标准，我们也可以把《鹖冠子》看成"孙、吴之术"以外的兵法。

从兵法产生的地域来看，李零认为，《鹖冠子》中有赵国兵法和楚国兵法。他说：

> 赵国，战国晚期，也是军事大国，它有两种兵书，一是今《荀子》中的《议兵》篇，原来也是单行，《七略》收为兵书；二是《庞煖》，庞

---

① 李零：《兵以诈立——我读〈孙子〉》，第19页。

煖是赵孝成王的将军，号称临武君。① 他的老师是楚国的鹖冠子。《庞
煖》只有三篇，今《鹖冠子》有《近迭》《度万》《王鈇》《兵政》《学
问》《世贤》《武灵王》六篇，内容是记庞子问兵于鹖冠子。庞子即庞煖
（《武灵王》作庞焕，陆佃注说煖"或作焕"，但又说"庞焕盖煖之兄"）。
这六篇东西，或与《庞煖》有关。②

然而，虽可确定《鹖冠子》其书的这部分内容与庞煖有关，却难以断定
这部分就是产生于赵国的兵法。因为，在鹖冠子与庞煖的对话体中，主要观
点的阐发都出自鹖冠子之口，所以，大部分篇章都不能被视作庞煖的作品。
但是，《庞煖》书中的一部分篇章混编入《鹖冠子》中，却是完全可能的。
在《鹖冠子》中，最具有这种可能性的两篇文章就是《世贤》与《武灵王》。
因为，这两篇虽然也是以对话的形式展开的，但是鹖冠子并没有出现，相应
地，庞煖变成了对话的主角。这说明这两篇内容很可能是从《庞煖》书中混
入《鹖冠子》的。关于这一点的详细论证，请参阅本书"《鹖冠子》乃战国
子书考"。也就是说，今本《鹖冠子》中，极有可能混有产生于赵国的兵
法——《庞煖》其书的一部分内容，但是，其所占比例应该很小。

关于《鹖冠子》中存在着楚国遗留的兵法，李零认为：

> 楚国兵法有《楚兵法》《景子》《蒲苴子兵法》，也都亡佚。但《鹖
> 冠子》，其中有谈兵的内容，如上言庞、鹖问对，还有《世兵》篇，都是
> 谈兵，《七略》也列为兵书。③

根据《汉书·艺文志》的记载，鹖冠子是楚国人。从这一点来看，《鹖冠子》
的兵法是楚国人所写的兵法，这基本没有疑义。然而，关于鹖冠子其人之学
术师承，以及他主要的活动区域，由于相关资料的缺乏，我们都无法作出准
确的判断。因此，断定《鹖冠子》兵法中有楚国兵法的遗留，亦无坚实证据
之支撑。

---

① 李零认为，庞煖即是临武君，在《荀子》中有《议兵篇》，荀子的论辩对手即是临武君。然
不知其如此判断的依据何在？此问题待考。
② 李零：《兵以诈立——我读〈孙子〉》，第10页。
③ 李零：《兵以诈立——我读〈孙子〉》，第10页。

汉成帝时，步兵校尉任宏曾整理兵书：

> 这次整理，最值得注意，是任宏把兵书分成四种，即权谋、形势、
> 阴阳、技巧。李靖说的"三门四种"，"四种"就是这四种（《唐太宗李
> 卫公问对》卷上）。①

在这次整理中，任宏将兵书分成四种，即权谋、形势、阴阳、技巧。

从兵书的内容来看，任宏当时应该是将《鹖冠子》归类为"兵权谋家"。
这种判断的依据在于，班固是在"右兵权谋十三家，二百五十九篇"这句话
之后，才注明了他在整理过程中所省略的典籍，其中就包括《鹖冠子》。这就
足以说明，在班固以前，《鹖冠子》被归类为"兵权谋家"，而这种归类，极
有可能始自任宏。

而李零又将此四种分类归结为两种，即权谋和形势、阴阳和技巧。前者
是指挥艺术、战略战术，而后者则属于军事技术。他说：

> 任宏整理的兵书，说是四种，其实是两大类。权谋、形势，讲指挥
> 艺术，战略战术，这是一类；阴阳、技巧，讲天文、地理、兵器、武术，
> 属军事技术，是又一类。②

对于权谋，李零解释说：

> 权谋，是讲计谋。计谋有大小，权谋是大计。大计是战略，处理的
> 是战争全局。战争全局，和政治有关，和战前的计算和实力准备有关。
> 战争全局，无所不包。③

依照任宏的分类与李零的总结，还有李零对"权谋"的解释，《鹖冠子》中
的兵法，应该属于处理战争全局的"权谋家"，然而，它与"孙、吴之术"
中的权谋仍不完全一样。《鹖冠子》中的权谋，有不同于"孙、吴之术"的

---

① 李零：《兵以诈立——我读〈孙子〉》，第13页。
② 李零：《兵以诈立——我读〈孙子〉》，第13页。
③ 李零：《兵以诈立——我读〈孙子〉》，第13—14页。

特征，这也是我们将其划归为不同于"孙、吴之术"以外的兵法的依据所在。关于这一点，会在下文的论述中逐步展开。此外，《鹖冠子》中的兵法，也涉及与形势、阴阳相关的内容，但所占比例并不大。

李零还注意到了《荀子·议兵》中荀子与临武君的一次对话。他说：

> 荀子的辩论对手是临武君，他和荀子辩论"兵要"。临武君推崇孙、吴之术，荀子不同意。他把古今的用兵分为三等，上等是三代的王者之兵，中等是春秋的霸者之兵，下等是战国的盗兵。①

在这次对话中，临武君是"孙、吴之术"的立场，而荀子则不同意他的看法，提出了自己的见解。荀子对兵法的看法，与"孙、吴之术"有明显的差异，但是，却与《鹖冠子》表现出了一定程度的相似性。如果从这个角度来看，目前所能见到的兵家典籍，实际上与"孙、吴之术"也不完全一致。这些特点，都在提示这样一个问题：对兵家内部，也要有一个流派的划分。目前用"孙、吴之术"来概括兵家的全部特点，似乎有以偏概全的嫌疑。从这个角度来对兵家进行整体性、系统性的研究，是一项值得尝试的工作。

如果按照荀子的观点，把用兵分为三等，也就是王者之兵、霸者之兵、盗兵，那么，《鹖冠子》无疑更为关注王者之兵与霸者之兵，而对于盗兵，它基本没有涉及。这种分类，也是《鹖冠子》兵法构成的一种参考。

从荀子的分类来看，"孙、吴之术"无疑是属于"盗兵"的范畴。《鹖冠子》与"孙、吴之术"这种理论立场的不同，也反映出了战国时期，对兵法的讨论，不只有"孙、吴之术"一种，应该存在"孙、吴之术"以外的兵法。这也可以看成《鹖冠子》兵法构成的一种特点。

三 《鹖冠子》兵法的特征

兵法的形式和内容，也会受到时代思潮的影响，也会受到客观环境的影响。这样，不同时期的兵法，也会呈现出略微的差异。即使是同一时期的兵法，由于学派立场或关注焦点的不同，也会呈现出不同的差异。这一点是值得我们注意的。我们不能想当然地以为，兵法只有一种——非孙即吴。兵家

---

① 李零：《兵以诈立——我读〈孙子〉》，第11页。

的内部，也有不同的流派。

我们首先来看荀子与临武君之间的对话，通过这则对话，我们就能清楚地看到，在战国时期，兵法并非只有"孙、吴之术"。

> 临武君与孙卿子议兵于赵孝成王前，王曰："请问兵要？"
> 临武君对曰："上得天时，下得地利，观敌之变动，后之发，先之至，此用兵之要术也。"（《荀子·议兵》）

赵孝成王向临武君与荀子请教用兵之要。临武君认为"用兵之要术"就是要"上得天时，下得地利"，"观敌之变动"，"后之发，先之至"。这与《孙子》的观点基本一致。关于天时地利，《孙子》曰："知天知地，胜乃可全。"（《地形篇》）关于观敌之变动，孙子也强调知己知敌，《孙子》曰："知己知彼，百战不殆"（《谋攻篇》），"知彼知己，胜乃不殆"（《地形篇》）。关于后发先至，《孙子》曰："后人发，先人至。"（《军争篇》）由此可见，临武君对《孙子兵法》非常熟悉。

但是，荀子并不同意临武君的观点，他认为临武君并没有切中要点。

> 孙卿子曰："不然！臣所闻古之道，凡用兵攻战之本，在乎壹民。弓矢不调，则羿不能以中微；六马不和，则造父不能以致远；士民不亲附，则汤武不能以必胜也。故善附民者，是乃善用兵者也。故兵要在乎善附民而已。"（《荀子·议兵》）

荀子指出，古代的用兵之道认为，"用兵攻战之本，在乎壹民"。所谓"壹民"，也就是让"士民亲附"，上下一心。所以，荀子认为，用兵之要"在乎善附民而已"。这与临武君的观点是完全不同的。临武君主要重视战时的运筹，料敌而动。而荀子则更为重视战前"士民亲附"的情况。而"士民亲附"与否，又取决于是否有"善附民之政"。士民亲附，则可战；士民不亲附，则不可战。

也就是说，临武君是就用兵而论用兵，而荀子则是就国家的整体状况而论用兵，就政治生态状况而论用兵。关于军事，临武君明显是军事器用论者，而荀子则是政治本体论者。这就好比一场格斗比赛，临武君主要关注自己参赛队员的技术能力、临场应变的能力等与实战相关的东西，而荀子则更为关注自己参赛队员的整体的健康状况。一个人即使格斗技术再好，如果他处于一种疾病缠身的状态，他的能力也无法得到充分发挥，他更不能最终赢得比赛。换言之，荀子认为，一个健康的国家，当它面对一场战争的时候，上下一心，士气高昂，军队自然是无敌之师。这是能不能打的问题。而临武君并不关注能不能打，而只关注怎样打。无疑，荀子更为关注用兵之"道"，而临武君更为关注用兵之术。相比之下，无疑荀子抓住了问题的根本与要害。

临武君又对荀子进行了反驳。荀子也又一次给出了有力的回应。

> 临武君曰："不然。兵之所贵者势利也，所行者变诈也。善用兵者，感忽悠暗，莫知其所从出。孙吴用之，无敌于天下。岂必待附民哉！"
>
> 孙卿子曰："不然。臣之所道，仁人之兵，王者之志也。君之所贵，权谋势利也；所行，攻夺变诈也，诸侯之事也。仁人之兵，不可诈也；彼可诈者，怠慢者也，路亶者也，君臣上下之间，涣然有离德者也。"（《荀子·议兵》）

临武君认为，兵贵势利，行贵变诈，因此，善于用兵的人可以"感忽悠暗，莫知其所从出"，孙、吴就是其中的杰出代表。对于这样的用兵高手来说，根本不用等待"士民亲附"。荀子则批评临武君只重视"权谋势利"和"攻夺变诈"，这只是诸侯之事、图利之谋。荀子将这种用兵之法称为"盗兵"。荀子认为自己所言，乃是"仁人之兵"，且有"王者之志"。这就道出了荀子用兵观与临武君用兵观的根本差异。荀子所言者，"仁人之兵"，而临武君所言，乃是"盗兵"。

荀子自言"臣所闻古之道"，这说明他的兵法也是其来有自，我们在此暂且将荀子的这种兵法称为"仁人之兵"，而临武君的兵法称为"孙、吴之术"。也就是说，在战国时期，兵家内部对于如何用兵，仍然是有争论的，虽然，随着历史的发展，"孙、吴之术"渐趋强势，但是，"仁人之兵"的思想也并未消失，它们之间仍有争鸣和碰撞。

《鹖冠子》的军事思想正是产生于这种背景之下。它明显不同于孙、吴之术，因其对兵权谋着墨不多。它与荀子所言的"仁人之兵"有相似之处，但又不完全相同。

从《鹖冠子》自身来看，它与荀子一样，更为关注内政状况对战争胜负的影响。鹖冠子认为，君主不贤会导致内政失序，而内政失序会极大地影响战争的胜负。鹖冠子极其关注君主是否能够选贤任能，君、贤关系良好的国家，用兵能够无往而不利。而君、贤关系失衡，君主亲佞远贤，这样的国家，即使没有外敌的入侵，也会自取灭亡，鹖冠子将这种状况形容为"无军之兵"。克劳塞维茨说："物质因素和心理因素的效应构成一个有机整体，那不同于一块合金，无法靠化学过程分开。"① 如果从宏观的视角考虑，影响战争胜负的因素就一定会延伸到一个国家内政的实际状况。这个实际状况一方面会影响到战争的物质因素，另一方面则会为参战人员营造一种精神的氛围。在实战中，这两种因素是紧密结合在一起的，没有物质的支持，战争无法持续，而没有了高昂的士气，战争则必然失败。因此，"物质因素看来几乎不过是木柄，精神因素则是金银、真正的武器、精心磨砺而成的刀刃"②。换言之，如果将战争比作一把利刃，那么"物质因素"就是能够挥动这把利刃的动力之源，而"精神因素"才是能够给对方带来最大创伤的刀锋。政治是本体，军事是器用，鹖冠子重视内政的原因也正在于此。有关战争的一切物质与精神的因素，都盘根错节地由"内政"这块土壤产生出来。这就是《鹖冠子》古兵法的特征。

第三节 选贤谋固本：《鹖冠子》兵法中的"博选"思想

《鹖冠子》一书，以《博选》开篇。这奠定了《鹖冠子》的精神基调。博选，也就是广泛地选拔人才。鹖冠子的特点，就在于非常重视优秀人才——贤人，对于治国理政的重要作用。鹖冠子重视"贤人"的观点，在他的兵法之中，也得到了一以贯之的表现。《鹖冠子》之外，其他的一些传世兵法，也表现出重视"贤人"的特征。这说明，"博选思潮"也对当时的军事理论创作发挥了重要影响。这也是《鹖冠子》系战国子书的时代特征的表现。

一 君主：事不任贤，无功必败

在一般情况下，君命不可违。可是，在某些特殊的场合，却并非如此，

① ［德］卡尔·冯·克劳塞维茨：《战争论》，时殷弘译，第260页。
② ［德］卡尔·冯·克劳塞维茨：《战争论》，时殷弘译，第260页。

比如说战争。孙子曾经说过一句非常著名的话："君命有所不受。"（《孙子·九变》）在战争的过程中，君主深居庙堂，对于战争的实际情况不可能及时掌握，因此，君主的决策就可能不完全合理。为了确保战争的胜利，前线统帅对于这样不合理的决策，是可以违背的。

孙子说："故战道必胜；主曰：无战；必战可也。战道不胜，主曰必战，无战可也。故进不求名，退不避罪，唯民是保，而利于主，国之宝也。"（《地形篇》）如果有了必胜的把握，纵使君主主张不战，前线统帅必战可也，如果有了必败的推断，纵使君主主张开战，前线统帅无战可也。这就是对"将在外君命有所不受"的最佳诠释。然而，违背君命，很可能会付出极大的代价，所以孙子强调，前线主将一定要遵守一个底线原则——"唯民是保，而利于主"，也要有一个良好的心态——"进不求名，退不避罪"。孙子认为，这样的将领就是"国之宝"。

君主容忍前线统帅违背自己的命令，这需要君臣之间有极大的信任。出于这种信任，君主容许前线统帅放开手脚，一心应战。孙子说："将能而君不御者胜。"（《谋攻篇》）孙子在判断战争胜负的时候，君臣之间的这种信任关系，就是一个关键的指标。君主相信将领的能力，让将领在前线自由发挥，这就是"不御"。相反，如果君主时时掣肘，这就是"中御"。

孙子认为，"不御"可胜，由此也可以推断，"中御"几乎必败。所以，人们把这种现象概括为"中御之患"。李零举了宋代的例子来说明"中御之患"的危害。他说："问题最大是中御之患。宋代猜忌武人，监视武人，什么都不放心，临阵才授锦囊妙计和阵图，能不打败仗？"[1] 然而，中御之患，又何止是宋代，历代莫不如此。从皇帝的角度看军队将领，总是感到不放心，他们害怕将领手里指挥的刀枪有朝一日倒戈朝向自己。从军队将领的角度看皇帝，总是感觉掣肘太多，有功怕被猜忌，无功怕被降罪。如果单论成败，皇帝肯定希望赢，将领肯定希望放开了打，然而，战争中裹挟了太多战场以外的东西，所以这种理想的战争状态总是难以实现。皇帝与将领，就是一对矛盾。皇帝珍视敢于违命的将领为"国之宝"，这毕竟是一种在现实中很难存在的理想状态。正是基于这种矛盾，才有了孙武那句气势如虹的话："将在外君命有所不受"。然而，又有哪个将领敢不受君命？因此，战场的胜负，最终

---

① 李零：《兵以诈立——我读〈孙子〉》，第30页。

还是要取决于君主。赵国的长平之战，被秦军坑杀四十万，当然是赵括纸上谈兵的错，而这个错误能够铸成，还是要归结到赵国君主用人失策，中了对方的离间之计。这就是"中御之患"的危害。一个错误的用人决定，致使四十万生命被坑杀！

孙子深刻地意识到了"中御之患"的危害，然而，对于如何解决这一问题，他并没有过多的探讨。《鹖冠子》及其他几部传世兵法，对此却有所涉及。

鹖冠子云：

> 故帝者与师处，王者与友处，亡主与徒处。（《博选》第一）

《鹖冠子》的这个观点，看似与军事无关。然而，如果从"中御之患"角度，就能够很好地理解其与军事的关系。让君主不干涉前线的军事行动，这是近乎理想的状态，几乎不可能实现。如果君主的身边都是贤人，而且君主对这些贤人以师友相待，乐于听取他们的意见，那么，就可以做到虽有"中御"而无患害。反之，如果君主身边都是一些阿谀奉承的人，君主就只能听到可心之蜜语，而无逆耳之诤言，这就会放大君主心中的疑虑和担心，也会加强君主无理干预军事行动的冲动。求其无"中御之患"而不可得也。兵法，也是人性之法，参与战争的各方，在进行物质层面与精神层面角力的同时，也在进行着人性的角力。善良、邪恶、贪婪、克制、智慧、愚蠢，无不一一登场。无论是君主还是将领，战胜敌人之前，都首先要战胜自己。所以，《老子》说："胜人者有力，自胜者强。"

《吴子兵法》中也有一条与《鹖冠子》类似的记载。

> 武侯尝谋事，群臣莫能及。罢朝而有喜色。起进曰："昔楚庄王尝谋事，群臣莫能及。罢朝而有忧色。申公问曰：'君有忧色，何也？'曰：'寡人闻之，世不绝圣，国不乏贤。能得其师者王，得其友者霸。今寡人不才而群臣莫及者，楚国其殆矣。'此楚庄王之所忧而君说之，臣窃惧矣。"于是武侯有惭色。（《武经七书·吴子兵法·图国》）

武侯谋事，君臣莫及，于是，退朝而有自喜之色。于是，吴起为武侯讲了楚庄王的故事。楚庄王面对同样的情况，不喜反忧。作为一个君主，谋事胜过群臣，这恰恰说明国家人才不济。在吴起的故事中，也出现了"能得其师者王，得其友者霸"这样一句话。这也意在说明，人才对于国家强胜的重要性。这段材料，出现在《吴子兵法》中，表面上看，也与军事行动无关。但是，它所涉及的却是军事行动最根本的问题——内政。内政是根本，而军事行动则是由此根而生出的枝叶。根健康，则枝繁叶茂；根腐坏，则枝萎叶枯。吴子所关注的也正是这样一个涉及战事成败的根本问题。这个问题不解决，"中御之患"就不可避免，胜利也就遥不可及。

所以，鹖冠子就设计了这样的君贤关系模式："仁人居左，忠臣居前，义臣居右，圣人居后"（《道端》第六）。在这种模式中，君主，被贤者围绕。鹖冠子想用这种夸张的方式，屏绝佞臣群小对君主的影响。鹖冠子倡导君主"举贤用能"，若不如此，就会出现"张军卫外，祸反在内；所备甚远，贼在所爱"（《道端》第六）的情况。如果君主所用之人，并非贤能正直之士，而是顺承私意之群小，这就会腐蚀政治生态。政治的根本腐烂了，虽张列军队，以御外敌，然不知最大祸患反在萧墙之内，最隐蔽的敌人，反是自己平时宠爱的亲信。所以，鹖冠子得出了这个结论："事不任贤，无功必败。"（《道端》第六）没有了贤人的辅佐与任事，文治不成，武功必败。

所以，尉缭子曰：

"兵胜于朝廷。"不暴甲而胜者，主胜也；阵而胜者，将胜也。（《武经七书·尉缭子·兵谈》）

在尉缭子看来，用兵而能得胜的关键，在于"朝廷"。这里的"主"是指君主。"主胜"，则不必陈兵野战，"将胜"，则阵而后得。两相比较，当然是"主胜"为上。这就避免了白刃相搏，流血牺牲。

"主胜"的关键，不在于君主身强力壮，才智过人，因为，以君主一人之力，肯定敌不过千军万马。好虎难敌群狼。"主胜"的关键，还是在于"举贤用能"。

梁惠王问尉缭子曰："黄帝刑德，可以百胜，有之乎？"尉缭子对曰："刑以伐之，德以守之，非所谓天官、时日、阴阳、向背也。黄帝者，人

事而已矣。"（《武经七书·尉缭子·天官》）

梁惠王想知道黄帝的刑德之术，是否可以百战百胜。而尉缭子则认为，黄帝刑以伐逆，德以守顺，其根本不在于所谓天官、时日、阴阳向背之类的天道之理，而是在于"人事"。所谓"人事"的关键，实际上还是在于"任贤"。

尉缭子认为，所谓"天子"，必须做到这样几件事：

所谓天子者四焉：一曰神明；二曰垂光；三曰洪叙；四曰无敌。此天子之事也。（《武经七书·尉缭子·治本》）

作为"天子"，首先要做到的就是"神明"。《鹖冠子》也认为"君也者，端神明者也"（《博选》第一）。从《尉缭子》的文本来看，并没有交待君主如何做到"神明"。《鹖冠子》却有比较明确的说明，其云："神明者，以人为本者也。人者，以圣贤为本者也。圣贤者，以博选为本者也。"（《博选》第一）也就是说，君主要端正其"神明"，"人"或者说"人事"是其根本，要端正"人"或"人事"，"圣贤"是其根本，要端正"圣贤"，"博选"是其根本。

所以，鹖冠子的这段话，我们可以这样理解，君主要端正"神明"，必须首先端正"人事"，要端正"人事"，必须首先端正"圣贤"[①]，而要端正"圣贤"，必须首先推行"博选"之制。简言之，君主做到"神明"，"博选贤人"才是根本。

综合以上的分析，我们不难看出，《尉缭子》的"黄帝者，人事而已矣"，其中的"人事"主要就是指"选贤任能"。而在以前解释《鹖冠子》的文本中，"神明者，以人为本者也"这句话也颇难理解，如果将其理解为《尉缭子》中的"人事"，则豁然开朗。《鹖冠子》中的"人"就是指"贤人"，或曰"人事"，此"人事"类似于我们今天的"人事安排"，其关键是贤与不肖之间是否各得其位。而《尉缭子》中的天子之"神明"与《鹖冠子》亦可相通互解。从兵法的角度来讲，如果君主做到"神明"，前线战事必将获益。

《鹖冠子》云：

---

① 端正"圣贤"的言外之意就是使贤不肖各得其位。

　　失道则贱敢逆贵，不义则小敢侵大。(《王鈇》第九)

从"人事"的角度来看，"失道"之后果，就是"贱敢逆贵"，"不义"之后果就是"小敢侵大"。这里的"贱"与"小"是指不肖之人，而"贵"与"大"是指贤圣之人。因为鹖冠子视贤圣居于尊高之位为当然。

　　君主的"失道"与"不义"，会造成贤圣之人远离朝堂，君主只能与群小谋事。如此，想要做到"神明"则无异于缘木求鱼。《尉缭子》指出：

　　夫心狂、目盲、耳聋，以三悖率人者难矣。(《武经七书·尉缭子·兵谈》)

这里的"心狂""目盲""耳聋"不是真正的躯体上的疾病。它是指没有人帮助君主匡正心智，没有人帮助君主看清形势，没有人帮助君主听到实情。因为，贤人就是君主助思之"心"，助视之"目"，助听之"耳"。既然贤人远遁，君主就必然陷心悖、目悖、耳悖的境地。以此"三悖"率人，求国之富强，难矣！求兵之不败，难矣！

　　鹖冠子也痛感君主"三悖"之害，他说：

　　过生于上，罪死于下。有世将极，驱驰索祸，开门逃福。贤良为笑，愚者为国。天咎先见，灾害并杂。人执兆生，孰知其极？(《度万》第八)

　　上边的人犯错，底下的人轻则得罪，重则受死。如果一个国家陷入这步田地，无异于逃福趋祸。贤良的人因为坚持原则而被耻笑为大傻子，而愚蠢的人却在治理国家。天上地下灾异不断。如此之君主，操持着万民的生死，谁又知道将会发生什么呢？

　　而《尉缭子》则将这样"失道"与"不义"的君主称为"一夫"：

　　横生于一夫，则民私饭有储食，私用有储财，民一犯禁，而拘以刑治，乌有以为人上也。(《武经七书·尉缭子·治本》)

国家的不虞肇始于"一夫"，国家的暴乱肇始于"一夫"。老百姓看到了国家状态大势不妙，于是私储粮食者有之，私蓄钱财者有之，此无它，以备不时之需也。在此种情形下，百姓稍有犯禁者，就拘之以刑治。尉缭子感慨道："这样的'一夫'还适合做一个君主吗？"可见其悲愤之情。

所以，在尉缭子看来，战争的失败，根本就不是军守不固，也不是百姓的过错，而是内政失序所招致的结果。其云：

> 战不胜，守不固者，非吾民之罪，内自致也。（《武经七书·尉缭子·制谈》）

这与《鹖冠子》的"有世将极，驱驰索祸，开门逃福。贤良为笑，愚者为国"，可谓同声相应者也。

一个不能任用贤人的国家，即使短期内可以在军事上称雄一方，但是，长期来看，终究会因为内耗而日渐贫弱。《尉缭子》云：

> 视人之地而有之，分人之民而畜之，必能内有其贤者也。不能内有其贤，而欲有天下，必覆军杀将。如此，虽战胜而国益弱，得地而国益贫，由国中之制弊矣。（《武经七书·尉缭子·制谈》）

通过战争来占领他国的土地，分畜他国的民众，其前提是自己的国家能够举贤任能。如果有贤人而不能任用，又想要占有天下，其最终的结果一定是覆军杀将。在有贤而不能用的情况下，执意发动战争，必定会战愈胜而愈弱，地愈广而愈贫。其根本的原因就在于内政的弊端在无形中不断消耗着国力。归根结底，用鹖冠子的话来概括，就是"事不任贤，无功必败"。这个"事"包括了国家所有的方面，其中当然也包括军事在内。

二 贤士之功，敌国惮之，四境不侵

鹖冠子认为，君主"事不任贤，无功必败"。这里的君主并不仅仅是指昏聩之君。即使君主贤能，天下之大，以其一人之智，也不可独知天下，以其一人之力，也不可独治天下。鹖冠子云：

> 夫寒温之变，非一精之所化也。天下之事，非一人之所能独知也。

> 海水广大，非独仰一川之流也。是以明主之治世也，急于求人，弗独为也。（《环流》第六）

这就好比是寒温之变，非一精之所化成，天下之事，也绝非一人所能独知。海水广大，绝非仅仅依靠一川之流水，明主治世，也不能仅仅依靠一己之力来"独为"。既然不能"独为"，就要"急于求人"。"求人"就是求取贤圣之人来辅佐治国。怎样求取？其方法就是鹖冠子所说的"博选"。

通过"博选"，贤人于是乎归，圣人于是乎归。《黄石公三略》中有一段文字，点明了贤圣之人对于国家的重要作用。其云：

> 贤人所归，则其国强。圣人所归，则六合同。求贤以德、致圣以道。贤去则国微，圣去则国乖。微者危之阶，乖者亡之征。（《武经七书·黄石公三略·下略》）

在《黄石公三略》看来，贤人所归之国，必强；圣人所归之国，必王。求贤必以德，求圣必以道。如果有贤人而不能用，则国运必微；如果有圣人而不能用，则国运凶乖。而无论"微""乖"，都是国家危亡之阶梯与征兆。

为了避免贤圣之人离国而去，就要尊重而任用之。鹖冠子云：

> 夫仁者，君之操也。义者，君之行也。忠者，君之政也。信者，君之教也。圣人者，君之师傅也。（《道端》第六）

国家的使命系于君主，这是极大的责任。同时，这也意味着对君主有极高的要求。鹖冠子认为，作为君主，其操行也必仁，其行事也必义，其为政也必忠，其教民也必信。仁义忠信集于一身，何其难也！君主如何才能做到？这里有最重要的一句话："圣人者，君之师傅也。"鹖冠子把圣人定位为君主的师父。只有良师，方能出高徒。这句话与《博选》篇中的"帝者与师处"是相呼应的。可见，鹖冠子对贤人的重视，与《黄石公三略》相比，有过之而无不及。

《黄石公三略》，亦将"士"称为"英雄"。

世能祖祖，鲜能下下，祖祖为亲，下下为君。下下者，务耕桑，不夺其时；薄赋敛，不匮其财。罕徭役，不使其劳，则国富而家娱，然后选士以司牧之。夫所谓士者，英雄也。故曰罗其英雄，则敌国穷。英雄者，国之干。庶民者，国之本。得其干，收其本，则政行而无怨。（《武经七书·黄石公三略·上略》）

作为君主，必须能做到"下下"。前一个"下"是动词，后一个"下"是名词。作为名词的"下"是指地位低于君主的人，尤其是指基层的百姓和士阶层。因此，所谓"下下"，就是要居于百姓之下，礼贤下士。换句话说，就是要体恤、爱护基层的百姓，而不是以高高在上的态度役使无度。君主要做到"下下"，有一个关键的环节，就是要"选士"。这些所选之士，就是替国君来治理国家、管理百姓的人。《黄石公三略》将这些"选士"称为"英雄"。这个"选士"很容易让我们联想到鹖冠子的"博选"。因其后文有"罗其英雄"的说法。所谓"罗"就是"网罗"的意思，也就是广泛选拔。与"博选"的意思接近，只是其中少了一些对贤者的尊重，而多了一丝功利的气息。

《黄石公三略》认为，这些英雄就是国之贞干，而庶民则是国之根本。只有"得其干，收其本"，国家才会政令通行而无阻，上下欢欣而无怨。可见，士，抑或英雄的重要作用。从兵法的角度来考虑，国家的良政，是用兵的最大的保障。有此保障，用兵可胜，无此保障，用兵必败。政治是根本，军事是枝叶。根本枯萎，枝叶焉荣？这是历史已经证明的事实。

因此，君主治国的关键在于依仗贤者与万民。而其中的贤者尤为关键：

夫为国之道，恃贤与民，信贤如腹心，使民如四肢，则策无遗。所适如肢体相随，骨节相救，天道自然，其巧无间。（《武经七书·黄石公三略·上略》）

在此，贤者被比喻为"腹心"，万民被比喻成"四肢"。如果拿一个人的身体来打比方，"头"的位置高高在上，就是"首领"，"腹心"的位置居中，就是"贞干"，四肢则为枝叶与根本。首领、贞干、枯叶与根本，是一个有机整体，缺一不可。这个看法，与《鹖冠子》明主治世"弗独为也"的观点是相近的。从兵法的角度来讲，与敌方的交战，就好比是两个人打架，胜利的前提，是自己躯体的运动自如，骨节相救。如若不然，就只有挨打的份儿。

《黄石公三略·上略》引用了《军谶》的一个观点。《军谶》曰："贤者所适，其前无敌。"（《武经七书·黄石公三略·上略》）这就更把"贤者"看成战争胜利的关键。实际上，人类社会各个领域的竞争，归根到底，还是人才的竞争。战争既然是最激烈的一种竞争方式，那么，它对人才的渴求也应该是最强烈的。

换个说法，从战略的角度来看，人才的储备是战争的前提。有了这个前提，战争机器才能正常运转，也才能发挥打击敌人的最强力量。《孙子兵法》一再强调"将在外君命有所不受"，这种理想态的君臣关系，最终还是体现为君主与贤士之间的关系。君主是否得到了贤士？是否能任用贤士？是否能最大限度地信任贤士？这几个问题，都会在"将在外君命有所不受"这句话里集中体现出来。如果以上几个问题的答案，是肯定的，"将在外君命有所不受"的最可能的结果就是战争的胜利。如果以上几个问题的答案，是否定的，"将在外君命有所不受"的最可能的结果就是战争失败，将领死于非命。这两种不同的结局，在历史上比比皆是。因此，"将在外君命有所不受"实际上是一种赌博。赌注就是自己的生命。作为兵法理论家，必须关注这样一个前提。"贤士之功，敌国惮之，四境不侵"，并非鹖冠子耸人听闻的说法，而是他战略智慧的体现。

与鹖冠子"贤士之功，敌国惮之，四境不侵"观点相近，《尉缭子》云：

> 故曰："举贤任能，不时日而事利；明法审令，不卜筮而事吉；贵功养劳，不祷祠而得福。"又曰："天时不如地利，地利不如人和。"圣人所贵，人事而已。（《武经七书·尉缭子·战威》）

尉缭子认为，如果发动战争具备了"举贤任能"这个前提，根本就不用通过占卜来选择吉利的日子，因为"举贤任能"就是最大的吉兆。而"明法审令"的根本，也在于"任贤"，因为只有"贤者"才能制定"明法"，也只有"贤者"才能"审令"。"贵功养劳"所针对的功劳之臣，也还是贤者。因此，尉缭子的这段话可以换个说法来表达，"举贤任能"是"选贤"，"明法审令"是"任贤"的结果，"贵功养劳"是"尚贤"。"圣人所贵，人事而已"，"贤"就是战争中最大的"人事"。

从另一个角度讲，"贤士之功，敌国惮之，四境不侵"这个观点，甚至认为有了"贤士"就可以不战而屈人之兵。正因为贤人如此重要，所以，鹖冠子认为，君主的主要工作就是纳贤：

> 君者，天也。天不开门户，使下相害也。进贤受上赏，则下不相蔽。不待事人贤士显不蔽之功，则任事之人莫不尽忠。乡曲慕义，化坐自端。此其道之所致，德之所成也。本出一人，故谓之天。（《道端》第六）

鹖冠子将君主比作"天"。然而这个"天"与后世"天子"的"天"截然不同。这个"天"没有任何神秘的含义，它只要开启无私的门户，让阴阳之气自然流动，万物就自然生息长养。如果天关闭了这个门户，天地就会否塞不通，万物就会相侵相害。作为君主，就要像天一样为人才敞开自己的门户。进贤之人受赏，则下不蔽善。不用依附权贵而求进，凡贤士有功者自然崭露头角，如此，任事者自然忠于职守而不求幸进。无论乡曲都慕义向风，天下之感化，始于君主之"自端"。此处之"自端"与《博选》"君也者，端神明者也"之"端神明"遥相呼应。"自端"就是"自端神明"。君主自端神明，无为而治，无为而化。君主之无为，贤士之能为，相得益彰。天下之化成，此其效也。在鹖冠子看来，如果说君主有为，那么，君主之所为只在于一件事——打开用人的门户，博选贤能。然而，历史证明，一代代王朝治乱相迭，其兴也勃，其亡也忽，此无它，这都是缘于君主自闭其门户，刚愎自用，亲佞远贤。

三 今之处侧者，皆乱臣也

现实中的情况是，君主的大门并不总是为贤者敞开。鹖冠子说：

> 故贤者之于乱世也，绝豫而无由通，异类而无以告。苦乎哉！贤人之潜乱世也。（《著希》第二）

在乱世之中，贤者无同与之好，孑然一身，孤守道义。虽满腹经纶，雄才大略，无有通达之坦途，无有用武之余地。其心中苦闷之情，向谁人诉说？苦乎哉！贤人之潜藏于乱世。"废一善则众善衰，赏一恶则众恶扫。"（《武经七书·黄石公三略·下略》）乱世之中，废善赏恶，贤人之孤苦无告，鹖冠子感之至深，故痛之至极！

然而，贤人之苦，远不止此。鹖冠子说：

> 上有随君，下无直辞。君有骄行，民多讳言。故人乖其诚能，士隐其实情。心虽不说，弗敢不誉。事业虽弗善，不敢不力。趋舍虽不合，不敢不从。故观贤人之于乱世也，其慎勿以为定情也。（《著希》第二）

张之纯曰："随人之恶曰随。"①随君，也就是"随恶之君"。吴世拱曰："弛废其要之君。"② 黄怀信云："谓随臣之君，即无主见之君。"③ 这几种解释，都欠贴切。实际上，可以结合《鹖冠子》的文本进行解释。鹖冠子在《著希》中谈到了他的"君子观"与"礼义观"，他说：

> 夫君子者，易亲而难狎，畏祸而难却。嗜利而不为非，时动而不苟作。体虽安之而弗敢处，然后礼生。心虽欲之而弗敢信，然后义生。夫义，节欲而治；礼，反情而辨者也。故君子弗径情而行也。（《著希》第二）

作为君子，体虽安逸，不合乎道德则不敢处，然后礼生；心虽欲之，不合乎道德则不敢求取，然后义生。节制欲望而治之，就是义；反观本始材朴之情而辨之，就是礼。无论是"礼"还是"义"，都不能"径情而行"。"径情"，就是"任情""由情"④，换言之，也就是"随情"。这里虽然谈的是君子，但是，对君主也一样适用。所以，这里的"随君"，应该是指"随情之君"。所谓"随情之君"，就是"嗜利之君"，就是"苟作之君"，就是只求"体之安与心之欲之君"。简而言之，就是不守"礼义"之君。

有了这样的"随君"在上，实话实说就遭殃，阿谀奉承就得赏，谁还会直言相告？君主以富贵骄人，以权势凌人，臣下也必知什么是忌讳之言。这

---

① 黄怀信撰：《鹖冠子校注》，第19页。
② 黄怀信撰：《鹖冠子校注》，第19页。
③ 黄怀信撰：《鹖冠子校注》，第19页。
④ 黄怀信撰：《鹖冠子校注》，第17页。

样，人人都会隐藏自己实际的本领，而只以讨君主欢心为能事。贤士也会隐藏他们忧国忧民之衷情，而视明哲保身为不得已。心里不认可，然而不敢不赞誉。事业虽不善，然而不敢不勉力。取舍虽不相合，却不敢不顺从。这明摆着就是"知真而道假，知善而行恶"。贤人处于乱世，其所作所为，有哪一件是出自他们的真心实情？

此种状况之下，久而久之，位高者皆为幸进之徒，权重者亦是阿谀之辈，求其国泰民安，不可得也。求其兵强马壮、退敌杀将不可得也。归根结底，明君良政，是用兵制胜的前提。

《黄石公三略》也把"乱臣在侧"视为"乱源"。

> 军谶曰：群吏朋党，各进所亲。招举奸枉，抑挫仁贤，背公立私，同位相讪，是谓乱源。（《武经七书·黄石公三略·上略》）

群吏各为朋党，只升迁与自己亲近之人，于是群贤路绝。在位幸进之人复又招举奸枉之人，进一步抑制挫辱仁贤之人。朝堂之上正气不彰，于是，背公立私成为风气，同位相讪成为平常。这就是国家秩序混乱之根源。

> 贤臣内，则邪臣外。邪臣内，则贤臣毙。内外失宜，祸乱传世。（《武经七书·黄石公三略·下略》）

《黄石公三略》将这种现象概括为"贤臣内，则邪臣外。邪臣内，则贤臣毙"。毙，除了"死"之外，还有仆倒、跌倒的意思。"贤臣毙"也就是贤臣被邪臣压制。这是从臣子的角度来讲正邪之间的对立与斗争。

而臣子之间，正邪斗争的结果，关键取决于君主。君主不能仅仅在口头上提倡良善，贬抑邪恶，还应该在行动上进善退恶。

> 军谶曰：善善不进，恶恶不退，贤者隐蔽，不肖在位，国受其害。（《武经七书·黄石公三略·上略》）

理论上，任何一个君主，都知道称赞良善之人，也都知道厌恶邪恶之类。然而在实际治理国家的过程中，却往往是另一种局面：被厌恶的人没有被贬退，贤者却不得不隐蔽起来。于是乎，不肖之人反而在位。最终，国家必受其害。

鹖冠子认为，有道之君治理国家，如果仅仅用自己的眼睛来看，用自己的耳朵来听，很易受到蒙蔽。他说：

> 昔者有道之取政，非于耳目也。夫耳之主听，目之主明。一叶蔽目，不见太山；两豆塞耳，不闻雷霆。（《天则》第四）

实际上，不只是耳朵、眼睛容易受到蒙蔽，如果君主师心自用，他的心灵也容易受到蒙蔽。一个自认聪明的人，往往会在不知不觉之间陷入愚蠢。因此，君主需要有公心的贤者来助其视听，助其思考判断。

《六韬》中对"主明"有专门的讨论，其云：

> 文王曰："主明如何？"
> 太公曰："目贵明，耳贵聪，心贵智。以天下之目视，则无不见也。以天下之耳听，则无不闻也。以天下之心虑，则无不知也。辐凑并进，则明不蔽矣。"（《武经七书·六韬·大礼》）

作为君主，目贵明，耳贵聪，心贵智。然而，这里的"明""聪""智"却并不是通常意义上的感官敏锐与智慧。与普通人不同，君主要目视天下，耳闻天下，心虑天下。要做到这一点，仅仅依靠君主个人，必定力有不逮。所以，君主要以天下之目视，以天下之耳听，以天下之心虑，这才能做到无所不见，无所不闻，无所不知。这些君主所依靠的"天下之目""天下之耳""天下之心"就是指"天下之贤"。而"辐凑并进"，指的就是广纳贤人，广开言路，不要偏爱偏私，偏听偏信。

《黄石公三略》云：

> 军谶曰：奸雄相称，障蔽主明。毁誉并兴，壅塞主聪，各阿所私，令主失忠。（《武经七书·黄石公三略·上略》）

没有了贤者的在场，君主的周围就只剩下奸雄之辈。这些奸雄之辈又会进一步赞誉、援引自己的同类以为朋党，诋毁、打击贤能之士以为伐异。每一个人，都只顾着自己的私心与私利，又有谁在乎公道与人心。在这种情况下，君主想要看到实情，听到实情，都难比登天。更遑论能够依据实际政情作出恰当的判断。

《黄石公三略》认为，内政腐坏最终必定会影响到军事。其云：

> 军谶曰：佞臣在上，一军皆讼。引威自与，动违于众。无进无退，苟然取容。专任自己，举措伐功。诽谤盛德，诬述庸庸。无善无恶，皆与己同。稽留行事，命令不通。造作苛政，变古易常。君用佞人，必受祸殃。（《武经七书·黄石公三略·上略》）

《司马法》云："凡战，三军一人胜。"（《武经七书·司马法·严位》）用兵，上下同心最为关键。但是，如果佞臣在上，公道一失，人心涣散，赏罚不当，怨声四起。一军皆讼，何以战为？因此，《黄石公三略》对于佞臣尤其警惕，并最终给出了一条类似谶语论断：君用佞人，必受祸殃。"使怨治怨，是谓逆天。使仇治仇，其祸不救。"（《武经七书·黄石公三略·下略》）君主施行逆天之政，必受不救之祸。

逆天之政的悖逆之处在于，不肖在上，贤者在下。因此，《黄石公三略》对"伤贤""蔽贤""嫉贤"者更是表现出了深恶痛绝：

> 伤贤者，殃及三世。蔽贤者，身受其害。嫉贤者，其名不全。进贤者，福流子孙。故君子急于进贤，而美名彰焉。（《武经七书·黄石公三略·下略》）

这也是类似于谶语式的警告：凡是伤贤之人，必殃及三世；凡是蔽贤的人，当身受其害；凡是嫉贤妒能之人，其名必不获全。反之进贤之人，则必福流子孙。因此，作为君子，就应该以进贤为急务。作为君主，更应该以纳贤为当然。

《孙子》云："兵者，国之大事，死生之地，存亡之道，不可不察也。"（《孙子·计篇》）对于一个国家来说，没有什么事情比战争更为重要，而一个君主任用佞人，所遭受的祸殃也没有什么比战争更为惨烈。因此，鹖冠子对"今之处侧者，皆乱臣也"这一现象的关注，既是对内政的关注，也是对用兵的思考。在这一点上，《黄石公三略》也表现出了相似的特征。

四　从《鹖冠子》看兵家的内部争鸣情况

《汉书·艺文志》道家类著录《鹖冠子》一篇。除此之外，在兵家类中，也有《鹖冠子》，只不过班固将兵家类的《鹖冠子》省略了。班固省略兵家类的《鹖冠子》的做法，我们可以作如下的分析。

首先，班固省略了兵家的《鹖冠子》，这说明，在刘向、刘歆所奏的《七略》中，兵家类原是有《鹖冠子》其书的。关于这一点，我们可以参看《汉书·艺文志》的记载：

> 至成帝时，以书颇散亡，使谒者陈农求遗书于天下。诏光禄大夫刘向校经传诸子诗赋，步兵校尉任宏校兵书，太史令尹咸校数术，侍医李柱国校方技。每一书已，向辄条其篇目，撮其指意，录而奏之。会向卒，哀帝复使向子侍中奉车都尉歆卒父业。歆于是总群书而奏其七略，故有辑略，有六艺略，有诸子略，有诗赋略，有兵书略，有术数略，有方技略。今删其要，以备篇籍。

上面所引的这段话中，班固有"今删其要，以备篇籍"这样一句话，这说明，《汉书·艺文志》是以刘向、刘歆父子的《七略》为依据的。既然班固省略了兵家的《鹖冠子》，这就说明在《七略》中原来是著录有兵家的《鹖冠子》的。

其次，班固省略兵家《鹖冠子》的原因，笔者认为可能有以下三个。

第一，原本有两个版本的《鹖冠子》，道家类的《鹖冠子》与兵家类的《鹖冠子》，两个版本本来各自单行，班固将他们合并在了一起。至于合并的原因，就是班固认为兵家《鹖冠子》有点不像是"兵书"，所以索性将它合并到了道家类的《鹖冠子》中。当然，班固认为兵家类的《鹖冠子》不像兵书，这只是班固个人主观的看法，至于是否合理，我们在后文还会分析。

第二，道家类的《鹖冠子》是全本，而兵家类的《鹖冠子》是节录鹖冠子论兵内容的单行本。鉴于这种情况，班固于是干脆省略掉了兵家的《鹖冠子》。关于这一点，我们可以分析一下班固自己的说明。班固在"右兵权谋十三家，二百五十九篇"这句话之后，有这样一条自注：

省《伊尹》《太公》《管子》《孙卿子》《鹖冠子》《苏子》《蒯通》《陆贾》《淮南王》二百五十九种，出《司马法》入礼也。

在这条自注中，涉及两种情况，一种是"省"，一种是"出"。"省"无疑就是直接省略，而"出"则是类别的变更。班固所省的著作，今天我们基本都能见到，这就说明，班固所"省"的是节选本，因为在其他类别中有全本，所以不必重复著录。而"出"则是将它的类别直接变更，比如《司马法》就是由"兵家"变更为"礼"部的。而对于《鹖冠子》，班固没有作出特别的说明，这就说明对兵家《鹖冠子》的处理，与班固所省的其他著作，情况是完全相同的。如果情况真是如此，那么，道家类的《鹖冠子》就是全本。

第三，道家类的《鹖冠子》与兵家类的《鹖冠子》完全相同。班固所做的，只不过是决定到底将《鹖冠子》保留在哪个类别之中。最终，他决定省略兵家的《鹖冠子》。也许他觉得鹖冠子的兵法，有点儿不像是兵法。

在研究《鹖冠子》的过程中，很多学者都被这样一个问题困扰，今本《鹖冠子》到底哪个部分是属于兵家的《鹖冠子》，哪个部分属于《道家》的《鹖冠子》，笔者在研究之初，也曾被这样一个问题困扰。但是，在翻检其他的兵家著作，并与《鹖冠子》系统对比之后，笔者逐渐得出了这样一个结论，道家的《鹖冠子》与兵家的《鹖冠子》，两者之间是存在着有机联系的，它们不可被分别看待。正是基于这样一个判断，笔者才更倾向于认为，班固所省的《鹖冠子》是一个节选本，而道家类的《鹖冠子》才是全本。当然，也可能班固所省略的就是与道家《鹖冠子》完全相同的版本，这就是我们在第三点中所分析的。也就是说，今本《鹖冠子》既可以被看成"道家"，也可以被看成"兵家"。

从这个判断出发，再去阅读其他兵家的著作，就更加能够佐证笔者的这个判断。而且，通过与《鹖冠子》的对比研究，笔者对兵家也有了一个新的判断：兵家内部，在先秦时期也存在着派别划分。春秋战国时期"百家争鸣"，这种争鸣一方面是指学派之间的争鸣，另一方面则是指学派内部的争鸣。从今天的立场来看，似乎先秦各学派，只有兵家内部没有流派的划分，笔者认为这是不符合事实的。所以，兵家内部不同思想流派存在的事实，一直被我们遗漏。正是因为遗漏了这个事实，所以，对于"兵家"，我们总是倾向于用一个标准来衡量，这个标准就是"孙、吴之术"。似乎孙、吴的类型之外，就没有其他流派的兵法。也正是由于这个原因，班固才省略了兵家的《鹖冠子》，而将其归入道家。其实，班固所省的《伊尹》《太公》《管子》《孙卿子》《鹖冠子》《苏子》《蒯通》《陆贾》《淮南王》，也是一样的情况。也就是说，班固所省的实际上是先秦时期不同流派的兵法，但是，由于在班固看来，它们有些不像兵法，所以就将它们归入了其他学派。这实际上是班固对"兵法"的一次纯化，通过这次纯化，兵法的类型就日趋单一了。但是，被纯化的兵法，不足以反映出中国历史上军事思想发展的历史过程。今天对这个过程进行适当还原是完全有必要的。也就是说，我们应该将班固在《汉书·艺文志》中省掉与拿出的兵法，再次归集在一起，对之进行一个全面的研究，以还原先秦时期"兵家"内部争鸣的真实状况。

因此，今本的《鹖冠子》既可以被看成兵家，也可以被看成黄老道家。《鹖冠子》全部的论述，都可以与用兵联系起来。鹖冠子更为关注内政的治理。实际上，从宏观的视角来看，内政问题就是军事问题；从哲学的角度来看，政治是本体，军事是器用。如今，我们有一种倾向，习惯于将"用兵如神"挂在嘴边。实际上，这有些夸大了谋略的作用。军事斗争，归根结底就是实力的比拼。而决定一国军事实力的最终极的因素，就是内政。从这个角度看，中国历史上的以少胜多、以弱胜强的战争，有哪一个失败者的背后没有严重的内政方面的问题。因此，如果内政清明，就有这样一个等式：内政＋谋略＝实力，如果内政腐坏，就有这样一个等式：谋略－内政＝失败。再高明的军事谋略，也只可能救一时之急，而不可能谋长久之安。换言之，无论多么高明的军事谋略，都不可能挽救一个必亡之国。所以，内政问题就是军事问题。政治是军事的本体。

结 语

《鹖冠子》的全部文本只有一万九千多字。最早注解《鹖冠子》的是宋代的陆佃。除了陆佃的注本之外，目前所能见及的注解本还有《鹖冠子吴注》，台湾学者张金城的《鹖冠子注》，黄怀信的《鹖冠子汇校集注》。总体来看，经过历代前贤的不懈努力，《鹖冠子》的大部分文本已经被疏通。但是，一方面由于《鹖冠子》本身的用语晦涩难懂，另一方面由于《鹖冠子》的文本中或有后人所杂入之语，目前还是有相当一部分的文本在理解上存在问题。在研究的过程中笔者发现，要解决这些文本理解上的困难，就必须到先秦的诸子文本，甚至是从出土文献中去找答案。因此，用"以诸子诠释《鹖冠子》"的方法来重新注解它，这是一项有待完成的工作。

像《鹖冠子》这样一部篇幅相对短小，语言晦涩，且充满争议的书，往往容易被人忽视。但是，容易被人"忽视"不等于《鹖冠子》就没有价值。纵使《鹖冠子》其书一直饱受"伪书说"的困扰，但它还是能够一直流传不绝，这本身就说明《鹖冠子》中自有其独到的见解，所以才不断有学人不顾"伪书说"的干扰，默默地在书箧中为《鹖冠子》保留一块"立足之地"。实际上，即使是"伪书说"本身，如果我们全面考察，深入思考之，其中也有很多发人深省的东西。

一 《鹖冠子》的证真——对判定文献真伪方法的新思考

"《鹖冠子》从唐代柳宗元那儿就给否了，后来的人对柳宗元崇拜得很，所以很少有人肯定《鹖冠子》，以致今天连个好的注本都没有。"[①] 这对《鹖冠子》来说是非常不公平的。实际上，从现代学术的角度来看，柳宗元的

---

① 李学勤：《走出疑古时代》，长春出版社 2007 年版，第 8 页。

《辩鹖冠子》中，并没有能够站得住脚的客观证据。但是，就是这样一篇文章，却着实困扰了《鹖冠子》千有余年，历代都不乏继踵柳宗元的学者。这种现象是值得我们反思的。笔者想，柳宗元的这篇文章的影响之大，其根源也许并不在于《辩鹖冠子》的构思之精，或证据之足，而主要在于柳宗元本人的影响之大。也就是说，由于《鹖冠子》本来影响就小，在柳宗元首倡伪书说之后，有很多人也许只是随声附和，而在附和之余，他们并没有去认真研读《鹖冠子》。这是一种唯人不唯实的态度，在某种程度上也反映出了部分古人的治学方法或有偏蔽。但是，我们在此又要说明，这里的批评并不是针对所有"辨伪"《鹖冠子》的学者。因为，在辨伪《鹖冠子》的学者中，也不乏态度严谨、有理有据者。

而从《鹖冠子》自身来看，"伪书说"的产生也绝非偶然。这就与《鹖冠子》自身的文本特点有关。如果在《鹖冠子》、马王堆汉墓出土的部分帛书、与传世的子书之间进行对比，我们就会发现，《鹖冠子》与帛书的用语以及思维更为接近，而与传世子书相比，却显得略有隔阂。这种特点用柳宗元《辩鹖冠子》中的话来说，就是"不类"。所谓"不类"，就是有点儿不像是传世的子书。正是这种特点，才使《鹖冠子》"伪书说"有了生存的土壤，并始终能够久传而不息。

然而，时至今日，我们有必要对《鹖冠子》"伪书说"进行全面的总结和反思。在系统考察"伪书说"的基础上，我们就可以发现古人在辨伪《鹖冠子》的过程中存在的偏蔽。在一定程度上，古人的这种偏蔽又可以折射出现代学术的某些不足，尤其是我们在判定《鹖冠子》真伪的过程中，是否尝试过对古人的方法进行系统的考察和反思？

虽然马王堆帛书的出土、《北京大学藏西汉竹书·老子》的整理和出版为我们提供了证真《鹖冠子》的关键证据，但是，我们在为《鹖冠子》辩解的时候，却还总是围绕着"伪书说"打转，并没有尝试对判定真伪的方法进行总结和创新。

综观目前的研究成果，我们就可以发现这样的思维定式，古人说《鹖冠子》是伪书，那么，为《鹖冠子》辩解者就说它并非伪书，若古人以"A"为证来辨伪，那么，我们往往会以"非A"为证来驳伪。也就是说，虽然一个是在"辨其伪"，另外一个是在"辨其非伪"，两者的最终目标完全相反，但是，"辨其非伪"者在具体方法上却总是对"辨伪"者亦步亦趋。这就说明，"辨其非伪"的人，少了那么一点儿"方法"的意识和自觉。这就大大降低了"驳伪"文字的说服力。

有鉴于此，我们在文中回避了"驳伪"的方法，而是尝试对《鹖冠子》进行系统的"证真"。"证真"与"驳伪"的区别在于，"驳伪"者往往是针对"辨伪"者的具体举证而立论，而"证真"则尝试跳出这种思维模式，对《鹖冠子》其书进行从源到流的梳理，在以马王堆帛书为主要证据的基础上，进而尝试从多个维度来寻找辅助证据，最后以《鹖冠子》的流传"时间轴"为主线，将两者进行整合。这样，《鹖冠子》之真伪就可以一目了然。

为了能够更直观地呈现我们"证真"《鹖冠子》的思路与证据，我们特构建了下图：

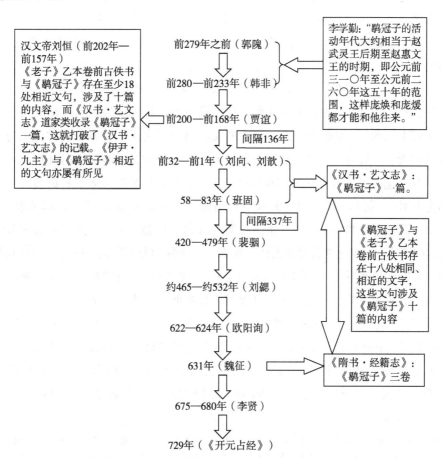

图9-1　《鹖冠子》流传时间线索图

在图 9 - 1 中，我们首先梳理了《鹖冠子》其书在历史上流传的时间线索。我们在此权且将我们所梳理的这个时间线索称为"时间轴"。围绕着这个"时间轴"，我们就可以将证真《鹖冠子》的各种证据整合起来，这样，对于《鹖冠子》，我们就能形成一个全面、系统的认识。以此为基础，《鹖冠子》的真伪也就是一个比较容易辨明的问题。

首先，我们先来考察这个"时间轴"本身。仔细观察这个"时间轴"，我们不难发现，这个"时间轴"存在着两个较大的时间空白，除此之外，其他的时间坐标点几乎可以被串连起来。第一个时间空白段是前 168 年至前 32 年，两者间隔 136 年。第二个时间空白段是 83 年至 420 年，两者间隔 337 年。那么，这两个时间空白段的存在，是否说明《鹖冠子》在历史上曾经失传呢？换言之，这是否意味着今传本《鹖冠子》就是后世所伪造的呢？

要回答这个问题，我们就需要引入考古发掘为我们提供的证真《鹖冠子》的关键证据——马王堆汉墓帛书。如上图所示，《鹖冠子》流传过程中的这两段时间空白，都发生在前 200 年—前 168 年之后。而汉文帝在位的时间为前202 年—前 157 年。考古发掘证明，长沙马王堆三号汉墓的帛书是在汉文帝在位期间下葬的。① 经整理发现，马王堆汉墓帛书《老子》乙本卷前古佚书与今本《鹖冠子》存在至少十八处完全相同及相近的语句，同时出土的《伊尹·九主》与《鹖冠子》相似之文句亦屡有所见。另外，汉简本《老子》的抄写年代约为前 156—前 110 年。而《鹖冠子》引用《老子》的文句与汉简本《老子》相同，而与传世本相异。两者系出自同一《老子》版本系统。这就能够充分说明，《鹖冠子》在此之后并未失传。那么，由于种种原因所造成的这两段时间空白就可以被忽略不计②，我们所构建的这个"时间轴"也就被贯穿了起来。由此我们就可以肯定，《鹖冠子》自成书之日起就一直流传未绝。

以此为基础，接下来我们就要解决这样一个问题：历史上并未失传的《鹖冠子》中是否有他书所混入的篇章呢？这种质疑主要根源于《汉书·艺文志》的记载与《隋书·经籍志》的记载之间的矛盾。《汉书·艺文志》道家类著录"《鹖冠子》一篇"，《隋书·经籍志》道家类著录"《鹖冠子》三

---

① 《马王堆汉墓帛书（一）》的出版说明中说："一九七三年十二月，长沙马王堆三号墓出土了大批帛书。根据同时出土的一件有纪年的木牍，可以确定该墓的年代是汉文帝前元十二年（公元前168 年）。"国家文物局古文献研究室编：《马王堆汉墓帛书（壹）》，第 1 页。

② 对于可能造成这两段时间空白的原因，文中已有分析，此不赘述。

卷"。这种"后增于前"的现象可以有两种解读方式：其一，《鹖冠子》是伪书；其二，《鹖冠子》中混有后人所"伪撰附益"的篇章。

在上文的分析中，我们已经指出，《鹖冠子》自成书之日起就一直流传未绝，"伪书说"的质疑当然也就不能成立。那么，《鹖冠子》的篇章"后增于前"到底是怎么回事呢？

要回答这个问题，我们就需要围绕我们所构建的"时间轴"，同时引入证真《鹖冠子》的主要证据与辅助证据来进行综合的考察。《汉书·艺文志》著录《鹖冠子》一篇，它的依据主要是刘向的《别录》，以及刘歆的《七略》。如果说《汉书》的记载至少说明《鹖冠子》在彼时仍流传于世，它可以作为我们证真《鹖冠子》的辅助证据，那么，如果我们将这个辅助证据与主要证据——马王堆帛书进行综合的对比和分析，我们会不会有新的发现呢？

在前面我们已经提及，《老子》乙本卷前古佚书与《鹖冠子》至少存在十八处完全相同或相近的语句，《伊尹·九主》与《鹖冠子》之间亦存在着类似的情况。经统计，我们发现，《老子》乙本卷前古佚书与《鹖冠子》相同、相近的文句覆盖了今本《鹖冠子》至少十篇的内容。这就说明这十篇内容是被"地下材料"印证的可靠文献。至此，反观《汉书·艺文志》"《鹖冠子》一篇"的记载，我们就会发现两者之间的反差之大。如图 9-1 所示，刘向、刘歆父子距汉文帝有 100 多年，班固距汉文帝至少有 200 年。两相比较，从时间先后来看，《老子》乙本卷前古佚书无疑更为权威。由此也就可以看出，《汉书·艺文志》的记载很可能是不准确的。[①] 也就是说，证之以考古材料，相较于《汉书》，《隋书》的记载反而更为贴近事实。这也就很好地解决了一直困扰《鹖冠子》"后增于前"的问题。以此为据的"伪书说"不能够成立，这也是一个不言自明的问题。[②]

---

① 我们在此之所以不用"失误"一词，主要是因为，这也可能是班固所记载的"一篇"的容量远远大于我们今天所理解的"篇"。这从出土的帛书中亦可得到印证。今传本《鹖冠子》的全文只有一万九千多字，这与《老子》乙本卷前古佚书的字数已经非常贴近。

② 这里需要略作说明，《鹖冠子》非伪书，并不说明今传本《鹖冠子》中就没有后人所"附益"的篇章。但是，从我们考察的结果来看，纵使有后人"附益"的篇章，其数目也仅只二三。具体来说，今本《鹖冠子》共有十九篇的内容，其中大部分都可以被看成一个有机整体。只有《夜行》篇、《世贤》篇、《武灵王》篇例外，从各个方面来看，这三篇与其他篇章之间的联系都相对较弱。《世贤》与《武灵王》两篇都是对话体，在这两篇中，鹖冠子并没有出现，其对话主体分别是"庞焕"和"庞煖"，因此，这两篇很可能是它书所混入《鹖冠子》的篇章。

　　那么，《鹖冠子》成书于何时呢？从我们所还原的《鹖冠子》的流传"时间轴"来看，郭隗曾引用了《鹖冠子·博选》的文句，韩非子引用了《鹖冠子·备知》的文句。郭隗是燕昭王的谋士，燕昭王卒于公元前279年，因此，郭隗引用《鹖冠子》应该是在这之前，韩非的生卒年为公元前280—前233年，因此，韩非引用《鹖冠子》应该是在此期间。依据庞焕与赵武灵王的对话，以及庞煖与赵悼襄王的对话，李学勤推断鹖冠子的活动时间主要在公元前310年—前260年。而郭隗、韩非对《鹖冠子》的引用，其时间坐标点恰好落在了李学勤所推断的时间段之内。这应该并非巧合。这一方面说明李学勤的推断是比较准确的，另一方面则可以充分说明，《鹖冠子》在此时已经成书。

　　这就是我们对《鹖冠子》的"证真"。以此为基础，我们再来总结目前学界在判定文献真伪的过程中可能存在的一些弊端。

　　以《鹖冠子》为例，总结历代学者所提出的"伪书说"，他们证伪《鹖冠子》的关键证据主要可以归结为以下两点，即柳宗元所说的"不类"，还有《汉书·艺文志》与《隋书·经籍志》所记录的《鹖冠子》篇章的差异。如果我们的目光只集中于这两个问题本身，那么，可以说这两个问题几乎是无解的。尤其是《汉书·艺文志》与《隋书·经籍志》之间的矛盾，几乎是不可调和的，因此，他们也一直是证伪《鹖冠子》的学者所持以为据的"铁证"。如果我们不能合理地解释这种矛盾，纵使有了马王堆帛书作为证据支持，我们在说《鹖冠子》是先秦子书的时候，也难免会感到底气不足。

　　究其原因，这主要是因为我们始终没有尝试对"伪书说"本身的弊端进行考察，同时也没有尝试对《鹖冠子》本身进行系统的考察。正是由于这两个方面的基础工作的欠缺，纵使我们说《鹖冠子》是先秦真籍，但是，如果被问及这是多大程度上的"真"，我们却不能够给予一个令人信服的答案。《鹖冠子》的命运如此，反观疑古思潮下的其他被怀疑为"伪书"的典籍，在"真"与"伪"的交锋中，它们是否也面临着同样尴尬的处境呢？

　　也就是说，在考古材料，抑或其他材料的支持下，在"辨真"的过程中，我们要明确地意识到，我们所需要辨明的东西不只是"伪书说"本身。实际上，"典籍"本身才是我们的"辨真"工作能够取得进展的关键。考察目前的"驳伪"的方法，有时经常会发生这样一种错位，即我们在与"伪书说"针锋相对的同时，往往忽略了"典籍"本身，这是一种"本末倒置"的状况。对此，我们要给予充分的重视。换言之，每部典籍的具体情况可能不同，由此，"辨真"的方法也不可能千篇一律，然而，"驳伪"恰恰走的是这种"千篇一律"的套路。因此，为了避免很多无谓的重复性工作，我们应该纠正这种"驳伪"的弊端，尝试首先从"典籍"本身出发，在形成了对"典籍"本身的系统认识的基础上，再来反观"伪书说"，我们就更容易找到它们的弱点。我们的论证也就能够更具说服力。这是我们对目前判定文献真伪方法的一点反思。

我们再回到《鹖冠子》本身。实际上，对《鹖冠子》的这种系统考察，对于整个的判定文献真伪的工作都有着非常重要的意义。

李学勤说："关于简牍帛书，我这些年有一些想法，可能对学术史的研究有一些作用。我认为最理想的是，用今天出土的这些材料设立几个定点，然后把其他的古书排进去。过去研究古书和古书的关系，比如哪个比哪个早，我们也可以有一些推定，可是年代每每没有绝对的定点。比如假设 A、B、C 三种书，A 早于 B，B 早于 C。按相对年代来说，你可以把它们放得早些，也可以放得晚些。你只要把 A、B、C 这三个点的顺序排对了，形成一个系列，就完了，很难知道它的绝对时间在哪儿。可是今天我们的考古学材料却可以提供中间的一些定点。只要把一个点定住了，A、B、C 序列的时间就容易排定。当然这还需要很多的证据，现在也许还做不好，但至少可以先定几个点试试。"① 那么，李学勤先生的这种观点是否可行呢？这就要通过实践来进行探索。

在我们"证真"《鹖冠子》的过程中，实际上马王堆帛书就发挥了一个"定点"的作用。但是，我们作为定点的这个时间点并不是帛书的成书时间，而是墓主入葬的时间。这个时间"定点"有考古证据的支持，是毫无疑义的。以这个定点为基础，就可以解决很多有关《鹖冠子》的争议，关于这一点，在上文我们已经作过分析。这就说明李学勤先生的观点是可行的。但是，对李学勤先生的观点又要适度微调，也就是说，我们必须首先从确定无疑的"定点"入手，例如墓主入葬的时间，然后，以此为基点，再综合各方面的证据来确定其他的"定点"。实际上，我们对《鹖冠子》的系统的"证真"就是想确定另一个可以作为基准的"定点"。如果我们的方法可行，那么，我们

---

① 李学勤：《走出疑古时代》，第 7 页。

就可以《鹖冠子》作为依据，来进一步推定其他文献的年代。

对此，李学勤说："反过来，也可以用文献的定点来推定出土材料的时代。最好的例子是《鹖冠子》。《鹖冠子》现在在海内外都是热门，最近我去美国，也谈了《鹖冠子》，见到一些研究这部古书的学者。《鹖冠子》的年代比较清楚，它的上、下限连二十年都没有。因为很明显的是，庞煖死的年代是已知的，书中称呼他作'庞子'，是庞煖学生的口吻，另外有些地方还避秦始皇的讳，可见一定也经过秦代。仔细考虑，这部书的时代不出战国的最后几年到秦代焚书以前。"① 在书中我们已经指出，《鹖冠子》避始皇帝之讳的说法是不能成立的，因此，《鹖冠子》最终成书的时间一定是在战国末期的一段时间。也就是说，《鹖冠子》的成书时间的上下限甚至小于李学勤先生所说的"二十年"。这样，《鹖冠子》就可以作为一个"定点"来推定出土文献的年代。

在上文我们以帛书陪葬的年代作为"定点"来解决有关《鹖冠子》的一些疑难。那么，在确定了《鹖冠子》的大体成书时间的基础上，我们是否可以通过《鹖冠子》推定出土文献的年代呢？笔者想这是可行的。除了《鹖冠子》与帛书相同、相近的文句之外，还有一个明显的例证，《老子》乙本卷前古佚书中有"道生法"的命题，而《鹖冠子》中也有同样的命题。这样的命题在其他文献中都是没有的。从思想史发展的客观规律来看，《鹖冠子》无疑是继承了《老子》乙本卷前古佚书的观点。这就可以确定两者的先后关系。公元前279年，郭隗已经引用了《鹖冠子》的文句，这就说明《老子》乙本卷前古佚书一定是在此之前就已成书。关于《黄帝四经》，唐兰说："这本书是什么时候写成的呢？我认为它的写成时代，应该是战国前期之末到中期之初，即公元前400年前后。"② 如果我们再将《鹖冠子》纳入我们的视野，我们就可以进一步确定《老子》乙本卷前古佚书成书的下限一定是早于公元前279年这个时间点的。这与唐兰的观点亦有所合。

这就充分说明，李学勤的这个观点是可行的。因此，对于《鹖冠子》的系统的"证真"对于判定文献真伪的工作，以及确定出土文献具体成书年代的工作都有重要的意义。李学勤说："咱们今天的学术界，有些地方还没有从

---

① 李学勤：《走出疑古时代》，第7页。
② 唐兰：《马王堆出土〈老子〉乙本卷前古佚书的研究——兼论其与汉初儒法斗争的关系》，《考古学报》1975年第1期。

'疑古'的阶段脱离出来，不能摆脱一些旧的观念的束缚。在现在的条件下，我看走出'疑古'的时代，不但是必要的，而且也是可能的了。"① 从这个角度来看，我们对《鹖冠子》的"证真"也算得上对"疑古"思潮的一次认真负责的回应了。

二　《鹖冠子》的学派归属——对黄老学理论特质的再认识

历代史志都将《鹖冠子》归类为道家，而韩愈则指出，《鹖冠子》"其辞杂黄老、刑名"，陆佃亦指出《鹖冠子》"初本黄老而末流迪于刑名"。也就是说，韩愈和陆佃都认为，《鹖冠子》与黄老之学存在着密切的关系。实际上，即使《四库全书》将《鹖冠子》归类为杂家，同时也指出了《鹖冠子》是"大旨本原于道德"的。这说明《鹖冠子》与道家、黄老道家之间的理论渊源颇深。

通观目前有关《鹖冠子》学派归属的讨论，大多数学者都注意到了《鹖冠子》中对法的重视，以及对刑名思想的借鉴与吸收。并以此为依据，将《鹖冠子》论定为黄老道家的著作。但是，如果说《鹖冠子》杂有刑名法术之学，那么，我们还可以像《四库全书》那样将《鹖冠子》归类为杂家，为什么一定要将之归类为"黄老之学"呢？

对于这种质疑，恐怕我们一时还想不出一个可以说得通的答案。这就说明，目前学界对黄老道家的认识还存在"外在化"的缺陷。对于黄老道家，我们只注意到了它"因阴阳之大顺，采儒墨之善，撮名法之要"的表面特征，而对于它"为什么会具有这种理论特征"这一问题，却很少有人去深入地探讨。因此之故，对于被判定为"黄老道家"的著作，我们就很难回应"杂家说"的质疑。因此，要判明《鹖冠子》的学派归属，我们就必须首先深入地分析"黄老道家"的理论特质。

我们知道，作为道家思想的创始人，老子本身就是一个历观成败的史官。作为柱下史的老子，他所历观的成败应该大多是来源于史料记载的。也就是说，老子是在充分吸收了"别人"成果的基础上，才创立了道家的哲学思想。这就说明，道家思想在其起始阶段就不排斥其他的异质思想，不但不排斥，

① 李学勤：《走出疑古时代》，第 10 页。

它还善于从其他的异质思想中吸收合理性的观点，以之作为丰富自身思想的营养。

正是基于这种认识，我们深入分析了老子所创立的"道"的概念。我们认为，老子之"道"具有阴柔、居卑、守弱的特征。正是基于"道"的这种特征，老子才提出了"有之以为利，无之以为用"的道家哲学方法论。道家后学秉承了老子的这种方法论，用以修身、参政、治国。但是，我们往往容易忽略这样一个事实，即老子的这种方法论还会深刻地影响到道家思想自身的理论发展模式。也就是说，基于"道"的阴柔、居卑、守弱的特征，道家学者在实践"有之以为利，无之以为用"的哲学方法论的时候，他们会坚持道家的思想方法，这就是一种理论立场之"有"，但是，他们又不会固执自己的观点，而会站在一个比较宽容的立场来审视他家的异质思想，这就是一种理论立场之"无"。有道家的理论立场，这就使道家学者能够清晰地表达自己的学术观点与理论诉求，这就是"有之利"，而对于他家的异质思想的宽容，则使道家学者始终都比较乐于接受异质思想的合理性观点，并以之充实自身，这就是"无之以为用"。

黄老道家秉承了道家的这种思想特质，因此，他们一直很善于吸收百家之学的合理性观点。实际上，"黄老"之称本身就已经说明它已经不是纯粹的老子之"道"与"术"，"黄老"合称伊始，黄老道家就已经迈出了融会"百家"的第一步。因此，"黄老"之称本身就寓有熔铸诸家的学术理想。所以我们认为，在黄老道家那里，所谓黄帝者，"百家道术"之代称也。"黄帝"的"道"与"术"就代表着百家的"道"与"术"。① 正是基于这种理论抱负，

---

① 在战国时期，黄帝俨然被塑造成了一个综赅"百家"道术的人物。首先，黄帝被看成一个道家人物。《汉书·艺文志》道家类有《黄帝》六篇，《黄帝君臣》十篇，《杂黄帝》五十八篇即可为证。其次，黄帝还被看成一个阴阳家。《汉书·艺文志》阴阳家有《黄帝泰素》二十篇亦可为证。再次，黄帝还被看成一个医学家。《黄帝内经》至今仍广为流传。除此之外，黄帝还被看成一个神仙家。王叔岷云："《庄子》黄帝得道登天之说，战国中期当已流传，此岷所谓本篇杂有神仙思想者也。"王叔岷：《庄子校诠》，第233页。不仅如此，黄帝还被看成天文家、历谱家、五行家、神仙家等。虽然这些文献多是后人委托，但是，这从一个侧面亦可以看出，黄帝在彼时就是被看成一个综赅百家"道术"的人物。黄帝形象中所寓有的这种特征就使黄老道家在获得了历史优越感的同时，还获得了一个俯视"百家"的制高点。有了这个制高点，黄老道家就可以把"百家"之道术都看成黄老道术的分流。这样，黄老道家在俯视"百家"的同时，对于"百家"之"道术"就可以顺理成章地取而用之。因此，结合上文的分析，我们就可以得出这样的结论，"黄帝"与"老子"合称所形成的"黄老"之名与黄老道家的方法论是互为表里的关系，这是被普遍忽视的一个问题。

逮至汉初，司马谈在《论六家要旨》中才能够总结出"有法无法，因时为业；有度无度，因物与合"的哲学方法论。通过对比我们就不难发现，黄老道家的"有法无法，因时为业；有度无度，因物与合"的哲学方法论，实际上就是对老子"有之以为利，无之以为用"的哲学方法论的继承和发挥。但是，按照思想史发展的客观规律，黄老道家之所以能够提炼出这种哲学方法论，这应该需要很长一段时期的思想史积累，经过了很多先贤的努力。换言之，司马谈所提出的"有法无法，因时为业；有度无度，因物与合"的方法论，是对很多黄老道家的先贤所流露的方法论意识的最终总结。

如果从这个角度来审视《鹖冠子》，我们就会发现，我们有充足的理据将《鹖冠子》归类为黄老道家的著作。首先，鹖冠子本人的"异端性格"颇为符合道家学者的特征。其次，鹖冠子对"道"的重视又与黄老道家颇为一致。最为重要的是，《鹖冠子》中已经提出了"所谓道者，无己者也"观点。老子说"道法自然"，而鹖冠子认为"道者无己"。这个"无己"让人很难理解。我们知道，司马谈曾经说过，"虚者道之常也"。实际上，这个"无己"就相当于司马谈的"道"之"虚"。可见，两者对"道"的理解若合符节。

为什么这样说呢？司马谈"有法无法，因时为业；有度无度，因物与合"的方法论，其运用的根本就在于"道"之"虚"，正是基于"道"之"虚"的特征，黄老道家才会异常重视对"神"之"虚"的强调。而这个主体的"神"之"虚"才是"有法无法，因时为业；有度无度，因物与合"的方法论发挥效用的关键。只有内心无成见，才能做到"有法无法"与"有度无度"，才能不被内心的成见干扰，才不会被固守的立场拘执，才能够发挥黄老思想"因时就势"的灵活性。而鹖冠子"所谓道者，无己者也"中的"无己"，不正可以看成黄老道家"神之虚"的另一种表达吗？这就能够充分说明，鹖冠子对"道"的理解已经与后期黄老道家学者颇为一致，而且，鹖冠子的"所谓道者，无己者也"的观点中所流露出的方法论意识，已经是司马谈所提出的黄老道家的方法论的先声。所以，我们将《鹖冠子》看成一部黄老道家的著作是有充分根据的。

对黄老学的理论特质进行再认识，这便于我们对《鹖冠子》的学派属性进行判定。但是，与此同时，这也意味着我们要重新定位包括鹖冠子在内的黄老道家对中国思想史的独特贡献。

实际上，从道家到黄老道家，两者一脉相承的"虚无因应"的理论性格，最终使黄老道家成为"百家争鸣"的过程中，熔铸诸家之学的中坚力量。更为重要的是，黄老道家对天下学术"殊途同归"的总体态势的判断，深深地影响了此后中国文化的发展。中国文化向来具有吸纳、容受异质思想之能力，在今天我们将这种能力称为"同化"，这是中国文化久经劫难而不致断绝的关键。那么，中国文化的这种"同化"能力的根源何在呢？笔者想，其中的一个重要的根源就是道家之"道"。我们向来认为，在中国文化中儒为阳，主秩序；道为阴，定乱世。刘蔚华在为丁原明的《黄老学论纲》所作的序中亦指出了这一点，他说："黄老学为后人提供了一种行之有效的社会拨乱反正的模式和思维方式，每当中国社会面临这种状态时，这种模式就会以不同的形式再现。所以，黄老学的存在及其影响的价值，在于它能够引导社会完成由乱而治的过渡。"① 在不同的历史时期，各种变相出现的"黄老"，是中国历史"拨乱反正"的利器。因此，"黄老"已经不仅仅是某个特定时期的某个具体学派，它的实际影响也远远超越了"道家"的范围，它实际上已经成为华夏文明所特有的一种文化现象。

正是这种文化层面的"黄老"精神赋予了中华文化涅槃重生的能力。从这个角度来看，近代以来，中国知识界对西方文化的积极引进，对马克思主义的接纳，直至马克思主义中国化的成功转型，这都与这种文化层面的"黄老"精神不无关系。历史地看，建基于中国化的马克思主义这个基础上的，有中国特色的社会主义，之所以能够走出一条与苏联以及东欧国家的社会主义完全不同的崭新之路，其成功的关键就在于党的"与时俱进""兼容并包"的思想、文化指导方针。如果我们把"与时俱进"与黄老道家的"有法无法，因时为业；有度无度，因物与合"的方法论对比，我们就不难发现两者之间存在着惊人的相似。因此，如果把"与时俱进"的方针提升到文化史、思想史的高度来看待，我们就可以把它看成在特定的历史时期，中国文化中的"黄老"精神的再次展现。

当今的中国，经济飞速发展，国力强盛，在此背景之下，国家软实力的提升成为一个战略层面的重大课题。而国家软实力的"内核"无疑就是文化。根植于民族文化的，具有鲜明特色的价值观，是提高国家软实力的关键。

---

① 丁原明：《黄老学论纲》，第3页。

历史地看，经过了六十余年的休养生息，汉武帝实行了"罢黜百家，独尊儒术"的文化纲领，实际上，所谓的"罢黜百家"并非百家废而不用，而所谓的"独尊儒术"也并非儒者独尊，汉朝的"外儒内法"的治国之道，实际上为"百家"的发展留下了充足的空间。透过"罢黜百家，独尊儒术"的表象，我们就可以发现，汉朝文化政策的实质就是：以"儒术"为"阳"，而以"百家"为"阴"的思想、文化发展方针。以"儒术"为"阳"有利于统一思想，而以"百家"为"阴"则有利于灵活治术。因此，我们认为，当今的中国同样需要思考这种"阴阳互济"的思想、文化指导方针的可行性。

那么，我们如何兼顾二者，既要传承文化，又可有所甄别呢？笔者想，如果借用中国文化中的一对著名的概念来概括，"阴阳互济"的文化、思想发展作指导方针也许正是我们所需要的。有"阳"就可以凸显我们的文化主体取向，塑造根植于中国文化传统的价值，有"阴"就可以兼顾古今、中西。至于甄别良莠，笔者想，在文化之"阳"的主导下，我们可以让文化之"阴"来承担文化涵容与鉴别的任务，因为在长久的涵容、消化的过程中，落后的文化因子终将会被时间淘洗，被历史淘汰。这也提醒我们，对于文化整体来说，我们一代人的主观判断力毕竟有限，我们所能做的就是尽量树立当下正确的文化价值观念，其他的文化成分则可以在主体文化的指导下优胜劣汰。因此，我们要传承文化，使之"薪火相传"，要"扬弃旧义，创立新知"，这就需要从中国的"黄老"精神中汲取营养和智慧。

因此，目前学界只将"黄老"定位为"君人者南面之术"，这种对"黄老"的看法就有些流于表面化。我们应将"黄老"提升为战国时期所产生的一种特定的"文化现象"来看待。而《鹖冠子》就是这种文化现象最终走向成熟的一个必不可少的中间环节。

三　《鹖冠子》的学派归属——对杂家理论特质的再认识

在将《鹖冠子》定位为黄老道家的同时，对于《鹖冠子》"杂家说"，我们并没有采取置之不理的态度。通过将《鹖冠子》与"杂家"文献的对比，我们想对于这种观点有所回应：这种判断是否有合理性？我们没有选择将《鹖冠子》定位为"杂家"文献，我们的依据又何在？只有通过这项工作，才能把《鹖冠子》的学派归属的问题彻底澄清。

关于"杂家",《汉书·艺文志》有一段话值得重视。班固说:"杂家者流,盖出于议官。兼儒、墨,合名、法,知国体之有此,见王治之无不贯,此其所长也。及荡者为之,则漫羡而无所归心。"(《汉书·艺文志》)在这段话里,班固实际上把"杂家"区分为了两个部分。一部分的"杂家",虽名之为"杂",但是,他们的"杂"实际上只是一种表象。这种表象之下所掩盖的实质,则是一种开放、融会和贯通的文化心态。因为,他们认识到,在"国体"之中,一定会有不同学说的对立与争鸣,所以,作为"议官",他们不能偏倚,必须做到持中。凡合理者,都要吸收,凡不合理者都要批判。久而久之,各个学派的合理之处,都被这些"议官"汇聚了起来,这也就有了所谓的"杂家"学说。班固认为,这种"杂家"学说的开放性与包容性,与"王道无所不贯"的特征是相一致的。可见,这部分"杂家"可以说是"杂而有归"——虽然"驳杂",但其最终目标却是汇聚众家之说而成"王道"。除此之外,另一部分的"杂家"就是名副其实的"漫羡而无所归心"。

通过《鹖冠子》与"杂家"文献的对比,我们发现,《鹖冠子》与"杂家"的文献之间,存在着颇多共通之处。从这种比较的结果来看,将《鹖冠子》定位于"杂家",实际上也是有其合理性的。

然而,通过分析,我们又发现,《鹖冠子》与"杂家"文献的相通之处,所涉及的主题并不"驳杂",基本上都是一些"重贤"的思想,都是一些对"君—贤关系"的思考,并通过这种思考形成了颇具特色的君道观。当然,其中也不免一些愤激之言,而愤激之情的产生,也无疑是由于贤者无用武之地的处境,以及不健康、不合理的"君—贤关系"的激发。可以说,"重贤"与"君道观"的讨论,占据了《鹖冠子》的绝大部分的篇幅。相比之下,"杂家"所讨论的话题,就远比《鹖冠子》更为广泛、丰富。从这一点来看,将《鹖冠子》定位为"杂家",又是有失片面的。

通过比较,除了不能将《鹖冠子》定位为"杂家"这样一个结论外,我们还作出了这样一个推断:《鹖冠子》与"杂家"的相同、相通之处,主要表现在"重贤"及"君道观"方面,这应该不是一个偶然。这足以说明,关于这两个话题,在先秦诸子之间曾经发生过长期和广泛的争鸣。这种争鸣的成果,被"杂家"保留了下来,正如班固所言,"兼儒、墨,合名、法,知国体之有此,见王治之无不贯,此其所长也"。"杂家"的所长,就是"兼儒、墨,合名、法"。然而,从"杂家"的学派特征来看,他们所"兼"所"合"

者，又何止儒、墨、名、法。笔者的判断是，杂家实际上是"百家的影子"，是"百家的留声机"。而"重贤"思想与"君道观"的争鸣，正是"杂家"所记录的"百家争鸣"之一端。鹖冠子应该是这次争鸣的积极参与者。因此，我们将这次争鸣以《鹖冠子》的首篇《博选》来命名，将之称为"博选思潮"。而主导这次争鸣的学派就被称为"博选派"。因此，论证鹖冠子是黄老道家，这只不过是我们的初步判断。从黄老道家内部学派争鸣的角度入手，将鹖冠子定位为黄老道家的"博选派"，这才是最终的判断。

另外，对于"杂而有归"的这部分杂家，我们也应该给予更多的重视。对于先秦诸子学术，司马谈有"六家"之说，而班固又有"九流"之辨。然而，从对《鹖冠子》的研究来看，先秦时期诸子"百家争鸣"，其学派之多，应该不止于"六家""九流"。因此，要了解先秦思想史的全貌，尤其是寻找那些被历史忽视和遗忘的学派，就必须去挖掘"杂家"这座矿藏。

"重贤"的思想，对于"君—贤"关系的讨论，在如今传世的诸子文献中，几乎都可以看到。对于何为"贤者"？何为"贤者"之使命？如何处理"君—贤"的关系？各家各派，都给出了自己的答案。这些讨论和回答，构成了先秦时期的"贤人"观念史。"贤人"的观念史，影响和塑造了"士"阶层，或曰"知识"阶层的精神人格。从这个角度来看，对先秦时期的"贤人"观念史进行专门的研究是非常必要的。

四　《鹖冠子》的学派归属——对兵家的再认识

对于兵家，班固在《汉书·艺文志》中的一段话，值得重视。在列举了"权谋家"的著作之后，班固说：

> 权谋者，以正守国，以奇用兵，先计而后战，兼形势，包阴阳，用技巧者也。（《汉书·艺文志》）

如果联想到"兵家"，大多数的人，其头脑里都会浮现出"兵不厌诈"这样一个词语。可见，对于"兵家"我们已经形成了一种既定的认识，我们总是容易将"兵家"与阴谋、奇诡、变诈一类的词语联系在一起。然而，历史事实却并不如此。

首先，我们来看班固在"权谋家"之后所说的那一段话。他在对权谋家进行定性的时候，用了这样两个词语"以正守国，以奇用兵"。所谓"以奇用兵"，在此根本不用解释，因为，一般人对于兵家的印象，无外乎这四个字。但是将"以正守国"与"兵家"联系在一起，还是有点让人莫明其妙。

在研究过程中，我们将《鹖冠子》与兵家文献进行了比较全面的对比。通过这种对比，我们发现，兵家的文本实际上可以分成两种类型：一种是以孙、吴之术为代表的积极适应时势的军事文本；另一种是孙、吴之术以外的，带有浓厚的古兵家色彩的文本。相比之下，《鹖冠子》与孙、吴之术以外的兵家文献更有共通之处。这些文献都会涉及内政治理、选贤任能等看似与军事无关的内容。基于这个发现，笔者推断，在先秦时期，兵家内部实际上也存在着不同的流派之间的争鸣。而由于孙、吴之术的一枝独秀，导致我们忽略了兵家内部学派争鸣的史实。从兵家内部争鸣的角度来看，《鹖冠子》与孙、吴之术以外的兵家文本一样，应属于继承了古兵家思想的流派。这是我们一个新的发现。而且，基于孙、吴之术以外的兵法，都会涉及内政治理与选贤任能的事实，笔者认为，《汉书·艺文志》中道家类的《鹖冠子》很可能就是全本，它里面包含了兵家类《鹖冠子》的内容。

通过以上的分析，班固在介绍"兵权谋"时所用的"以正守国"这样一个词语就比较容易理解了。《鹖冠子》与孙、吴之术以外的兵法，都带有古兵法的特征。也就是说，孙、吴之术以外的兵法，除了重视战时的调兵遣将之外，还非常重视和平时期的内政治理。他们对内政的重视，用班固的话来概括，就是"以正守国"。在战场上打败敌人，必须靠出奇制胜。然而，要守住一个国家，却必须靠"正"。所以孔子说"民无信不立"，这看似一个内政的问题，实则也是一个军事的问题。可以设想，如果百姓对君王已经失去了信任，当战争来临的时候，会发生什么样的事情。周武王在攻打殷纣的时候，殷纣的军队临阵倒戈，其问题的症结就在于"民无信"。《尚书》中也说，"玩物丧志，玩人丧德"。作为一个君王，对待外来之敌，当然少不得用阴谋，但是，如果对待自己的百姓，也使用阴谋的手段，就会日渐民心涣散。所以，要守住一个国家，就必须靠"正"。这就是"以正守国"。"出奇制胜"是兵法，"以正守国"也是兵法。对"以正守国"的侧重，就是孙、吴之术以外的兵法的一个鲜明的特征。

《中国兵学通史》指出：

　　春秋时期作为中国历史上的重大转折阶段，具有动态性、过渡性以及多样性等鲜明特征，其社会生活各个方面都经历着剧烈而深刻的嬗变过程，这在兵学领域也不例外。其中又可以春秋中期为界，将这一时期的战争划分为前后不同的阶段。这在战争观念上，就是对西周以来的"军礼"传统的逐渐突破。即由"以礼为固"向"兵以诈立"过渡，由重"偏战"（各占一面相对）的"堂堂之阵、正正之旗"演变为"出奇设伏、兵不厌诈"。①

由此可见，先秦兵学曾经历了一个由"以礼为固"向"兵以诈立"过渡的剧烈变化时期。但是，"以礼为固"的思想却不可能突然消失，因此，兵家学派内部，尤其是先秦时期，一定存在着新旧思想的争鸣、不同学派不同思想主张之间的对立。重新还原早期兵家学派分化、观点林立的情况，一方面可以深化我们对兵家思想的理解，另一方面则有助于我们发现兵学思想演变的规律，提高我们对于军事斗争的主动适应的能力。

　　然而，笔者认为"以礼为固"还不足以反映古兵法的全部思想面貌。在"以礼为固"的前面再加上"以正守国"，才能够呈现孙、吴之外的兵法的全部特征。鹖冠子就是一个例子，现存兵法中也有大量的遗存。鹖冠子关注选贤任能，就是关注一个国家的用人之"正"，鹖冠子关注"君—贤"的关系，也就是关注一个国家的"君—贤""君—民"关系之"正"，如果离开了这个"正"字，国家就会不稳固。这就好比盖房子：基础不牢，地动山摇。一个国家，又何止是一栋房屋！如果国家的基础不牢固，又何止是地动山摇？要让国家的基础牢固，实际上也无非一个"正"字。"以正守国"的重要性，可以用鹖冠子的一句话来概括，即无军之兵。如果国家的内政治理，离开了"正"字，它的基础就会逐渐被腐蚀、削弱。一个基础被削弱了的国家，等待它的必然是轰然倒塌的命运。可见，为"政"而"不正"，其危害毫不逊色于外敌入侵。这就是鹖冠子所说的"无军之兵"。

　　因此，包括鹖冠子在内，孙、吴之术以外的兵法都是更为强调"以正守国"的兵法。班固的《艺文志》中省略了《伊尹》《太公》《管子》《孙卿

---

① 白立超、黄朴民：《中国兵学通史》（先秦卷），岳麓书社 2022 年版，第 139 页。

子》《鹖冠》《苏子》《蒯通》《陆贾》《淮南王》等书，笔者认为，这在客观上就更为突出了兵家"以奇用兵"的特征，而削弱了兵家"以正守国"的特征。

"以正守国"，甚至是"以正应战"，是古已有之的传统。这也可以从班固的一段话中看出蛛丝马迹。他说：

> 下及汤武受命，以师克乱而济百姓，动之以仁义，行之以礼让，《司马法》是其遗事也。自春秋至于战国，出奇设伏，变诈之兵并作。（《汉书·艺书志》）

班固指出，在春秋战国以前，用兵的方式是"以师克乱而济百姓，动之以仁义，行之以礼让"，这种用兵的方式，都被记录在了《司马法》中。也许在班固看来，像《司马法》这样的兵法，已经不适应时代的要求，所以将它移入了"礼"类。这正是由于班固没有认识到"以正守国"与"以正用兵"曾是兵法的一种历史形态。从"克乱而济百姓"一句话中，也可以看出，如果一个国家没有做到"以正守国"，而是内政混乱，并且害及百姓，这就会招致正义之师的攻打。从这个角度来看，"以正守国"就是弭除兵祸的不二途径。因此，"以正守国"就不仅仅是一个内政的问题，也是一个军事的问题。

从兵家史的角度来看，兵法也必然会有不同的形态。从同时期的横向对比来看，兵家内部会有不同派别的争鸣。这种争鸣产生的原因，主要是由于不同的学派对于用兵都会有所关注，而基于不同学派的立场，他们所倡导的用兵之法必然会有不同。如儒家论兵，其形态就是儒兵法，比如《荀子·议兵》，就与孙、吴之术有显著的区别。荀子甚至批评孙、吴之术是盗兵。如果道家论兵，其形态就是道兵法，比如《老子》。如果阴阳家论兵，其形态就是阴阳兵法。其他学派对于用兵的论述，可以依此类推。总而言之，用兵之法，会因学派立场而发生变化。从这点来看，兵家内部，在先秦时期也必有争鸣。对于这种争鸣，历来被史家忽视。

从不同时期的纵向对比来看，兵家内部也会有不同学派的争鸣。所谓学有师承，兵家理论也会有其历史形态，这种历史形态，会在后学的作品中反映出来。而随着时代的剧变，历史形态的理论可能会不适应现实战争的发展，但是它又不会完全消失。孙、吴之术以外的兵法，就明显地带有古兵法的痕迹。"自春秋至于战国，出奇设伏，变诈之兵并作"，这是对古兵法的严峻考验。适应时代变化的孙、吴之术，也就应运而生。因此，古兵法与新兵法的争鸣，也在所难免。

这就是在对《鹖冠子》进行研究的过程中，我们对"兵家"的再认识。《鹖冠子》属于孙、吴之术以外的兵法，它明显地带有古兵法的特征，它的用兵理念还停留在"动之以仁义，行之以礼让"的阶段，而且，它非常重视内政对军事的影响。在鹖冠子看来，"克乱""济百姓"是用兵的主要目的。这就与战国时期应运而生的"孙、吴之术"，形成了鲜明的对比。

五 《鹖冠子》对老庄思想的发展

道家思想的发展主要表现为不同时代的学者对"道"的诠释方式的不同。老子是道家学派的创始人。在老子那里，"道"还是混融未分之"道"。从"人法地，地法天，天法道，道法自然"，我们就可以看出，老子一方面强调"道"的超越性，另一方面又非常注意人与"道"的衔接，其中天、地就是老子为人、道衔接所搭建的桥梁。但是，到了庄子，他对"道"的理解就与老子不同。

荀子说："庄子蔽于天而不知人。"（《荀子·解蔽》）因此，除了"道"之外，"天"也是《庄子》中一个非常重要的概念。在《庄子》内七篇中，凡与"道"相关之"天"，庄子大都把它理解成"自然"之意，而非实指之"天"。所以庄子在行文的过程中，每至高潮，凡至大至远者，难知难为者，至美至妙者，他皆归之于"天"。天者，自然也。较之老子的"道法自然"，我们就不难发现，庄子的"天"实际上就相当于"道"，庄子实际上就是用"天"来诠释"道"的。对庄子来说，"自然"之"天"是通向得道之境的不二途径。这也就形成了庄子的逍遥自适的"境界之道"。

但是，庄子的"境界之道"虽于"内圣"有颇多发挥，但是，对于"外王"明显重视不足。也就是说，庄子的逍遥自适的"境界之道"与人伦秩序是存在着一定的张力的。正如王叔岷所说："庄子偏重内圣，而以外王为余事。"庄子的一部分后学也认识到了庄子的境界之道的这种弊端，所以，庄子后学中的"黄老派"在诠释"道"的过程中，就刻意地在境界论的方面作出了一定的让步，这主要体现在他们把庄子的"自然"之"天"置换成了实体之"天"。经过这种置换之后，循着庄子的"自然"之"天"即是"道"的思路，在庄子后学那里，就相应地变成了"天"就是"道"，换言之，"天地"就是"道"的完满体现。这就是庄子后学对"天地之道"的构建。

我们认为，庄子后学的"天地之道"的概念的提出，主要是借鉴了老子，而意在纠偏庄子。"天地之道"将"天地"的地位空前提升，这又是直接为其干预现实政治的理论诉求服务的。这就完全纠正了庄子哲学忽视群体秩序的倾向。

作为一个黄老道家学者，鹖冠子继承并发展了庄子后学所够构建的这个"天地之道"。这一点，从《鹖冠子》的文本中就可以得到印证。鹖冠子只在《夜行》中，简短地强调了"道"的超越性，在其他的篇章中，鹖冠子所谈论的几乎都是"天地之道"。在鹖冠子的行文中，我们可以发现这样一种现象，他总是习惯于先描述一些具体的天文现象，然后再抽象出"天地之道"的某种特性，随之就以他所提炼出的"天地之道"向君主提出施政治国的具体要求。这就说明，鹖冠子完全承袭了庄子后学所构建的这个"天地之道"。同时，他对"天地之道"又进行了充实。这种充实对黄老道家积极入世的理论性格的形成具有至关重要的作用。因此，从这个角度来看，《鹖冠子》就构成了以《黄帝书》为代表的早期黄老道家到汉初黄老道家的一个过渡环节。

为什么这样说呢？鹖冠子在构建了"天地之道"的同时，又以"天地之道"为模板，相应地构建了一个法天法地的"圣王之道"。鹖冠子发现，"天地之道"的最大特征就是"天度数之而行"，与此相应，鹖冠子认为，如果治理国家的君王能够建立明确的治国的法度，那么国家的秩序就会像天地万物那样条理彰明。难能可贵的是，鹖冠子为了将"天地之道"通过君王而落实到人伦之序的层面，他又进一步探讨了一个君王到底要从哪些方面来效法"天地之道"。鹖冠子认为，首先，君王要效法天地的"不创不作"之德。这种"不创不作"之所指，实际上就是道家所提倡的"无为"。其次，君王要效法"道之用法"，这里的"道"实际上就是指"天地之道"。最后，君王还要效法"天地不独运"的特征，在治理国家的过程中，要举贤用能，以之自辅。这样，鹖冠子就将"天地之道"落实到了人伦之序的层面。

由此我们可以看出，鹖冠子把"道"诠释成"天地之道"，它会带来这样一种好处，与"道"的不可言说性相比，"天地之道"不但是可以言说的，而且是可以效法的。老子虽然提出了"无为"的原则，但是，对于"为"本身，老子并没有深入地探讨，也就是说，对于"无为"之"为"的探讨，在老子那里还是空白。而庄子的"逍遥之道"虽然对于"内圣"有颇多发挥，但是，"外王"之术却暗而不彰。因为"外王"的撑开，其基础必然落实到具体之"为"。也就是说，庄子同样忽视了对"无为"之"为"的探讨。而鹖冠子的"天地之道"正充实了这方面的内容。鹖冠子之所以将老子之"道"诠释成"天地之道"，就是为了突破老子之"道"的不可言说性，进而为君主治国树立一个榜样。"天地之道"通过圣人的效法就形成了"圣王之道"。鹖冠子明确指出，"圣王之道"的主要特征就是"无为""用法"与"举贤用能"，而这三个特征一一对应于"天地之道"的"不创不作""道（天地之道）之用法"与"天地不独运"。由此我们就可以看出，鹖冠子不但坚持了"无为"的道家立场，而且还明确地指出，"用法"与"举贤用能"就是"无为"之"为"。这就进一步丰富、充实了老庄以来的道家对"外王"之道的思考。鹖冠子的这种思考为汉初的黄老道家最终登上政治舞台奠定了基础。鹖冠子无疑是道家由在野的学派向在朝的学派转变的一个中间环节。

六　鹖冠子对黄老学的理论贡献

对于黄老道家，王中江有如此评价，他说：

> 从学术和思想来源说，它是一种政治哲学，更具体地说是一种以法律为中心的法哲学。它是由一些彼此密切相关联的问题、观念构成的法哲学共同体。这也许出乎我们的意料，因为一般对黄老学和道法家保留的都是强烈的现实目的性和实用性印象。黄老学派还往往被视为君主绝对主义的缔造者和信奉者，它为君主和王权赋予了高于"公共利益"和超越于法律之上的特权。但实际上，在黄老学那里，法律决不是也决不等于服务于君主的工具和手段，它是内在于自然法的服务于国家和公众

的普遍规范，即使是掌握着立法权力的君主，也不能随意操纵和僭越法律，这正是黄老学公共理性的一个突出特征。①

王中江的上述观点给我们带来了这样的启示，我们可以尝试从理论与现实两个维度来评价黄老道家的这种"公共理性"。如果从理论诉求的角度来看，以《黄帝书》为代表的黄老道家的确表现出了"公共理性"的倾向。实际上，不只黄老道家，正如我们在上文所分析过的，法家应该也具有这种倾向。但是，当把理论付诸实践的时候，可以说，无论是《老子》乙本卷前古佚书，还是法家，都没有表现出完善君权转移程序的理论自觉。

在理论与现实对接的时候，或者理论作出让步，或者君主作出让步，黄老道家与法家无疑是选择了前者。可以说，历史地来看，黄老道家和法家都曾是政治的改革者和参与者，但是，在这种进程中他们所充当的都是君主"谋士"的角色，这应该是符合历史事实的。所以，《黄帝书》中虽然提出了"道生法"的命题，但是，基于"人主者，天地之配也"的政治现实，"道"与"人主"之间无疑存在着不可调和的矛盾，而在这种矛盾中，鉴于"人主"执掌着最高的政治权力，"道"无疑是不得不居于"君权"之下风的。因此，我们只能说《黄帝书》在一定程度上表现出了"公共理性"的倾向，但是还没有"公共理性"的自觉。

对此，吴根友说："《黄帝四经》中所讲的'法'仍然是统治者用来统治人民的'法'，是君主用来统治人民、治理天下的法，而不是普遍适用的公民法。在这一点上它与法家所讲的'法'在性质上是一样的。所以，其所追求的法的'精公无私'的目的，其实也只是为了使民众亲近在上者。从统治者的角度说，即是如何取得'民心'。它并不因此而承认人民在政治生活中有自己的权利。这是《黄帝四经》法哲学的法治目标与现代公民法的不同之所在。"② 换言之，在"人主者，天地之配也"与"道生法"二者之间，《黄帝书》还是有些犹疑不定的。实际上，在《黄帝书》中，"道生法"的命题并没有得到彻底的贯彻。

---

① 王中江：《简帛文明与古代思想世界》，北京大学出版社 2011 年版，第 428—429 页。

② 吴根友：《在道义论与正义论之间——比较政治哲学诸问题初探》，武汉大学出版社 2009 年版，第 19 页。

　　而鹖冠子所提出的"选贤为君"思想正弥补了《黄帝书》的这方面的理论缺憾。在"人主"与"道"二者之间，鹖冠子无疑是站在"道"的高度来审视"人主"的所作所为。换言之，在鹖冠子看来，人主取法"天地之道"来治理国家，他就是一个值得拥戴的君主。但是，如果"人主"枉道行非，那么，这样的"人主"就应该被置换，让有能力效法并执行"天地之道"的圣贤来取而代之。也就是说，在鹖冠子看来，君道是体，君位是用，"道"才是权力合法性的根源。正因为如此，以"血缘"为纽带的世袭君主制必然会导致"君道"与"君位"的体用分离，它的存在就是不合理的，所以我们应该建立以"贤德"为纽带的君权转移制度，以确保"君道"之体与"君位"之用的合一。这无疑是对"道生法"这个根本原则的坚持和落实。

　　从表面上看，与《黄帝书》的"道生法"的命题相比，鹖冠子在他所提出的"贤生圣，圣生道，道生法，法生神，神生明"的链条中，似乎有意降低了"道生法"的地位，但是，通过分析《鹖冠子》的整个文本，我们就可以发现，鹖冠子在降低了"道生法"的位次的同时，刻意地提升了"贤"与"圣"的地位，而且"贤"还居于"圣"之前。鹖冠子的这种排序方式明显有悖于中国传统的文化背景。在中国的文化传统中，"圣"毫无疑义是居于最高阶位的。鹖冠子的这种安排有什么深意呢？

　　这种深意就体现在"贤生圣"之"生"字，在上文我们已经分析过，这个"生"在《鹖冠子》的上下文脉中应该被理解为"博选"之意。也就是说，"贤"是政治结构运作的基础，也是保持政治架构稳定的中坚力量。而从"贤"中"博选"出的"圣"就应该是最高权力的执行者。而这个阶层正是"圣人之道"落实至社会人伦层面的关键环节。有了这个环节的保障，"道生法"才能真正得到落实。这就成功地化解了困扰《黄帝书》作者的王、道之间的矛盾。这是鹖冠子对《黄帝书》"道生法"命题的进一步深化，也是他为黄老学所作出的独特贡献。

　　从目前学界对鹖冠子的归类来看，王中江所使用的"黄老道家"这一称谓应该包括"鹖冠子"。但是，正如上文我们所分析的，当我们在这种意义上使用"黄老道家"这一概念的时候，必须充分重视鹖冠子的"选贤为君"思想对黄老道家思想发展的独特贡献。鹖冠子提出的"选贤为君"思想提醒我们，在先秦时期，黄老道家在其理论发展的过程中，其内部也出现过争鸣与分化。汉初流行的黄老思想应该是先秦黄老学的一个方向，而不是其全部。① 也就是说，笼统地来看，鹖冠子属于黄老学派。但是，如果突破现有的认识，对《鹖冠子》进行重新定位，那么，我们认为鹖冠子应该属于黄老道家的"博选派"。也就是说，论及黄老道家的"公共理性"，与《黄帝书》的"道生法"相比，《鹖冠子》的"选贤为君"思想更具有典型性。《鹖冠子》构成了黄老道家"公共理性"的一个高峰，但是，这个高峰同时成为黄老道家"公共理性"的绝响。随着汉朝大一统政权的建立，基于黄老道家"虚无因应"的理论性格，它必会褪去其激进的理论色彩，并最终完成向"谋士"集团的转变。

七　安定天下之大计——传子抑或传贤

日本学者大形彻认为《鹖冠子》是一本"不朽国家幻想下的隐者之书"②。此语诚然。鹖冠子希望建立一个"不朽之国"。在他看来，这个"不朽之国"的实现途径就是打破家天下"传子"之旧制，而建立公天下"传贤"之新制。

然而，"传子"之制创立之初衷，未尝不是安定天下。关于这一点，王国

① 就是在汉初，道家思想的构成也颇为复杂。金谷治指出："汉初思想界的主流是道家思想，其中被称为'黄老之术'具有最大的势力，是明显的事实。但是，若细致检讨道家思想，乃至广义的道家思潮，则可知习称的道家中，实际上包含有种种复杂的情况。而当时人对于道家概念的理解，也存在相当大的差异。易言之，今天我们用道家一个词命名的那种大致统一且形式固定的思想，是否能为当时人接受，实是一大疑问。"刘俊文主编《日本学者研究中国史论著选译》（第七卷），中华书局1993年版，第28页。不独广义的"道家"如此，如果我们按照这种观点来审视"黄老学派"的发展，在西汉之前，其内部之构成也一定颇为复杂，但是，由于汉初"黄老学"的广泛影响，对于其之前的黄老学发展的具体态势我们往往疏于考察。正因为如此，《鹖冠子》就显出了它的独特的价值。《鹖冠子》提醒我们，除了汉初被纳入君王谋士集团的黄老道家学者之外，在其之前，还有一部分黄老道家学者致力于对君权转移程序的合理性的思考，并提出了"选贤为君"的思想。如果按照早期黄老道家对"道""法"关系的思考，"道"不但是"法"的正义性的来源，它同时也是君权合法性的来源，按照这种逻辑，一旦君主违"道"行非，那么我们就可以将之置换，让有能力知"道"并行"道"的贤者当政，这就自然引出了"选贤为君"的思想。由此可以看出，鹖冠子的这种思考完全是黄老道家思想的题中之义。但是，到了汉初，随着大一统王朝的建立，黄老学的这个发展方向也就失去了适宜其发展的社会环境，它必定会被人有意无意地忽视，直至遗忘。因此，时至今日，我们有必要从全新的视角来重新审视黄老道家思想，深入发掘被汉初谋士集团的黄老学掩盖的黄老学所本有的异端、激进的理论特性。

② 参见［日］大形彻『「鹖冠子」——不朽の國家を幻想した隱者の書』，《東方宗教》第五十九号，日本道教学会，昭和五十七年五月二十日发行，第43—65頁。

维先生在《殷周制度论》中考之颇详。姑摘录几段相关文字，以呈现其意旨之大略。王国维先生云：

> 欲观周之所以定天下，必自制度始矣。
>
> 传子之法，实自周始。当武王之崩，天下未定，国赖长君。周公既相武王克殷胜纣，勋劳最高。以德以长，以历代之制，则继武王而自立，固其所矣。而周公乃立成王而己摄之，后又返政焉。摄政者，所以济变也。立成王者，所以居正也。自是以后，子继之法，遂为百王不易之制矣。
>
> 由传子之制而嫡庶之制生焉。夫舍弟而传子者，所以息争也。兄弟之亲本不如父子，而兄之尊又不如父。故兄弟间常不免有争位之事。特如传弟既尽之后，则嗣立者当为兄之子欤？弟之子欤？以理论言之，自当立兄之子，以事实言之，则所立者往往为弟之子。此商人所以有中丁以后九世之乱，而周人传子之制，正救此弊而设也。
>
> 然所谓立子以贵不以长，立适以长不以贤者，乃传子法之精髓。当时虽未必有此语，固已用此意矣。盖天下之大利莫如定，其大害莫如争。任天者定，任人者争。定之以天，争乃不生。故天子诸侯之传世也，继统法之立子与立嫡也，后世用人之以资格也，皆任天而不参以人。所以求定而息争也。古人非不知官天下之名美于家天下，立贤之利过于立嫡，人才之用优于资格。而终不以此易彼者，盖惧夫名之可籍而争之易生，其敝将不可胜穷，而民将无时或息也。故衡利而取重，絜害而取轻，而定为立子立嫡之法，以利天下后世。而此实自周公定之。①

王国维先生认为，立子之法其大利在于"息争"。然考之历史，此法所息者，实乃一时之争，而非长久之争。中国历史一治一乱之大循环，其根源之一就在于"传子"之法。"传子"所牺牲者，乃"立贤之利""人才之用"。观中国历朝历代之兴衰史，不难看出，国必兴于贤，国必强于才。贤才进路畅达，则国兴旺；贤才进路阻塞，则国衰微。因此，"传子"虽有暂时息争之效，其长治久安，实亦仰赖国初人才规模尚在。随着"传子"之更迭，人才之凋零，选人以私心，用人以资历之风气渐长，以致盛行，国运便随之急转直下。

---

① 王国维：《殷周制度论》，载《观堂集林》，中华书局1959年版，第451—480页。

凡事必有成、住、坏、灭之大趋势。周初制度之规划，有息争止乱之初衷，亦有安定天下之实效。然而，并非没有弊端。鼎盛之时消逝，坏灭之运随至。鹖冠子生当战国，耳闻目见，战火连绵。居君位者非贤，任职事者无能。盖周初"传子"之运势已然衰颓。其利已竭，其弊尽显。故而鹖冠子深疾力排"传子"之制，而倡"选贤"之说。所选之贤，非但大臣也，循其意而推之，君主亦当选贤为安。这在鹖冠子的时代，实在是一个了不起的想法。实际上，仔细翻阅战国子书，表露出这种观点的著作，并不止于《鹖冠子》。这说明，在战国时期已经有很多思想家反思"传子"之制的弊端，希望建立新的君权转移的制度。

然而，鹖冠子毕竟是历史中人，他也一样受到历史的局限，因此，他的想法并没有完全冲破历史的时空。他的选贤为君的理想，最终还是与"禅让"的传说相遇并厮守。因此，到底是"传子"还是"传贤"？这个问题并没有真正地解决。

战国时曾经反思过这个问题的诸子，把它留给了后人来寻找正确的答案。这个答案，并不一定非要"传子"，也并不一定非要"传贤"，但它一定是"安定天下之大计"。"安定天下之大计"，是古代中国的知识人反思了几千年的问题，也是中国哲学一直致力于解决的问题。儒家固然积极，道家也绝非旁观，佛家也未尝完全抽离。古代的知识人，都有这样一个梦想。直到明末清初的黄宗羲，仍然在苦思。而连接他们的最牢固的纽带就是"安定天下"的理想。

八　鹖冠子思想的局限性

首先，为了保障"圣王之道"的落实，鹖冠子提出了"选贤为君"的思想。从其致思方向来看，它颇似现代政治文明中的选举制。而"博选"就是"选贤为君"的具体的选举方式。可惜的是，鹖冠子对于如何"博选"这一问题的解答，似乎还是倾向于从禅让制的角度来思考。这本来也无可厚非，因为这也是鹖冠子唯一可以借鉴的思想资源。然而，"禅让制"在某种程度上与鹖冠子的"选贤为君"的思想是互相矛盾。因为，从某种角度来说，"禅让制"的主动权仍然被牢牢地掌握在"君王"的手中。"禅让制"的前提是"君王"必须首先具备禅让的意愿，否则，"禅让制"就是一纸空谈了。这也可以在一定程度上解释，为什么"禅让制"没有一直流传下来，它突然在大禹之后的历史时期终断了，这也许就是因为"圣王"禅让的主观意愿已经消失，并最终把"禅让制"变成了一段只存在于历史中的让贤佳话。

从这个角度来看，鹖冠子的"选贤为君"思想，虽然显露出了打破王权私有，并以贤为君的思想倾向，但是，他又无法把"选贤"的主动权从君主手中抢夺回来，最终还是期望具有禅让意愿的圣王的出现，这又在一定程度上使"选贤为君"的思想具有了几分空想的色彩。

其次，鹖冠子的"选贤为君"思想所追求的实际上是一种精英政治，因为"贤"本身就是一个精英阶层的代称，鹖冠子希望改善君权，而不是最终推翻君权，并走向无政府主义。他寻求改善君权的途径就是打破君权传递的封闭性，降低甚至杜绝庸君据位的可能性，让君权向"贤"这一精英阶层开放，而非全体之"民"。从这一点来看，鹖冠子并不是站在"民"的立场来思考。因此，鹖冠子还无法像现代政治文明一样将"民"纳入他的视野，并从"民"的角度出发来探索政治改革的可能途径。

最后，精英政治容易产生一种倾向，精英集团会认为自己是天命所在，民命所系，这样，精英政治实际上是放大了君权。这样，精英阶层仍会把"民"看成蒙昧之众。他们的使命就是照顾、保护这些脆弱、蒙昧的"民"。"为民父母"或"民本政治"就是从这个角度来思考问题的，这亦是这种精英政治的鲜明体现。然而，值得注意的是，这里仍然透露出一种权力拥有者的自大情绪，统治者始终是把"民"看作政治的被动参与方。因此，从精英政治的立场，鹖冠子也不能够看到"民"所具有的推动历史的力量。

这同时也折射出了鹖冠子民本思想的局限。孟子明确地提出了"民为贵，社稷次之，君为轻"的思想。在这种思想中，君、民之间的关系被明确界定。鹖冠子虽然提出了"顺爱之政"的思想，但是他并没有进一步明确民与君之间的关系。从鹖冠子的整体思想来看，由于他抱有王道政治的理想，在他的思想世界中，"圣王"毫无疑义是高于"民"的，所以，他的民本思想就不可能达到孟子的高度。这和他关注并尝试改善"君权"的努力是一致的。

参考文献

（汉）班固撰：《汉书》，中华书局 1962 年版。

（汉）高诱注：《吕氏春秋》，《诸子集成》（六），中华书局 2006 年版。

（汉）贾谊撰：《新书》，阎振益、钟夏校注，中华书局 2007 年版。

（汉）刘熙撰，（清）毕沅疏证：《释名疏证补》，中华书局 2008 年版。

（汉）刘向：《战国策》，上海古籍出版社 1985 年版。

（汉）司马迁撰：《史记》，中华书局 1982 年版。

（三国魏）曹操等注：《十一家注孙子》，郭化若译，上海古籍出版社 1978 年版。

（三国魏）王弼注：《老子注》，《诸子集成》（三），中华书局 2006 年版。

（三国魏）王弼注，（唐）孔颖达疏：《周易正义》，《十三经注疏》上，上海 古籍出版社 1997 年版。

（南朝宋）范晔撰：《后汉书》，中华书局 1965 年版。

（梁）刘昭注补，（晋）司马彪撰：《后汉书志》，中华书局 1965 年版。

（唐）孔颖达等撰：《尚书正义》，《十三经注疏》上，上海古籍出版社 1997 年版。

（唐）孔颖达正义：《尚书正义》，上海古籍出版社 2007 年版。

（唐）柳宗元：《柳河东集》，上海人民出版社 1974 年版。

（唐）欧阳询撰：《艺文类聚》，上海古籍出版社 1982 年版。

（唐）魏征等撰：《群书治要》，《丛书集成》初编，商务印书馆中华民国二十 五年版。

（唐）魏征等撰：《隋书》，中华书局 1973 年版。

（宋）欧阳询，（宋）宋祁撰：《新唐书》，中华书局 1975 年版。

（明）宋濂：《诸子辩》，《宋濂全集》（第二册），浙江古籍出版社 1999 年版。

（清）段玉裁注：《说文解字注》，上海古籍出版社 1998 年版。

（清）郝懿行撰：《山海经笺疏》，中华书局 2019 年版。

（清）钱大昭撰：《广雅疏义》，中华书局 2016 年版。

（清）邵晋涵撰：《尔雅正义》，中华书局 2017 年版。

（清）孙希旦撰：《礼记集解》，中华书局 1989 年版。

（清）王先谦：《荀子集解》，《诸子集成》（二），中华书局 2006 年版。

（清）王先慎撰：《韩非子集解》，中华书局 1998 年版。

（清）张志聪集注：《黄帝内经集注》，浙江古籍出版社 2002 年版。

［美］艾兰：《世袭与禅让——古代中国的王朝更替传说》，徐佳译，商务印书馆 2015 年版。

白立超、黄朴民：《中国兵学通史》（先秦卷），岳麓书社 2022 年版。

［古希腊］柏拉图：《理想国》，郭斌和、张竹明译，商务印书馆 1986 年版。

北京大学出土文献研究所编：《北京大学藏西汉竹书》（贰），上海古籍出版社 2012 年版。

卜占群、杨振江主编：《简帛研究》，广西师范大学出版社 2008 年版。

陈其泰、赵永春：《班固评传》，南京大学出版社 2002 年版。

［日］池田知久：《道家思想的新研究——以〈庄子〉为中心》，王启发等译，中州古籍出版社 2009 年版。

［日］大形彻：『「鹖冠子」の成立』，『大阪府立大学紀要』（人文·社会科学）1983 年 3 月 31 日。

［日］大形彻：『「鹖冠子」——不朽の國家を幻想した隱者の書』，《東方宗教》第五十九号，日本道教学会，昭和五十七年（1982）五月二十日发行。

［比利时］戴卡琳：《从措词明理艺术的角度来研究〈鹖冠子〉》，载陈应主编《道家文化研究》第十五辑，生活·读书·新知三联书店 1999 年版。

丁四新：《郭店楚竹书〈老子〉校注》，武汉大学出版社 2010 年版。

丁原明：《黄老学论纲》，山东大学出版社 1997 年版。

高明：《帛书老子校注》，中华书局 1996 年版。

［英］葛瑞汉：《〈鹖冠子〉：一部被忽略的汉前哲学著作》，杨民译，载葛兆光主编《清华汉学研究》第一辑，清华大学出版社 1994 年版。《顾颉刚古史论文集》卷一，中华书局 2011 年版。

郭齐勇：《中国哲学智慧的探索》，中华书局 2008 年版。

郭齐勇、吴根友：《诸子学志》，上海人民出版社 1998 年版。

郭庆藩撰：《庄子集释》，中华书局 2004 年版。

国家文物局古文献研究室编：《马王堆汉墓帛书》（一），文物出版社 1980
年版。

何怀宏：《士无定主》，《环球人物》2014 年第 15 期。

何建章注释：《战国策注释》，中华书局 1990 年版。

何宁撰：《淮南子集释》，中华书局 1998 年版。

《鹖冠子》，《四部丛刊》本。

《鹖冠子》，《四库全书荟要》，世界书局中华民国七十七年影印，子部。

《鹖冠子》，《文渊阁四库全书》，子部，第 154 册，台湾商务印书馆 1983 年影
印本。

［德］黑格尔：《哲学史讲演录》，贺麟、王太庆等译，商务印书馆 1978 年版。

侯外庐、赵纪彬、杜国庠：《中国思想通史》（第一卷），人民出版社 1957
年版。

黄怀信撰：《鹖冠子汇校集注》，中华书局 2004 年版。

黄怀信撰：《鹖冠子校注》，中华书局 2014 年版。

黄钊主编《道家思想史纲》，湖南师范大学出版社 1991 年版。

蒋伯潜：《诸子通考》，浙江古籍出版社 1985 年版。

金春峰：《汉代思想史》，中国社会科学出版社 2006 年版。

金开诚、董洪利、高路明：《屈原集校注》，中华书局 1996 年版。

［日］《九子品汇》，编辑人：加山安卫，出版人：近藤恭三，发售本舍：兰
交堂，明治十五年十一月出版。

［日］久保天随：《老子新释》，发行所：博文馆，明治十三年（1880）十月
一八日发行。

［德］卡尔·冯·克劳塞维茨：《战争论》，时殷弘译，商务印书馆 2016 年版。

［法］克洛德·列维－斯特劳斯：《野性的思维》，李幼蒸译，中国人民大学
出版社 2006 年版。

黎翔凤撰：《管子校注》，中华书局 2004 年版。

李零：《兵以诈立——我读〈孙子〉》，中华书局 2012 年版。

李学勤：《〈鹖冠子〉与两种帛书》，载陈鼓应主编《道家文化研究》第一辑，
上海古籍出版社 1992 年版。

李学勤：《马王堆帛书与〈鹖冠子〉》，《江汉考古》1983 年 02 期。

李学勤：《失落的文明》，上海文艺出版社1997年版。

李学勤：《通向文明之路》，商务印书馆2010年版。

李学勤：《走出疑古时代》，长春出版社2007年版。

梁启超：《汉书艺文志诸子略考释》，《饮冰室合集》（10），中华书局1989
　　年版。

梁启雄：《韩非子浅解》，中华书局2009年版。

梁启雄：《荀子简释》，中华书局1983年版。

林冬子：《〈鹖冠子〉思想研究》，博士学位论文，中央民族大学，2013年。

林冬子：《〈鹖冠子〉研究》，宁夏人民出版社2016年版。

林剑鸣：《秦汉史》，上海人民出版社2003年版。

刘俊文主编：《日本学者研究中国史论著选译》（第七卷），中华书局1993
　　年版。

刘笑敢：《老子古今——五种对勘与析评引论》，中国社会科学出版社2006
　　年版。

刘笑敢：《庄子哲学及其演变》，中国人民大学出版社2010年版。

刘逸生注：《龚自珍己亥杂诗注》，中华书局1980年版。

楼宇烈校释：《老子道德经注校释》，中华书局2008年版。

《马克思恩格斯文集》第1卷，人民出版社2009年版。

《马克思恩格斯文集》第2卷，人民出版社2009年版。

马其昶校注：《韩昌黎文集校注》，上海古籍出版社1986年版。

［意］尼科洛·马基雅维里：《君主论》，潘汉典译，商务印书馆1985年版。

［瑞士］皮亚杰：《结构主义》，倪连生等译，商务印书馆1984年版。

骈宇骞等译注：《武经七书》，中华书局2007年版。

钱穆：《先秦诸子系年》，九州出版社2011年版。

饶宗颐：《饶宗颐二十世纪学术文集》（第一册），台北：新文丰出版股份有
　　限公司2003年版。

任继愈：《老子绎读》，商务印书馆2009年版。

孙福喜：《〈鹖冠子〉研究》，陕西人民出版社2002年版。

《太平御览》，中华书局1960年版。

汤一介主编：《国故新知：中国传统文化的再诠释》，北京大学出版社1993
　　年版。

唐兰：《马王堆出土〈老子〉乙木卷前古佚书的研究——兼论其与汉初儒法斗争的关系》，《考古学报》1975 年第 1 期。

王博：《无奈与逍遥——庄子的心灵世界》，华夏出版社 2007 年版。

《王粲集》，中华书局 1980 年点校本。

王国维：《古史新证——王国维最后的讲义》，清华大学出版社 1994 年版。

王国维：《观堂集林》，中华书局 1959 年版。

王叔岷：《庄学管窥》，中华书局 2007 年版。

王叔岷撰：《史记斠证》，中华书局 2007 年版。

王叔岷撰：《庄子校诠》，中华书局 2007 年版。

王天海校释：《荀子校释》，上海古籍出版社 2005 年版。

王震撰：《司马法集释》，中华书局 2018 年版。

王中江：《简帛文明与古代思想世界》，北京大学出版社 2011 年版。

魏启鹏：《马王堆汉墓帛书〈黄帝书〉笺证》，中华书局 2004 年版。

吴福助：《睡虎地秦简论考》，文津出版社 1994 年版。

吴根友：《在道义论与正义论之间——比较政治哲学诸问题初探》，武汉大学出版社 2009 年版。

吴光：《黄老之学通论》，浙江人民出版社 1985 年版。

吴世拱：《鹖冠子吴注》，九鹤堂丛书。

萧萐父：《吹沙二集》，巴蜀书社 2007 年版。

萧萐父总编，李德永本卷主编：《中国辩证法史稿》，武汉大学出版社 1990 年版。

辛战军译注：《老子译注》，中华书局 2008 年版。

熊铁基：《秦汉新道家》，上海人民出版社 2001 年版。

徐水生：《中国哲学与日本文化》，中华书局 2012 年版。

徐元诰撰：《国语集解》，中华书局 2002 年版。

许维遹撰：《吕氏春秋集释》，中华书局 2009 年版。

［古希腊］亚里士多德：《政治学》，吴寿彭译，商务印书馆 1965 年版。

严万里校：《商君书》，载《诸子集成》第五册，中华书局 2006 年版。

阎振益、钟夏校注：《新书校注》，中华书局 2000 年版。

杨炳安校理：《十一家注孙子校理》，中华书局 1999 年版。

杨伯峻，徐提编：《春秋左传词典》，中华书局 1985 年版。

杨伯峻编著：《春秋左传注》，中华书局 1990 年版。

杨伯峻译注：《论语译注》，中华书局 1980 年版。

杨伯峻译注：《孟子译注》，中华书局 1960 年版。

杨伯峻撰：《列子集释》，中华书局 1979 年版。

杨宽：《战国史》，上海人民出版社 2003 年版。

杨兆贵：《〈鹖冠子〉研究》，博士学位论文，北京师范大学，2003 年。

尹振环：《重识老子与〈老子〉——其人其书其术其演变》，商务印书馆 2008
　　年版。

张岱年：《张岱年全集》（第 4 卷），河北人民出版社 1996 年版。

张岱年：《中国伦理思想研究》，中国人民大学出版社 2011 年版。

张岱年主编：《中国哲学大辞典》，上海辞书出版社 2010 年版。

张金城：《鹖冠子笺疏》，《国文研究所集刊》第十九期。

张觉撰：《韩非子校疏》，上海古籍出版社 2010 年版。

张文显主编：《法理学》，法律出版社 2007 年版。

张震泽撰：《孙膑兵法校理》，中华书局 2014 年版。

赵幼文校注：《曹植集校注》，人民文学出版社 1984 年版。

《中国历史大辞典》，上海辞书出版社 2000 年版。

周振甫：《文心雕龙今译》，中华书局 1986 年版。

周振甫译注：《周易译注》，中华书局 1991 年版。

宗福邦等编：《故训汇纂》，商务印书馆 2007 年版。